新编 大学生 心理健康教育 与训练（第三版）

主　编　何少颖
副主编　赵陵波　钟佑洁

中国教育出版传媒集团
高等教育出版社·北京

内容简介

　　本书是从大学生素质教育角度出发，站在社会发展和大学生成长的结合点上，针对大学生的心理素质教育所做的理论探讨和实际指导。

　　本书运用心理学、生理学、社会心理学、医学心理学、教育学及相关学科近期研究成果，紧扣健康、适应、发展的主题，结合大学生心理发展特点，系统地阐述心理健康教育各个方面的内容及培养方法、途径等，旨在提高大学生心理素质和心理调适能力。全书共分 11 章，不仅有心理健康的基础知识，还安排了 30 个心理训练项目，以满足大学生实际操作的需求。此外，每一章还通过二维码链接加入了案例分析和相应的心理测试量表，并在此基础上增添了大量音视频资源，配套设计了教学课件和习题，使教学过程更加生动、直观。本书既适合作为大学生心理健康教育的教材，也可用作广大教育、心理、医务工作者培训和学习的参考资料。

图书在版编目（CIP）数据

　　新编大学生心理健康教育与训练／何少颖主编. --
3 版. --北京：高等教育出版社，2023.3（2024.7重印）
　　ISBN 978-7-04-060161-9

　　Ⅰ．①新…　Ⅱ．①何…　Ⅲ．①大学生-心理健康-健康教育　Ⅳ．①G444

　　中国国家版本馆 CIP 数据核字（2023）第 035663 号

Xinbian Daxuesheng Xinli Jiankang Jiaoyu yu Xunlian

策划编辑　汪　鹏	责任编辑　汪　鹏	封面设计　王　洋	版式设计　于　婕
责任校对　张慧玉　窦丽娜	责任印制　张益豪		

出版发行	高等教育出版社	网　　址	http://www.hep.edu.cn
社　　址	北京市西城区德外大街 4 号		http://www.hep.com.cn
邮政编码	100120	网上订购	http://www.hepmall.com.cn
印　　刷	河北鹏盛贤印刷有限公司		http://www.hepmall.com
开　　本	787 mm× 1092 mm　1/16		http://www.hepmall.cn
印　　张	20	版　　次	2014 年 9 月第 1 版
字　　数	460 字		2023 年 3 月第 3 版
购书热线	010-58581118	印　　次	2024 年 7 月第 2 次印刷
咨询电话	400-810-0598	定　　价	38.50 元

何少颖，福州大学人文社会科学学院应用心理学系教授，硕士生导师，福建省心理卫生协会副理事长，福建省大学生心理健康教育专业委员会主任委员。中国心理学会临床心理学注册系统首批注册心理师（注册号：X-08-019），注册督导师（注册号：D-12-002）。中国心理卫生协会大学生心理咨询专业委员会常务委员，中国心理卫生协会心理咨询师专业委员会常务委员。

1989 年创建了福建省高校最早的心理咨询机构之一——福州大学心理咨询中心。1994 年在全国率先把"大学生心理健康教育"课程正式纳入教学计划，作为新生必修课程。2004 年又创建了福州大学应用心理学系，担任第一任心理学系主任。2005 年赴北京师范大学心理学院师从郑日昌教授做了一年的高级访问学者，2007 年赴香港中文大学心理学病理实验室师从梁耀坚教授做了一个月的访问学者。此后在心理治疗与咨询领域中系统地参加了一系列的高水平的连续培训项目："第二期中挪高级精神分析治疗师"（2007—2010），"第三期中德高级家庭治疗师"（2009—2010），"第二届中德催眠治疗"（2009—2010），"第一期中美认知行为治疗"（2009—2012），"第一届中德格式塔治疗"（2011—2017），"第四届中美精神动力学夫妻与家庭治疗"（2015—2017），"第三期中国心理学临床心理学注册系统督导师"（2017—2018），"第二期中德高级系统式治疗督导师连续培训"（2017—2019），等等。2009 年 5 月受 Kate Volpe 教授邀请，赴美国旧金山参加 2009 年美国心理科学年会（APS）。2011 年 3 月应德国埃森-杜伊斯堡大学心身医学终身教授、埃森-杜伊斯堡大学心身医学和心理治疗系主任、世界心理治疗联盟前主席沃尔福冈·森福（Wolfgang Senf）教授的邀请，赴德国埃森参加了 2011 年德国心身医学与心理治疗大会。2014 年、2015 年又连续两年赴奥地利格齐斯参加了由德国格式塔治疗学院（IGW）举办的"中德格式塔治疗暑期欧洲集训"班的学习。

近年来先后在《心理学报》《国际心理学研究杂志》《中国心理卫生杂志》《心理科学进展》《中国健康心理学杂志》等国内权威刊物和核心刊物上发表学术论文 38 篇，出版个人专著和教材 7 部。主要代表著作《当代大学生心理素质教育》《大学生心理学》和《新编大学生心理健康教育与训练》，主持和参加国家级、省级和校级项目 23 项。

2005 年获福州大学教学成果二等奖，2012 年获福州大学教学优秀一等奖。2009 年获福州大学第五届教学名师奖。主编的《大学生心理学》一书，获福建省第三届社会科学优秀成果三等奖,《当代大学生心理素质教育》获福建省高校马克思主义理论与思想品德教学研究会(1996—2000年)年度优秀专著一等奖。《大学生心理健康教育与训练》教材获福州大学2004年优秀教材二等奖。《新编大学生心理健康教育与训练》(第二版)获福建省教育厅2017年本科优秀特色教材。"大学生心理健康教育"慕课获2019年福建省精品在线课程,并于2021年被福建省教育厅推荐申报国家级一流本科课程(线上课程)。此外,2008年荣获中国心理卫生协会第六届优秀工作者,2010年、2015年两次荣获中国心理卫生协会大学生心理健康教育工作先进个人称号。

目前主要从事大学生心理健康教育的教学、科研和心理咨询的临床实务及督导工作,并被专业的心理机构特聘为伴侣与家庭治疗师、青少年团体治疗师。

本教材自 2014 年推出第一版以来，深受广大师生的好评，已被众多高等院校作为"大学生心理健康教育"课程的教材使用。此后，本教材几经打磨，在保留首版教材的成熟经验和优秀成果的基础上，不断与时俱进、推陈出新，结合近年党和国家教育政策的最新要求、心理健康课程建设的最新发展、科学研究的最新成果、各类院校的教学反馈以及现代教育信息技术与教学的深度融合趋势，努力打造成一本适应时代变化、课程改革发展和人才培养需要的融媒体新形态精品教材。

近年来，教育部不断加强大学生心理健康教育工作，发布了一系列重要文件，如中共教育部党组关于印发《高等学校学生心理健康教育指导纲要》的通知（教党〔2018〕41 号）、教育部办公厅《关于加强学生心理健康管理工作的通知》（教思政厅函〔2021〕10 号）、教育部等五部门《关于全面加强和改进新时代学校卫生与健康教育工作的意见》（教体艺〔2021〕7 号）等。文件中明确提出要加强心理健康课程建设，发挥课堂教学主渠道作用，帮助学生掌握心理健康知识和技能，因此，本书第三版在修订时更加注重理论联系实际，重视培养学生运用知识的能力，正确处理知识教学与技能实操的关系，实现知识传授、能力培养、价值引领的有机统一。教材在内容上进一步增强针对性和实效性，充分考虑学习对象的接受程度和认知规律，平衡好理论教学与实践应用的关系，使教材更加贴近心理健康教学实际。在结构上更系统、更完整，并加强了知识点梳理和心理训练的内容。在取材上，紧紧围绕大学生成长、适应和发展的主题，从大学生心理素质的客观现实和实际需要出发安排各章节。为方便学生的学习，每一章节都有"章前导语"，帮助学生提前概览本章的学习内容。章后安排了"本章摘要"和"思考·讨论·活动"板块，以便学生加深对章节知识点的理解和应用。每一章的第四节还设计了心理训练内容，共 30 个训练项目，学生可以通过课外心理训练活动，加深对自我的探索，提高对心理的认知、觉察和体验。此外，第三版还增加了大量数字资源，除了案例分析和相应的心理测试量表外，还增加了多个音视频资源，通过生动有趣的内容，帮助读者提高学习兴趣、拓展眼界、加深体验，最终起到巩固学习效果和强化学习应用的作用。本书还为每章配套设计了教学课件和习题资源，既对全书的重点、难点和知识点作了梳理与总结，也为教师的教案编写、课堂组织、教学计划、教学检查提供了便利。

此外，本书还加强了心理健康教育理论的研究，综合了心理学、生理学、社会心理学、医学心理学、教育学等有关学科的最新研究成果，吸收了国内外各学派的经典理论，介绍了一些日臻成熟的心理调节方法和技巧，并通过大量案例和启发性问题，帮助大学生更好地认识自我、改善自我，充分发挥自己的潜能，提高运用知识解决问题的能力。全书编写风格简明生动，内容陈述深入浅出，具有很强的通俗性和可读性。

　　本书编写团队成员均为在心理健康教育一线从事教学、科研、咨询服务工作的专家和教师。团队曾分别于 2007 年、2010 年荣获中国心理卫生协会大学生心理健康教育专业委员会授予的先进单位称号。长期的大学生心理健康教育工作，使他们为教材的编写积累了许多宝贵经验，充实了本书的内容，尤其是 2016 年开始参与本课程慕课建设的赵陵波、白丽英、钟佑洁、蒋苾菁、林敏、李艳华老师，还为本书提供了心理健康教育的视频材料。此外，玉金翘、邵昕宜、裴雅莉、张希、王文和李小妹 6 位研究生，在本教材修订中撰写了 11 个案例报告和相关心理测试量表。陈传泓、苏旻昊两位学生为音视频制作做了大量工作，在此一并表示诚挚的感谢。

　　我国心理健康教育工作起步较晚，对其理论与实践环节的研究还需进一步提高和完善，尤其是心理训练的方法仍处于探索中，再加上自身水平的限制，书中难免有不足之处，欢迎广大读者提出宝贵意见。同时，也希望更多有志于这方面工作的同行，共同来总结大学生心理健康教育的经验，为完善心理健康教育的理论、内容、方法和模式，提供更多的研究成果。

何少颖

2022 年 7 月

目　录

第一章

导论：当代大学生心理素质教育

章前导语

　　何谓心理素质？何谓心理素质教育？大学生心理素质教育的内容、特点又是什么？本书的第一章将对此做一概括的阐述。学习者只有对上述问题获得初步理解，才能顺利地学习以后各章的具体内容。所以本书的第一章对学习者来说是起导向作用的，它引导学习者步入心理健康领域，逐步学习和掌握自我心理调节的能力和技巧。当然，心理素质的提高是一个渐进的过程，也是需要学习和训练的过程。这是由心理素质本身的特性所决定的，因为人的心理素质是以遗传生理为物质前提，在环境和教育作用下，通过社会实践而形成的比较稳定的个性心理特征和在社会实践中表现出来的心理活动能力。因此，通过本章的学习对心理素质有一个初步的认识，在以后各章的学习之后，必将能进一步加深对人的心理素质在个人发展中的重要性的理解，使之相互促进、循序深化。

　　重视人才素质，特别是人才心理素质的研究与培养，已经成为世界各国发展的重要任务。对未来研究极具权威的罗马俱乐部总裁佩西在《未来的一百页》的报告中指出："无论从哪个角度揭示未来，有一点是首肯的，未来是以个人素质全面发展为基础的社会。"心理学家、教育学博士赞可夫说："我们的时代不仅要求一个人具有广泛而深刻的知识，而且要求发展他的智慧、意志、情感，发展他的才能和禀赋"，也就是发展他的心理素质。随着人类历史的发展和社会的进步，社会对人的心理素质的要求将越来越高，只有优化人的心理素质，个体及整个社会的发展才会拥有更高的起点和更大的潜能。

　　当代大学生是新世纪社会主义事业的建设者和接班人，现在和今后高等学校培养出来的学生，他们的思想道德、科学文化和心理素质如何，关系到 21 世纪中国的面貌，关系到全面建设社会主义现代化强国能否实现。大学生正处于青春期，缺乏社会经验和社会阅历，心理还不够成熟，面对大学这个人才集中、竞争激烈的环境，易出现心理适应不良，甚至产生心理疾病。为此，国家教育部颁布的《中国普通高等学校德育大纲》中，把心理素质教育列为高校德育的重要组成部分，明确指出："具有良好的道德品质和健康的心理素质"是高等学校的德育目标之一；"具有良好的个性心理品质和自尊、自爱、自律、自强的优良品质，具有较强的心理调适能力"是高等学校德育目标的具体要求之一。因此，加强对当代大学生心理素质教育的研究，探索当代大学生心理素质教育的有效途径是一项紧迫而艰巨的课题，对大学生自身发展和社会进步具有重要的现实意义和长远意义。

　　本章主要介绍大学生心理素质教育的基本问题，同时介绍一些心理训练的理论和方法，希望读者在阅读本章之后，能够对下列问题有所认识：

　　1. 心理素质的特点、含义和心理素质培养的主要途径。

　　2. 大学生心理素质教育的特点、内容和模式。

　　3. 大学生心理发展的特点、过程和矛盾。

　　4. 心理训练的概念、特点和作用。

　　5. 了解常用的心理训练方法。

第一节
心理素质与心理素质教育

　　人的素质是一个蕴含着先天与后天、生理、心理和社会诸多因素交互作用的复杂的动态结构系统。它由自然生理素质、心理素质和社会文化素质三个部分组成，其中人的心理素质是素质结构中的核心因素，是使人的素质各部分联系起来成为能动发展主体自身的内部根据。因此，心理素质教育在整体素质教育中占有重要地位。

一、心理与心理素质

　　心理素质是素质教育实验研究中提出的一个新概念，也是现代心理学的一个新概念。然而，对其内涵的释义和界定却莫衷一是。要理解心理素质的含义，首先要了解心理学基本知识。

（一）心理学的研究对象

　　心理学是一门既古老又年轻的科学。说它古老，是因为早在 2 000 多年前，中国古代和古希腊的哲学家、思想家如孔子、孟子、老子、柏拉图（Plato）和亚里士多德（Aristotle）等，在他们的著作中已经包含了极其丰富的心理学思想。例如，孔子提出的因材施教的观点，可以说是世界上最早渗透心理学思想的教育原则；亚里士多德所著的《论灵魂》一书，是世界上最早的关于人类心理方面的专著。但当时心理学一直被包含在哲学的范畴中，没有成为一门独立的学科。直到 1879 年，德国生理学家、心理学家冯特（W. Wundt）在德国的莱比锡大学创立了世界上第一个心理学实验室，心理学才成为一门独立的学科。因此，1879 年被定为科学的心理学的诞生年。

　　那么，什么是心理学？

　　心理学是一门研究人类的心理现象、精神功能和行为的科学，它既是一门理论学科，也是一门应用学科。它包括基础心理学与应用心理学两大领域。

　　心理学研究涉及知觉、认知、情绪、人格、行为、人际关系和社会关系等许多领域，也与日常生活的许多领域——家庭、教育、健康、社会等发生关联。心理学一方面尝试用大脑运作来解释个体基本的行为与心理机能，另一方面也尝试解释个体心理机能在社会行为与社会动力中的角色；同时它也与神经科学、医学、生物学等科学有关，因为这些科学所探讨的生理作用会影响个体的心智。

　　人的心理现象是自然界最复杂、最奇妙的一种现象。为了研究和理解的方便，心理学把人的心理现象划分为心理过程与个性心理两个方面，如图 1-1-1 所示。

　　1. 心理过程包括认识过程、情感过程与意志过程

　　心理过程是心理活动的动态过程，它包括认识过程、情感过程与意志过程三个互相联系的方面，简称为知、情、意。认识过程是人类最基本的心理活动过程之一，它

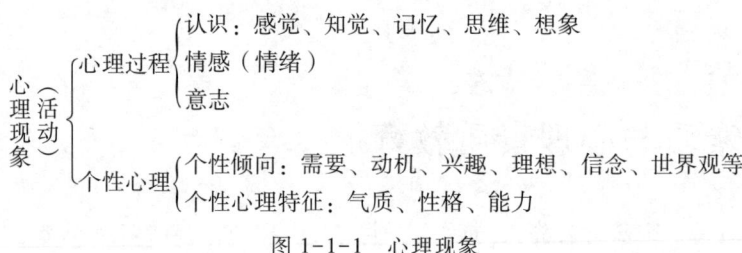

图 1-1-1　心理现象

主要反映客观事物的性质及其规律。

（1）认识过程：认识过程的主要内容包括感觉、知觉、记忆、思维和想象等。通常，人们用眼睛看、用耳朵听、用鼻子闻、用舌头辨味、用手触摸，由此产生了感觉和知觉，这就是最简单的心理现象。感觉是一种低级的心理活动过程，它反映的是直接作用于感官的客观事物的个别属性。知觉是对直接作用于感官的客观事物的整体反映。这些感知过的经验等，事过境迁，却能留在人们的脑海中，形成记忆。人们在与环境交互作用的过程中，常常不仅去感知它、记住它，还需要对感知的材料进行分析、综合、推理、判断，这种运用头脑中的知识去间接、概括地反映客观事物，揭露事物的本质与规律的心理现象，就是思维。思维时，我们还能在过去感知和记忆的基础上，对材料进行加工改造，形成新的形象，这就是想象。

（2）情感过程：情感过程是指人对客观现实所持的态度体验。人在认识客观事物时，总是表现出一定的态度和倾向，并产生某种主观体验，如喜欢或厌恶、爱或恨，这就是情绪或情感。

（3）意志过程：意志过程是指人在认识世界和改造世界的活动中，为了达到一定的目的，提出目标、制订计划、采取措施、克服困难、调整行为的内部过程。

人的认识、情感与意志过程密切联系，相互影响。意志行为一开始就以一定的认识和情感为依据，认识为意志确定目的、调节行为，情感则激励行为。反过来，意志又推动认识，并调节情感。

2. 个性心理主要由个性倾向与个性心理特征组成

个性是人的心理活动的另一方面的内容。上述心理过程的三方面是每个正常人都有的心理活动，体现了人的心理活动共性的一面。但由于每个人的遗传基因不同，所处的生活环境、教育不同，就使人的各种心理活动具有了主体自身的特点，形成了个体的差异，即个性。个性是一个人经常的、稳定的、本质的心理特征，是一个人整体的精神面貌的反映。个性心理主要由个性倾向与个性心理特征组成。个性倾向主要包括需要、动机、兴趣、理想、信念和世界观等，这些是人进行活动的基本动力。个性心理特征主要包括气质、性格和能力。

心理过程与个性心理组成的总体，就构成了人的心理。它们之间既有区别又密切相关。个性心理是通过心理过程形成的，而已形成的个性心理又制约着心理过程，并在心理过程中表现出来。

（二）心理素质的含义

心理素质是以个体的生理条件和已有的知识经验为基础，将外在获得的刺激内化成稳定的、基本的并与人的适应行为和创造行为密切联系的心理品质。或者说，心理素质是以先天的禀赋为基础，在后天教育和环境的影响下形成并发展起来的稳定的心理品质。它是以人的自我意识为核心，由积极的与社会发展相统一的价值观所导向的，包括人的认知能力（感觉、知觉、记忆、思维、想象）、情感、意志、需要、动机、兴趣及性格等智力和非智力因素有机结合的复杂整体。根据著名心理学家维果茨基关于心理机能的理论，心理素质实际上是指人的心理机能的发展水平。它包括两个层次，一个层次是主要受人自身发展制约的低级心理机能，如感觉、知觉、形象记忆、直观动作思维、情绪、好奇心和冲动性意志等；另一个层次是主要受社会文化制约的，通过活动和交往所形成的高级心理机能，如逻辑记忆、抽象思维、高级情感（理智感、道德感、美感）、预见性意志等，其最高层次是形成完整的高级心理机能的自我调节系统，即自我意识的健康发展和个性心理品质的形成。这两个层次的心理机能相互制约、相互促进、相互渗透，人的高级心理机能的发展能促进心理潜能的开发、利用，而人的低级心理机能的控制、利用、开发，又能极大地提升人的整体素质。

（三）心理素质特性

1. 中介性

心理素质居于素质结构的中间层次，既是个体遗传素质和社会环境、教育影响交互作用在人主体内部的积淀，同时，主体已有的心理素质又作为中介影响着社会文化经验的内化和自然生理素质的充分发展。因为人的各种社会文化素质的形成必须建立在人的相应的心理素质基础之上，随着新的相应的心理素质的形成而内化、扎根。

2. 稳定性

心理素质主要是在社会实践中不断积淀而形成的，是一个人在思想和行为中表现出来的比较稳定的心理倾向、特征和能动性。人的心理素质一经形成便具有相对的稳定性。在人的素质结构中，心理素质与社会文化素质相比具有更大的稳定性。虽然，人的心理素质也会随着环境、身体等因素的变化而发生改变，但其稳定性是内在的和相对的。

3. 可塑性

心理素质主要是个体在后天社会实践中形成的。其可塑性一方面表现在社会环境的多变性对心理素质造成直接的影响；另一方面，随着社会环境的优化和个体社会实践能力的增强，心理素质能得到相应的提高。通过社会实践，心理素质先天缺乏的部分还可以得到补充，先天不健全的可以得到完善，先天一般的因素可以培养为优势因素。

4. 独特性

由于每个人先天的禀赋和各自的生活环境、接受的教育、参与的活动各不相同，因而在此基础上发展起来的个体素质也各不相同，表现出个体之间的差异性和独特性。而这种独特性又主要集中地表现在每个人的心理素质上。发展人的个性，从一定意义上说，主要是指发展和发挥每个人的心理素质的独特性和创造性。

5. 内隐性和表现性

心理素质不像身体素质那样直观可感，其主要表现为一种本质的潜在力量，并成为决定个体活动的内在基础。在个体的社会实践过程中又表现为认识世界和改造世界的能力。但是，心理素质与能力不是简单的一一对应关系，它通常以一种综合性的基础功能表现出来。

二、心理素质教育

近年来，心理素质教育的迅速兴起，固然跟学生的心理问题日益增多密切相关，但更重要的在于其是实施素质教育的必然要求。开展心理素质教育不只是消极、被动地防范学生出现心理问题和纠正心理偏差，更重要的是积极、主动地促进学生心理健康发展，全面提高学生的整体素质。

（一）心理素质教育的兴起

心理素质教育也称为心理教育。早在古希腊时代，哲学家柏拉图把教育分为体育和音乐教育，体育是为了锻炼身体，音乐教育是为了陶冶心灵。他认为，人们如受到合适的音乐教育，就可使情操受到陶冶，性格得以调和。旋律和曲调的协和、庄严、优美，能使人精神和谐、举止有节、仪态优美。亚里士多德也非常重视音乐在心理教育中的作用。他认为，音乐包含三种功能：娱乐、涵养理智、陶冶性情。音乐可以改变人的性格，音乐之所以感人至深，是因为它的曲调和节奏反映了性格的真相，如愤怒与和顺的形象，刚毅与节制的形象，正义与坚韧的形象等。当这些表现形象的音乐进入我们的听觉时，就能激荡我们的灵魂。乐调所表现的内容不同、性质不同，故而能激起人们不同的心理感受和达到不同的教育效果。

在古希腊之后，历史上不同时期都有不少学者重视心理教育问题，但是，真正重视并系统地进行心理教育是 20 世纪 50 年代才开始的。60 年代，情绪心理学的发展有了长足的进步，形成了较为系统化的情绪理论，为情感教育的拓展和深化提供了理论依据和实践条件。在美国，60 年代初有克拉斯沃尔的情感教育目标、罗杰斯的情感教育理论和情感心理治疗的大量临床经验问世。70 年代以后，人本主义心理学家强调人的高峰情绪体验和积极情感对人生的意义，大力倡导爱的教育。在瑞士，情感教育也日益得到许多有识之士的重视，如 70 年代末日内瓦新皮亚杰学派提出了人格发展整合模式教育理论。在日本，心理学家主张以东西文化传统的结合来确立情操教育的价值体系。在法国，心理学家提出建立教育心理生态学，通过情感教育使人的情感与理智得以协调发展。经过三四十年的探索与实践，心理教育已从学校发展到社会，现代科学技术手段在心理教育工作中得到了广泛的运用。

心理教育在我国也有数千年的历史。孔子在其数十年如一日的教育实践中，就非常重视对学生兴趣、情感、性格、意志等方面的心理教育。例如，在兴趣教育方面，他提出了"知之者不如好之者，好之者不如乐之者"的命题，意即了解怎么学习的人，不如爱好学习的人，爱好学习的人，不如以学习为乐的人。孔子在这里阐述了兴趣对于学习的重要性。孔子在性格教育方面提出过"四毋"——毋意、毋必、毋固、毋我，意即教人勿妄自臆度，勿独断，勿自以为是。孔子之后，历代许多学者的著述中，也都蕴含着丰富的心理教育思想。但我国学者自觉地重视心理教育，却是从近代王国维开始的。王国维在其《论教育之宗旨》一文中首次提出了"心育"的概念。蔡元培先生也非常重视并积极实践"心育"。新中国成立之后，由于种种原因，心理教育未受到应有的重视。改革开放以来，受国际教育改革潮流的影响，我国教育界由片面强调知识传授转向发展智力，先后提出了加强心理教育、培养智力因素和非智力因素的问题，素质教育开始由学校教育扩展到全民和社会教育，心理咨询、心理辅导热线伸向了各个年龄层次的人群，架起了一座座沟通心灵的桥梁。仅十多年时间，心理教育在我国获得了较大的发展。

（二）心理素质教育的内涵

心理素质教育或心理教育，也就是培养人的心理品质的过程。心理品质直接主导着人的生理活动，调节着活动能量的释放，改善人的生理机能。同时，良好的心理素质又是内化社会文化成果的必要的主观条件，尤其是感情培养在素质教育中占有重要位置。

心理素质教育的根本目的和任务，是要提高全体国民的心理素质，这可以从纵横两方面来理解。在纵向上，它包括两个层次：一是消除心理障碍，增进心理健康，增强心理适应能力；二是开发心理潜能，提高心理发展水平。在横向上，它也包括几个方面的内容：形成积极的个性倾向，发展正常的智能，培养良好的性格，提高自我发展和自我完善能力。所以，在心理卫生学中，"心理素质教育"这一概念就是专指心理卫生教育。而我们所说的学校心理素质教育，不仅也包括心理学、心理卫生知识等方面的教育，而且更重要的是着眼于开发青少年学生的心理潜能，培养良好的心理素质，促进他们整体素质提高和个性发展。因此，学校心理素质教育，是指教育者运用心理学、教育学、社会学、行为科学乃至精神医学等各种学科的理论和技术，有计划有目的地对学生心理施加直接或间接影响，使学生保持积极健康的心理状态，从而充分开发自身潜能，促进其心理健康与人格和谐发展的一种教育活动。

从这个表述可以看到以下几个含义：

第一，学校心理素质教育的直接目标是提高全体学生的心理素质，最终目标是促进学生人格的健全发展。

第二，学校心理素质教育是帮助学生开发自身潜能，促进其成长发展的自我教育活动。这种自我教育活动主要有：一是以积极的人的发展观为理念，通过自我教育，不断地完善自身，达到自我实现；二是以学生的成长、发展为中心，帮助学生解决从儿童或少年期到青春期的过程中，遇到的一系列成长问题。

第三，学校心理素质教育以咨询心理学为主的多学科综合的教育方法作为技术手段。

（三）心理素质教育特点

1. 发展性

大中小学生的心理发展都处于迅速发展和形成的时期。他们之中出现的心理问题，一般说来是属于发展过程中出现的暂时性问题，可以通过促进心理健康发展加以纠正。即使是尚未出现心理问题的学生，也需要有正确的指导与教育，防止出现偏差，维护心理健康发展。

2. 主动性

大中小学生，尤其是少年儿童难以认识到自己是否存在什么心理问题，难以确定自身需要哪些心理指导与教育。因此，心理素质教育应主动地根据学生的心理特征和心理发展的内在需要，有目的、有计划、有组织地面向学生提供发展健康心理的指导与教育。

3. 整体性

心理素质教育应纳入学校整体运作机制之中。学校的全部教育活动和教师的教育态度与方式，对学生的心理状态均有明显或潜在的影响。因此，应根据学校心理素质教育的目标和要求，对学生进行协调一致的教育。在学校教育整体运作之中，每一位教师都应成为心理素质教育者。

4. 活动性

心理素质教育要求使外在的教育内化为学生的心理素质。要达到内化这一要求，必须通过学生亲身参与教育活动，在活动中理解、体验、逐步产生心理定式，才能形成心理素质。心理素质教育不能只凭靠讲解、灌输，最重要的是通过教学活动、班集体和团队活动及其他各种活动，让学生主动参与，大胆表现自我，不断加深理解和体验，从而达到内化为心理素质这一目的。

（四）心理素质培养的主要途径

学生良好的心理品质形成和发展并非一日之功，需通过多种途径和多方面的教育，方可在被教育者身上塑造出良好的品质，具体有以下几方面：

1. 建立和健全学校心理教育的目标体系

建立学校心理教育的目标体系，首先应当把它看作学校素质整体目标系统中的一个子系统。从纵向来看，要建立一套根据学生心理发展规律、特点及与教育要求相适应的系列目标，体现出心理教育和心理发展的层次性、阶段性。从横向来看，既要考虑到学生一般的、基本的心理素质的培养目标，又要考虑到渗透在各育（德、智、体）、各科教学中具体的特殊的心理教育目标；既要体现出心理素质培养中的共性与个性，又要体现出心理教育目标各方面以及其他各育、各科教学目标相互结合中的整体性、协同性。

2. 重视对学生心理素质的科学测试和综合分析

学校心理教育一方面以心理教育目标为依据，另一方面又必须建立在对学生心理素质、心理特点、心理状态、发展倾向的科学测定和综合分析的基础上。因此，应当逐步积累每一个学生心理素质发展状况的各种数据、资料，有条件的学校可以运用电脑建立学生心理档案。学校在教育管理中，应建立以班主任牵头的，有心理教育专职教师、班级任课教师参加的班级教育会诊制度，定期对学生进行教育、心理分析，使学生心理素质的发展自始至终置于学校教育的管理中。

3. 学校心理教育实施的途径和方法

学校实施心理素质教育的途径目前有两种意见：一种意见强调教学，主张心理教育课程化，认为要从提高学生的认识出发，要以开课的形式向学生传授心理学知识，结合心理知识开展辅导训练。只有把心理教育列入课程，才能使它在学校工作中占有一席之地。另一种意见强调活动，认为不宜过于注重心理学知识的传授，因为学生掌握了有关心理学知识并不一定就能提高心理素质，采用上述方式实施心理教育，可能使心理教育丧失其本身固有的某些优点。

目前学校心理素质教育实施的方式有：① 在学校各育、各科教学中渗透心理教育。② 优化学校、班级集体的文化心理环境，使学生受到良好的熏陶。③ 开展学校心理咨询工作，开设心理素质教育课程，加强对学生的心理训练和心理指导。

三、心理素质教育在素质教育中的地位

一个人的自然遗传素质、身心潜能的开发和实现程度，以及社会文化历史经验在人的身心结构中内化、积淀都可以从人的心理素质水平中得到综合反映。因此，心理素质在人的素质结构中占有独特的地位，也决定了心理素质教育在整个素质教育中的地位应该是独立、重要和不可替代的。

（一）我国心理素质教育的现状

欧美国家的学校早在 20 世纪六七十年代就已经从面向少数学生的、被动的、治疗补救性的心理咨询发展到主动地面向全体学生的心理教育，后来又从侧重个体心理障碍和心理疾患防治的心理卫生教育，发展到以培养"完整的生理、心理状态和社会适应能力"为主旨的普及性的心理健康教育，而且每一个阶段和层次的教育都有独立的地位，都是一个完整的可操作的体系。而我国学校的心理素质教育还处于一个较低的水平，还没有获得它应有的独立地位，表现在：

（1）在理论观念上，学校教育归结为德、智、体"三育"或德、智、体、美、劳"五育"，却没有独立的心育。虽说心育贯穿于各育之中，但它毕竟还有独立的功能和内容，就如其他各育一样，但它却没有获得与之相当的地位。

（2）在工作指导思想上，常常将心理教育与品德教育混淆，用解决品德问题的办法去处理心理问题。长期以来，在我国，人们对心理问题缺乏一个科学态度，对一些有心理障碍或心理疾患的人，不但不给予应有的理解、同情、关怀乃至必要的治疗，反而视之为"觉悟低""品德差"，把心理问题当作品德问题来处理，把心育德育化。

（3）在操作上，除少数开展心育试验的学校外，大多数学校没有专门的心育目标、计划、课程、教材和评价，没有专门的组织和人员，没有将心育列入学校的议事日程，因而学校的心理素质教育处于自流状态。

所以，我国大中小学生心理素质教育的落后状况与发展学生心理素质的客观要求是很不适应的。因此尽快地加强心理素质教育，建立学校心理素质教育体系是相当重要的。

（二）心理素质教育与德智体的关系

1. 心理教育与德育

毫无疑问，德育的实施包含着心理教育的内容，因为不管是道德品质的教育还是

道德行为的教育，都必然与心理学及心理教育发生关系。但是，二者既有区别，也有联系。现代的道德教育，其基本内容是侧重于人的社会化的教育，即道德品质和道德行为，也包含着人与社会，以及人与人交往中的伦理准则。而从心理学的理论与实践来说，诸如人格心理学与人格培养，人的社会化过程及规律，临床心理学与心理辅导，健康心理学与心理教育等，都对实际的道德教育产生积极而有效的帮助。所以二者共同之处在于对人格的培养，对人之发展的促进；其不同之处，在于心理教育所侧重的是个体的心理素质和心理健康，而道德教育所侧重的是个体的道德品质和道德行为。

2. 心理教育与智育

在实际的智力教育或知识教育中，心理学本来就起着十分重要的作用。对知识的学习与掌握，了解智力的结构与功能，智力的获得与发展等，一直都是心理学家所致力研究的主要方面。另一方面，在知识学习与教育中，"非智力因素"往往起着不容忽视的作用。如学习者的学习动机、学习态度，学习者的毅力、个性品质，以及教育者与学习者的相互影响和相互作用等，这些心理学方面的诸多问题，都在实际的智育过程中起到积极的推进作用。所以二者也是相辅相成，但又不可相互取代。

3. 心理教育与体育

体育之主要目的在于增强体质，促进健康，同时，也可以锻炼人的意志，培养人的个性，这样看，体育中已经包含了某些心理教育的内容。

但是，体育却不能取代心理教育，这正如人的身体健康不能等同于人的心理健康一样。对人的心理素质的培养，对人的心理健康的维护，本质上还要靠心理教育的实施与实践。而对健康的理解和促进健康的实际效果来说，体育之增强体质，只能是保证了健康的一个方面，即身体的素质方面。因而，体育和心理教育也是相辅相成的，但同样也是不能相互取代。

通过以上对心理教育与德智体三育关系分析，我们可以得出这样一种结论：心理教育有其自身的位置，它至少应该成为与德智体并列的基础教育范畴。虽然心理教育曾被或仍然被包含在其他三育之中，但实际上心理教育的意义和作用是不能被其全部代替的，唯有体系分明而独立的心理教育，才能更好地适应现代社会的要求，实际上也是更好地适应现代教育的要求。

（三）建立完善的学校心理素质教育体系

建立独立、健全、有效的学校心理素质教育系统，需要整体设计、多方努力，至少要做好以下几方面的工作：

1. 要制定心理素质教育的目标

这个目标，不仅学校、班级要有，各科教学也要有。心理素质教育目标与身体素质教育、科学素质教育、品德素质教育等各项目标是平行关系，而不是隶属关系。当然它们之间是互相联系、互相渗透的，但这是以承认各自的独立（并非孤立）地位为前提的。

2. 要建立心理素质教育的课程体系

心理素质教育既要渗透到其他各育之中，又要独立进行，因此它在学科课程、活动课程和环境课程中都应该占有一席之地。为此，应该编写心理素质教育教材和各种配套读物、参考资料，创立一整套教学教育方法，建立一整套课程化的管理制度。

3. 要设立心理素质教育的专门机构

学校应该专设心理教育室之类的专门机构，由经过专业训练的人员组成，主管全校的心理教育部门、心理教育活动，并承担心理咨询、心理辅导等专业性工作。

4. 要抓好心理素质教育队伍的建设

学校要配备心理学专业毕业或者经过专业培训的人员。目前只有少数地区的少数学校有专职心理教师，这与心理素质教育的要求相差甚远。要解决这一问题，一方面要加强专业人员的培养工作，另一方面学校应组织广大教师进行心理学的再学习，目的是提高教师的职业心理素质和教育心理学素养，使人人都成为合格的心理素质教育工作者，都能够用自己高尚的职业道德、良好的职业心理和行为去影响和感染学生，用科学有效的心理素质教育方法去教育学生。

第二节
大学生心理素质教育的特点、内容与模式

心理素质教育已被教育部明确纳入大中小学生德育的重要组成部分。中共中央在《关于进一步加强和改进学校德育工作的若干意见》中明确要求："通过多种方式对不同年龄层次的学生进行心理健康教育和指导，帮助学生提高心理素质，健全人格，增强承受挫折、适应环境的能力。"作为大学生这一特殊群体，除了具有一般心理素质教育的要求外，其自身还有一些特殊的要求。

一、大学生心理素质教育的特点

根据心理素质教育的内涵，大学生心理素质教育也是通过教育的引导，促使大学生能自我解决心理问题，提高心理素质，从而达到心理健康发展。因此，大学阶段的心理素质教育有其自身的特殊性。

（一）大学生心理素质教育的特点

1. 目的性

大学生心理素质教育的目的性包括两个方面：一方面，使大学生认识到心理教育对提高心理素质和维护心理健康的作用和意义，自觉地接受心理教育，积极参与各种心理教育活动；另一方面，为培养高素质的高级专门人才，有计划、有组织地开展各种各样的心理教育活动，帮助大学生提高自知力，促进心理成长与潜能开发，增进社会适应能力，健全人格，从而在总体上提高心理素质和心理健康水平。

2. 针对性

心理素质教育强调，必须按照学生不同的心理特点进行针对性教育。目前普通高校的在校大学生的年龄在 18~23 岁。因此，必须首先对学生进行详细的心理调查，

找出群体和个体的实际心理问题，作出分析评判，随后开展心理素质教育，增进心理健康水平，及时疏导与改变不良的心理状态，预防心理问题的出现，矫正与治疗心理不健康或心理疾病患者。

3. 实践性

大学生心理素质教育具有明显的实践性。心理教育单纯依靠言语说教，常常难以改变学生的心理行为，因此必须结合心理训练等实践教学活动进行，必须有一整套实践教学的内容、要求、目标和步骤。

4. 自觉性

心理素质教育成功的条件之一是学生接受心理教育的自觉性。学校心理教育工作者要通过多种教育教学形式，帮助大学生正确认识自己、认识社会，提高他们的自我认识、自我教育、自我控制能力，发展大学生的心理机能，开发其内在潜力，促进心理健康的发展。

5. 综合性

心理素质教育是基于心理学、教育学、社会学、行为科学和精神医学等科学基础上的综合性教育，因此是一项系统工程性质的特殊教育。另外，大学生的心理发展也是多因素的综合效应，它受外部的客观条件，如时代特点、生产力发展水平、社会政治制度、教育制度、科学水平和民情风俗等方面的制约；同时又与个人的内部主观因素，如心理倾向性、心理特征、身体素质以及实践活动的深度和广度密切联系。因此，我们在实施教育训练时，必须有综合观点。

（二）大学生心理素质教育与相关学科的关系

大学生心理素质教育既有自然科学性质，也有社会科学性质。它是心理学、教育学和青年学相结合的一门交叉学科。此外，它与教育心理学、医学心理学、社会心理学、青年心理学都有密切的联系。

教育心理学研究受教育者掌握知识、技能与形成道德品质的心理规律，因此其研究成果对大学生的智力开发、品质培养及自我教育、自我控制都有着重要意义。

医学心理学研究心理因素在疾病的发生、诊断、治疗与预防中的作用。这方面的研究成果对大学生防治心理疾病，提高心理健康水平有积极的作用。

社会心理学研究社会领域的各种心理现象与心理规律，其研究成果对培养大学生良好的心理品质、提高人际关系的心理适应水平也有积极意义。

青年心理学研究青年心理的发展规律，其成果为探讨大学生心理发展规律、培养大学生良好心理品质提供了理论基础。

（三）大学生心理素质教育与政治思想教育的关系

大学生心理素质教育与政治思想教育相互联系又相互区别，主要表现在以下三个方面：

（1）从目标上看，大学生心理素质教育与政治思想教育同属于高校德育课的教育内容，二者均是实现高校德育目标不可缺少的内容，共同目标都是把学生培养成有理想、有道德、有文化、有纪律的一代新人。

（2）从内容上看，政治教育，即对学生进行政治观点、政治立场、政治信念等方面的教育；思想教育，即对学生进行马列主义、毛泽东思想、邓小平理论、"三个代表"重要思想、科学发展观、习近平新时代中国特色社会主义思想的基本教育和集体主义、爱国主义、现代化思想观念等方面的教育；而心理素质教育，是对学生进行意志、毅力、性格、情绪及心理健康的陶冶和教育。二者在内容上有许多不同之处，但也有交叉联系的地方。

（3）从二者的相互作用看，思想问题与心理问题互相交叉、相互影响。思想和心理密切相关，一个人良好的思想政治品质的形成有赖于一个人的心理健康水平。这是因为：一方面，健康的心理更易于接受思想教育并内化为自己的信念，外化为自己的行为；另一方面，一些大学生的错误思想、不良品德往往是在不健康的心态下形成或表现出来的，其中有些违法乱纪的行为本身就是心理障碍的结果。因此加强心理素质教育，不仅对大学生身心健康有好处，同时也有利于形成良好的思想政治品质。

二、大学生心理素质教育的内容

大学生心理素质教育内容主要包括两大方面：一是心理品质教育与培养，主要目的是使大学生了解成才必须具备的各方面心理素质，以及如何自我培养；二是心理健康教育与维护（心理卫生），主要使大学生学会在学习、工作、生活中遇到挫折困难时，调节自己的心理，摆脱不良的心理状态，达到维护心理健康的目的。

（一）心理品质教育与培养

1. 智力开发

青年期是智力潜能发展的黄金时期，有极大的可塑性。作为当代大学生，应把握住智力开发的钥匙，采用一定的方法，有计划、有步骤地开发自己的智力。

2. 情绪培养

揭示影响、制约青年形成健康情绪的条件及因素，探讨维护大学生情绪健康的途径和措施，用心理健康的科学知识武装大学生，从而提高大学生情绪调节的能力。

3. 意志锻炼

大学生的意志品质要在大学这个集体的熔炉里磨炼造就。那么，大学生应尽早树立起正确的人生观和世界观，根据意志品质形成发展的规律在实践中有意识地培养，并在克服困难的过程中逐渐形成优良的意志品质。

4. 气质修养

气质的生理基础——高级神经活动类型，虽然具有某些先天特征，但也有着一定的可塑性。大学生通过学习，了解自己的气质类型，了解自己的缺点，用积极的态度自觉地提高气质修养，取人之长、补己之短，发展并形成自己良好的气质特点。

5. 性格塑造

良好性格助人成功。塑造优良性格，需要有一个长期努力的过程。大学生通过学习与教育，可以了解自己的性格特点及优化的途径和方向，通过不断地进行各种训练，在长期潜移默化的陶冶中形成良好的性格。

（二）心理健康教育与维护

1. 心理健康与保健

通过这方面教育使大学生正确了解心理健康及其重要意义，充分认识到心理健康能够促进有效学习和智力活动的正常进行，意识到心理健康是大学生正常发展的必要条件，从而激发大学生维护心理健康的意识。同时让大学生了解和掌握心理保健的基本方法，注重自我调节，树立信心，确立合理目标，积极上进。

2. 心理挫折与调适

挫折在大学生学习、生活、工作中不可避免。因此，大学生对挫折要有正确的认识和理解，掌握正确调适挫折心理的方法，清除挫折对心理的消极影响，摆脱困境。

3. 心理适应不良与调节

由于各种因素影响，有些大学生不能很好适应大学阶段的学习生活、人际交往，形成各种不良的心理状态，影响了他们的身心健康发展。因此，大学生应该学会应用各种方法调节心理，适应环境。

4. 心理疾病与治疗

大学生如果对学习生活非常不适应，出现的心理问题无法调节，就有可能导致较严重的心理疾病。因此，作为大学生应该对这些常见心理障碍或病症的起因、表现及治疗等基本知识有所掌握和了解，以便配合专业人员及早发现，及早治疗，以免延误病情。同时，也可在平时注意避免和消除这些病症的诱发因素，以达到预防的目的。

三、大学生心理素质教育的模式

从大学生心理素质教育的内容和要求来看，在高校中开展心理素质教育工作可以建立这样一种模式：通过课堂教学、课外活动、个别辅导、校园心理文化建设四个方面的有机结合、相互补充，共同激发心理教育的内驱力，使之蓬勃有效地开展。

（一）心理素质教育的课堂教学

教学是实施教育的主渠道。心理素质教育如果只靠课外的单项活动来开展而脱离教学，是难以促进学生整体的心理状态全面发展的，收效也是极其有限的。因此，只有把心理素质教育纳入教学渠道之中，才能调动全体师生参与的积极性，共同完成心理素质教育的任务。

以福州大学为例，心理素质教育工作从 1989 年开始。起初是以专题讲座的形式进行的，如开设："如何调节情绪""如何应付挫折""如何进行有效的人际沟通"等专题。随着心理素质教育的开展，应广大学生强烈的要求，自 1994 年起，福州大学在全国率先把"大学生心理素质教育"课程列入教学计划，作为每位新入校大学生的必修课程，使心理教育课程化。

我们曾对 2 518 名学习了"大学生心理素质教育"课程后的新生做了一项调查，结果显示：① 关于学校开设心理素质教育专门课程的调查：43.8% 的学生认为很有必要，54.8% 的学生认为有必要，只有 1.4% 的学生认为没有必要。这与 1994 年调查2 285 名新生时，认为有必要的是 91.98%（包含很有必要）、没必要的是 8.02% 的情况相比较，在认识上有很大提高。② 关于"对心理素质教育课程化的态度"调查：66.1%的学生对这门课的态度是喜欢，32.4%的学生的态度是一般化，只有 1.5%的学生是不喜欢。③ 关于通过"大学生心理素质教育"课程学习后，评价自己的心理素质状况的调查：15.6%的学生认为自己心理素质提高很大，79.6%学生认为有提高，只有 4.8%的学生认为保持原状。④ 关于如何提高自己心理素质，增强社会适应能力方面的训练，应该以什么方式更适合的调查：30.0%的学生认为可通过开设心理素质教育专门课程，34.7%的学生认为只用开设专题讲座，23.1%的学生认为应该加强心理素质训练班学习，以实际操作训练为主，12.2%的学生认为应通过个别咨询来提高自己的心理素质。

从以上调查来看，心理素质教育的课堂教学是很有必要的，也是实施心理素质教育很重要的途径。

（二）心理素质教育的课外活动

心理素质教育可以通过课外活动实施，增加其趣味性与实践性，使学生更易接受，并能积极参与。课外活动可以弥补课堂教学途径的不足，打破课堂教学在时间、空间、形式上的局限性，更能发挥学生的主体作用。学生自由参与活动，感到轻松自如，没有心理压力，在生动活泼的各种活动中，通过亲身实践接受教育，感受深刻，有助于内化课堂理论。

心理素质教育的课外活动形式多种多样，具体来看可有下面一些做法：

1. 建立学生心理健康俱乐部

心理健康俱乐部主要是为学生进行心理教育提供专门的场所，在其中开展多种活动。有条件的学校可以建立比较完整的、功能较全的一组心理教育活动室，包括心理咨询室、心理测验室、心理阅览室、心理活动室和心理松弛室。心理咨询室，主要是接待来访学生的个别咨询而设立的。心理测验室，主要是对学生进行心理品质和心理健康水平的测验和评定，使学生更客观地认识自我、评价自我，提高自我意识和自我教育能力，为学生了解和调整心理状态提供依据，并能从中早期发现有心理问题的学生，有针对性地做好个别辅导工作。心理阅览室，主要是图书资料专用阅览室，放置有关心理方面的书籍、杂志、报刊等，让学生了解更多的心理素质教育内容。心理活动室，主要是配合心理教育活动而设置的，如心理沙龙，通过"对话""心理剧""角色游戏""主题讨论或辩论"等形式，使学生对一些常见的心理问题增进认识及学会调节的方法。心理松弛室，主要是为学生心理减压的需要设立的。通过一些仪器、设备，对学生进行放松训练，训练学生的自我控制和自我调节能力，从而增进学生心理健康。

2. 开设心理素质教育专题讲座

可以针对学生普遍存在的心理问题，每学期开设几次专题讲座。如"考试焦虑的防治""青春期异性交往指导""如何应付心理危机""毕业生就业心理调适"等。

3. 开展心理素质教育的竞赛活动

在学生中，可以经常举办有关心理卫生知识竞赛、心理专题演讲比赛和心理素质辩论赛等活动，让学生就某些问题谈谈自己的见解，进行广泛的经验交流，增加心理教育的现实感。

（三）心理教育的个别辅导

以上两种途径都是面向群体开展，属团体性心理教育。而在团体性心理教育过程中，我们会发现一些需要特殊帮助的学生，他们需要通过个别辅导途径进行个别性教育。个别辅导的对象一般有两类：一类是认为团体教育还不能满足或解决自己问题的学生，他们希望进一步认识自己，更充分地挖掘自己的潜能和完善自己，要求得到具体指导。第二类是有明显的心理冲突或心理偏差，即产生某方面心理障碍甚至心理疾病的学生，他们需要心理咨询和治疗，克服心理障碍，走出困境。

具体做法可在学校设立心理咨询室、心理信箱和热线电话等，由具有心理咨询专业知识的老师担任心理辅导员，对有需要的学生给予直接指导和帮助，其中包括主动求询的学生，也包括在团体教育中发现有问题却未主动来询者。

（四）加强校园心理文化建设

实施心理素质教育，我们还可以利用学校的隐性课程——校园文化，把这无声的教育与有声教育相结合，更是相得益彰。加强校园心理文化建设，如设立心理教育专题版报，创建心理教育校刊，开设心理图书阅览室，在学校广播室设立每周一专题——"心理卫生大家谈"节目，开展"心理卫生宣传日"等，可营造一种浓厚的心理教育氛围，使学生受到潜移默化的影响，在不知不觉中接受心理教育。此外，还可以建立大学生心理健康档案，为及时了解学生的心理发展状况和发现存在的心理问题提供依据和信息，从而有针对性地做好心理教育工作。

从以上四个方面的途径来看，课堂教学途径着重于全体学生心理素质的提高，课外活动和个别辅导途径着重于维护个体的心理健康，校园心理文化建设是起到辅助、补充的作用，四者相互联系，有机结合，共同促进心理教育功能的发挥，达到全面提高大学生心理素质和心理健康水平的目的。

第三节
大学生心理发展

实施心理素质教育的第一方面内容就是根据学生心理发展的特点进行心理品质的教育与培养，从而使大学生在了解自己心理发展的基础上，提高自己的心理素质。

一、大学生心理发展特点

（一）自我意识逐步成熟

自我意识包括自我认识、自我体验、自我控制等。大学生的自我意识一般表现为如下特点：

1. 自我评价有了较高的客观性、连续性和稳定性

大学生自我评价同自己的客观实际比较接近，高估和低估现象只发生在少数学生身上，他们进行自我评价的方式有三种：一是把自己同他人做比较，从而认识自己的优劣和长短；二是把自己的现状同自己的历史做比较，从而认识自己的进步程度；三是把自己的现状同未来做比较，从而发现自己现实状况的差距和不足，这后两种方式表明，大学生的自我评价已经具有了连续性和稳定性的特点。

2. 自我体验深但不稳定

大学生由于社会对他们的要求以及自身身心的发展需要，促使他们经常在各种场合反思自己，对自己的发展以及社会地位的日渐关心，使其对自己的一切行为举止极易产生强烈的内心体验，但由于其自我体验有着较多的情感性，故不够稳定。

3. 自我控制的水平明显提高，但有时还容易冲动

大学生基本能按照自己的理想和追求规范自己的行为，并能逐渐以社会标准和社会要求调节自己的行动，自我控制水平大大提高。但从总体上看，由于他们社会经验少，阅历不深，对一些重大问题往往不如成年人那样沉着，比较容易冲动。

（二）智力水平达到高峰阶段

智商测验表明，个体的智测分数随着年龄的增长而上升，发展到 20 岁以后才停止。作为处于青年中期的大学生智力已出现质的飞跃，发展达到最佳水平。

1. 辩证逻辑思维迅速发展

大学生随着实践经验的丰富和知识的积累，抽象概括能力逐渐提高，已能对各种事物进行比较全面的认识和分析，把握事物间固有、内在和本质的联系，从而抓住事物发展的某些规律。

2. 具有思维的独立性和批判性

随着思维能力的提高，大学生的独立思考能力迅速发展，他们开始用质疑和批判的眼光来看待周围的人和事，不满足前人或书本上的结论，喜欢质疑、探索，并经常提出一些新奇的想法。

3. 思维的灵活性和敏锐性迅速发展

在思维方向上，大学生能够从不同的角度和不同的方面，用不同的方法思考问题；在认识的过程上，大学生能够运用所学的知识，综合地对问题加以分析。就思维的敏锐性而言，大学生对新事物、新问题敏感性强，并容易接受。

4. 思维出现了创造性

大学生由于积累了一定的知识经验，善于独立思考，较少保守思想而富于想象，所以常能提出一些新的见解，思维中出现了更多的创造性成分。他们能够采用发散性思维方式，对同一个问题提出多种构想，并从不同方面展开论证，以求多种答案，他们不喜欢统一模式，总想标新立异、与众不同，这种思维倾向会促进创造性的发展。

（三）情绪、情感日益丰富

一般来说，高等学校大学生的活动领域扩大了，生活丰富多彩，多样性的需要和体验产生了丰富复杂的情感；另外，情感是与一个人的世界观、知识水平和道德修养

密切联系的，大学生这方面的显著提高，也推动了情感的发展。

大学生对情绪和情感的自我调节与自我控制能力逐步提高，表达情感的方式具有间接性和曲折性的特点。他们不再像中小学生那样，总是以直接、开放的方式表达情感，而是根据具体条件，选择一定的情感表达方式。他们学会了掩饰自己的内心体验，能够做到对其厌恶的事物表现得无所谓，对其喜欢的事物表现得无动于衷。这是他们表达情感方式社会化的结果。

大学生情感日益丰富，高级社会性情感迅速发展，这类情感包括学习科学技术过程中形成的理智感，集体生活中形成的道德情操，人与人交往中形成的友谊和爱情，文化娱乐生活中形成的美感，政治生活中形成的政治责任感等。

（四）意志品质不断发展

意志是人们自觉克服困难、完成预定任务的心理过程，是人的能动性的突出表现形式，大学生在完成学习任务和其他实践活动中发展了各种优良的意志品质：

1. 意志行动具有比较明显的目的性

大学生在行动时能够意识到自己行为的目的，并自觉地进行有意志的行动。

2. 克服困难的毅力不断增强

多数大学生能够克服来自内部和外部的障碍，以顽强的意志力与持之以恒的态度战胜困难。

3. 意志行动的社会性不断提高

随着大学生的社会化不断深入，他们的生活准则和生活目标更多地倾向于社会的需要和要求，更多地与社会目标结合起来，意志行动中带有明显的社会性倾向。

（五）人生观基本形成

人生观是对人生的基本看法和态度，是一种高级的心理现象。大学时代是人生观形成并稳定发展的时期，大学生人生观形成有两个突出特点：一是自觉探讨人生问题。他们经常思考的问题是："人活着到底为什么？""怎样看待人生价值？""怎样度过自己的一生？""做人的基本准则是什么？"等；二是对人生问题的探讨更具有哲理性。大学生具有了一定的知识和社会经验，思维水平有了很大提高，对人的本质、作用和人生哲学等问题，总喜欢从理论上通过论证去求答案，而不满足于人生问题的一般描述和泛泛而谈。他们探讨人生问题的方式一般有三种：一是个人独立思考，有些人把思考的过程和结果用日记形式进行概括性整理；二是相互间讨论和辩论，这种讨论有时候会把人生问题的探讨推向更广阔的知识领域；三是阅读有关人生问题的理论著作、名人传记和文学作品，从中受到启迪，引出答案。

二、大学生心理发展的过程

大学生心理发展过程是指从新生入学开始一直到毕业前夕这段时间内大学生的心理活动。研究表明，不同年级大学生的心理发展特点是不同的。因而，了解大学生在心理发展不同阶段中的心理特点，对解决大学生心理发展中的矛盾问题能起到积极帮助。

一般来说，我们把大学生的心理发展过程分成三个阶段（以四年制大学生为研究对象）：

（一）适应大学环境的阶段

这个阶段是从大学一年级的第一学期到第二学期。学生的主要心理特征是对环境的不适应和思想的不稳定。这种心理特点主要表现在以下四个方面：

1. 不合群和自卑

一些学生入大学前，踌躇满志，自以为是青年中的佼佼者，颇有几分优越感。入大学后发现高手云集，自己并不是最聪明、最拔尖的，比自己强的大有人在。一些新生原来在家时，习惯于被老师"扶着"，被家长护着，习惯听各种赞扬声，而现在失去了原有的受宠心理之后，便容易产生不顺心、不合群及自卑心理。

2. 人际关系上的不协调

在上大学前，绝大多数学生居住的流动性不大，熟悉的面孔，相似的习俗、语言，构成自己所熟悉的生活环境。到大学以后，他们所面对的却是新的环境、新的伙伴，生活上要自己料理，要和陌生的老师、同学交往，这些思想、性格、习惯和地区之间的差异，使他们感到生疏。加之新生缺少生活阅历和交友经验，不大关心和理解别人，常因一点小事闹矛盾，产生隔膜，又不善于采取行动和解，因而陷入无端的苦恼之中，产生了一种莫名其妙的失落感和孤独感。

3. 生活自理能力差

有的新生在中学有寄读的经历，但大部分新生从未离开家人生活过。进入大学后，班集体成为主要生活环境，宿舍成了主要生活区，日常生活全部得自理，这对那些平时习惯于依赖父母的人来说，成了一道难题。

还有，第一次离家，如何计划安排好生活费也需认真考虑。有些新生由于各种原因过早透支完一个月的生活费，以至于陷入窘迫的困境。

4. 学习上不适应

进入大学后，在学习任务、内容和方法上都发生了变化。中学课程几年"一贯制"，大学一年要新开和结束几门课，四年要学二三十门课，中学有老师天天辅导，日日相随，大学则要求有较强的自学能力、独立思考和解决问题的能力，而新生还没掌握大学的学习方法，不善于自学，不会利用图书馆查阅资料。因此不适应这种学习生活，不懂得怎样支配时间。

案例一：谁能教我自信？

大学生从不适应到适应，由于个人的情况不同，需要的时间长短也是不同的，短则数月或一学期，长则一年。大学生应当不失时机地找到适应新环境的方式，努力探求大学生活和学习规律，把掌握知识和改进学习方法结合起来，同步进行。力争缩短适应期，迅速在生活、思想和学习上适应大学的新生活。

（二）全面发展阶段

这一阶段是从大学二年级到三年级。学生的主要特征是积极追求精神上的充实和从多方面发展自己的能力。

经过一个学期或更长时间的生活实践，大学生入学时的不适应逐渐消除，新的心理平衡已建立起来，新的竞争开始，大学生活进入了相对稳定阶段。这一阶段的心理特点主要表现在三个方面：

1. 人生观、世界观逐步形成，并趋于稳定

随着对马列主义理论和社会发展规律的认识加深，大学生的思想进一步提高。他们能把自己的成长同社会的发展需要相联系，突出表现在政治上要求进步，关心国家大事，社会责任感增强，有些同学主动向党组织靠拢。另外，他们向往民主，向往科学，向往现代化；他们勇于探索，勤于思考，富有进取和开拓精神。但由于在政治上还不够成熟，有时受社会上错误思潮的影响会出现偏激的言论，甚至采取不适当的过激行动。

2. 求知欲增强，注重能力的培养

经过一年的学习生活实践，大学生对自己的专业了解加深了，专业思想稳定了，知识贫乏感增强了，学习动机和目的也明确了。他们渴望拓宽新的知识领域，不仅在专业基础课学习上刻苦努力，而且热衷于博览群书，参加社会实践，并能提出较高水平的问题。与此同时，各种能力也得到相应的锻炼和提高，有意识地培养自己的科研、管理、表达、社交及实际操作能力。但也有少数同学胸无大志、得过且过、迟到早退、旷课缺席，沉醉于谈情说爱，迷恋于网络游戏，有的甚至犯错误，受处罚。

3. 思想活跃，兴趣广泛，考虑问题逐渐实际

这一阶段的大学生，既无一年级学生的不适应，又无毕业班学生的就业压力，所以思想活跃，兴趣广泛，他们积极参加和组织各种社团活动，乐于参观游览，喜欢搞丰富多彩的课外活动。

这个阶段的大学生考虑问题已趋向实际。权衡问题往往从眼前和个人状况出发，不愿做出牺牲，他们对过去和历史看得淡，不习惯、也不愿意纵向比较，而喜欢横向比较，同时十分珍惜自我存在，十分重视个人价值。

总之，这个阶段是大学生在全面发展的爬坡阶段，心理品质的主要方面是积极肯定的，他们渴望从各方面来充实和发展自己。在"爬坡"途中，也会出现落伍者。因此，在此阶段，大学生应考虑三个方面问题：一是学会控制自己的心理活动，排除消极心理因素，集中精力学好专业，探求知识宫殿的奥妙；二是建立合理的知识结构，以专业知识为核心，扩大知识面；三是确立远大理想，明确奋斗目标，加强品德修养。

（三）从学生生活向职业生活过渡阶段

这一阶段是大学四年级。学生的主要心理特征是专业心理进一步趋向稳定，自立感和社会责任感明显增强，并且对未来事业产生了种种美好的憧憬。具体表现在以下三个方面：

1. 对专业学习更加关心

这个阶段的大学生亲身体验到学习专业知识与达到专业培养目标之间的密切联系，这在心理上引起了深刻的变化。他们愿意多接近专业课教师交谈思想；关心专业的发展前途，并对未来生活和事业都有一定的心理准备。有的大学生对专业怀有深厚

的感情，立志将来为本专业做出贡献。因此他们更关心本专业学习，刻苦钻研的劲头更大了。

2. 心理压力增大，思想较为复杂

大学生面临毕业和就业，社会角色将发生较大的转变，因此心理上必然有一个较为复杂的变化过程，同时思想也会受到较大的影响。

四年级学生心理上基本成熟，思维、情感、意识等心理因素已与成年人相接近，一般能够比较理智地处理问题，但在面对毕业、就业等关系到终身发展的问题时，思维、情感等仍较易受环境影响，产生波动，自制能力也明显差于成年人。在对待友谊和爱情问题时，比低年级的大学生更为敏感，行动上较为谨慎。

3. 更加注重自我评价、自我设计与自我完善

在这个阶段，大学生的心理成熟程度提高到了一个新的水平，内省精神增长，开始依照即将开始的职业生活模式来要求自己，通过毕业实习和毕业设计的检验，他们感到自己的知识和能力不足，开始冷静地分析自身素质，并希望能够通过最后一阶段的拼搏，提高自身各方面的能力。这时，有些同学感到好多知识没有学到手，好多事情没做完，感到时间已经不多了，因而更加努力，有较高的追求目标，有成才的强烈愿望。当然，也有一些学生在学习上得过且过，不求进取，只等毕业拿文凭。

在这最后一个阶段，大学生应处理好以下心理问题：一是发奋学习，保证圆满完成学业；二是要做好走向社会的准备，在就业的竞争面前客观地分析自我，注意适应新的社会角色，树立高尚的职业思想。

三、大学生心理发展的矛盾

（一）闭锁性与交往需要的矛盾

首先，大学生刚入大学，置身于一个陌生的环境，同学之间互不了解，且一时难觅知音，无法将自己的苦恼倾吐出来，很容易形成自我封闭，加之有的同学习惯于被他人所关心，而缺乏人际交往的主动性。这些人际关系的变化，容易引起大学生的不适应。

其次，大学生由于还不够成熟，自尊心又强，有许多思想感情不愿轻易向不了解他的人吐露；还由于自我意识的变化，随着心理上需求的增多，越来越感到自己的心理特点与别人的存在差异，这些秘密又不便向外透露，再加上教育者及有关的成人不能正确对待他们，就造成大学生在某一段时期心理上的闭锁性。

同时，大学生又有强烈的被他人接纳的心理需求，也十分关注自己在他人心中的地位，渴望别人理解自己。他们需要得到别人的帮助，需要友谊，这就形成了一种闭锁性与交往需要的矛盾。

（二）求知欲强与识别力较低之间的矛盾

大学生渴求知识，求知欲特别强，无论社会生活领域还是自然环境领域中的一切，他们都感到新奇，都想了解和探求究竟。社会生活领域很复杂，各方面的影响纷至沓来，各种知识从不同的渠道涌至大学生的面前，随着大学生身体和个性的成熟，

这种情况是符合他们渴求知识需求的。但是他们缺乏实践经验，理论修养也不够，因此识别能力比较低，特别是低年级大学生，这个弱点表现得更为明显，他们往往对一些理论和作品缺乏全面评价的能力，有的人把丑当成美来模仿，良莠不分，真伪不明，这又构成了一个现实矛盾。童年期的儿童遇到不懂的问题，乐于向成人请教，中学生已不像儿童那样喜欢提问题，青年期的大学生由于独立性更强，总是按照自己的需求与爱好吸取知识，因此，容易在多渠道的信息交流中，受到不正确的理论观点、不良的价值观的影响。

（三）情绪与理智之间的矛盾

大学生的情绪很容易激动，往往在两个极端之间摇摆，一方面他们的自我体验很复杂，往往不能冷静地控制自己的情感，对所接触的人和事，也容易感情用事。另一方面，随着年龄增长和社会教育的增多，他们也懂得了若干世故道理，因此当遇到所认识的道理和当时需要暂时不一致时，往往明知应该怎样对待才是合理的，但却不善于处理好情绪与理智之间的关系，以致不能坚持正确的认识而成为情感的奴隶，事后却往往为此而后悔苦恼。

（四）愿望与现实的矛盾

大学生有广泛的兴趣，想象力丰富，有自己的志向和爱好，需要也多种多样。但是在现实生活中，这些愿望和需要受到许多制约，而不能完全实现和满足，这就产生了一系列的矛盾。愿望与现实的差距越大，这种矛盾也就越大，如果他们对这一矛盾，不从自己本身的思想认识、智力特点出发考虑问题，就会把这种不切实际的幻想夸大，而对现实产生不满。

第四节
大学生心理训练

心理素质被视作人的文化素质和思想素质等其他素质形成和发展的基础，直接制约着个体整体素质的提高。但是，究竟如何有效地增强和提高大学生的心理素质，目前尚缺乏比较固定的模式和方法，国内心理学家仍在积极探索之中。一般来说，心理训练是提高大学生心理素质的有效途径。

一、心理训练

（一）心理训练的概念

心理训练实质上是一种特殊的教育过程，它是一种特殊的自助式的心理教育方式。

心理训练的教育性表现在它是在心理学的科学原理和方法的基础上，为广大希望提高心理素质、改善社会适应、实现个人潜能的人提供一套切实可行、正确有效的方法、手段和程序，通过理解、练习和调整，最终使以往的心理与行为发生积极、持久的改变。接受心理训练的人实际上在进行一系列的学习，包括认识的突破、情绪和情感的调适、行为的转变和人格的改善，在学习过程中个人能够获得整体上的成长和心理上的成熟，生活质量得到提高。

心理训练的特殊性体现在它不同于一般性的以外在影响力为主导的教育，而是以投身于心理训练当中的个人内在力量为主导。它的着眼点不在于从外在改变人的某些心理与行为，而在于帮助个人自己改变自己，是一种自我教育、自我学习、自我训练的过程。这里为大家提供的原理、方法、手段、程序，都是为那些愿意改变自己、对提高心理素质有强烈需求的人特别选择和设计的，为的是帮助他们认清自己、认清环境，充分利用现有的有利因素促进自我的成长，自己做自己的分析者、治疗者和指导者。

心理训练是一种要求个人充分发挥自主性的自我改变历程，通过训练将使个人对自己有更真实的了解、更恰当的引导和更主动的控制。也就是让一个人自己掌握自己，而不是被环境、习惯和以往经验所控制。

在具体实践中，心理训练可以分为以下几个层次：

第一，生理心理水平，如生物反馈训练、放松训练、气功和瑜伽的身心调整等；第二，基本心理机能层次，如观察力训练、记忆力训练、思维训练等；第三，高级心理机能层次，如学习能力、智力、创造力、交往能力和生活适应能力的训练；第四，修养或人格层次，着重于个体的全面发展，中心是人格教育与训练；第五，社会群体心理层次，着重于群体心理与群体行为的教育与训练，具体表现为大众心理训练等。

（二）心理训练的特点

1. 针对性

针对性是指心理训练要符合大学生的身心特点，每种心理训练都有其特定的目的和目标。如果心理训练旨在养成某种良好的习惯，提高相关技能，则可采用角色训练培养大学生的交际技能和口头表达能力；如果心理训练旨在改变原有的心理面貌，养成良好的心理品质，则可采用自信训练来克服自卑心理，提高自信心。

2. 强化性

强化性是指心理训练具有短期、高效的特点。与引起心理变化的社会适应的长期性相比，心理训练的时间一般比较短，如几天或几周，最长的也只有一至两年。时间通常都比较集中，其目的性、计划性较强，预期在短期内改变原有的心理面貌，具有高效率的特点。

3. 科学性

科学性主要是指心理训练的设计和实施合乎科学，包括形式得当，活动组织紧凑，方法科学，技术可行。

4. 系统性

单项心理训练（有时称为心理操作）对心理可能产生一定的影响，但这种心理训练通常比较零散，对心理的影响缺乏持续性，根据心理学的反复或重复原理，要实现心理训练的预期目的与效果是比较困难的。如果仅仅进行放松训练而不与其他训练结合起来，心理训练的效果就不那么明显。综合心理训练把相互联系的多项心理训练结合起来，有步骤、分阶段地组织实施，在内容、形式、方法上相互交叉、补充和进行不同程度的扩展，有助于心理训练的进一步深化和效果的巩固。如果将放松训练与自信训练结合起来，就比进行单项训练有更好的效果。

（三）心理训练的作用

1. 提高人的心理活动的水平

通过心理训练的人，能够提高注意的稳定性、集中性；提高观察的精确度、敏锐度；提高记忆的效率；激发思维的创造性；推动正常需要的发展；树立自信，使人积极主动地活动、高效率地工作，减少疲劳、厌倦和无能为力的感觉。

2. 提高自我控制和调节的能力

一个健康的人能够有意识地、适当地对自己的情感表达方式、情绪反应强度、动机的趋向和水平、思维的方向和过程、行动的指向和方式等进行控制和调节。当一个人通过心理训练使自我控制和调节能力达到较高水平时，会表现出以下特征：思维敏捷，逻辑严谨，语言流畅，举止得体，情感表达充分、准确，不卑不亢，动机水平恰当，行为灵活、有效，容易获得满足感等。

3. 增强对环境的适应能力

通过心理训练，能使个人对所处的自然环境、生活环境、工作氛围、人际关系及自身的内部环境，保持良好的适应。当以上环境发生变化时，能较快地调整自己的应对方式，重新获得良好的状态，不会因为缺乏变通而导致身心出现不良反应。

4. 增强心理的耐受力

通过心理训练，能使人对强烈、持久的精神刺激或压力有较强的承受力、抵抗力。如遇到亲人亡故、事业受挫、希望破灭等短暂而强烈的刺激，或遇到疾病缠身、生活贫困、处境不如意等持久的精神压力，可以坚强地承受并理智地处理它们，或者以更积极、有效的方式化解压力，使之转变为进取的动力。不会因为刺激和压力而导致心理活动出现紊乱、活动效率下降，甚至情绪失去控制、行为异常、人格变态。

5. 改善社会交往能力

心理训练能使个人保持正常的人际交往的需要，主动地与周围的人交往，自觉、恰当地选择交往的对象、范围和方式，把握交往的目的、深度与方向。从对自己有益的角度扩大社会联系，增进与他人的交流，从而保证个人能得到他人的情感温暖、接纳和帮助。

6. 增强心理的自我康复能力

人生在世，不如意的事情常常会发生，严重的打击和厄运也难以完全避免，所以人人都有可能在人生的某一段时期蒙受心理创伤，情绪、行为等暂时偏离常态，严重的也可能导致身心疾病。但是，每个人都有不同程度的自我康复能力，可以自己消除心理创伤的阴影，重新恢复往日的活力。心理训练可以帮助人达到较高的心理自我康复能力，具有较清晰的自我意识，有较积极的人生态度，对改变自己有坚定的信念，并且有良好的学习能力，从态度到行为能够较顺利地纳入新的模式中去。

一个人通过心理训练在以上六个方面获得积极的改变之后，应该达到一种心理上的完满、安宁的状态。也就说成功的心理训练必定能引导人朝着一个终极的目标靠近。对这个目标究竟是什么，应该有明确的认识，它在心理训练开始之前和进行过程中，都会对我们的观念与行为给予重要的指引和校正，这样才能保证心理训练获得成功。

二、心理训练的历史与现状

（一）心理训练的起源

　　心理训练可追溯到古代中国的气功和印度的瑜伽，传统心理科学特别是实验心理学原理与方法、精神病学以及心理咨询和治疗原则都为心理训练的发展提供了永不枯竭的源泉。

　　以中国气功为例。气功的形体功是采用肌肉和骨骼的活动和放松两种方法来调节人的整体姿势，可分为坐、卧、站、走四种姿势。它与以肌肉动作放松为主的放松训练有类似之处，具有恢复体力、消除身心疲劳和训练个性的作用。气功的调息功与心理训练中的呼吸调节在基本要领和训练手段方面大体相同，只是目的不同而已。前者为健身和祛病服务，后者主要在于把呼吸调节作为调控心理状态的手段。气功的意守功主要在于锻炼人在意识上的自我控制和引导，目的是调身养性，通过意守丹田等加以实现；而集中注意心理训练则利用注意外物、动作与语言等方法，达到恢复体力、脑力和调节心理的作用。气功的内观功，采用入静内观、反听、凝神等方法，达到净化思想、平心静气的目的；而表象心理训练则采用回忆动作、想象和思维训练等方法，达到提高信心、提高动作水平、调节情绪的目的。可见，心理训练与气功具有许多共通之处。

（二）国外心理训练的主要研究成果

1. 戴尔·卡耐基训练（Dale Carnegie Training）

　　在心理训练方面比较成功的首推 20 世纪中期的美国卡耐基成人教育。迄今为止，戴尔·卡耐基训练已有 100 多年的历史，是世界上最大的训练组织，有超过 500 万的毕业生，遍布世界各地，使用 28 种语言。

　　戴尔·卡耐基运用心理学知识对人类共同的心理特点进行探索和分析，开创并发展了一种融演讲术、推销术、做人处事术、智力开发为一体的独特的成人教育方式。其训练的主要形式是演讲。如"卡耐基课程"，主要讲解人们的理念问题，鼓励在现实世界中运用这些正确理念。通过学习，参与者可从中提高自信心，增强沟通以及领导技能。"领导才能训练"，旨在训练人们更为清晰地认识他们的领导方式，更有效地进行团体工作以及领导他人。通过学习，参与者学会如何更为主动地创造开放交流、相互信任与合作的气氛，以及如何激发他人的领导能力。

2. 戴尼提技术（Dianetics）

　　戴尼提技术由美国 L. 罗恩·贺伯特于 20 世纪 50 年代创立，他的著作《戴尼提——现代心理健康科学》是一本畅销书，被译成 32 种文字，在 100 多个国家和地区发行。

彻底了解人的本质以及人与生活的关系是 L. 罗恩·贺伯特毕生为之奋斗的目标。他理想中的社会是"没有犯罪，没有战争，没有疯狂，能力得到发挥，诚实得到确立，人类能够更大限度地提高自己的文明"。为此，L. 罗恩·贺伯特对人类哲学、心理、教育、医学、心理治疗、犯罪、交际、商业和宗教等许多领域做了深入的研究，取得了一系列成果。

3. 里程碑教育（Landmark Education）

里程碑教育是由若干名医生、律师、教师等不同职业的人一起创立的。近年在美国、加拿大、拉丁美洲、中东、澳大利亚、印度和欧洲等国家和地区都设有该机构。里程碑教育旨在使人们获得对支配和决定其生活的根本前提的认识，这些前提决定人们的思维、行动、价值、人的未来走向和现状，通过改变原有认识从而在生活上产生突破。通过里程碑论坛，你将深入地认识"你是谁"——检查你的存在的基础，你的人格、生活、关系以及取得成功的公式。基于其基本理论和思维模式，里程碑论坛向传统的假设挑战，并建立新的工具，处理对我们每个人而言最为基本和紧迫的问题，由此引起我们生活可能的发展方向产生根本变化。

4. 魔鬼训练（Demon Training）

久享盛誉的魔鬼训练，首创于日本，如今风靡全球，被称为"超人之路"。魔鬼训练的创始人"老魔鬼"名叫大江百内城。起初的魔鬼训练是单纯的、野蛮的、残酷的意志训练，偏重于体能和忍耐力，精神方面着重于自我激励和信仰激励的结合。魔鬼训练偏激地认为：一个具有坚强意志的躯体，必然是一个体能最出色、具有强大生命力的人。因此，它采用的训练有在风雪中进行的"旷野狼"训练，其方法就是在严寒中裸身战天斗地，以此考察体能，通过适应酷寒来磨炼意志和增强抵抗力；还有在夏季进行的"瀑布神"训练，它要求接受魔鬼训练的学员们站在瀑布顶端，任烈日暴晒，以考验意志力。

现在的魔鬼训练基于对商业的大发现，已转变为普及技能训练方法，同时保存了最初的意志训练的精华。它强调生存意志、重视自我激励、关注使用技能、强化心理素质、普及商业理念的特色课程吸引着自强不息的人们，更以其各项训练随社会进步而灵活地调整知识，力求倡导最新成功技能的现实精神而为众多自强者所称道。因此，受过魔鬼训练的人，在通过地狱般的煎熬与磨炼之后，踏入社会，几乎自发地唤醒了超人似的自信心和创造力。

20 世纪中期以来，许多国家的高校普遍开展了小组心理训练和团体心理训练。如美国一些高校的交朋友小组、敏感性训练小组、情感适应训练、基本生存技能训练等；中国香港高校的"领袖才能训练计划""大哥大（大姐大）计划"、模拟面试；日本的"合宿"计划。近年来参加小组心理训练和团体心理训练的学生人数之多是空前的。如美国一些高校有半数以上的学生参与心理训练或类似活动。此外，在心理咨询和治疗领域，心理剧疗法、自信训练、人际交往训练等心理训练技术和方法也得到较为广泛的应用。

（三）我国高校心理训练现状及发展趋势

我国在心理训练方面起步较晚，开展心理训练自 20 世纪 80 年代中期开始，高校开始注重大学生的心理卫生工作，一些高校成立了心理咨询机构，开设大学生心理学、大学生心理卫生、大学生心理健康教育等课程，并开展心理咨询工作。此外，除了结合课程开展心理训练，少数高校也尝试开展课外心理训练。如国内有些高校在心理咨询中心开展的以卡耐基方法为主的健康人格培训班，主要是运用演讲的形式，旨在提高大学生的自我形象、自信心和人际交往能力。个别高校还开展集体心理咨询，也包括了心理训练的内容。还有一些高校组织的模拟面试、生存技能训练等活动都巧妙地运用了心理训练的方法，并且在高校运动员心理素质培养中广泛使用心理放松训练、自我暗示训练等。

我国高校心理训练经过 30 多年发展历程，目前在心理训练的目的、内容、途径与方法呈现以下特点。

在目的上，心理训练从短期的行为改善转变为长期的人格完善。通过对核心人格特质的训练，调动学生自我教育与体验的积极性，使学生认识到心理健康的重要性，并了解到健康人格和情绪是心理健康的重要指标，注意塑造自己的健康人格、提高调节情绪的能力。

在内容上，心理训练与多学科相结合，共同发挥优势。心理训练活动的开展过程中可以借助太极、冥想、正念等方式，或者心理素质教育融入思想道德教育，实践中将传统的医学、哲学等相关思想融汇起来，实现"生物-心理-社会"三者相互促进，最终达到个人的优化与改变。

在途径与方法上，心理训练呈现出较强的可操作性、趣味性和实效性。心理训练可以通过辩论、演讲、郊游、社会调查等形式，运用放松、暗示、音乐、表象、心理剧、模拟与模仿等心理学技术与方法，结合其他辅助手段和设施，设计特定的情景并使参与者在其中积极活动，最终达到改变心理面貌，养成所预期的技能、习惯与行为的目的，促进人格全面发展，在提高心理素质方面具有较好的效果，是高校心理素质教育的必要手段。

三、常用的心理训练方法

心理训练的成效与心理训练的方法、技术、活动形式以及与参与者的心理训练强度、科学性、系统性紧密相关。心理训练能有效地改变人的心理面貌，取得令人满意的成效，这一点已通过大量的实践以及参与者的反映和体会加以证实。笔者近年来结合"大学生心理健康教育"课程，开设的"自信训练""自我发现小组训练""情绪表达训练"以及"成功者心理训练班"等，深受广大学生的喜欢。在此，介绍一下常用的心理训练方法。

（一）心理放松训练

要进行心理训练，心态放松是很重要的。放松训练对于应付紧张、焦虑、不安、愤怒等情绪非常有用，它可以帮助人们振作精神、恢复体力、消除疲劳和稳定情绪。

放松训练的方法有很多种，如我国的气功、太极拳、站桩功、坐禅等，都有助于全身肌肉放松，促进血液循环，平稳呼吸，增强个体应付紧张事件的能力。

1. 肌肉松弛法

肌肉松弛法（muscle relaxation）是一种用来使人达到肌肉和"精神"完全松弛的方法。肌肉松弛法和其他类型的生物反馈、渐进性松弛法、自身训练、超觉静坐、催眠术以及各种瑜伽练习等具有相同的目标。瑜伽和静坐在亚洲东部最为常用，自身训练在欧洲享有很大的声望，而肌肉的渐进性松弛法在美国是最常用的方法。

20 世纪 50 年代，美国医生 E. 雅各布森针对许多人患有精神过度紧张、肌肉紧张，而又不能有效放松自己的状况，出版了一本叫《渐进性松弛法》的书，详述了紧张和放松一块或一组肌肉，再紧张和放松另一块或一组肌肉的一系列锻炼方法，重点在于帮助人们熟识紧张和放松两个极端间的差别，并通过进行一系列的紧张和放松动作，使人达到完全的松弛。掌握这一方法以后，在进入完全的松弛状态时会导致个人的心情愉快，甚至在通常会引起明显紧张和忧伤的情况下亦能如此。虽然雅各布森早期的渐进性松弛法颇有成效，但其主要的局限性在于完成这套方法所需的时间很长，常需好几个月。

肌肉逐级松弛放松训练程序：

（1）准备工作：找一个舒服的姿势，这个姿势能使人轻松，毫无紧张之感受，可以靠在沙发上或躺在床上。要在安静的环境中进行练习，光线不要太亮，尽量减少无关的刺激，以保证放松练习的顺利进行。

（2）放松的顺序：手臂部→头部→躯干部→腿部。这一顺序不是绝对不能打乱的。亦可对此顺序进行新的编组排列。

心理技巧：来尝试一下肌肉放松训练吧！

● 手臂部的放松

伸出右手，握紧拳，紧张右前臂；

伸出左手，握紧拳，紧张左前臂；

双臂伸直，两手同时握紧拳，紧张手和臂部。

● 头部的放松

皱起前额部肌肉，似老人前额部一样皱起；

皱起眉头；

皱起鼻子和脸颊（可咬紧牙关，使嘴角尽量向两边咧，鼓起两腮，似在极度痛苦状态下使劲一样）。

● 躯干部位的放松

耸起双肩，紧张肩部肌肉；

挺起胸部，紧张胸部肌肉；

拱起背部，紧张背部肌肉；

屏住呼吸，紧张腹部肌肉。

● 腿部的放松

伸出右腿，右脚向前用力像在蹬一堵墙，紧张右腿；

伸出左腿，左脚向前用力像在蹬一堵墙，紧张左腿。

除了进行肌肉紧张和放松以外，还要配合进行深而有节奏的呼吸动作。若能配上背景音乐，如瑜伽音乐，效果会更好。这种练习要连续多次进行，养成习惯，便会达到自我放松。

2. 深呼吸放松法

选一个自己喜欢的"平静"情景，深吸一口气，憋气保持 10 秒钟后慢慢地呼出来，呼出时想"平静"二字和相应的情景，配合吸气时肌肉紧张，到呼气时肌肉放松，这样形成：吸气（用尽力气）—保持（10 秒）—呼气（放松）的节奏。训练中也可以运用暗示语，如"我感到呼吸均匀而平衡，我感受到呼吸轻松自如，我感受到凉爽的空气舒服地通过鼻孔，肺部感到舒服，我是安静的，我的心脏跳动很缓慢，我休息好了，感到全身舒服，感受到精神倍增，精力充沛了"。

3. 小环境放松法

在做这种放松练习时，尽量独处，最好躺在床上，闭上眼睛，均匀呼吸。不去想遇到的烦恼和紧张之事，只想寂静的森林或辽阔的大海边或想象躺在青草地上闭目仰对天空，天空中是蓝天白云。对不同情况的放松，可用不同的词句引导自己，如焦虑时放松说："世上没有过不去的河"；竞争失败之后放松说："失败是成功之母"；被人误解时放松说："身正不怕影子斜"等。

（二）自我肯定训练

人要不断地否定和肯定自己才能进步，而否定的最终目的是为了向肯定方向发展。自我肯定，保持坚定的信念，往往是事业成功的关键。然而，生活中有些人经常容易出现一些不该否定的自我否定行为，因而失去信心，这是无益的。如有人对你赞扬时，心里却想"这并不是我聪明，只是运气好"；解释你的漂亮仪表时，却想"主要是这衣服给我增色了"；当你做出显赫成绩时，心里全部归功于他人"多亏了×××，没有他，我无从做起"；当看到别人做完某件事时，你马上想到"我比他笨得多了"；别人说你气色不错时，而你则认为"他在夸大其词，只是想让我感受到舒心"。因此，一个人不能相信自己，不能肯定自己的智慧和作用，时时感到自卑，就会极大地影响自己生活和事业的成功。

1. 语言诱导中的自我肯定

进行自我肯定的练习，就是用一些积极的思想和概念来替代我们过去陈旧的、否定性的思维模式。自我肯定可以默不作声地进行，也可以大声说出来，还可以在纸上写下来，甚至可以歌唱或吟诵。每天坚持进行有效的肯定练习，就能逐步抵消许多年积累下来的负面的思想习惯。可以这样说：

"我是一个聪明、漂亮的人。"

"在我所从事的领域，我是出类拔萃的。"

"我来自偏远地区，井冈山虽然偏僻。但是，中国革命正是从那里开始走向成功的。"

"我有足够的时间、能力、智慧来实现自己的美好愿望。"

当你发现自己刚说了自我贬低的话——"我真没什么了不起，这回考试得优秀，我想只不过是因为运气好"，这时，你头脑中应马上敲起警钟："我又说这话了，又做出了这种自我否定的行为。但我现在已经意识到了，下次可不要再讲这种话了。"

接着用有针对性的策略纠正自己的错误，你可以对自己大声说："这和运气根本没有关系，我考试成绩优秀，是因为我平时付出了努力，我应该得到优秀。"

当别人对你做出赞许的表示时，不要马上表示怀疑，应该用接受的态度来作出反应。同时说声"谢谢"或"你那样认为，我很高兴"。当自己喜欢一种活动又不敢参加时，应不顾一切地抽出时间争取参加，千万不要指责自己会耽误做什么了。当遇到挫折，别人安慰时，用"对方与我一样"的心态接受，告诉自己"谁都有跌跟头的时候"。

2. 运用自我肯定应该遵循的原则

当然，在肯定自我的时候，也不要忘了对自己过失的否定，要始终保持实事求是的态度。运用自我肯定应该遵循以下原则：

（1）始终要以现在时态而不是将来时态进行肯定。例如，应该说"我现在很幸福"，而不说"我将来会很幸福"。因为每个人的感受和所创造的现实只存在于"当下"，而非"未来"。

（2）始终要在最积极的方式中进行肯定，使用正向的肯定词，如不要说"我再也不偷懒了"，而是说"我越来越勤奋，越来越能干了。"这样做可以保证我们总是创造积极的思想形象。

（3）一般来说，肯定词越简短，也就越有效。肯定时若能表达出强烈的情感，而且情感表达得越多，给人的印象就越深，达到的效果也就越强，如"我真棒！"。

（三）镜子技巧训练

镜子技巧是由美国心理学家布里斯托总结而成的，这一方法简单、有效，可以使人增加信心、强化激情，具体做法如下：

首先，找一面镜子，镜子并不需要很大，但至少能看到自己身体的上半部分。然后，笔直站立在镜子前，后跟靠拢，收腹、挺胸、昂首，再做三四次深呼吸，直到对自己的能力和决心有了一些感受。然后凝视眼睛深处，告诉自己会得到所要的东西，大声说出它的名字。要看得见嘴唇的移动，听得清所说的话语。例如，如果你准备去访问一位极其固执的人，或拜见一位曾使你感到害怕的上级，你可以在镜子前站好，反复对自己说："我会获得成功的，世界没有任何东西能够阻止我。"如果你走路的姿势很糟，或者无精打采，在大镜子前练习，将有神奇的功效，镜子向你显示别人看到的你的模样。你可以对着镜子改进姿势，塑造成任何符合审美标准的姿态。

镜子技巧训练中的眼睛训练是很重要的。眼睛作为心灵的窗户，不仅反映你内心的思想活动，而且比想象的更能表达你的内心世界。一旦你开始实践镜子技巧，眼睛就会产生一种你从未想到的力量，你会具备一种敏锐的目光，觉察自己和他人细微的反应。眼神能反映出一个人在现实生活中的状态和所抱持的信念。所以要利用镜子技巧训练你的眼睛，使之充满信心和力量。

镜子技巧训练每天至少早晚做两次，成为一种固定仪式。还可以用肥皂将喜欢的口号和精彩的格言写在镜面上，只要它们确实代表你曾设想并希望实现的某些事情即可。不用几天，自信意识将会增强。

（四）行为预演

行为预演是指想象未来局面中所要面临的各种状况，并进行预先演练的方法。可以先从具体小事做起，增加一些如笑一笑，大叫一声，挥一下手势，说一声"不"等行为。不知情的人会觉得这既无意义又烦人，其实这些看来没有多大意义的小事正是形成你的果断性格的开端，会增加自信的感受，帮你说出你想讲的话。

美国历届总统在记者招待会上对答如流、幽默诙谐，正是运用了"行为预演"这种心理技巧。在开会之前总统总是先把新闻助理及主要政策顾问找来，这些人会提出从预算到外交上的"热门"话题，总统试着回答，再由顾问们补充、校正，从而使总统在真正面对记者时能应付自如。

一个人要外出交际时，可以先问问自己最怕什么人，再问问自己怕到什么程度，如手抖、惊慌、脸红、出汗等。特别是注意害羞时的语言表现，是口吃、打顿、声音小还是说不出话。然后在镜子前做出真正害羞的样子，自己看一看是不是好笑、可怜，必要不必要。然后做出不害羞的样子，装着洒脱、无所谓甚至玩世不恭的腔调，体验是什么滋味。要注意手臂、脸部表情的自然和放松，然后把你害怕的人物想象在面前，体验一下面对面的滋味。想象一下与真人见面时，开头应说的几句话的内容和声调，这样的行为预演肯定会对你大有帮助的。

行为预演也可以把未来场面上可能会出现的多种情况下如何应对的语言先写在纸上，反复练习熟记，到时候可以恰到好处做出回答。

行为预演也可用于改变自己的软弱。遇到误解时，自己习惯于辩解，而这种辩解的后果被人误以为软弱可欺。不妨预演一下发脾气，把经常可能误解你的人的名字写在纸上，然后用轻微发怒、中等愤怒和极端愤怒三种方式对"他"发火，大胆说"不"，让其向你道歉，体验一下发火到何等程度可以达到维护自尊的目的，反复体验，"记忆"下来。在忍无可忍的情况下一吐胸中的郁闷，以消除人们对自己的误解。

（五）自信呐喊

人都有掩饰自己弱点，做事留有余地的心态，而公开喊出自信的口号，可以强化自信心，置自己于没有退路的思想境地，培养出义无反顾的心态。

自信呐喊是迫使自己用最大的声音喊出激励自己的语言，这种呐喊要达到使自己事后都会感到惊讶的程度才会有效果。

可以先准备自我肯定的语言，证明自己是成功的。然后在大众面前（最好是热闹的地方），站在桌子上，把事先自我肯定的词句大声讲出来，最后振臂呼出："我是最好的，我要成功，我一定会成功。"

自信呐喊在激励自己的同时，也把监督权交给了周围所有的人，在个人的心理上会形成一种压力，迫使其要"言而有信"，产生一往无前的精神。

自信呐喊不能简单理解为在培养胆量，在训练之前，要真正找到自己需要解决的问题，问题的原因，战胜问题的方法，再利用呐喊产生出解决问题的自信，并激发出个人行为的力量。

（六）自我暗示

暗示是用含蓄、间接的方式对人的心理和行为产生影响，从而使人按一定的方式去行动或接受一定的意见，使他的思想、行为与自己的意愿相符合。暗示分为他人暗示、自我暗示、行为暗示、环境暗示和言语暗示等。从作用上讲，有积极暗示与消极暗示之分，如孩子上床睡觉前，母亲关照他："玩了一天，当心尿床。"结果真被母亲说中了。这属于消极的言语暗示。有个人特别怕下水井的盖子，生怕掉下去。后来心理指导者让他在接近井盖时用"男子汉区区井盖何以害怕！"的话语鼓励自己，然后站在井盖上讲十遍，跳十次，结果这种紧张消失了。这就是积极的自我暗示。

自我暗示对人的心理作用很大，有时甚至会创造奇迹。一本谈情商（EQ）的书中曾举出苏联一位天才的演员 N.H. 毕南佐夫，平时老是口吃，但是当他演出时却克服了这个缺陷。所用的办法就是利用积极的自我暗示，暗示自己在舞台上讲话和做动作的不是他，而完全是另一个人——剧中的角色，这个人是不口吃的。

在自我暗示的作用下，一个人可以突然变得耳聋眼瞎。这种视觉、听觉的丧失不是因为相关神经受损，而仅仅是由于大脑管理视觉的那个区域的机能受到扰乱。这种患者的治疗也可以用暗示的方法。

当我们要参加某种活动前或面临竞争之时，注意不要受到消极的环境暗示、言语暗示和他人的行为暗示，而应适当用积极的自我暗示的方法使自己产生勇气和自信，争取意想不到的效果。

本章摘要

（1）心理学是研究心理现象及其规律的科学。心理学把人的心理现象划分为心理过程与个性心理两个方面：心理过程包括认识过程、情感过程与意志过程；个性心理主要由个性倾向与个性心理特征组成。

（2）心理素质是以个体的生理条件和已有的知识经验为基础，将外在获得的刺激内化成稳定的、基本的并与人的适应行为和创造行为密切联系的心理品质。心理素质的特性主要有：中介性、稳定性、可塑性、独特性、内隐性和表现性。

（3）学校心理素质教育，是指教育者运用心理学、教育学、社会学、行为科学乃至精神医学等各种学科的理论和技术，有计划有目的地对学生心理施加直接或间接影响，使学生保持积极健康的心理状态，从而充分开发自身潜能，促进其心理健康与人格和谐发展的一种教育活动。心理素质教育特点主要有：发展性、主动性、整体性和活动性。大学生心理素质教育的特点主要有：目的性、针对性、实践性、自觉性和综合性。

（4）目前学校心理素质教育实施的方式主要有：① 在学校各育、各科教学中渗透心理教育。② 优化学校、班级集体的文化心理环境，使学生受到良好的熏陶。③ 开展学校心理咨询工作，开设心理素质教育课程，加强对学生的心理训练和心理指导。

（5）心理教育有其自身的位置，它至少应该成为与德智体并列的基础教育范畴。虽然心理教育曾被或仍然被包含在其他三育之中，但实际上心理教育的意义和作用是不能被全部代替的，唯有体系分明而独立的心理教育，才能更好地适应现代社会的要求，实际上也是更好地适应现代教育的要求。

（6）建立完善的学校心理素质教育体系需要做到：① 要制定心理素质教育的目标。② 要建立心理素质教育的课程体系。③ 要设立心理素质教育的专门机构。④ 要抓好心理素质教育队伍的建设。

（7）大学生心理教育与政治思想教育相互联系又相互区别，主要表现在：① 从目标上看，二者的共同目标都是把学生培养成有理想、有道德、有文化、有纪律的一代新人。② 从内容上看，二者有许多不同之处，但也有交叉联系的地方。③ 从二者的相互作用看，思想问题与心理问题互相交叉、相互影响。思想和心理密切相关，一个人良好的思想政治品质的形成有赖于一个人的心理健康水平。

（8）大学生心理教育内容主要包括：① 心理品质教育与培养。② 心理健康教育与维护（心理卫生）。

（9）心理品质教育与培养主要包括：智力开发、情绪培养、意志锻炼、气质修养和性格塑造。

（10）心理健康教育与维护主要包括：心理健康与保健、心理挫折与调适、心理适应不良与调节、心理疾病与治疗。

（11）从大学生心理素质教育的内容和要求来看，在高校中开展心理素质教育工作的有效模式应该是：通过课堂教学、课外活动、个别辅导、校园心理文化建设四个方面的有机结合、相互补充，共同激发心理教育的内驱力，使之蓬勃有效地开展。

（12）大学生心理发展的显著特点是：① 自我意识逐步成熟。② 智力水平达到高峰阶段。③ 情绪、情感日益丰富。④ 意志品质不断发展。⑤ 人生观基本形成。

（13）大学生的心理发展过程一般分为三个阶段：① 适应大学环境的阶段。② 全面发展阶段。③ 从学生生活向职业生活过渡阶段。

（14）大学生心理发展的矛盾主要有：① 闭锁性与交往需要的矛盾。② 求知欲强与识别力较低之间的矛盾。③ 情绪与理智之间的矛盾。④ 愿望与现实的矛盾。

（15）心理训练的特点主要有：针对性、强化性、科学性和系统性。心理训练的作用主要有：① 提高人的心理活动的强度。② 提高自我控制和调节的能力。③ 增强对环境的适应能力。④ 增强心理的耐受力。⑤ 改善社会交往能力。⑥ 增强心理的自我康复能力。

（16）常用的心理训练方法有：心理放松训练、自我肯定训练、镜子技巧训练、行为预演、自信呐喊和自我暗示等。

思考·讨论·活动

1. 学习和掌握心理学的科学知识具有哪些重要意义？
2. 如何理解大学生心理素质教育对大学生发展的影响？
3. 大学生具有哪些心理特点？
4. 请结合自己心理发展过程中存在的问题，谈谈自己的看法和感受，并根据本章心理训练的理论和方法，设计一个可行性的训练方案。

第二章

当代大学生心理健康教育

章前导语

　　早在半个多世纪之前，瑞士心理学家、精神病学家卡尔·荣格（Carl Jung，1875—1961）就提醒人们，要防止远比自然灾害更危险的人类心灵疾病的蔓延。他认为，随着人们对外部空间的拓展，人对心灵的提升却停滞了；人们在智力方面收获过剩，心灵方面却沦丧殆尽。精神生活中的深度不安折磨着现代社会中最敏感的人：苦闷、焦虑、孤独、冷漠……几十年过去了，荣格的担心变成现实。随着社会的发展，竞争加剧，许多人不堪重负，精神濒临崩溃的边缘，杀人、自杀等恶性事件频频发生，抑郁症被世界卫生组织称为"世纪病"。还有更多的人，虽然表面看来一切正常，但内心也在默默忍受越来越大的心理压力。世界卫生组织（WHO）曾经公布过一组惊人的数字：全球约有 10 亿人患有不同程度的精神心理疾病，其中抑郁症患者3.5 亿人，焦虑症患者 2.6 亿人，双相障碍者 6 000 万人。2020 年，精神心理疾病将占据中国疾病总负担的 1/4。

　　心理卫生（mental health），又称为精神卫生，它是探讨人类如何维护和保持心理健康的原则和措施的一门学问。心理卫生思想可谓源远流长。古希腊的希波克拉底、古罗马的盖伦都曾论述过心理卫生问题。中国古代的心理卫生思想也十分丰富，这既体现在医学著作里，也渗透于哲学思想中。中国医学很重视心理因素在人的健康、疾病中的作用，提出了"养心之道""健心之术"等理论。然而，心理卫生作为一项工作和一门学科，却只有短暂的历史。1792 年，法国精神病医生皮内尔提出废除精神患者的约束，可以说这是心理卫生历史的起点。但直到 1908 年，美国的比尔斯（C. W. Beers）根据自己在精神病院的经历和体会所著的 *A Mind That Found Itself*（译为《自觉之心》《心灵的归来》或《一颗自我发现的心》）出版，才揭开了大规模开展心理卫生运动的序幕。

　　近些年来，心理健康运动正在全球悄然兴起。兴起的原因主要是越来越多的人已经认识到要健康长寿，光靠大量的户外运动和节食等措施是远远不够的，还需要通过修身养性，在紧张的现代生活中始终保持以轻松愉快为主要特征的良好心理状态。所以，在 20 世纪 80 年代，生活在西方发达国家的人们所热衷的是去健身房，在大街小巷慢跑和食用低脂肪的食品。而进入 90 年代，心理保健开始成为一种新的时髦。人们踊跃参加各种心理健康方面的学习班，学习反省、瑜伽、太极、生物反馈和情绪调节等具有实用价值的心理保健方法。总之，重视心理保健正成为一种世界性的潮流。

　　大学生，作为思想最活跃，感受最灵敏，对自己期望很高，对挫折的承受力不强的一个特殊人群，心理上更承受着极大的威胁和考验。然而，由于长期以来对心理健康的误解，许多人对自己的心理状态缺乏了解，对自己的心理发展更缺乏明确规划，因此，开展大学生心理卫生工作，提高大学生心理健康水平，已经成为高校心理素质教育的重要组成部分。

　　本章所要研究的内容，主要是有关大学生心理健康问题，希望读者在阅读本章之后，能对下列问题有所认识：

　　1. 健康观念的演变以及现代健康观念的含义。

2. 大学生心理健康的标准以及影响大学生心理健康的因素。

3. 大学生常见的心理问题。

4. 神经症的含义、分类及症状表现。

5. 增进大学生心理健康的途径。

6. 心理咨询的含义、作用和对大学生心理健康的意义。

第一节
现代健康观念与大学生心理健康标准

古希腊哲学家赫拉克利德曾指出："如果没有健康，智慧就难以表现，文化无从施展，力量不能战斗，财富变成废物，知识也无法利用。"阿拉伯也有句谚语：有了健康就有希望，有了希望就有一切。因此，健康是人生的第一财富。

一、现代健康观念

（一）健康观的演化

自古以来人们都希望自己健康长寿，但对健康概念的理解往往只局限在注意躯体健康而忽视心理健康。20 世纪初，《简明不列颠百科全书》对健康的定义是："没有疾病和营养不良以及虚弱状态。"我国《辞海》（1989 年版）中将健康定义为："人体各器官系统发育良好，功能正常，体质健壮，精力充沛，并具有良好劳动效能的状态。通常用人体测量、体格检验和各种生理指标来衡量。"因此，传统的观点认为：一个人如果身体没有病症，就可称为健康。细胞病理学的奠基人魏尔啸教授指出："不健康的本质在于细胞病变。"这一权威的论断，长期以来使医学界从生物学的观点出发，认为人体器官系统发育良好，功能正常，体格健壮就是健康。可现在我们经常会遇到这样的人：他的身体经传统医学的检查都够不上病号的条件，但是其内心却十分痛苦，时时感到有人在跟踪他、窥探他、迫害他；他会无缘无故地害怕见人、不敢出门，每当进入社交场合，哪怕是教室或办公室都感到恐惧。这样的人能算健康吗？显然仅从生理指标上来评价健康是不确切的。据美国的统计资料分析，每 4 个人中有 1 人在其一生中将因心理方面的原因而引起生理方面的疾病；每 12 个人中就有 1 人将因心理方面的疾病而住院。美国全国的医院病床中，几乎有一半是被心理疾病患者所占据①。根据世界卫生组织（WHO）统计，抑郁症已经成了全球常见疾病，全球有超过 3.5 亿人患有抑郁症，并且以惊人的速度在增长，近 10 年增长率为 18%。据 WHO 于 2022 年 3 月发布的科学简报，新冠疫情导致全球抑郁症发病率提高了 28%。在严峻的环境下，压抑的生活成了诱发抑郁症的元凶。患有抑郁症之后即使治愈了，也会反复发作，而抑郁症的自杀率也是高达 10%～15%。除了抑郁症，焦虑障碍患者激增 6 200 万，增幅达到 20.8%。在我国，据中国疾病预防控制中心精神卫生

---

① 陈学诗. 当代心理卫生 [M]. 北京：中国社会科学出版社，1992.

中心统计,各类精神疾病患者人数已超过 1 亿,其中重性精神病患者人数已超过 1 600 万。饱受精神心理问题困扰的人为数不少,但遗憾的是公众对这类疾病依然存在认知不足的状况,就诊率较低。这些精神心理疾病的普遍存在,严重地影响了人们的健康。

随着科学技术的进步和社会的发展,建立在传统健康观基础上的生物医学模式由于人们对健康认识的深化而发生了改变,转变为生物—心理—社会医学模式。传统的健康观念逐渐被摈弃,新的现代健康观念应运而生。

(二) 健康新概念

联合国世界卫生组织(WHO)1948 年成立时,在其宪章中开宗明义地指出: "健康乃是一种生理、心理和社会适应都臻于完满的状态,而不仅仅是没有疾病和虚弱的状态。"也就是说,健康必须包括三个方面:躯体无病、心理正常和社会功能良好。

所谓躯体无病,就是身强力壮,各器官(脑、心、肺、肝、肾等)无缺陷和病变,生理功能完整,这是健康的生物学基础。所谓心理正常,就是人的知(认知过程)、情(情感过程)、意(意志行为过程)和个性心理特征协调而统一的持续的心理状态,没有神经症、心身疾病、各种精神病和人格障碍。所谓社会功能良好,就是有积极向上,面对现实,能够适应社会环境和与别人建立亲睦关系的能力等。

联合国世界卫生组织还进一步提出了健康的具体标志:

(1) 有充沛的精力,能从容不迫地担负日常工作和生活,而不感到疲劳和紧张。

(2) 积极乐观,勇于承担责任,心胸开阔。

(3) 精神饱满,情绪稳定,善于休息,睡眠良好。

(4) 自我控制能力强,善于排除干扰。

(5) 应变能力强,能适应外界环境的各种变化。

(6) 体重得当,身材匀称。

(7) 眼睛炯炯有神,善于观察。

(8) 牙齿整洁,无空洞,无痛感,无出血现象。

(9) 头发有光泽,无头屑。

(10) 肌肉和皮肤富有弹性,步态轻松自如。

在这 10 项标志中,(2) (3) (4) (5) 都是对心理方面提出的要求;(1) 是对心理和生理两方面提出的要求;其余 5 项是生理方面的标志。这 10 项标志不仅有助于我们从整体上把握健康的概念,而且有助于我们从中了解健康在心理方面的基本要求。

(三) 亚健康概念

从健康的外延分析,过去人们将健康与疾病看成非此即彼的两个极端,无病便是健康,健康就是无病,而现在人们更多将健康看成一个连续体,在健康与疾病之间没有截然的分界点,在两个端点之间有一个很大的空间,既非健康又非疾病。人们将这一中间状态称为亚健康状态,或者"第三状态"。"第三状态"最早是苏联科学家 N.

布赫曼提出的。因此，20世纪80年代初，世界卫生组织提出了"亚健康"这个崭新的概念，即一种介于健康与疾病之间的"第三状态"，又称为"次健康""疾病前状态""第三状态""灰色状态""潜临床状态""半健康人"等。

从医学上来说，处于"第三状态"的人，虽然各项体检指标均为正常，也无法证明有某种器质性疾病，但与健康人相比却又显得生活质量差、工作效率低、极易疲劳，许多人常有食欲不振、睡眠不佳、腰酸腿痛、疲乏无力等不适。从心理健康的角度来看，处于"第三状态"的人，虽然没有明显的精神疾病与心理障碍，但无论如何应该归为一种心理的非健康状态，外在表现为：学习、工作效率不高，注意力分散，情绪烦躁焦虑，缺乏生活目标与动力，常常感到生活无聊，提不起劲，人际关系不好，经常有矛盾、冲突等。所以，1981年世界卫生组织在对健康人群进行大量调查后，对"健康"的概念作出了如下的阐述："健康就是精力旺盛地、敏捷地、不感觉过分疲劳地从事日常活动，保持乐观、蓬勃向上及有应激能力。"

（四）21世纪健康新概念

1989年世界卫生组织又提出了21世纪健康新概念："健康不仅是没有疾病，而且包括躯体健康、心理健康、社会适应良好和道德健康。"21世纪人类的健康是生理的、心理的、社会适应与道德健康的完美整合。在这一新概念中，以生理健康为物质基础并发展心理健康与良好的社会适应，道德健康则是整体健康的统帅。此外，关于死亡的定义，几千年来的传统观念中，都将心跳和呼吸停止视作人的死亡。现代，随着心脏、肾等器官的功能可以靠机器维护，还可进行移植，于是提出了脑死亡的概念，才最后在逻辑上统一了对人体生命中枢问题的认识，而脑死亡的新概念也更强调了人格生命中的心理因素。这种认识是现代社会人们对健康概念的全面总结与更新，健康不再仅仅是躯体状况的反映，而且还必须是心理活动正常、社会适应良好、道德完善的综合体现。

（五）健康是生理健康与心理健康的辩证统一

无数科学事实和实践经验证明，人的生理活动和心理活动是密切相关、互为依存的。不存在无生理活动的心理活动，也不存在无心理活动的生理活动。因此，人的生理健康与心理健康是辩证统一的。

首先，当生理或心理某一方面产生疾病时，另一方面一定会受到影响。人们都有这样的经历：当身体某部位有病时，往往情绪低落，烦躁不安，甚至容易发怒；而当面临重要考试而紧张焦虑时，则会食而无味，失眠头痛，易疲劳。有许多研究表明，情绪主宰健康。强烈或持久的负性情绪，如烦恼、忧虑、焦虑、疑惧和失望等，最终会导致生理疾病。临床报告指出，青年学生在应考期间，因精神负担过重，思想过度紧张，焦虑甚至恐惧，加之身体极度疲劳，正常饮食规律被打破，容易导致急性胃炎、急性胃溃疡。在我国大中型综合医院的内科门诊中，据调查有80%的生理疾病都与其不良的心理因素影响有关。

其次，生理健康是心理健康的基础，而心理健康反过来又能促进生理健康。在日常生活中，我们常见一些人无缘无故地抑郁或焦虑，而自己通过一切自我调节方法都无法改变现状。实际上这时候是生理因素对他的影响起了作用。从最新精神科对大脑的研究成果看，是大脑细胞与细胞之间的一种介质——5-羟色胺代谢出现了异常，而出现了情绪的波动。这说明了生理因素是人健康的基础。反过来人们也发现，人的体内有一种最有助于身心健康的力量，即良好情绪的力量，若能善于调节情绪，经常保持心情愉快，可以起到未病预防、有病早除的效果。

二、大学生心理健康的标准

（一）心理健康的含义

关于心理健康的含义，国外专家有过不少研究和论述。

（1）1946年第三届国际心理卫生大会将心理健康定义为："所谓心理健康是指在身体、智能以及情感上与他人的心理健康不相矛盾的范围内，将个人的心境发展成最佳的状态。"

（2）心理学家英格利士（H. B. English）指出："心理健康是指一种持续的心理情况，当事者在那种情况下，能作出良好的适应，具有生命的活力，而能充分发挥其身心的潜能；这仍是一种积极的、丰富的情况，不仅是免于心理疾病而已。"

（3）精神病学家梅尼格尔（Karl Menninger）认为："心理健康是指人们对于环境及相互间具有高效率及快乐的适应情况，不仅要有效率，也不只是要有满足感，或是愉快地接受生活的规范，而是三者兼备。心理健康的人应能保持平静的情绪，敏锐的智能，适于社会环境的行为和愉快的气质。"

（4）社会工作者波孟（W. W. Boehm）指出："心理健康是合乎某一水准的社会行为：一方面能为社会所接受，另一方面能为自身带来快乐。"

虽然关于心理健康的含义，国外学者的理解不同，众说纷纭，但都比较倾向于认为，心理健康是指生活在一定的社会环境中的个体，在高级神经功能正常的情况下，保持智力正常、情绪稳定、行为适度，具有协调关系和适应环境的能力及特征。我们在讨论心理健康时，一要认识到心理健康并不是一种固定的状态，而是一种不断发展的过程；同时，心理健康也不是指对任何事物都能愉快地接受，而只是在对待环境和问题冲突的反应上，能更多地表现出积极的适应倾向。

（二）不同心理学说的心理健康观

1. 精神分析学说的心理健康观

弗洛伊德（Sigmund Freud）所创立的精神分析学说认为，人类一切行为都是由无意识的本能（主要为性与攻击的本能）所驱动的。他认为，人格结构中的"本我"就代表生物的本能，它活动的趋向就是寻求释放能量，消除紧张，以追求快乐、不顾现实而自行其是。同其根本对立的"超我"代表个人头脑中所确立的社会规范（包括道德、伦理和价值观等），则以社会规范为准则来评价和控制"本我"的活动，使个人做了好事感到内心欣慰，做了坏事则产生罪恶感。而心理结构中的"自我"则起着居间调节的作用，它既要遵从"超我"的要求，又要满足"本我"的需要，所以，它是按现实原则而行动的。

当人的生物性本能冲动与社会化的行为规范发生矛盾时，就产生了"本我"与"超我"的冲突，人便产生紧张和焦虑，这是导致精神上痛苦和神经症的关键。而经过"自我"的调节，既照顾到不违反社会的道德伦理规范，又使本能的欲求获得满足。这时，"本我""超我"与"自我"三者的作用平衡，人的心理活动便处于协调和健康的状态。

弗洛伊德的心理结构理论和心理健康观，归根结底是把无意识的生物欲求视为人的一切行为的驱动力。当人的生物欲求获得满足时，人便快乐，心理便健康；当人的生物欲求受到阻碍而不能满足时，人便焦虑，产生神经症。这种观点忽视了人是社会实体，人的活动必然受到社会的行为规范和价值观的支配，因此是一种生物化的观点。

2. 行为主义心理学的心理健康观

行为主义心理学家反对使用心理学的概念来解释人的行为，而是把人的行为看作由环境的刺激所引起的反应，认为行为是受环境决定和控制的。

早期的行为主义心理学家华生（J. B. Watson）曾做过一个有趣的实验：他用锤子敲击钢板，发出刺耳的声音，发现 11 个月的婴儿小阿尔伯特产生了惊吓的反应。他试验在阿尔伯特看见老鼠时敲击钢板，发现以后阿尔伯特见了老鼠也产生惊恐反应。不仅如此，以后阿尔伯特看见兔子，或者毛皮大衣，也产生惊恐反应。后来，当老鼠出现时不再敲击钢板，久而久之，阿尔伯特见了老鼠就不再害怕了。这个实验说明，人的情绪可以在一定环境条件下形成，也可以在一定的环境条件下改变。如果环境条件同人的本能欲求相符合，人便感到快乐，行为便得到强化而巩固下来；如果环境条件不能满足本能的欲求，或者使人受到伤害和痛苦，行为就会受到抑制而消除。华生基于这一原理宣称：如果给他一打（12 个）健全的婴儿，他可以设定特殊的环境，把他们随意培养成为医师、律师、艺术家、富豪、乞丐和盗贼，而不管他们的出身与天赋如何。

按照行为主义心理学的观点，正常的行为与不正常的行为都是按照同样的原理形成的。如果一个人从小开始，正常的行为受到强化，而不正常的行为受到否定或惩罚，那么，他形成的就是正常的行为。反之，他就会形成不正常的行为。从前有个故事说，一个做母亲的每次见儿子从外面得了小便宜，或者拿回了别人的东西，就夸奖儿子能干，后来这儿子就成了江洋大盗。这正是说明错误的行为受到了不应有的强化。所以，从行为主义心理学的观点看来，行为的异常并非一种疾病，只不过是对刺激没有作出适当的反应，或者是没有学会作出适当的反应。因此，只要改变反应，改变反应与刺激之间的关系，人就正常了。

行为主义心理学只注重行为对人的影响，他们把一切正常的与不正常的行为都看作刺激与反应之间的机械关系，而否定了人的意识和自我意识，否定了行为的社会准则。这就把人看成了动物和机器，抹杀了心理、社会因素对心理健康的调节作用。

3. 人本主义心理学的心理健康观

以马斯洛（A. H. Maslow）和罗杰斯（C. R. Rogers）为代表的人本主义心理学家，既反对弗洛伊德从精神病学的研究出发，以无意识和生物欲求作为驱力来解释人的心理现象的生物化倾向，又反对行为主义以刺激与反应的关系来解释行为的机械主义观点。他们强调人具有高于一般生物的潜能，人性具有向真善美发展的自我实现的倾向；强调要尊重人的价值和尊严，要发展人向善的本性和创造能力。

马斯洛认为，人的自我实现的基本倾向包括五个层级：生理需要（饮食与性）—安全需要（生命安全与生活保障）—归属与爱的需要（受到接纳、关怀与爱）—尊重需要（受到认可和赞扬）—自我实现需要（实现个人潜能和创造能力）。当低一级的需要得到某种满足后，才会产生高一级的需要。他认为，个人得到满足需要的层级越高，人的心理就越健康。而当人达到自我实现的高峰时，便可获得一种特殊的（巨大的狂喜、惊奇、敬畏，以及失去时空域的感觉）"高峰体验"（peak experience）。

马斯洛认为自我实现的人具有以下的特征：

（1）能客观而深刻地认识现实（具有比一般人更敏锐、更深刻的洞察事物和认识别人的能力）。

（2）能接受自我、他人和自然（具有相对的不受罪恶感、羞耻心和焦虑影响的态度）。

（3）一切行为自发地出自人的本性，坦率、自然、不做作。

（4）注意力集中在自身以外的问题上，以问题为中心，而不以自我为中心。

（5）具有超然物外、与世隔绝的独处倾向和独立自主掌握自己命运的态度。

（6）成长和发展不是依赖于环境，而是依赖于自我的独立性（不为环境的打击与挫折所动）。

（7）能欣赏生活，并保持持续的新鲜感。

（8）能获得"高峰体验"。

（9）对人类怀有深刻的认同、同情和爱的情感。

（10）有更深刻和深厚的人际关系。

（11）有谦虚、民主、尊重他人的性格。

（12）有鲜明的是非善恶标准。

（13）有富于哲理的善意幽默感。

（14）有创造性。

（15）对文化进行权衡、分析和辨别，而不受文化的束缚。

马斯洛对自我实现者特征的描述，是对他所熟知的朋友、著名人士和历史人物优点的概括，这些特征既反映了作者关于人性的理想化要求，也反映了他的文化背景和价值观。虽然马斯洛承认自我实现者也有缺点，而不是十全十美的，但把这些特征视为健康人普遍具有的特征，并不符合不同文化各国人民的共同要求。

人本主义心理学家罗杰斯十分重视"自我观念"的作用。他所认为的"自我观念"就是个人对自己的认识和看法的整个观念体系，包括"我是一个什么样的人？""我有什么能力？"及"我有什么样的思想和价值观？"等。这种"自我观念"对个人心理的发展和健康状况影响巨大。

罗杰斯认为，在个人的"自我观念"中常常产生两种矛盾：一种是个人所获得的经验与他的自我观念相矛盾（例如，一个人自认为是世界某项比赛的冠军，可是比赛的结果却只得了亚军或者根本未获得名次）；另一种是"理想的我"与"现实的我"相矛盾（例如，一个学生希望成为三好学生，而他的现实表现却不相符）。自我观念中的这两类矛盾必然产生焦虑，影响心理健康。个人只有不断吸取经验，不断调整自我观念，使自我观念同实际的自我相一致，才能保持心理健康。

从上述几种心理学理论和心理健康观可以看出，无论单独用哪种心理学理论，都不能全面而科学地阐明人的心理健康的实质。弗洛伊德虽然深刻地揭示了人性中生物性与社会性的矛盾，但他用无意识与生物本能来解释人的一切活动，显然忽视了人的社会性与意识对心理健康的作用。行为主义正确地强调了环境对人的制约性，但否定了心理、社会因素对心理健康的制约作用。人本主义心理学强调人具有高于一切生物的向善倾向，然而，它处处以"自我"为中心，强调"潜能"的作用，也不能正确地评价和促进人的心理健康。

要正确理解人的心理健康的本质，必须首先理解人和人的心理本质。人既是一个生物的实体，又是一个社会的实体，人的心理既受身体的生物性制约，又受个体的社会性制约。因此，人的心理健康不仅受到个体的生物性与社会性的双重制约，还受到主体的意识与自我意识的支配。这表明，心理健康的人，不仅在于他的心理活动符合人们心理活动的共同规律，还在于他心理活动的倾向与内容符合人们共同的社会规范，并受到个体的意识与自我意识的调节和控制。

那么，如何衡量人的心理是否健康呢？

（三）心理健康标准的若干论述

目前，心理健康判断标准众多，但还缺乏公认的标准。比较有影响和代表性的标准有以下几种：

1. 国际心理卫生大会的标准

1946 年第三届国际心理卫生大会上曾具体地指明一个人心理健康的标志是：① 身体、智力、情绪十分调和。② 适应环境，人际关系中彼此能谦让。③ 有幸福感。④ 在工作和职业中，能充分发挥自己的能力，过有效率的生活。

2. 马斯洛与米特尔曼（Mittelman）提出的标准

美国心理学家马斯洛和米特尔曼曾合著了一本《变态心理学》，在这本书中他们提出了一个很著名的心理健康标准。这个标准共有十条：① 有足够的自我安全感。② 能充分地了解自己，并能对自己的能力作出适当的评价。③ 生活理想切合实际。④ 不脱离周围现实环境。⑤ 能保持人格的完整与和谐。⑥ 善于从经验中学习。⑦ 能保持良好的人际关系。⑧ 能适度地发泄情绪和控制情绪。⑨ 在符合集体要求的前提下，能有限度地发挥个性。⑩ 在不违背社会规范的前提下，能恰当地满足个人的基本需求。

3. 罗杰斯提出的标准

罗杰斯认为，每一个人都依赖自己对于世界的经验，一个心理健康者（自身功能充分发挥者）有五个特点：① 能接受一切经验。② 可时刻保持生活充实。③ 相信自己的机体。④ 有自由感。⑤ 具有高创造性。

4. 奥尔波特（G. W. Auport）提出的标准

奥尔波特认为心理健康者的功能发挥是在理性和意识水平上进行的。他提出健康个性的七个特征：① 自我意识广延。② 自我与他人关系融洽。③ 有情绪安全感。④ 知觉客观。⑤ 有各种技能，并能专注于工作。⑥ 现实的自我形象。⑦ 内在统一的人生观。

5. 坎布斯（A. W. Combs）提出的标准

坎布斯认为一个心理健康、人格健全的人应有四种特质：① 积极的自我观念。② 恰当地认同他人。③ 面对和接受现实。④ 主观经验丰富，可供取用。

6. 我国学者提出的标准

王效道主编的《心理卫生》提出判断心理健康的三项原则：① 心理与环境的同一性。② 心理与行为的整体性。③ 人格的稳定性。同时提出了心理健康水平的七条评估标准：适应能力、耐受力、控制力、意识水平、社会交往能力、康复力和道德愉快胜于道德痛苦。

（四）大学生心理健康的基本标准

综合国内外专家学者的观点，针对大学生这一特殊群体的年龄特征、心理特征和社会角色特征，我们认为我国当代大学生心理健康的基本标准如下：

1. 智力正常

智力是指一个人的认识能力与活动能力所达到的水平，是人的观察力、注意力、记忆力、想象力、思维力、创造力和实践活动能力的综合。智力正常是大学生学习、生活、工作的最基本的心理条件，也是衡量大学生心理健康的首要标准。一般说来，智力超常或中等均属于智力正常；智力落后，即智商低于 70 分属于不正常。大学生就其智力的总体水平比同龄人较高，因而从这点来看，关键是大学生的智力水平是否能正常地、充分地发挥其效能。大学生智力正常的标准是：① 乐于学习、工作，有强烈的求知欲和探索欲。② 智力结构中各要素在其认识活动中都能积极协调地参与并正常地发挥作用。

2. 健康的情绪

情绪是人对客观事物的态度体验，是人的需要得到满足与否的反映。因此，良好、稳定的情绪是心理健康的重要指标。大学生情绪健康应包括以下内容：① 愉快情绪多于不愉快情绪，一般表现为：乐观开朗，充满热情，富有朝气，满怀信心，善于自得其乐，对生活充满希望。② 情绪稳定性好，善于控制和调节自己的情绪，既能克制约束，又能适度宣泄，不过分压抑，使情绪的表达既符合社会的要求，也符合自身的需要，在不同的时间和场合有恰如其分的情绪表达。③ 情绪反应是由适当的原因引起的，反应的强度与引起这种情绪的情境相符合。

3. 和谐的人际关系

个体的心理健康状态主要是在与他人交往中表现出来的。和谐的人际关系既是心理健康不可缺少的条件，也是获得心理健康的重要途径。具备健康心理的大学生表现为：① 乐于与人交往，既有稳定而广泛的人际关系，又有知心朋友。② 在交往中保持独立而完整的人格，有自知之明，不卑不亢。③ 能客观评价别人和自己，善于取人之长补己之短。④ 宽以待人，乐于助人。⑤ 积极的交往态度多于消极态度。⑥ 交往动机端正。

4. 统一的人格

人格是个体比较稳定的、具有独特倾向性的心理特征的总和，是人的心理面貌的集中反映。大学生人格统一的标志是：① 人格的各个结构要素都无明显的缺陷与偏差。② 具有正确的自我意识，既有自知之明，又能根据自己的情况调整和完善自我。③ 既不自视清高，也不自惭形秽。④ 能以积极进取的人生观作为人格的核心，把自己的需要、愿望、目标和行为统一起来。

5. 积极的意志品质

意志是指人在完成一种有目标的活动时，所进行的选择、决定与执行的心理过程。大学生积极的意志品质主要表现为：① 行为具有较高的自觉性、果断性、坚韧性和自制力。② 能运用正确的方法解决学习、工作中的问题。③ 在困难和挫折面前能采取较合理的反应方式，主动克服困难。

6. 能够适应和改造现实环境

较强的适应能力是心理健康的重要特征。心理健康的大学生能够和社会保持良好的接触，能正确地认识和了解社会，使自己的信念、目标、行为与时代合拍，与社会要求吻合，一旦发现自己的需要、愿望与社会要求、他人利益相冲突时，能放弃或修正自己的行动计划，以保持与社会的协调一致。

7. 心理行为符合年龄特征

不同的年龄阶段有不同的心理和行为特征。心理健康的大学生，应具有与自己年龄相符的心理和行为。如果心理和行为经常偏离自己所属的年龄特征，如老气横秋、老态龙钟或天真撒娇、易哭易笑，则有可能是心理不健康的表现。

（五）正确理解和运用大学生心理健康的标准

正确理解和运用大学生心理健康标准应注意以下几个问题：

（1）心理不健康与有不健康的心理和行为表现不能等同，心理不健康是指一种持续的不良状态。偶尔出现一些不健康的心理和行为并不等于心理不健康，更不等于已患心理疾病。因此，不能仅从一时一事而简单地给自己或他人下心理不健康的结论。

（2）心理健康与不健康不是泾渭分明的对立面，而是一种连续状态，从良好的心理健康状态到严重的心理疾病之间有一个广阔的过渡带。在许多情况下，异常心理与正常心理，变态心理与常态心理之间没有绝对的界限，只是程度的差异。

（3）心理健康的状态不是固定不变的，而是动态变化的过程。既可以从不健康转变为健康，也可以反之。因此，心理健康与否只能反映某一段时间内的特定状态，而非永远。所以，判断大学生的心理健康状况应有发展的眼光。

（4）心理健康的标准是一种理想尺度，它不仅为我们提供了衡量是否健康的标准，而且为我们指明了提高心理健康水平的努力方向。每一个人在自己现有的基础上作不同程度的努力，都可以追求心理发展的更高层次，不断发挥自身的潜能。

名师微课：正确理解大学生心理健康标准

三、影响大学生心理健康的因素

影响大学生心理健康的因素是多方面的，概括起来主要有外部社会环境的影响和个体内部生理和心理因素的影响。①

（一）社会环境的因素影响

这里所指的社会环境主要包括社会、学校和家庭三大方面。

1. 社会因素

社会的影响是多维度的。在工业生产高度发展和社会竞争日趋激烈的现代社会，尖锐复杂的社会矛盾不可避免地给人类的学习、生活和工作带来一系列不良的影响，主要有：① 现代社会活动节奏加快，往往使人的大脑处于持续、过度的紧张状态，易于"积劳成疾"。② 现代社会是一个竞争的社会，与竞争相伴随的是成功与失败。如果一个人缺乏足够的心理准备，对失败带来的挫折感不能正常地承受，就有可能出现心理疾病。③ 现代社会拥有大机器生产，替代了过去手工业操作，节省了大量时间。但是相当部分的人没有由此轻松和得到更多有益身心的娱乐，而是在对物欲满足的追求中，使心理负担更重。④ 生活方式的现代化，使人际交往减少。独生子女，单元房、办公自动化的出现，使人不与他人打交道也能维持一段时间的生活。但是，人作为社会性的动物，缺乏人际交往容易导致心理疾病产生。

大学生是社会中非常活跃、敏感又有知识的人群，他们往往能够敏锐地感觉到社会变化的种种冲击。如高校实行收费制、毕业就业问题等，都会给一部分学生带来压力，严重的会影响心理健康。

2. 学校因素

学校是培育健全人才的重要场所，如果教育思想有偏差，教师教育方法不适当，校风、班风不正等都会引起大学生的某些心理问题。如以升学为目的的学校，教育重心只放在少数尖子学生的身上，对无望升学的学生少有关心，甚至歧视，这就容易造成学生的自卑感、厌学、逃学等心理问题。再加上教育方法简单粗暴，会严重挫伤学生的自尊心，使其变得冷漠对立、消沉退缩、自暴自弃。

学校对大学生这方面的影响主要表现在两个方面：一是大学生自我期待过高。从小学就开始的升学率指挥棒，对那些学习较优秀的学生给予了过高的期待和过分褒奖，致使他们为了维护自己的优良成绩而长期生活在紧张焦虑的状态中。进入大学后，在更高水平的群体中，他们依然苛求自己要比别人强，一旦目标受挫，就易出现种种心理问题。二是学校对个体差异重视不足，忽视或遗忘了心理品质教育，轻则降低了教育的实际效果，重则减缓了个体心理发展，甚至可能滋长个体的心理弱点。

3. 家庭因素

有研究表明，父母文化程度、行为举止、教育态度与方式、家庭成员的关系、经济地位等因素对学生的心理健康有直接的影响。从家庭教育方式来看，民主开放型的家庭，严松有度，其子女的心理问题较少；过于严厉、溺爱、放任型的家庭，其子女的心理问题较多。在家庭关系上，父母不和、离异、继父母的虐待，家庭缺少和睦友爱，都可能造成学生冷漠怀疑、妒忌仇视、孤独乖僻等不良心理。

① 陈沙麦、何少颖等. 大学生心理学 ［M］. 上海：同济大学出版社，1997.

（二）生理因素影响

生理因素对大学生心理健康的影响主要表现为两个方面：遗传因素和个体的生理变化因素。遗传学研究发现，不仅人的生理解剖机能（如相貌、体型等）与遗传有关，而且人的心理机能（如气质、智力等）也与遗传有关。如果父母或祖辈的遗传基因有缺陷，尤其家族史上有精神病史，很可能会影响后代的身心健康。此外，母亲孕期身体不好，情绪欠佳，营养不良或服用副作用大的药物，分娩过程出现早产、难产及分娩年龄过大过小等，对子女的心理健康也会造成一定影响。

大学期间大学生的生理结构继续发生着变化。进入青春期后，他们比较注意自己的容貌、体格、姿态、语言，对其缺陷和弱点十分敏感，如身体残疾，个子太矮，身体太胖、太瘦，容貌欠佳，五官不正，长有青春痘，口吃等均可能引起心理上的失衡。另外，大学生的内分泌系统，尤其是性腺处于空前活跃时期，激素大量分泌，容易发生冲动。据研究发现，甲状腺功能亢进者，神经系统易兴奋、易激动、紧张、烦躁、失眠；而甲状腺功能低下者，条件反射活动迟缓，智力下降，记忆力减退、嗜睡等。

（三）心理因素影响

1. 心理素质脆弱

这段时期的大学生，心理发展还处在尚未成熟、尚不稳定的阶段。由于心理教育工作在我国还比较薄弱，不少学生的心理素质培养远跟不上时代要求。面对人生问题、社会问题的增多，失败与挫折也随之增加。这对阅历浅显、经验有限、心理结构脆弱的大学生来说，无疑是一种严峻的考验，有的学生因此而出现心理障碍。

2. 个性缺陷

同样的环境、同样的挫折，不同的个体有不同的反应方式，这与人的个性有直接的关系。一般来说，性格内向孤僻、敏感多疑、固执急躁、爱钻牛角尖、过于自卑、唯我独尊、爱慕虚荣等个性特征，都是不利于心理健康的。

3. 心理冲突

青年时期的大学生正处在由不成熟走向成熟的过程中，这种成熟与不成熟常常交叠在一起，造成内心矛盾重重。如理想与现实的矛盾，情感与理智的矛盾，需要与满足的矛盾，自立与依赖的矛盾，自信与自卑的矛盾，闭锁性与开放性的矛盾，冲动与压抑的矛盾，这些内心的矛盾使还未完全成熟的大学生处在情感的波涛中，一旦这种心理冲突时间太长、强度过大，就有可能破坏心理平衡而引起心理疾病。

4. 人生观不确定

大学生正处于人生观逐步确立的阶段。面对现代化的发展，社会结构、生活方式、价值观念、行为模式的变化，以及各种社会思潮的影响，大学生人生观的确立变得更加困难、复杂，这就影响到他们对客观事物作出正确的评价。在遇到困难、挫折时，不会积极主动地去解决，而是采取消极对待，甚至逃避的方式，因而容易出现心理问题。

第二节
大学生常见的心理问题

近年来许多研究表明，我国大学生的心理健康状况令人担忧，心理问题和心理疾病已经成为困扰大学生正常学习、生活和工作的大问题。

一、大学生心理健康的现状

从目前的情况看，多数大学生的心理是健康的。但是，也有相当一部分大学生的心理健康状况不容乐观，据《心理健康蓝皮书：中国国民心理健康发展报告（2019~2020）》的调查统计分析，总体来说，大学生心理健康状况呈现出以下特点：

1. 心理健康状况总体良好，但一定比例的抑郁、焦虑等问题不容忽视

本次调查结果显示，大学生中有 18.5% 有抑郁倾向，4.2% 有抑郁高风险倾向；8.4% 有焦虑倾向；睡眠不足的问题在大学生中比较普遍，43.8% 的大学生表示最近一周中有几天睡眠不足，7.9% 的大学生表示超过半数时间，而 4.4% 的大学生表示几乎每天都睡眠不足。

大专生在抑郁水平、焦虑水平、睡眠质量、自评心理健康状况等方面的心理健康状况都好于本科生。报告还指出，大学生心理健康状况存在性别差异，其中本科女生的抑郁水平最高，显著高于全国平均水平，也高于本科男生、大专男生和大专女生这三个群体。抑郁是自杀的高危因素之一，随着抑郁水平的升高，自杀意念的出现比例显著上升。而在抑郁风险较高的群体中，自杀意念出现的比例较高。

2. 心理健康意识较强，具备一定的心理健康技能，但仍有待提高

本次调查结果显示，大学生中心理健康意识较低、亟须提高的仅为 4%，心理健康意识处于中等、有待进一步提升的为 39%，而心理健康意识较强的为 57%。

调查发现，60.8% 的大学生至少拥有三种情绪调节方式中的一种，其中转移注意是大学生最主要的情绪调控方式。采用相关分析发现，利用人际支持是大学生最有效的情绪调控方式。由于大专生利用人际支持调控情绪的水平高于本科生，这也部分解释了前面发现的大专生心理健康水平高于本科生的结果。

3. 心理健康知识需求丰富，需求满足程度显著高于全国普通水平，但咨询便利性仍需提高

本次调查结果显示，大学生对心理健康知识的需求丰富，排前三的依次是：人际交往、自我调节及职业指导。

本科生的心理健康知识需求显著高于大专生。大学生中将近九成知道本校有心理健康中心为学生免费提供心理咨询，但仅有 21.4% 的大学生使用过心理咨询服务。

对于校内心理咨询服务，分别有 38.0% 的本科生和 11.9% 的大专生表示不便利。心理问题比较严重时，大学生更多采用校外心理咨询服务，究其原因，一方面，大学生需要精神科医生、心理治疗师等更专业的治疗服务；另一方面，大学生需要心理咨

询的时间较长，也往往超过学校提供的限次。整体而言，大学生群体对心理咨询服务的满意度较高。

二、大学生常见的心理问题

大学生在心理卫生方面出现的问题有比较集中的领域和相当类似的反应。根据我们多年心理咨询的实践经验，归纳如下：

（一）环境变异产生的心理压力

从中学到大学是人生转折的重要时期。入学后的大学生心理上依然残留着依赖性、理想化、盲目性等心理特征。面对生活环境、学习条件、人际关系等方面的变化，很容易产生不同程度的适应困难，出现多种适应性心理问题。一旦遇到困难和挫折，便茫然无措，不知该怎么解决，心理压力很大，产生失落感、自卑感和焦虑情绪。

知识拓展：关于压力你知道多少？

1. 生活环境的不适应

大学新生中有相当一部分人的生活自理能力较差。在中学阶段，父母为了让孩子把一切时间都用在读书升学上，关心备至，包揽了洗衣、叠被等许多本来应该由孩子自己动手的生活琐事。现在面对多人一室的集体宿舍，吃饭要排队，生活需自理，每天都是"校舍—教室—食堂"这种"三点一线"式的单调生活，使许多学生感到枯燥无味。过去从小学到中学，身边都是一些从小在一起的同学，老师也往往是从一年级带到毕业，构成了自己熟悉的环境。而现在，大学生来自全国各地，陌生的人群，陌生的环境，这一切都使其产生了陌生感和疏离感。

2. 学习方式的不适应

在中学时，大部分学生习惯于老师详细讲解和具体辅导，自学能力较差，依赖性较强。到了大学，学习方式与中学相比，有着明显不同。首先，学生自由支配的时间较多，因而需要大学生有较强的自学能力以及学习自觉性、自主性和自制能力，否则，或是忙乱不堪，不得要领；或是浪费时光，所学甚少。其次，大学生不仅需要理解、巩固所学的知识，还要在学习中培养独立思考、探索创新的能力。而死记硬背、墨守成规、缺乏灵活运用知识能力的大学生将会遇到较多的挫折。再次，大学所要学的知识如浩瀚大海，各类活动也繁多，它虽为每个人的发展提供了广阔天地，然而，如何有选择地发展自己，也使许多大学生深感困惑，以致焦虑不安。

（二）恋爱与性方面引起的情感激荡

大学生正处在异性相吸的灼热阶段，对性问题特别敏感，他们喜欢与异性交流，在异性面前显示自己的风度和才华。但是，由于他们考虑问题简单，感情容易冲动，在如何对待恋爱的问题上常常感到困惑。有的学生不懂得如何交异性朋友；有的过早地坠入爱河，而又没有确立正确的恋爱观。三角恋、单恋、失恋、胁迫恋爱在学生中屡见不鲜。一些错误的恋爱心理也在大学生中较为普遍，如爱情至上心理、尝试心理、从众心理等。一旦这些"心理"出现障碍，就可能引起心理失调，严重的会导致心理疾病。

在性心理方面，由于从性成熟到以合法的婚姻形式开始正常性生活，一般至少要经历 10 年以上。因此，面对体内强烈的性激素分泌的刺激，以及外界各种各样的诱惑，必然会引起强烈的性欲望，而道德、法律的力量又限制和约束着这种欲望，于是在需求和满足之间出现了尖锐的冲突和矛盾，容易失去心理平衡。因此，大学生性心理问题集中表现为对性知识缺乏健康、科学的认识和态度，出现性认识偏差；对自身的性心理感到困惑、不适应，出现性焦虑、性恐惧；对性欲、性冲动产生不安，感到压抑。

（三）人际关系不和谐产生的心理疑惧

来自四面八方的学子组成一个新的集体，开始了新的人际关系。在高中时期，上大学成了大家迫切追求的目标，在这统一的目标下，很容易找到志同道合的朋友。而大学里，新同学来自不同的地域，文化背景、价值观念不尽相同，个性差异更显突出。面对着与自己性格、志趣、习惯、爱好不尽相同，甚至语言都难以沟通的新同学，他们不清楚该怎样与之和睦相处，也不懂得如何去理解别人。虽然表面上克制自己，不与同学发生大的冲突，但内心深处却很别扭。再加上处于这一时期的大学生本来就有一种"以自我为中心"的闭锁心理，不愿主动敞开自己的心扉。因此，与人交往有较强烈的戒备心理，总是有意无意地保持一定的距离。

（四）追求自我实现与现实相悖产生的心理冲突

自我意识的增强是大学生的一个显著特点，自我价值的实现是他们向往和追求的目标。许多大学生都希望能在各种场合、各种活动中显示自己的才华。然而，他们毕竟是从学校到学校，难免缺乏社会经验。有些学生片面追求所谓的"自我实现"，对生活中的一些不尽如人意之事不能正确对待，有怀才不遇之感；有些人不能正确、客观地评价自己，只看到别人身上的缺点，却不能正视自己的不足，"理想主义"要求别人，"现实主义"要求自己，一味地用美好的形容词虚饰自己，形成了对自己过分美好的评价。而一旦看到别人超过自己，就产生妒忌、抱怨等扭曲心态，或妄自尊大，或妄自菲薄，难以客观地对待自己。

三、神经症

神经症是大学生中主要的心理疾病。在日常生活中，许多人往往混淆神经病、神经症、精神病、精神疾病的含义，其实它们是不同的概念。

神经病是神经系统的疾病，是由于感染、中毒、外伤、肿瘤、血管病变或先天发育异常等原因，引起的神经系统（包括脑、脊髓和周围神经）及其附属结构（如脑膜、脑血管、肌肉等）疾病。大多数神经病都有神经组织形态的病理性改变。如我们常见的脑血管疾病、癫痫、中风、坐骨神经痛等。

精神疾病又称为心理疾病，是一类以精神活动失调或紊乱为主要表现的疾病。它包括神经症、精神病、人格障碍、性变态以及其他心理障碍。在这里，我们重点介绍

案例二：我是不是心理有毛病了？

大学生心理健康调查问卷（UPI）

名师微课：神经病和精神病有什么区别？

一下神经症。

（一）神经症

神经症（neursis），过去习惯称为神经官能症，是一组非器质性的、轻型大脑功能失调的心理疾病总称。其共同特点是：起病常与心理精神因素有关；症状多种多样，可表现为精神、神经或躯体症状，但检查不能发现相应的体征；患者一般意识清楚，有自知力，要求治疗；部分患者有性格缺陷。《中国精神障碍分类与诊断标准》（CCMD-3）中关于神经症的定义是："本症是一组主要表现为焦虑、抑郁、恐惧、强迫、疑病症状，或神经衰弱症状的精神障碍。本障碍有一定的人格基础，起病常受心理社会（环境）因素影响。症状没有可证实的器质性病变作基础，与患者的现实处境不相称，但患者对存在的症状感到痛苦和无能为力，自知力完整或基本完整，病程多迁移。"

（二）神经症的分类及症状表现

我国现行的神经症亚型分类为：神经衰弱、焦虑症、恐怖症、强迫症、抑郁性神经症、疑病症和癔症等。

1. 神经衰弱（neurasthenia）

神经衰弱是大学生中较常见的一种神经症，它指一种以脑和躯体功能衰弱为主的神经症，以精神易兴奋却又易疲劳为特征，表现为紧张、烦恼、易激惹等情绪症状。在各类神经症中占 56.7%。患者病前性格多为胆怯、敏感、多疑、缺乏自信、不开朗、兴趣狭隘、拘谨、少社交和缺乏生机等。

临床症状：① 衰弱症状。患者大脑易疲劳，感到没有精神，自感反应迟钝，注意力不易集中或不能持久，记忆力差，效率显著下降，体力亦易衰退。② 情绪症状。烦恼，心情紧张而不能松弛，易激惹等，有轻度焦虑或抑郁。③ 兴奋症状。感到精神易兴奋，表现为回忆和联想增多且控制不住，伴有不快感，但没有言语和运动的增多。④ 肌肉紧张性疼痛。自觉头部发胀或有紧缩感，似乎头皮变厚或像是戴了一顶橡皮帽，头昏、头痛、肢体肌肉酸痛等。⑤ 睡眠障碍。如入睡困难，多梦，醒后仍感困乏，睡眠感丧失（实际已睡，自感未睡），睡眠醒觉节律紊乱（夜间不眠，白天无精打采和打瞌睡）。此外还可有心悸、气短、多汗、肢冷、腹胀、尿频和遗精等自主神经功能紊乱症状。

2. 焦虑症（anxiety）

焦虑症又称为焦虑性神经症，是指持续性精神紧张或发作性惊恐状态，常伴有头晕、胸闷、心悸、呼吸困难、口干、尿频、出汗和运动性不安等。

临床症状：① 惊恐障碍。患者无明显诱因而突然出现强烈恐惧、焦虑不安，似乎预感到灾难将至，好像马上要面临死亡似的，同时感到"心脏要跳出来"，常伴有显著的自主神经症状。② 广泛性焦虑。患者经常出现无明确对象或固定内容的恐惧感，终日惶惶不安，心烦意乱，提心吊胆，似乎马上就会大祸临头。对任何事物失去兴趣，对自己的健康忧虑重重，对躯体微小不适都过分敏感，常常无病呻吟、苦恼、自责，除心悸、心慌外，还伴有面色苍白或充血、胃部不适、尿急、阳痿、早泄、月经紊乱和性欲缺乏等。

3. 恐怖症 (phobia)

恐怖症又称为恐怖性神经症，是指患者对某一特定物体或特殊的环境产生持续的、紧张的、不合情理的强烈恐惧情绪。恐怖发作时往往伴有显著的自主神经症状。患者极力回避所害怕的客体或处境，知道他的害怕是过分的、不应该的或不合理的，但这种认知并不能防止恐怖发作。

临床症状：① 物体恐怖。患者表现出对某一种动物如蛇、狗、猫、昆虫恐怖（动物恐怖），对尖锐的物体产生恐怖，对不洁物体产生恐怖。② 场所恐怖。患者对某些特定的环境，如高处、广场、闭室、黑暗和拥挤的场所感到恐怖。③ 社交恐惧。患者见人就紧张不安、手足无措、不敢与人对视，在别人面前脸红等（这点在大学生咨询中很常见）。

4. 强迫症 (obsession)

强迫症又称为强迫性神经症，其症状特点是有意识的自我强迫和自我反强迫同时存在，二者的尖锐冲突使患者焦虑和痛苦。患者体验到，观念或冲动系来源于自我，虽极力抵抗和排斥，但无法控制；虽常认识到强迫症状是异常的，但无法摆脱。大学生中有此症状的人偏多。

临床症状：① 强迫观念。如强迫回忆、强迫疑虑、强迫性穷思竭虑、强迫性对立思维等。② 强迫情绪。表现为十分害怕丧失自我控制能力而发病或者有违法对立思维等。③ 强迫意向。表现为经常感到有立即行动的冲动或强烈的内在驱使，被一种与当时的情绪不吻合的意向所纠缠，但并不会表现为行动。④ 强迫动作。表现为屈于强迫观念的反复洗手、计数、核对、询问等，或表现为对抗强迫症的间或动作。

5. 抑郁性神经症 (repressive neurosis)

抑郁性神经症又叫作神经性抑郁症，是指一种以心境低落为主要临床相的、病程迁延的神经症，常伴有焦虑、躯体不适和睡眠障碍。

临床症状：情绪低落是最主要症状，患者自觉心情不舒畅，感到忧愁、苦闷、沮丧，对生活兴趣减退，对前途丧失信心，对痛苦处境无能为力，感到活着没什么意义，甚至有想死的念头；患者感到焦虑、失眠，病程迁延达一年以上。

6. 疑病症 (hypochondriasis)

疑病症又叫作疑病性神经症，其特征表现为对自身的健康状况和身体某一部分功能过分关注，怀疑患了某种躯体或精神疾病，医生对疾病的解释或客观检查常不足以消除患者的疑虑。

临床症状：① 对身体健康或疾病过分担心，其严重程度与实际健康状况很不相称。② 通常对出现的生理现象和异常感觉作出疑病性解释。③ 牢固的疑病观念，缺乏充分根据，但不是妄想。

7. 癔症 (hysteria)

癔症又叫作歇斯底里症，指由明显的精神因素（如重大的生活事件、强烈而持久的内心冲突或情绪激动、暗示或自我暗示）所导致的精神障碍，主要临床表现为感觉或运动障碍，情感失调或意识状态改变。症状无器质性基础。

以上介绍的是神经症，而精神病是一类严重的心理疾病。常见的精神病有：精神分裂症、躁狂抑郁性精神病、偏执性精神病、反应性精神病等（关于这部分内容在此不做介绍）。

第三节 >>>>>>>>
增进大学生心理健康的途径

大学生心理健康问题不仅关系到大学生个人的生活、学习、工作和身心健康成长，也关系到整个中华民族素质的提高，关系到社会的发展和未来。因此，增进大学生心理健康，提高大学生心理素质，已成为高等教育的一项重要任务[①]。

一、加强心理健康教育

高等学校教育是培养身心健康、全面发展的专业人才，提升大学生心理健康水平，优化大学生心理素质的重要途径。

（一）心理健康教育的内容

1. 智力发展教育

智力发展教育使学生了解智力发展的规律、分布特点及自身智力发展的水平与特点，通过培养学生的观察力、记忆力、想象力、思维力等，挖掘并开发学生智力潜能，培养多种能力，使学生掌握有效、科学的学习方法，养成良好的学习习惯，提高学习效率。

2. 非智力因素的培养

非智力因素是指动机、兴趣、情绪、意志等心理因素。培养非智力因素主要在于激发学生的成才动机，培养学生的学习兴趣，锻炼意志品质，形成健康的情绪。

3. 环境适应教育

环境适应教育使学生了解社会变化发展的特点及趋势，通过社会实践、模拟训练等方法，使学生正视现实，改变不切实际的幻想，提高心理承受能力，以充分的心理准备和较强的适应能力去迎接急剧变化的时代。

4. 人际关系和谐教育

人际关系和谐教育使学生了解人际交往及人际关系的基本知识与技能，学习与他人交往并保持良好的人际关系，悦纳他人、尊重他人、学会合作，处理好与同学、异性、家长、教师各方面的关系。

5. 人格健康教育

人格健康教育使学生了解健康人格的理论与特征，了解自己心理活动的规律和个性特点，客观分析自己，扬长避短，培养开朗、活泼，富有同情心、正义感和责任感的良好性格，克服自卑感，避免心理变态及人格异常。

---

① 樊官双. 大学生心理健康与发展 ［M］. 北京：清华大学出版社，1997.

（二）心理健康教育的形式

1. 系统地开设心理健康教育课程或相关课程，定期举办讲座

通过开设必修课、选修课等方式，以课堂讲授为主，系统传授心理卫生知识。如"新生心理适应""大学生心理学""考试焦虑及其消除"等。

2. 通过校内传播手段普及心理健康知识

充分利用校刊、校报、广播、学生组织的交流刊物造声势、扩大影响，提高大学生心理保健意识，增长心理健康知识。

3. 对教职员工进行心理健康知识教育

严格地讲，教师的心理健康影响更大。一方面直接影响教师本人的工作、生活与健康；另一方面直接影响学生。若教师人格不健全，情绪不稳定，喜怒无常，必然会影响人格尚未定型的大学生。因此，可以说教师的人格和心理健康状况，甚至比他的专业知识更重要。学校应通过讲座、讨论、宣传材料等方式，注重提高教师的心理健康水平，以便为学生成长提供良好的软环境。

（三）建立三级心理健康保健网

传统的心理卫生"三级预防"思想是着眼于防病治病，其目标是使人们不病、少病或病了能迅速治愈。相应的也提出大学生心理健康的三级功能：即初级功能——防治心理疾病，中级功能——完善心理调节，高级功能——发展、健全个性和社会性。由此，我们进一步提出建立高校三级心理保健网的构想。

1. 初级保健网

此网由心理教育工作者在学生中通过各种途径普及心理卫生知识，培训一批心理卫生骨干充当心理保健员，并介绍、推荐有问题的学生去寻求专业帮助。

2. 系级保健网

此网对系、部层次与学生关系密切的人员，如辅导员、班主任、学生部工作人员等，进行专题培训，使他们初步了解大学生心理健康的状况，学会区分思想问题与心理问题，并且有解决一般心理问题的能力，使学生能够得到及时的帮助。

3. 校级保健网

校级保健网以学校心理健康教育机构，如学生心理咨询中心、学生事务处等为主，培训专业人员，以帮助那些心理问题比较严重的学生，并通过心理健康普查，了解学生心理健康状况，有针对、有计划地提出切实可行的教育措施。

二、创建文明的校园文化环境

不同的校园环境对大学生的心理健康将产生不同影响。优美的环境、丰富的文化活动使人心情舒畅、精神振奋、生活充实。创建良好的校园文化环境可以为大学生健康成长提供积极的外部条件。

（一）建设良好的校园文化环境

校园文化环境是校园环境的"软件"，集中体现在校风、学风、班风上。一个学

校的校风、学风是与这所学校的历史、传统、特色分不开的，它是一种无形的力量，为学生的健康成长提供了重要的精神环境和心理氛围。班风相对校风而言对学生的心理健康影响更直接、更具体。一般来讲，凡是处在积极向上、团结协作、宽松友好的班风中，就会使人感到心情舒畅，能获得力量感；相反，就会使人感到孤独、寂寞、离群、紧张、压抑，从而影响学习与其他活动。因此，大学生应主动为保持发扬学校的优良校风和传统学风，以及和谐的班风尽自己的力量。

（二）建设优美的校园自然环境

校园的自然环境是校园环境的"硬件"，包括学生学习、生活、活动的场所。如教室、实验室、图书馆、寝室、食堂和绿化带等。优美整洁的环境能给人一种奋发向上、充满生机的感觉，而使人愉悦身心，消除疲劳，减轻紧张和焦虑等。相反，杂乱不洁的环境容易使人产生不快、厌恶等感受，而使情绪消沉，精神不振，影响学习和生活的乐趣，降低效率。整洁文明的校园要靠全体师生来维护和保持。因此，大学生应该自觉地养成讲卫生的习惯，爱护校园里的一草一木。

（三）开展丰富多彩的校园文化活动

丰富多彩的校园文化活动为学生的健康发展提供了机会和条件。校园文化活动包括各种学术活动、文艺活动、体育活动、节日庆祝活动等。课余时间参加业余活动，有利于大学生多种才能的发挥，丰富精神世界，促进身心全面发展，使生活更有乐趣，情操得到陶冶，能力得到锻炼，多种需要得到满足，心理紧张得到缓解。其结果是进一步提高大学生脑力、体力活动的效率，改善适应能力，促进心理健康和发展。因此，大学生应该主动地参加丰富的校园文化活动，扩大人际交往范围，获得更多的社会支持，使自己的精神世界发展更丰富、更健康，最大限度地减少心理应激和危机感。

三、培养良好人格品质

对于学生自身来讲，保持心理健康一个重要的途径是注意培养锻炼自己良好的人格品质。

（一）树立正确的人生观与世界观

人生观和世界观的确定是防止心理异常的根本条件，是大学生心理健康的重要保证。正确的人生观和世界观能使大学生正确认识社会与个人的关系，充分发挥自己的作用和能力，协调并处理好各种关系，保证心理反应的适度，防止心理异常。如果一个人的需要、观念、理想、行为违背了社会准则，自然会到处碰壁，遭受挫折，陷于烦恼和痛苦中。因此，积极投身社会生活实践，从中确立正确的人生观和世界观，是心理健康的重要前提。

（二）正确认识自我、培养悦纳自我的态度

人格的核心是自我意识。心理学研究表明，凡是对自己的认识和评价与本人实际情况越接近的，表现自我防御行为就越少，社会适应能力就越强。相反，自卑感过重的人或过于夸大自我的人，常会感到紧张焦虑而导致心理问题产生。因此，大学生应该深入了解自己，正确评价自己，要充满自信，不苛求自己，不追求十全十美的形象，不为自己存在的缺点不足而沮丧，不以己之长来比人之短，也不以己之短来比人之长，应扬长避短、取长补短。制定目标要尽可能符合自己的实际情况，通过努力可以实现。如果目标过高难以实现，会倍感压力；目标过低轻易取胜，易滋长自负心理。因此，客观地评价自我，接纳自我的态度对于促进心理健康至关重要。

（三）提高对挫折的承受能力

人生不如意之事十有八九。无论谁在人生的道路上都会遇到大大小小的挫折。就像巴尔扎克说的，"挫折就像一块石头，对于害怕它的人是一块绊脚石，对于健康的人是一块垫脚石，让人看得更高更远，不为眼前的困难所吓倒。"大学生活中学习上的困难、与同学间的摩擦、爱情上的失意等都可能带来挫折感。有了对挫折的心理准备，就可能在挫折面前应付自如，保持心理平衡。挫折承受能力的高低与一个人的思想境界、对挫折的主观判断、过去的挫折体验、有无支持系统等因素有关。培养挫折承受能力就应该努力提高自己的思想境界，凡事从大局出发，建立和谐的人际关系，保持良好的社会支持系统。

（四）培养健康的生活方式

生活方式对心理健康的影响已经越来越为人们所关注。一头扎在学习中，两耳不闻窗外事，或者生活没有规律，随心所欲都不是健康的生活方式。为了完成艰巨的学习任务，为了将来健康地为祖国贡献几十年，大学生应该自觉地养成良好的生活习惯，劳逸结合，科学用脑，坚持体育锻炼。

四、及时寻求心理咨询的帮助

在维护和促进心理健康的过程中，大学生除了重视自我的调节，重视朋友的帮助、家长的支持、老师的指导外，还应该有寻求专业机构帮助的意识。特别是当心理压力较大，内心冲突激烈，自我调节难以解决时，更应主动、及时寻求支持和指导。心理咨询是保持和维护心理健康的重要途径。

（一）心理咨询的含义

"咨询"一词，英文是"counseling"，意为洽商、顾问与指导。咨询的实质是一种职业性的帮助，即由受过专业训练的人员向求询者提供帮助。目前这一职业已在社会生活的各个领域得到发展，如就业咨询、婚姻咨询等。

心理咨询是一种专业性很强的工作。其是咨询师运用心理学的知识、理论和技术，通过与求询者的交谈、协商、指导过程，帮助求询者达到自助的目的。心理咨询

提供了一种与日常生活中其他关系不同的特殊关系，在这种关系中，咨询师的技巧及其所创造的气氛使求询者逐步学会以更加积极的态度对待自己和他人。正因为心理咨询是一项专业性的工作，咨询过程中有很多方法和技术性手段，使得心理咨询与一般的开导、劝慰、帮助有明显的区别。

（二）心理咨询的作用

心理咨询可以使人们从一个不同的角度去看待自己和社会，用新的方式去体验和表达他们的思想情感，并产生出全新的思维方式。对于那些心理行为属于正常的人，咨询所提供的新经验可以帮助他们排除成长道路上的障碍，更好地发挥个人的才干；对于那些有心理障碍的人，咨询可以帮助他们改变不适应社会的思维和行为模式，学会新的适应环境的方式。

（1）心理咨询可以帮助人们认识到自身的问题很大一部分是由于尚未解决的内部冲突，而不是外界的影响造成的，只有改变了自己内部的冲突，才能解决问题，并获得成长。

（2）心理咨询为人们更加有效地面对现实提供了机会，使他们更全面、更客观地认识自己和现实，采取积极的方式去面对现实。

（3）心理咨询可以深化求询者对自身的认识，引导他们去发现真实的自我，从而根据自己的心理状况设计自己的行为，获得实实在在的成长。

（4）心理咨询可以纠正求询者的某些错误观念，以更合理的观念取而代之，从而获得适应社会的行为。

（5）心理咨询可以为求询者提供一种新的学习经验和机会。通过与咨询师的交流，体验新感受，学习新经验，纠正不适应的行为。

（6）心理咨询可以为求询者提供一种建立新型人际关系的机会，彼此信任，充满安全感，平等参与，降低求询者的心理防御反应。

（三）心理咨询的基本要求

心理咨询的基本要求是为求询者保守秘密。因为在心理咨询过程中不可避免地要涉及求询者的个人隐私问题，保守秘密不仅是获得求询者信任，使咨询过程顺利进行的保证，也是从事咨询工作的伦理要求。

大学生中多数人心理是健康的，只是在主动适应环境和寻求更多发展时会出现一些不适应的状态。心理咨询可以帮助大学生实现有效的调节，扬长避短，提高心理素质。因此，主动寻求心理咨询员的专业性帮助，将有助于大学生健康成长与人格完善发展。

第四节 ▶▶▶▶▶▶▶▶
成功心理训练（一）

成功的心理素质，大部分是后天习得的，因此通过训练是可以获得的。心理训练就是心理美容，它将逐步帮助你提高心理素质，只要你坚持不懈，定能战胜自我、超越自我，最后取得成功。好，从现在开始，我们就行动吧。

良好的开端是成功的一半。当我们初入一个陌生的团队，一般人多少都会有些紧张、焦虑，不知道周围是些什么人，他们会给你带来什么影响，是伤害还是帮助。无论你是刚进入大学，还是将来毕业步入社会，走进新的工作岗位，你都要面临一个新环境的适应问题，而人际关系的适应又是最重要的。因此，本节的心理训练就是让你去感受团队形成初期，成员在第一次聚会时，如何能尽快相识。

一、训练题目：彼此相识

1. 轻柔体操
2. 自我介绍与他人介绍
3. 做"问与答"活动

二、训练具体方法

1. 轻柔体操

【目的】放松，减轻焦虑，活跃气氛。

【时间】10~30分钟。

【准备】全体成员围成圆圈，面对圆心，指导者也在队伍里。要求有足够的活动空间。

【操作】指导者先带头做一个动作，要求成员不评价不思考，模仿做三遍。然后每个人依次做一个自己想出来的动作，大家一起模仿。无论什么动作都可以达到放松，减轻紧张气氛。有时，一些极富创造性的动作会引起大家愉快的笑声。

这个训练，让每个学员去体验：通过形体动作，使身心从紧张到放松的感觉。

2. 自我介绍与他人介绍

（1）两人一组自我介绍

【目的】初步相识。

【时间】约8分钟。

【准备】足够的空间，可以挪动的椅子，如折叠椅。

【操作】指导者先让团体成员在房间里自由漫步，见到其他成员，微笑着握握手。给一定的时间让成员自然相遇，鼓励成员尽可能多地与其他人握手。当指导者说"停"，每个成员面对或正在握手的人就成了朋友，两人一组，席地而坐，或拿折叠椅面对面坐下，各自做自我介绍（图2-4-1）。介绍的内容包括：姓名，所属部门，身份，性格特点，个人兴趣爱好，家庭情况，以及个人愿意让对方了解的有关自我的资料。每人3分钟，然后漫谈几分钟。当对方自我介绍时，倾听者要全身心地投入，通过语言与非语言的观察，尽可能多地了解对方。

$A \longleftarrow B$

图2-4-1 自我介绍
（2人组）

（2）4人一组他人介绍

【目的】扩大交往圈子，拓展相识面。

【时间】约 10 分钟。

【准备】足够的空间，可以挪动的椅子，如折叠椅。

【操作】刚才自我介绍的两个组合并，形成 4 人一组，每位成员将自己刚才认识的朋友向另外两位新朋友介绍，每人 2~3 分钟（图 2-4-2）。

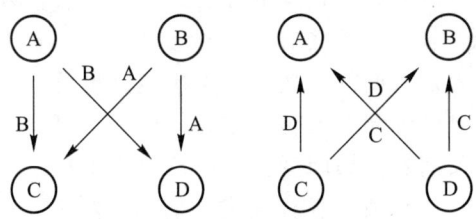

图 2-4-2　他人介绍（4 人组）

例如：A 向 C 和 D 介绍 B。然后 4 人一起自由交谈几分钟。

（3）8人一组自我介绍与他人介绍

【目的】进一步扩大交往范围，引发个人参与团队的兴趣。

【时间】8~10 分钟。

【准备】足够的空间，可以挪动的椅子，如折叠椅。

【操作】两个 4 人小组合并，8 人围圈而坐（图 2-4-3）。从其中 1 个人开始，每人用一句话介绍自己。一句话中必须包含三个内容：所属（院系、年级、专业）、自己与众不同的特征（兴趣、爱好等）、姓名。规则是：当第 1 个人说完后，第 2 个人必须从第 1 个人开始讲起，第 3 个人一直到第 8 个人都必须从第 1 个人开始讲起，这样做使全组注意力集中，相互协助他人表达完整的信息，而且在多次重复中，不知不觉地记住了他人的信息。

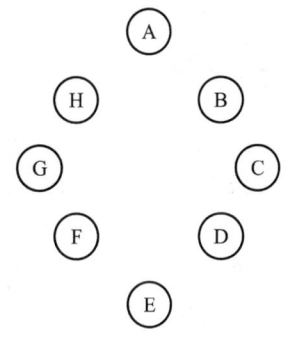

图 2-4-3　8 人组自我介绍

A：我是××学院××年级××专业，性格××的，名字叫×××。

B：我是××学院××年级××专业，性格××的，名字叫×××。

旁边的××系××年级××专业，性格××的，名字叫×××。

C：我是××学院××年级××专业，性格××的，名字叫×××。

旁边的××系××年级××专业，性格××的，名字叫×××。

旁边的×××学院×××年级×××专业，性格××的，名字叫×××。

以此类推。

这个训练，让每个学员去体验：在自我介绍与他人介绍时，每个人都很在乎自己是否被大家接纳，所以不用担心你是否能记住对方的信息。另外，在有限时间内尽快记住别人名字，是以后交往的重要步骤。

3. 做"问与答"活动

【目的】通过问答形式，促使成员关注他人，也体会到被关注的感觉，并达到相识的目的。

【时间】约 20 分钟。

【准备】足够的空间，可以挪动的椅子，如折叠椅。

【操作】6~8 人一组，先自由协商，确定组长，按顺时针或逆时针的顺序，从某个成员开始，例如，从 A 开始，A 先介绍自己的个人信息，然后每个人向 A 提一个关于 A 个人信息的问题，在提问题之前，要先介绍自己。除了政治问题、宗教问题，都可以提问，A 如果认为别人问的问题自己不想说，也可以表达出来。为了不使自己的问题与他人重复，也为了更多地了解被询问者的有关信息，提问者会把注意力集中在小组内，回答者因被全组其他成员关注而增加信心。对 A 的提问结束后，可以围绕 A 再自由交谈几分钟。第一圈时每人只有提一个问题的权利，如果还有想问的问题要在自由交谈时提出。提问完毕，被提问者要感谢大家对他的关心。每个人都轮流被提问，直到最后 1 个人被提问完毕（图 2-4-4）。

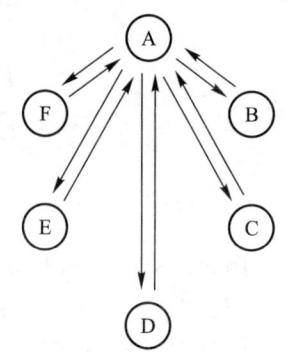

图 2-4-4　问与答

这个训练让每个学员去体验：一旦我们能与初识的人进行"问与答"活动，彼此的心理距离就开始接近。另外，学员去体验人与人之间交流时，彼此尊重、彼此接纳的重要性。

本章摘要

（1）提高大学生的心理健康水平意义重大。

（2）随着科技的进步和社会的发展，传统的健康观念发生了改变，新的"生物—心理—社会"医学模式的健康观念产生。

（3）健康的新概念不仅包括躯体状况良好，而且包括心理和社会适应状况良好。

（4）健康是生理健康和心理健康的统一，二者的关系是辩证统一的，生理健康是心理健康的基础，而心理健康反过来又能促进生理健康。

（5）心理健康是指生活在一定的社会环境中的个体，在高级神经功能正常的情况下，智力正常、情绪稳定、行为适度，具有协调关系和适应环境的能力及特征。

（6）综合国内外心理学家提出的心理健康的标准，我们认为，大学生心理健康的基本标准应包括：① 智力正常。② 健康的情绪。③ 和谐的人际关系。④ 统一的人格。⑤ 积极的意志品质。⑥ 能够适应和改造现实环境。⑦ 心理行为符合年龄特征。

（7）影响大学生心理健康的因素主要有：社会环境因素、生理因素和心理因素。

（8）目前大学生心理卫生的特点是：① 心理健康状况不良者比例增加。② 精神疾病成为休学、退学、死亡的主要原因。③ 精神疾病呈上升趋势。④ 神经症是主要的精神疾病，而重性精神病危害极大。

（9）大学生常见的心理问题主要包括：① 环境变异产生的心理压力。② 恋爱与性方面引起的情感激荡。③ 人际关系不和谐产生的心理疑惧。④ 追求自我实现与现实相悖产生的心理冲突。

（10）神经症和精神病是不同的概念，神经症是神经系统的疾病，主要包括神经衰弱、焦虑症、恐怖症、强迫症、抑郁性神经症、疑病症和癔症等；而精神病是一类严重的心理疾病，主要包括精神分裂症、躁狂抑郁性精神病、偏执性精神病和反应性精神病等。

（11）增进大学生心理健康的途径主要有：① 加强心理健康教育。② 创建文明的校园文化环境。③ 培养良好人格品质。④ 及时寻求心理咨询的帮助。

（12）心理健康教育的内容应该包括智力发展教育、非智力因素的培养、环境适应教育、人际关系和谐教育和人格健康教育等。

（13）大学生心理健康教育的形式主要有：① 系统地开设心理健康教育课程或相关课程，定期举办讲座。② 通过校内传播手段普及心理健康知识。③ 对教职员工进行心理健康知识教育等。

（14）针对大学生心理健康教育的三级功能，我们提出应该建立高校三级心理保健网，即初级保健网、系级保健网和校级保健网。

（15）对大学生而言，培养良好的人格品质至关重要，这包括：① 树立正确的人生观与世界观。② 正确认识自我、培养悦纳自我的态度。③ 提高对挫折的承受能力。④ 培养健康的生活方式。

（16）心理咨询是一种专业性很强的工作，是咨询师运用心理学的知识、理论和技术，通过与求询者的交谈、协商、指导过程，帮助求询者达到自助的目的。心理咨询是保持和维护心理健康的重要途径，当遇到心理问题自我调节难以解决时，应主动及时地寻求指导和帮助。

思考·讨论·活动

1. 如何正确理解现代健康的新概念？

2. 大学生心理健康的基本标准有哪些？

3. 目前大学生心理健康状况具有哪些特点？结合大学生常见的心理问题，谈谈自己的看法和感受。

4. 请结合本章的心理训练内容，分享训练过程中自己的感受，并设计另外一种可以与人初识的活动。

第三章

大学生心理挫折与调适

挫折概述

大学生挫折反应与心理防御机制

大学生挫折的自我调节

成功心理训练（二）

章前导语

　　常言道："不如意事常八九"。在人的一生中，只要有追求、有欲望、有需求，就会有失败、有失望、有失落。每个人都享受过成功的喜悦，也都品尝过失败的沮丧。挫折与成功一样，是一个人成长与发展不可缺少的因素，是人一生的伴侣。人们不仅要有迎接成功的准备，也要有面对挫折的勇气。

　　挫折对人来说是好事还是坏事？对这个问题必须用辩证的观点来解释。

　　从主观上看，挫折带给人们的心理感受大都是一些消极的、不愉快的体验。一些重大的挫折常会使人感到极大的痛苦，产生许多的烦恼，使人烦躁、苦闷异常、痛不欲生，因此人们都认为挫折是一件坏事。从客观上看，心理挫折对一个人来说，既可能有消极的影响也可能有积极的作用。挫折可以使人感受到种种不愉快的体验，但也可以增强人对消极情绪的控制力，锻炼出顽强的毅力和坚忍不拔的良好素质，从而使人变得更加坚强。现代的许多著名学者都曾对此做过精辟的论述，如拜伦说："逆境是达到真理的一条道路。"别林斯基说："不幸是一所最好的大学。"培根也说："奇迹多是在厄运中出现的。"人的许多心理品质，尤其是良好意志品质的形成和发展，是以适应挫折经历为基础的。"一个人如果没有任何障碍，将永远保持其满足和平庸的状态，既愚蠢又糊涂，像母牛一样怡然自得。"英国心理学家布朗的这段话说得十分形象。所以，对挫折的心理反应和应对挫折的能力，在很大程度上反映了一个人的心理素质和心理健康水平。

　　大学生中的心理健康问题，有很多与挫折有关，挫折所引起的消极心身反应，往往是导致心理障碍的主要原因。因此，培养大学生良好的心理素质，增强挫折承受力以及提高适应挫折与环境的能力，就成了大学生心理健康教育的重要内容。

　　本章所要研究的内容，主要是有关大学生挫折心理的问题，以及面对挫折的应对措施和调节方法，希望读者在阅读本章之后，能对下列问题有所认识：

　　1. 挫折和挫折承受力的含义及其影响因素。

　　2. 想象挫折和实际挫折对人的心理的不同影响。

　　3. 大学生常见的挫折行为及其对大学生的影响。

　　4. 挫折的心理防御机制及其与心理健康的关系。

　　5. 大学生面对挫折的自我调节方法。

第一节

挫折概述

　　挫折既是客观的，更是主观的。挫折对人的影响与其说取决于挫折本身，还不如说取决于人对挫折的评价和态度。挫折广泛存在于每一个人的生活之中，贯穿于人的一生，遍布生活的方方面面。

一、挫折

（一）挫折的含义及分析

在社会生活中，每个人都在追求着一定的目标。然而，由于社会生活的复杂性，各种客观因素和人为因素都处在相互作用、相互制约、相互影响之中，无论个人的动机如何，努力的程度如何，并非每个人都能一帆风顺地实现自己的目标。因此，在每个人的生活和事业中，历经磨难，走些弯路，是在所难免的。

毫无疑问，生活中各种各样的灾难、疾病等不幸事件，对人生来说都是一种挫折，但这并不是心理学意义上关于挫折的含义。在心理学上，挫折的定义是：个体在从事有目的的活动过程中，遇到障碍或干扰，致使动机不能实现、需要无法满足时所产生的紧张状态或情绪反应。

当一个人顺利达到目标时，或者在追求某个目标的过程中，遇到障碍放弃了原定目标，选择了另外目标，这些情况都不存在挫折问题，只有在个人没有放弃目标，但由于各种阻碍或干扰，使人无法达到目标时，才会产生挫折感。例如，一个大学生为取得优异成绩，平时学习很努力，认真听课，认真整理笔记，按时完成作业，还阅读参考书，但期末考试成绩却不及格，这就会使他产生挫折感。可见，在心理学上，挫折是由影响目标实现的情况所引起的一种主观感受。因此，不能简单地把挫折理解为客观事件本身。

从挫折的定义来看，挫折包含着两层意思：一是指个体活动的一种特殊环境，即阻碍人们实现目标、满足需求的情境和事物，这就是挫折情境，也称为挫折源；二是指个体由于挫折情境而产生的心理感受和情绪状态等，即挫折感也称为心理挫折（图3-1-1）。

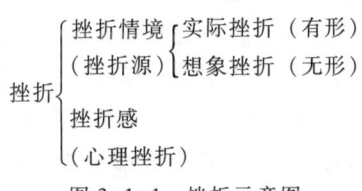

图 3-1-1 挫折示意图

名师微课：挫折三要素的联系

挫折情境与挫折感有着密切的关系，但并不总是成正比。从挫折情境到挫折感，并不是一个简单的刺激—反应的过程，而要受到个体实际状况的诸多因素制约，如生理因素、心理因素和思想状态等，其核心是认知方式和挫折承受力。在生活中常可以看到，面临同一挫折情境，有的人反应轻微、时间短，而有的人则反应强烈、时间长。譬如，一辆长途公共汽车抛锚，车上的乘客所产生的心理挫折程度差异很大，有的焦虑不安，怨天尤人，挫折感很强，有的心平气和，耐心等待汽车修好。可见，挫折感的程度，多半与他们的心理素质有关。

（二）挫折的种类

从不同的角度，可以把挫折划分为如下不同的种类：

1. 从挫折的现实性角度，可将挫折情境划分为实际挫折和想象挫折

实际挫折是个体实际遭遇的挫折，挫折已成为事实。人们只要正视它，是可以有效地处理的。想象挫折是个体想象未来可能出现的挫折，这种挫折也许不会发生，是人的主观想象的产物。从心理卫生角度分析，想象挫折比实际挫折更具有研究的价值。因为，实际挫折对人的影响是有形的、有限的、可以估量的；而想象挫折的影响是无形的、无限的、不可估量的，它会随着人的想象而泛化。因此，想象挫折比实际挫折对人的影响更大，它常常在人行动之前就先把人击倒。譬如，一个认为自己能力和学习都不如其他人的学生，在还未与人交往前，先想象自己肯定会失败，别人不会接纳自己，而不敢去交往。但实际情况未必像他想象得这么糟。想象挫折是许多心理障碍患者的共同特点，只有战胜想象挫折才能最终战胜实际挫折。

2. 从挫折的严重性角度，可将挫折情境划分为一般挫折和严重挫折

一般挫折是指人们在日常生活和工作中遇到的不影响人生大问题的小挫折。如塞车、父母责骂、某科考试不理想等，它对人的身心影响不大，时过境迁，易于忘记。严重挫折是指在与自己关系极为密切或意义重大的事件上产生的挫折，如婚姻破裂、丧偶、失业、犯罪等，它将对人的身心产生巨大影响，并引起强烈的情绪变化。

3. 从挫折的持续性角度，可将挫折情境划分为短暂挫折和持续挫折

短暂挫折指持续时间较短、暂时性的挫折，对人的身心影响不大。持续挫折是一种长时间持续不断的挫折状态，这种持续的紧张感与挫折感，对人的身心健康十分不利，甚至可能导致人格障碍，应引起人们的关注。

4. 从挫折的性质和内容的角度，可将挫折情境划分为需要挫折、行为挫折、目标挫折和丧失挫折

（1）需要挫折：需要挫折是指因为各种原因造成行为者的需要无法得到满足时的情绪状态。需要挫折又可分为需要冲突与需要受挫。前者是指行为者在特定条件下，因若干种需要发生矛盾冲突又未能妥善解决而造成的挫折感；后者是指行为者认为自己的合理需要被外界条件阻碍不能满足而体验到的挫折感。

（2）行为挫折：行为挫折是指行为者在一定动机支配下，并且有了行为的意向，但是因各种条件的影响，行为无法付诸实现时的情绪状态。

（3）目标挫折：目标挫折是指行为者在行动过程中，由于遇到无法克服的障碍，不能达到目标时的情绪状态。目标挫折与行为挫折是有区别的。行为挫折实质是行为意向或行为的准备状态受到挫折，挫折发生在行为之前；而目标挫折则是行为本身受挫，挫折发生在行为过程中。

（4）丧失挫折：丧失挫折是指行为者认为本来应属于自己的东西，却在一定条件下丧失了，这时所感受到的情绪状态。

从上面分析来看，前三种挫折都是行为者自认为应得到而未得到，因而受挫；丧失挫折则是自认为不应失去的却丧失了，因而受挫。

二、挫折理论

关于挫折心理的主要理论，下面简要介绍西方学者的四种挫折理论，目的是增加

大学生对挫折的认识和理解，认清挫折产生的深层原因，能为我们更有效地应对挫折做好认识上的准备。

（一）挫折的本能学说

麦独孤于 20 世纪初提出，个体受挫折而产生的种种行为，均起源于本能。他认为，人和动物的行为都是有目标的，只是目的性有程度高低的不同。一切行为都在奋斗中达到一定的目的，而策动和维持这些行为的动力是本能。如果消除这些本能倾向及其有力的冲动，有机体将不能进行任何活动。此外，本能和情绪有着密切的关系，似乎每种本能都有其对应的特殊情绪。在麦独孤看来，人在活动中遭受挫折而产生的情绪，以及由此而引发的各种挫折行为反应，都是本能冲动的结果。

（二）精神分析学派的挫折理论

弗洛伊德认为，人的一切行为都是以性力（力比多，Libido）为动力的。如果心理性力的发展过程不能顺利进行，比如停留在某一阶段或遇到挫折而从高级阶段倒退到低级阶段等，都可能造成行为异常。因此，一切精神疾病的根源也就在于这种性力受到压抑或阻碍，即挫折。

弗洛伊德的学生阿德勒则强调社会因素的作用，重视权力意志的实现。他认为，人的一切行为都要受"权力意志"的支配，要求高人一等，人的一切行为动机都是指向追求征服、追求优势的。如果这种驱力受到挫折，就会形成自卑感。自卑感如果得不到补偿，则会产生反社会行为或诱发精神病。

荣格则认为，每个人的人格总是不断向前发展的，一个人常常为未来的目标而奋斗不息，以求达到人格各方面的和谐完善，这就是自我实现。当一个人的自我实现不能满足时，就会产生挫折感。

（三）"挫折—攻击"理论

多拉德（J. Dollard）等人在《挫折与攻击》一书中首先提出了"挫折—攻击"假说，他们认为，攻击行为是由于个体遭受挫折而引起的，并称"攻击永远是挫折的一种后果"。这一结果包含两个基本点：第一，攻击行为的发生总是以挫折的存在为先决条件；第二，挫折的产生必然会导致某种形式的攻击。

霍夫兰德（C. I. Hovland）和西尔斯（R. R. Sears）论证了"挫折—攻击"理论，他们于 1940 年运用"历史文献法"对 1882—1930 年间美国南方的棉花价格和迫害黑人的私刑件数之间的关系进行研究。结果表明：棉价高时，私刑数较少；而棉价低时，私刑数较多。以此来证明由于经济不景气引起庄园主的挫折感，进而导致了对黑人的攻击行为。

伯科威茨（L. Berkowitz）对"挫折—攻击"理论进行了修正。他提出，应该区分"挫折"和"被剥夺"两个不同的概念。一个人不会单单因为缺乏某种东西（即该东西被剥夺）而遭受挫折，只有当一个人在既定的情境中无法获得他想获得的东西时，才会遭受挫折。

（四）"挫折—倒退"理论与"挫折—奋进"理论

20 世纪 40 年代，巴克（R. Barker）等人在实验研究的基础上提出了"挫折—倒退"理论。他们认为，挫折会引起行为的倒退，出现与其年龄不相称的幼稚行为；挫折反应也会干扰正在进行的行为，或导致动机的变化，使个体的行为受到妨碍而无法进行。

20 世纪 50 年代，阿姆塞尔（A. Amesl）等人在动物和儿童行为实践的基础上，提出了"挫折—奋进"理论。他们认为，当人受到挫折时，会出现努力奋进的情况。具体表现为机体一时性的反应力提高或为完成某种任务的能量增强。

三、挫折产生的原因

造成挫折的原因是什么？对于这个问题，不同的学者有不同的见解。

法国精神分析学家荷尼认为，有三种冲突使现代人更多地产生挫折感。

1. 竞争与合作的冲突

在现代社会中，无论是求学、就职、婚姻、事业或其他社会活动，人人都进行激烈的竞争，往往打败别人才能成功。但另一方面，人们从小受到的教育要求大家协力合作、谦让、牺牲等，由此构成内心冲突。

2. 满足与抑制的冲突

科技的发展、工商的发达，大大刺激了人的各种欲望，并强烈地要求获得满足。但经济上的条件限制和道德上的约束又必须抑制人们的一些欲望，造成了内心冲突。

3. 自由与现实的冲突

现代社会大力宣扬自由，误导人们认为任何事都能以个人的自由意志决定。但是，事实上无论什么事，升学、就业、择偶，处处受到现实条件的限制，人们常常无能为力，难以把握，易形成冲突。

这些内心冲突不断加强并积累，结果导致个人越来越难以适应社会和适应他人而产生挫折感，甚至导致行为失常。

美国心理学家弗洛姆认为，现代人最大的挫折是感到孤独无力与被疏远。这是因为科学和经济高度发达加速了城市化。人们在人造环境中，失去了接触大自然的机会；城市人口集中，但邻里来往却很少，人与人之间感情疏远；现代人必须不懈奋斗，由此常常感到孤独，久而久之，与真正的自我疏远了，人异化了，自己的思想和行为自己都解释不了，最后无法控制自己而导致强烈的挫折感。

综合以上学者的观点，本书将从主观、客观以及动机冲突三方面对挫折产生的原因加以分析。

（一）客观因素的影响

挫折的客观因素，即外在原因，又可分为自然因素、社会因素两种。

1. 自然因素的影响

自然因素的影响包括各种非人为力量所造成的时空限制、自然灾害和事故，以及人世间的生老病死等。如地震、洪灾等，致使多人伤亡。这类原因导致的挫折就是自然因素造成的。

2. 社会因素的影响

社会因素的影响包括个人在社会生活实践中遭受来自政治、经济、法律、道德、习惯、风俗以及人际关系等方面的挫折。此外，还应包括管理方式的不妥、教育方法的不当以及缺乏良好的设施等。例如，得不到领导的正确理解、信任，个人才能无从发挥；政治上受到他人的打击陷害，正义得不到伸张，长期蒙受冤屈等。社会环境对个人动机产生的障碍，有时比自然环境引起的还要多，影响还要大。战胜这方面的挫折不但需要个人主观努力，而且也需要提高全社会的文明程度。

（二）主观因素的影响

挫折的主观因素，即内在原因，可以从生理因素和心理因素两方面分析。

1. 生理因素的影响

生理因素是指个体与生俱来的身体、容貌、健康情况、生理缺陷等先天素质所带来的限制，导致活动的失败，无法实现既定目标。例如，近视眼者要求当飞行员，或身材矮小者想成为优秀的篮球运动员，必然受到限制；患高血压或心脏病者难以到空气稀薄的高原地带工作；年迈体胖者难以适应长途奔波或繁重的体力劳动等。

2. 心理因素的影响

心理因素更为复杂，产生挫折的心理因素主要有以下几种：

（1）自我估计不适当。如果一个人自我估计远远超过实际能力，就会目空一切，不自量力，去追求一些根本无法实现的目标，必然造成挫折。而如果一个人自我估计过低，畏缩不前，就会错过成功在望的目标，也会造成挫折。

（2）抱负水平过高。抱负水平是指个人对自己所要达到的目标规定的标准。一个人是否受挫折，与他自己对成功所规定的标准有密切关系。例如，两个同时被普通高等院校录取的新生，一个为能够考上大学而欣喜，另一个可能为未被重点院校录取而懊丧。由此可见，抱负水平过高，往往也是遭受挫折的一个原因。

（3）不合理的、不切实际的需要。正确合理、健康的需要得不到满足，会使人产生挫折感，这往往是客观因素造成的。但是，有些挫折往往是由于个人某些不合理、不切实际的需要，如享乐主义、绝对民主、绝对平均主义等得不到满足而产生的。

（三）动机冲突引发挫折

动机是推动和维持人类活动的动因。动机总是与人的需要紧密相关的，当人们存在某种需要，而此需要又与外部刺激（即诱因）相结合时，动机就产生了。

在现实生活中，人的动机是多样、复杂的。当两个以上动机相互排斥时，或同时存在难以取舍时，就会形成动机冲突的心理现象。因此，这种现象也称为心理冲突。动机的冲突常常会造成动机部分或全部地不能得到满足，同时也就使动机所指向的目标的实现受到阻碍，产生挫折感。

动机冲突的类型主要有四种：

（1）双趋式冲突：又称为正冲突，指个体在有目的的活动中同时有两个并存的、具有同样吸引力的动机。当实际条件受到限制而无法同时获取两个目标，就会产生冲突的情境，即"鱼和熊掌不可兼得"。比如，周末既想参加舞会，又想去看精彩影片，到底干什么需作出选择，内心感到矛盾、冲突（图3-1-2）。

图 3-1-2 双趋式冲突

（2）双避式冲突：又称为负负冲突，指同时有两个可能对个人具有威胁性的、不利的事件发生，二者都想躲避，但条件所限，只能避开一个事件，接受另一事件，需要作出选择。比如，有的学生既不想用功学习，觉得读书太苦；又怕考试不及格被退学而丢面子，"二者必居其一"（图3-1-3）。

图 3-1-3 双避式冲突

（3）趋避式冲突：也称为正负冲突，指同一个目标对于个体来说，可能满足某些需要，同时也构成某些威胁，由此产生既有吸引力又有排斥力的矛盾心理。比如，既想涉足爱情的领域，体尝爱情的美好，又怕耽误时间影响学习（图3-1-4）。

（4）双趋避式冲突：即两个目标各有所长，各有所短。比如，一个女生同时面临两个各有千秋的男生求爱时，就有可能会陷入这种冲突中（图3-1-5）。

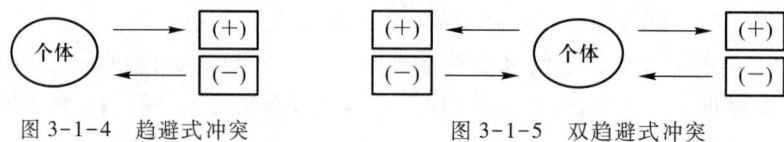

图 3-1-4 趋避式冲突　　　　　　图 3-1-5 双趋避式冲突

四、挫折承受力

（一）挫折阈与承受力

在生活中，挫折的出现难以避免。面对同样的挫折情境，人们的反应却有明显差异。这与每个人的挫折阈有关。而所谓的挫折阈是指引起个体产生挫折感的最小刺激量。挫折阈的高低与挫折承受力的强弱成正比。

挫折承受力是指个体遭受挫折时免于心理失常的能力，它反映了个体对挫折的可忍耐、可接受程度，所以也可称为耐受力、容忍力等。挫折承受力的大小，往往直接决定个体能否经得起挫折打击。一般说来，挫折承受力较强者，其挫折阈必然高，常表现为挫折反应小、挫折消极影响小；挫折承受力差的人，其挫折阈必然低，常表现为挫折反应大，情绪消沉低落，甚至一蹶不振。所以，挫折承受力是一个人心理健康水平的主要标志之一。

（二）影响挫折承受力的因素

1. 生理条件

神经类型属于强型、平衡、灵活性高的人比弱型的人挫折承受力强。身体强壮的人比体弱多病的人更能抵抗挫折。如同样是失去亲人，身体健康者更容易经受住悲哀、忧伤的痛苦，而体弱多病者则易在悲哀、忧伤中使自己的身心状况进一步恶化。

2. 个性心理品质

一个人是否具有优良的个性心理品质，这与生理条件相比，对挫折承受力的影响更为重要。如一个有远大理想和坚强意志的人，任何困难和挫折，都难以压倒他。而一个胸无大志、意志不坚定的人就很容易被困难和挫折所征服。心理学研究还表明不同气质的人对挫折的承受力也不同。比如抑郁质的人比较敏感和脆弱，内心情感丰富，所以对挫折的体验比其他气质型的人要深刻。

3. 过去的经验与学习

生活经历丰富，有过成败、苦乐、得失、顺逆等种种体验的人，往往能够把困难与失败视为常事，其挫折承受力必然高。而一个从小一帆风顺，涉世未深的人，其挫折承受力必然比较低。挫折承受力和个人的习惯或态度一样，可以经过学习而获得。因此，挫折经验少的人，就应该通过学习来培养自己良好的个性心理品质，学会对待困难坚忍不拔，遇到失败不灰心丧气，以增强挫折的承受力。

4. 对挫折的知觉判断

这是指个体对挫折的情境有不同的认识与判断。心理学原理表明，影响人们行为差异的重要因素之一是认知差异。人们对客观世界的认识，是通过个体的主观世界折射而形成的，也就是说面对同样的客观世界，由于主体个性心理的不同而形成千差万别的主观印象，因此对挫折这一客观刺激的知觉与判断也会因人而异，从而对每一个人所构成的打击或压力也有差异。对挫折情境有正确认识，能对挫折损失作客观评价的人，往往比那些对挫折判断有误、认识偏颇的人更能把握挫折。

从影响挫折承受力的诸多因素中可以看出，提高承受力的关键还在于平时的训练。平时有意识地加强培养，打好基础，遇到挫折时就能应付自如，掌握主动权。

第二节

大学生挫折反应与心理防御机制

挫折会引起一系列的反应，其反应性质可能是积极的，也可能是消极的，或者积极和消极共存。这也说明挫折具有两重性，即对人有利有弊。

挫折会打破人的心身平衡，从而会自发地唤起心理防御机制发挥作用。然而，心理防御机制总是不同程度地与歪曲现实、自我欺骗相联系。因此，如何正确地运用心理防御机制，既影响到对挫折的适应，更影响到一个人的心理健康状况。

一、大学生常见的挫折分析

（一）学习中的挫折分析

考上大学，获得继续学习的机会，对一个青年来说是令人羡慕的。然而，学习并不是一件容易的事情，四年的学习生活中难免有这样或那样的一些困难和挫折，在不同程度上困扰着每一个大学生。

1. 专业上的挫折

新生入学时的心情一般会比较激动、兴奋和乐观。可是，由于社会偏见的影响，以及个人对专业重要性认识不够，大学生往往从表面上来看专业的好坏，论专业的主次、高低。有些学生会觉得自己的专业不好，没什么意思，于是便产生一定的失意感，以致产生厌学、弃学、转学的现象。

2. 课程上的挫折

大学生对每门新开课程总是有所寄托的。可是，有的课程内容严重脱离实际，缺乏科学性和实用性，不仅在知识方面对学生帮助不大，而且在观念和方法上也没有多少可取之处。这样的课程不仅白白地浪费学生的时间和精力，而且会严重地挫伤学生的求知欲。

3. 教师因素带来的挫折

大学生对每位任课教师都是抱有期望的。可是，有的教师在才学方面功底不深、基础不厚，还没有达到起码的要求，便仓促走上大学的讲台；有的教师"现买现卖"，以其昏昏使人昭昭。学生本来对该门课程很有兴趣，可是，听过几次课，便对教师感到失望，有的甚至产生反感。

4. 考试成绩不佳造成的挫折

考试既是检验教学的手段，又是督促学习、选拔学生的措施。有些学生平时学习很努力，但是或因方法不对、基础不好，或因学习条件差以及身体的原因，学习成绩总是平平，因而心情很苦闷，甚至产生自卑感。

（二）生活中的挫折分析

大学生活是美好的，它是许多青年人理想的殿堂。然而，四年的大学生活也并不是一帆风顺、事事如意的，由于种种原因，难免会出现这样或那样的挫折。

1. 自尊心方面的挫折

大学生走进大学校园，就进入一个几乎是全新的生活环境，在这个人才济济的天地里，大学生由过去出类拔萃的学习尖子变成了普通的一员，有的甚至成了新集体中的"后进者"，先前的优越感已不复存在，尤其是来自边远地区、农村的学生，自卑心理更强烈，于是便产生了苦闷、不安的情绪。

2. 失恋的挫折

大学生正值青春发育时期，情窦初开，对异性的追求是一种正常的心理现象。因此，在校期间有些大学生相识后，便建立了恋爱关系。然而，由于种种原因，尤其大学生自身人格的发展还不够成熟，初恋往往不能成功。一旦失恋，对当事者来说是巨大的打击，容易产生悲伤、绝望、羞愧等复杂心理，有的甚至走上报复杀人或自我毁灭的道路。

3. 疾病方面的挫折

大学生活是愉快的，也是紧张的。要完成繁重的学习任务，要求每个大学生必须有健康的身体作保证。由于学习上的压力与劳累，以及营养不良等因素，有的学生难免患上疾病，如常见的心理疾病有神经衰弱、抑郁症、焦虑症等，以及生理疾病如肺结核、肝炎、胃病等。这些不仅直接影响到大学生能否完成学业的问题，而且还会在精神上带来忧虑和恐惧。

4. 痛失亲人的挫折

大学生在生理和心理上日趋成熟，又离开了家庭，因此和中学生相比具有较强的独立性。但是，在经济方面和感情方面，大学生对家庭和亲人仍然有较大的依赖，家庭生活中的每一项重大变化对其心理都会产生很大的影响。失去亲人是件不幸的事情，尤其是失去在感情上经济上依赖较大的亲人，对大学生精神上的打击会更巨大、更沉重，直接影响其学习、生活和心理状态。

（三）交往中的挫折分析

与人交往是社会的需要，然而交往不一定都是顺利的，也不一定都能给人带来愉快。大学生在交往中也存在着种种挫折。

大学生一进入新环境，就发现一切都是新鲜而陌生的。先前熟悉的一切，如亲人、同学、朋友、老师都离别了，这就难免产生一种无以名状的孤独感。随着时间推移，新的同学关系、朋友关系、师生关系开始建立起来。可是，大学生在交往中渐渐体会到，人际关系开始复杂化了，中学时代的那种纯洁的友谊不多见了，人们之间的关系开始渗入一些利害因素，这就会使一些思想单纯幼稚的学生感到苦恼。

总之，大学生的交往越来越多地受到社会的影响，尽管有许多不适应的地方，但这标志着大学生在人际关系方面正在开始走向成熟。因此，大学生应该不怕挫折，努力学会与人交往的艺术。

此外，像国家的政治经济状况、社会的舆论和评论、网络暴力等也都会引起大学生的挫折感。

案例三：在同一块"失恋"的石头上跌倒两次

心理测试：你的抗挫折能力如何？

二、挫折对心理和行为的影响

人们的心理挫折不论是由什么原因引起，都会对其生理、心理与行为带来一系列影响，其中对心理和行为的影响最为明显。

（一）挫折对个体心理的影响

挫折对个体心理的影响有两个方面：一是挫折对个体心理的正面影响，二是挫折对个体心理的负面影响。

1. 挫折对个体心理的正面作用①

（1）挫折有增强个体情绪反应的作用。挫折是一种内驱力，它能推动个体为实现目标而作出更大的努力，花费更多的精力。有人虽然屡遭挫折，却能百折不挠，越战越勇。社会生活中有许多身处逆境但通过努力实现自己夙愿的佼佼者，他们的成功就是挫折这种内驱力驱动的结果。

（2）挫折能增强个体的承受力。前面已讲过，个体对挫折的承受力的大小，与其过去生活中的挫折经验有关。生活阅历丰富、饱经风霜的人比生活一帆风顺、涉世未深的人更能承受挫折。所以，个体经受挫折的锻炼多了，对挫折的承受力就会增强。

（3）挫折能提高个体的认识水平。个体面对挫折与失败，往往会总结经验，吸取教训，改变策略，最终实现目标。所谓"吃一堑，长一智"，就是这个意思。

2. 挫折对个体心理的负面作用

一般来说，挫折对个体心理影响的消极成分远远大于积极成分。其消极影响表现在以下几方面：

（1）影响个体实现目标的积极性。由于挫折，使个体的情绪处于不安、烦恼等消极状态之中，容易低估自己的能力，高估各种困难，信心不足，从而降低个体的抱负水平，影响积极性，难以达到预期的目标。一个经常遭受失败的人是不可能提出很高目标的，其抱负水平每况愈下，最后变得胸无大志，得过且过，无所作为。

（2）降低个体的创造性思维活动的水平。个体由于遭受挫折，引起情绪紧张、苦恼、失望等消极反应。如果是重大挫折，则会引起情绪状态的剧变，致使神经系统，特别是大脑功能处于紊乱、失调状态，当然无法进行创造性思维活动。因为只有当神经系统的功能保持正常和得到最佳发挥时，其创造性思维活动才能得以展开。现代生理心理学研究表明：在不良的情绪状态下，大脑会释放一种使人身心疲劳的有害物质，从而影响个体对问题的分析和解决能力；在不良的情绪状态下，会引起大脑神经联系的精确度的变化，引起主体心理状态的改变，从而影响思维的敏捷性。

（3）有损身心健康。个体由于遭受挫折，不能实现目标，会引起紧张、焦虑、矛盾冲突等心理状态。当情况严重而得不到解决时，就发展为应激状态。生理心理学研究表明，挫折所导致的应激状态对个体有威胁性的影响。加拿大生理学家谢尔耶的研究发现，应激状态的延续能击溃个体的生物化学保护机制，从而降低抵抗力，易为病菌侵袭。个体因挫折而产生的消极情绪发展到应激状态是激发精神病的发病机制。近年来，病理心理学家和精神病学家在采用"应激"学说探索精神病的发病机制时发现，导致精神病的应激源来自躯体和心理，其中由各种各样社会心理因素造成的精神刺激是更为主要的原因。在社会生活中，人们由于长期心境不良而导致神经衰弱或其他神经症的，屡见不鲜。

（4）减弱自我控制能力，发生行为偏差。个体由于挫折而处于应激状态时，感情易冲动，控制力差，往往不能约束自己的行动，不能评价自己行动的意义，不能估计自己行动的后果，以致言语偏激，甚至发生攻击性行为，违反社会规范，严重的则

① 时容华. 社会心理学［M］. 上海：华东师范大学出版社，1993.

会触犯法律。

（二）挫折的行为表现

人一旦遭受挫折，在生理、心理与行为方面都会产生挫折反应，如紧张、愤怒、焦虑、烦躁、痛苦和攻击等。

由于大学生以往的挫折体验较少，特别是对重大挫折的体验少，所以，当遇到挫折时，所产生的情绪反应更为强烈。如何控制因受挫折而产生的强烈的情绪反应，是冷静、客观和理性地应对挫折的基础。

人们对挫折的反应有着不同的表现形式，有的情绪反应强烈，有的则不明显；有的以各种偏激的行为表现出来，有的则以积极的方式来对待。一般来讲，人对挫折的反应主要表现在以下两个方面：

1. 挫折的情绪性反应

情绪性反应是指人们在受到挫折时伴随着强烈的紧张、愤怒、焦虑等情绪所作出的反应，可能表现为强烈的内心体验，也可能表现为特定的表情或行为反应。情绪性反应多为消极性反应，主要表现为焦虑、攻击、退化、固执、冷漠、逃避和自杀等。

（1）焦虑：焦虑是一种模糊的、紧张不安的综合性负面情绪，常常伴随焦急、忧虑、恐惧等感受，甚至可能会出现出冷汗、恶心、心悸、手颤和失眠等神经生理反应。当人们面临心理冲突、情境压力或遇到挫折，或者预感到某种不祥的事情或不良的后果将要发生，或者感到需要付出努力的情境将要来临而又感到没有把握预防和解决时，一般都会产生焦虑情绪。挫折是引起焦虑的重要方面，人们遇到挫折时一般都会表现出某种程度的焦虑情绪。

一般来说，焦虑的情绪体验总是不愉快的，甚至是痛苦的。过度焦虑会使人情绪很不稳定、烦躁、神经过敏，对生活事件反应过度，致使认知能力、思维能力、对外界的适应能力和自信心显著降低。因此，持续、过度的焦虑对人们的身心健康是有害的，若不及时调整，设法尽快摆脱或降低焦虑，可能会导致心理障碍，如焦虑症等。另一方面，适度焦虑也有积极作用。当人们面对挫折或感到即将面临挫折时，适度焦虑常常有助于人们集中注意力，活跃思维，从而最大限度地调动身心资源，集中精力去应对挫折或即将到来的挑战。如考试前适度焦虑可以使学生更集中精力去准备；当众演讲时适度焦虑可以使人的思维更敏捷，发挥得更好。

（2）攻击：攻击就是一个人受到挫折后产生的强烈的侵犯和对抗的情绪反应。当然挫折与攻击之间没有必然的因果关系，攻击只是情绪反应中最常见的一种表现形式。攻击又可分为直接攻击和转向攻击两种。

直接攻击即一个人受到挫折后，把愤怒的情绪指向对其构成挫折的人或物，多以动作、表情、言语、文字等形式表现出来。一般来说对自己的容貌、才能、权力及其他方面较为自信的人，容易将愤怒的情绪向外发泄，采取直接攻击的行为。另外一些年幼无知、缺乏理智、一帆风顺的人，也容易采用愤怒的直接攻击方式。由于缺乏理智，往往不考虑后果，因而可能造成极为严重的后果。此外，大学里发生的一些打架斗殴、损坏公物的现象，也与大学生受挫后的攻击行为有关。这类攻击行为往往发生在那些缺乏生活经验，比较单纯、鲁莽、易冲动的学生身上。

转向攻击即把由于挫折所引起的愤怒和不满的情绪转向发泄到自我或与挫折源不相关的其他人或事物上。转向攻击行为造成的后果同样是严重的。如某高校一名男大学生失恋以后，他不能攻击他曾恋爱的女友，就用菜刀剁下自己的两节手指。虽然似乎一时紧张的情绪得到了发泄，然而却留下了终身残疾，并直接影响了正常学习。这是转向自己的攻击行为反应。又如，某大学生受到老师批评以后，就把愤怒的情绪转而发泄到其他同学或公物上，往往寻衅斗殴，或者踹门砸窗、破坏公物。这是转向"替罪羊"的攻击行为反应。转向攻击行为大多数发生在克制力比较弱、缺乏自信心的大学生身上。转向攻击通常在下列三种情况下表现出来：

第一，当个体觉察到引起挫折的真正对象不能进行直接攻击时，而把愤怒的情绪发泄到其他的人或物上去。这也就是我们通常所讲的迁怒。例如，一个人在单位受到批评，回到家里骂老婆、打孩子、摔东西，以发泄自己的情绪。

第二，挫折的来源不明，可能是日常生活中许多挫折积累综合作用的结果，也可能是自身疾病引起的。在这种情况下，找不出真正构成挫折的对象，于是就将这种闷闷不乐的情绪发泄到毫不相干的人或物上去。

第三，当一个人意志薄弱、缺乏自信或悲观失望时，易把攻击的对象转向自己。如埋怨自己能力不强、机遇不好、命运不佳、生不逢时。

（3）退化：个体行为的发展本身是有一定规律的，即随着年龄的增长逐渐成熟起来。而当一个人遭受挫折时，表现出与自己的年龄和身份不相称的幼稚行为，这种成熟倒退现象就叫作退化。例如，有的中老年妇女钱包被偷走以后，坐在地上号啕大哭，甚至躺在地上打滚；有的领导因受到某个挫折而对下级大发脾气，或为一点儿小事而暴跳如雷。

退化的另一种表现是易受暗示性。其最经常的表现是人在受挫后，对自己丧失信心而盲目地相信别人，或盲目地执行某人的指示。例如，组织成员遭受挫折后会轻信谣言，无理取闹，盲目地忠实于某个人或某个组织，有的领导则难于作出简单的决策，随便答应职工不合理的要求。

（4）固执：在心理学上，固执是指个体在受到挫折后，采取刻板的方式盲目重复某种无效行为，尽管情况已经变化，这种行为并无任何效果，但是刻板式的反应仍在继续进行。

从外部特征看，固执与正常习惯有许多相同点，但是在遭遇挫折时，二者的区别就明显表现出来了。如果因习惯的行为遭受挫折或惩罚，那就会改变习惯行为；而与此相反，固执行为不但不会改变，而且还会反常地强烈起来。这是因为，人们在社会生活环境中一而再、再而三地遇到同样的挫折，又一时难以克服，就可能慢慢失去信心，而形成刻板化的反应方式，一再重复同样而无效的行为。另外，过多过严的惩罚和指责，也可能导致固执行为。

（5）冷漠：冷漠是指当个体遭受挫折后，所表现出来的对挫折情境漠不关心与无动于衷等情绪反应。这是一种十分复杂的行为表现方式。

冷漠行为的发生同个体过去的经验密切相关。如果个体每遇挫折后采取攻击方式就能够克服困境，那以后他就会继续采用攻击的方式；反之若因采用攻击而招致更大的挫折，那他就会采取相反的方式，即逃避或以冷漠的态度来对待挫折。所以，冷漠一般是在行为主体反复遭受挫折后，对引起其挫折的对象无法攻击，又无"替罪羊"可宣泄，也看不到改变境遇的希望等因素下发生的。

冷漠并非不包含愤怒的情绪成分，只是个体愤怒暂时被压抑，以间接的方式表现出来而已。这种现象表面显得冷淡退让，内心深处则往往隐藏着很深的痛苦，是一种受压抑的情绪反应。心理学家吉姆布莱发现，冷漠反应多在以下情况出现：① 长期遭受挫折。② 情况表明已无希望。③ 情境中包含着心理上的恐惧与生理上的痛苦。④ 个体心理上产生了攻击与压抑之间的冲突。

（6）逃避：逃避是个体不敢面对自己所预感的挫折情境，而逃避到比较安全的环境中去的行为。其主要类型有：

① 逃向另一个"现实"中。这种情况在大学生中比较常见。如某大学生过去在学习上一直很努力，但由于种种原因受到挫折后，不仅不从主观上分析原因，而且一改过去刻苦学习的精神，变得漫不经心、得过且过，同时在娱乐、谈朋友上倾注精力，试图以学习之外的活动避开因学习压力给自己带来的焦虑与不安。其实，从与自己成长和发展有最直接关系的学习环境逃避到其他活动中去，可能在某些时候有一定的缓解作用，但并不能真正消除内心的紧张。因为紧张的心理以"潜意识"方式从当前现实转入"另一现实"之中，它在一定时期和条件下，可能对大学生产生更大的不良影响。

② 逃向幻想世界。大学生在受挫以后，往往沉溺于不合乎实际的幻想之中，以非现实的想象方式来应对挫折。为了暂时摆脱现实问题的困扰，展开了不受制约的想象，试图在幻想中求得平静和安宁。幻想在一定时期、一定程度上可使人暂时脱离现实，有缓解挫折感的作用。暂时的精神解脱，有助于对挫折的容忍并提高个人对将来的希望。但是幻想毕竟是幻想，在多数情况下无助于现实问题的解决。因此，大学生在幻想之后，应实事求是地面对现实，以便应对挫折。例如，某大学生平时学习不好，在考试失败后，幻想将来克服困难取得好分数和找到好工作的愉快情况，这种幻想可能使他鼓起勇气学好功课，有一定的积极意义。但如果不面对现实，一味耽于幻想，就会形成一种不能适应生活的不良习惯。

③ 逃向生理疾病。在日常生活中，人们对一个人的行为总是有一定要求的。对一个健康的大学生来说，应该能很好地适应社会，并刻苦学习、对人热情、精力充沛、奋发向上。但如果对象是一个患者，社会对他的各种要求都可能暂时取消或减轻，对他的过失也不作严格的计较。例如，一个大学生面对一次重大的考试，本应与其他同学一起考，并取得和大家相近的好成绩。但是由于种种原因，他感到没有把握，可又不得不参加考试，因而内心极为焦虑。不过，如果他考前正好生病了，一切又另当别论，他不仅可以十分"安全"地躲过这一"劫"（一是考试没把握，二是考砸了将面子丢尽），而且还会得到老师、同学的同情。因此，一些大学生在面临失败或可能失败之时，巴不得自己生病。现实生活中还真的有人因此病倒了。这一类病，心理学上称为机能性障碍。当事者的器官是正常的，也检查不出什么器质性的疾病，而它们的功能却出了问题。比如眼睛是健康的，却看不到东西；四肢是正常的，却呈瘫痪状态。这些人不自觉地（也可以说是无意识地）将心理方面的困难，转换成为身体方面的症状，借以逃脱他人及自己的责备，以维护自己的"尊严"。需特别注意

的是，此类患者并非诈病，诈病或可用来骗人，却骗不了自己。

（7）自杀：自杀是一个人遭受挫折后的一种极端反应方式，也可以看作是受挫后针对自身的一种典型的特殊的攻击行为。当一个人受到突然而沉重的挫折打击，或者长期受到挫折的困扰和折磨，感到万念俱灰不能自拔时，就可能产生自暴自弃、轻生厌世的想法，此时若得不到外力的帮助，受挫者就可能采取上吊、跳楼、投河、服毒等方式自杀。通常，自杀行为是在挫折的打击大大超出受挫折者的承受能力的情况下发生的，特别是当受挫折者将受挫的原因归结为自己，并对自己丧失信心，将自己作为迁怒的对象时更易于导致自杀行为。大学生是同龄人中的佼佼者，成长过程一般都比较顺利，很少遇到大的挫折，因此对挫折的承受能力普遍较低，同时大学生一般都自视较高、自尊心强，所以，当受到挫折的打击时，有时甚至是很小的挫折，都可能产生自杀行为。如某高校的一名学习成绩十分优秀的女生，得知自己有一门课考试不及格时就跳楼自杀；还有些学生失恋后不能自拔而自杀等。

2. 挫折的理智性反应

理智性反应是指人们在受到挫折后，采取积极进取的态度，在理智的控制下所作出的反应。通常，人们在遭受挫折后都会出现紧张状态，都会在某种程度上作出某种情绪性反应，其中，有些人始终被情绪所控制不能摆脱，而有些人则能够及时调整，保持冷静，面对现实，审时度势，采取积极的态度和方式对待挫折。所以，理智性反应是对挫折的积极反应方式，主要表现在以下三个方面：

（1）坚持目标。当人们遇到挫折后，经过客观冷静的分析，发现自己所追求的目标是现实的和正确的，当前的挫折只是暂时的，是在实现目标的道路上遇到的一些障碍，经过努力是可以克服和逾越的。所以，应设法排除障碍，克服困难，坚持不懈，朝着既定目标矢志不渝地迈进，直至最终实现自己的愿望和目标。人类社会发展的历史证明，许多科学发现和发明，都是在十分艰苦的条件下，有时还冒着被攻击、迫害甚至付出生命的危险，经过多次失败几经努力才获得成功的。大学生大多都有强烈的发展需求和对未来生活的美好愿望，同时他们又面临着一个竞争激烈的发展环境，科学技术的飞速发展对每个大学生都提出了更高的要求，所以大学生在成长过程中不可避免要遇到各种各样困难的挑战和考验，这就需要他们在实践中不断提高自己的意志力，培养顽强拼搏的毅力和敢于战胜困难的勇气。

（2）调整目标。经过一再尝试仍不能成功，达不到预定目标，说明目标制定得不符合实际，超过了本身的能力和条件，就应当调整目标，变换方式，通过别的方法和途径实现目标，或者把原来制定得太高而不切实际的目标往下调整。如有的青年多次报考大学未能如愿，于是就改为报考高职、技校，"退而求其次"，来实现自己的目标。

这种目标的重新审定和转移，不是惧怕困难，而是实事求是的表现，同时也降低和避免了由于目标不当难以达成而可能产生的挫折感和焦虑情绪。

（3）改换目标。遭受到挫折，经过认真地分析，原来的目标和行为是错误的，应当吸取教训，将其放弃，重新设置正确的切合实际的目标，采取相应的行为，鼓起勇气，继续追求。但如果不经过认真的分析，一遭受到挫折就灰心丧气，一蹶不振，放弃正确的目标和行为，这样最终会一事无成。陈毅说过："做胜利的英雄容易，做失败的英雄不易。同志们要有做失败的英雄的勇气。"失败了，能够改正错误，坚持正确的方向，振作精神，克服困难，继续前进，就是失败的英雄，而胜利也会在前面等待着他。

三、挫折的心理防御机制

挫折的生理、心理和行为反应是人们遭遇挫折后比较直接的反应，而心理防御机制则是比较间接的反应。

（一）心理防御机制

当人面对挫折时，心理平衡往往遭到破坏，在多数情况下，人们会感到困扰、不适应，甚至体验到一种痛苦的折磨。出于人的自我保护本能，人们会产生一种自觉或不自觉地要消除或减轻这种状态的倾向，会有意无意地采取某种方式来恢复心理平衡，即人具有一种摆脱痛苦、减轻不安、恢复情绪、平衡心理的自我保护机制。这就是心理防御机制，或称为心理自卫机制。所以，所谓心理防御机制是指个体在面对挫折与冲突的情境时，在其内部心理活动中具有的自觉或不自觉地摆脱烦恼，减轻内心不安，以恢复情绪平衡与稳定的一种适应性倾向。心理防御机制在现实生活中是一种相当普遍的心理现象。例如，某人受到欺辱又无力反抗时，自我解嘲道："虎落平阳被犬欺。"在现实环境中明明是受欺辱的弱者，但是通过内心活动，改变现实，把他人贬为"犬"，自视是"虎"，在精神上胜人一筹，补偿自己心理上的不平衡。阿Q的"精神胜利法"也是类似的心理防御机制的典型表现。

在充满矛盾、冲突、纠纷、曲折和是非的世界里，心理防御机制已经渗透于每一个人的生活之中。倘若一个人面临严重或持久的心理冲突，而心理防御机制又不能及时而有效地发挥作用，或心理防御机制崩溃了，就很可能引起心理疾病。

（二）心理防御机制的作用

心理防御机制常可起到缓冲心理挫折、减轻焦虑情绪等作用，并且可为人们寻找战胜挫折的办法提供时机，因此，它对每一个人都十分重要。然而，并不是每一种心理防御机制都能在人们抵御挫折的过程中发挥积极效应。心理防御机制通常有积极的和消极的之分，一般来说，积极的心理防御机制在缓冲心理挫折的同时，常常表现出一种自信、愉快、进取的倾向，有助于个体积极战胜挫折；而消极的心理防御机制则大多表现为退缩、逃避、自欺欺人，虽然也能起到暂时缓解心理矛盾和冲突的作用，但常常会阻止个体面对现实、积极进取，过分使用还有可能引起心理疾患。

1. 积极的心理防御机制[1]

（1）认同（identification）：认同又名仿同，指一个人在遭遇挫折而痛苦时效仿他人获得成功的经验和方法，使自己的思想、信仰、目标和言行更适应环境的要求，从而在主观上增强自己获得成功的信念。据调查，许多大学生常常把一些历史名人、科

---

① 马建青. 大学生心理卫生 [M]. 杭州：浙江大学出版社，1992.

学家、英雄楷模、某些歌星和影星等甚至自己身边的同学，作为自己认同的对象。那些与自己家境条件、经济状况、社会经历极为相似或相近的名人、学者，更是他们认同的对象。大学生从他们的人生经历、奋斗精神，甚至风度、仪表等方面吸取营养和动力，尤其在受挫时，常拿这些榜样来鼓励自己，从而奋发进取。

（2）升华（sublimation）：人遭遇挫折后，将自己不为社会所认可的动机或需要转变为符合社会要求的动机或需要，或遇挫后将低层次的行为引导到有建设性、有利于社会和自身的较高层次的行为，这就是升华。升华作用一方面转移或实现了原有的情感，达到了心理平衡，同时又创造了积极的价值，利己利人。比如，不少大学生把嫉妒升华为奋发努力、积极进取的行为；把单相思转化为热爱集体、珍视友谊的高级情感；把性冲动转移到积极参加学校文体活动中，既宣泄了积储的性能量，又丰富了生活，陶冶了情操。

（3）补偿（compensation）：当由于主客观条件的限制和阻碍，使个人目标无法实现时，设法以新的目标代替原有的目标，以现在的成功体验去弥补原有失败的痛苦，这就是补偿。比如，恋爱失败了，而用功学习，用好成绩来补偿失恋的痛苦。补偿行为在残疾人身上表现得尤为突出。如没有手的人，脚可以练得像手一样灵活，写字、劳动，甚至绣花；双目失明的人，听觉练得特别发达，因此许多盲人在音乐方面的造诣很深。

补偿对缓解挫折后的损失感，防止心理压力过大，具有一定作用。但是，并非所有的目标和活动都具有积极的价值。如果新的目标和活动符合社会规范和人的发展需要，这时的补偿行为是积极的、有益的；相反，如果是不符合社会规范或有害于心身的（如丢失钱物后以偷别人东西的方式来补偿；在比自己强的人面前吃了亏，就到比自己弱的人面前去出气等），那么，这种补偿行为即使暂时获得了心理平衡和心理满足，也无助于心理健康发展，有时还会导致自暴自弃，甚至堕落犯罪，危害他人和社会。

（4）幽默（humor）：当个体遭受挫折，处境困难或尴尬时，用机智、自嘲、调侃、风趣等方式来化险为夷，消除敌意，对付困难的情境，或间接表示出自己的意图，称为幽默的作用。一般来说，人格较为成熟的人，常懂得在适当的场合，使用适当的幽默，把原来困境的情况转变一下，大事化小，小事化了，渡过难关，较成功地去应对窘境。

2. 消极的心理防御机制

（1）文饰（rationalization）：文饰即文过饰非的行为反应，也叫作"合理化"。这是一种援引合理的理由和事实来解释所遭受的挫折，以减轻或消除心理困扰的方式。它的表现形式可概括为"找借口""酸葡萄效应""甜柠檬效应"等。

① 找借口。不少大学生在遭到失败或做错事时，往往会找一些原谅自己的理由来进行解释，如有的同学考试不理想，以近来身体欠佳或社会工作过重为借口，以避免挫折感；因方法不当而导致工作失败的，则以条件太差、设备不齐等理由来为自己开脱等。找借口的人总是企图以冠冕堂皇的理由来解释其行为，在一群动机中选择一小部分最动听、最高尚，而且最合乎理性的动机加以强调，试图掩盖内心所不愿接受的那些原因，使自己心安理得。

② 酸葡萄效应。在伊索寓言中，有一只饥饿的狐狸，它看到一串串甜熟的葡萄，垂涎欲滴，但因葡萄架过高，三跃而不得食，为了维护自己的面子，就对身边的动物说："葡萄味酸，非我所欲也。"可见，酸葡萄效应是一种借着减少或否定难以达到的目标的优越性，而夸大渴望获得物品（目标）的缺点来维护心理平衡的一种防御手段。比如，有的同学当不上学生干部，虽然内心很苦恼、很失望，却安慰自己"当了学生干部杂事太多，耽误学习，没啥意思"；求爱不成，则说对方才貌平平，非己所求。

③ 甜柠檬效应。也是引自伊索寓言，当狐狸找不到可口的食物时，得到酸柠檬却说："这柠檬是甜的，正是我想吃的。"这里借夸大既得利益的好处，否定其缺点，以减轻内心失望与痛苦的心理，是达到心理平衡的一种防御手段。如有人未能达到取得一等奖的目标，便对取得的三等奖评论"三等奖也不错嘛，好多人还没得奖呢"，以此安慰自己，挽回面子，求得心理平衡。

合理化虽然能缓解内心冲突，保持暂时的心理平衡，但对心理发展更多的是起消极作用。因为所谓的"合理化"往往是不真实或次要的理由，起着自我欺骗和自我麻痹的作用，影响了实事求是地面对现实和作积极的改变。因此，长期地、过分地使用这种方式，会使自己不去认真吸取教训，放弃对自我的认识和改造，以致降低积极适应环境的能力。

（2）压抑（repression）：压抑又称为潜抑，是一种较常见的心理防御机制，即把不愉快的经历不知不觉地压抑到潜意识里，不再想起，不去回忆，由于潜抑作用，痛苦似乎被遗忘了，人在意识上感受不到焦虑和恐惧。这种遗忘叫作主动遗忘，与时间过久而发生的自然遗忘不同。在这种遗忘中，被潜抑的东西并没有消失，往往不知不觉地影响人们的日常心理和行为，而且一旦有相应的情境，被潜抑的东西就会冒出来，给个体造成更大的威胁和危害。例如，某大学生一时糊涂，偷拿同学的钱物，事后羞愧难当，又没有勇气承认，拼命想把这件事忘掉。但以后每遇到同学丢东西，就怕被怀疑，以至发展到怕见同学，这种失常行为的根源就是过分潜抑的结果。

精神分析学理论认为，一个人潜抑过甚，超过潜意识层的负荷，往往会以心理异常、心理疾病的形式表现出来。

（3）投射（projection）：投射又称为推诿，是指将自己的不当失误转嫁到他人身上，以减轻自己的负疚感，或将自己所具有的某些不讨人喜欢、不被人接受的性格、态度、观念或欲望转置于他人，以掩盖自己那些不受欢迎的特征。如大学生中有的人自己心胸狭窄、嫉妒心强，却认为嫉妒是人的共性，人人都有嫉妒心，自己自私，却说人人都自私，"人不为己，天诛地灭"等。

投射作用与文饰在性质上较接近，同样是以某种理由来掩饰个人的过失，但二者是有区别的。在一般情况下，运用文饰行为反应的人都能了解自己的缺点，主要是找一些冠冕堂皇的理由为自己的缺点辩护。例如，有的大学生考试没考好，明明是自己不用功，却指责老师教得不好，或出题不明确、评分不公正等。运用投射行为反应的人否认自己具有不为社会认可的品质，反而将它加之他人予以攻击。例如，自己作风不正派或想有不正派的行为，反而猜测他人有不轨行为，或说是受别人引诱造成的。

（4）反向（reaction formation）：一般来说，个人的行为方向和他的动机方向是一致的，即动机发动行为促使行为向满足动机的方向进行。但是，人受挫后，由于自己的内在动机不能为社会所容忍，加上他不敢正面表露自己的真实动机，于是便从相反的方向去表现出来。这种把自己一些不符合社会规范、不被允许的欲望和行为，以一种截然相反的态度或行为表现出来，以掩盖自己的本意，避免或减轻心理压力的行为反应，称为反向。如有的学生内心很自卑，却总是以自高自大、傲慢不羁的表现来掩盖自己的弱点；有的同学很想与某个异性交往，但怕遭到拒绝，而装出一副对异性不屑一顾、根本没有兴趣的样子。

反向行为由于与动机相互矛盾，因而表现得过分夸张、做作。它虽然可以在一定程度上掩饰个体的真实动机，但是，掩饰包含着压抑，长期运用会从根本上扭曲自我意识，使动机与行为脱节，造成心理失常。

（三）心理防御机制与心理健康关系

积极的心理防御机制有助于人们适应挫折，化解困境，而消极的心理防御机制则只能起到暂时平衡心理的作用，不能解决问题，有时还会使当事人在一种自我欺骗中与现实环境脱节，降低积极适应能力，埋下心理病变的种子。

值得注意的是，心理防御机制不仅本身有积极作用和消极作用之分，而且不同人使用时也会呈现出不同的倾向和效果。一般来说，心理正常、人格健全的人，在使用心理防御机制时倾向于积极、成熟的方式，而且会根据不同的挫折情境灵活选用。在他们身上，心理防御机制仅起缓冲心理压力的作用，因而使用次数较少，且作用时间不长。同时，他们还能正确地感知自己在使用的防御机制，并能合理地进行调节。因此，心理健康者能扬长避短，多在积极意义上使用心理防御机制。

相反，那些人格顺应不良、心理障碍者，往往倾向于消极的、不成熟的方式，他们总是依赖于心理防御机制，以致将其作为习惯的甚至唯一的反应方式。因为经常使用，作用时间长，而且很少变通，常常不顾情境的变化而刻板地采取相同的防御机制，因而他们往往很难学会更有效的适应挫折的方法，而且在歪曲、掩盖或否认现实中耗费自己的活动能量，以一种自欺欺人的方式被动地与挫折周旋，其结果使适应能力日趋削弱，人格和心理发展受到严重影响。反过来，在某种意义上说，心理不健康亦是消极的心理防御机制使用过度的结果。二者常常互为因果，互相影响，恶性循环。

第三节
大学生挫折的自我调节

挫折是不可避免的，回避挫折就如同把自己关在温室里，这是弱者的表现。而真正要成为强者，必须要经风雨、见世面。因为，人正是在与挫折的斗争中，变得更成熟、更有力量，心理发展得更充分、更健康。所以，提高大学生对挫折的适应能力，学会及时抓住机会，变消极因素为积极因素的方法，是每一个大学生在校期间必须认真思索、努力实践的任务。

一、正确认识挫折，客观分析挫折原因

人的生活历程是不平坦的，挫折也是不可避免的。雨果说："尽可能少犯错误，这是人的准则，不犯错误，那是天使的梦想。"美国物理学家和数学家凯尔文晚年说："我坚持奋斗55年，致力于科学的发展，用一个词可以道出我最艰辛的工作特点，这个词就是失败。"纵观古今，许多著名的科学家、文学家和政治家大都是在逆境和坎坷中磨砺过来的。因此，人们在生活和工作中要有充分的心理准备，随时准备迎接困难和失败。有了准备，在挫折面前，就不会惊慌失措，而能够冷静地分析原因，总结教训，继续前进。

心理技术：构筑属于自己的安全岛

要正确认识挫折，还应当看到挫折同世界上的任何其他事物一样，也具有两重性。挫折既有消极的一面，也有积极的一面。挫折的积极作用，就在于它可以激发人的进取心，促使人为改变境遇而奋斗，它能磨炼人的性格和意志，增强人的创造能力和智慧，使人对所碰到的问题能有更清醒、更深刻的认识。总之，在面临挫折时，我们如果能够适当变换思维的角度和方式，也会有助于摆脱挫折的困境。

另外，遭受挫折后，认真总结经验教训是十分重要的，在这方面要特别注意下列两种倾向：有的学生总是把自己的成败归结于外在因素，比如考试失败后，强调运气不好、没有猜中题目或者埋怨老师的命题和评分，而不努力去克服困难和改变失败的处境；有的学生则往往把自己的成败归结于个人的内在因素，如学习上受挫后，把失败归因于自身能力，过多地责备自己。这两种习惯性归因，都不可能找出造成挫折的真正原因，无助于战胜挫折。为此，在遇到挫折后，要冷静客观地分析自己的目标、方法，以及阻力和助力，找出造成挫折的真实原因，对挫折作出符合实际的准确归因。只有正视挫折、认真吸取挫折教训的人，才能将"失败"变为"成功之母"，才不会因暂时的挫折而气馁，才能使坏事变好事，使挫折向积极方向转化。

二、调节抱负水平，改善挫折情境

抱负水平是人在从事某种实际活动之前，对自己要达到的目标所规定的标准。这个自定的目标仅仅是个人对自己所达到的成就的一种愿望，与从事该活动后的实际成就不一定是符合的。

每个人都在追求一定水平的目标，而目标水平的高低和他所确定的标准是否合适是一个关键。假如，一个人抱负水平很低，他固然容易达到目标，但是那种成就并不能够给他带来真正的满足，对增加他的自信心、提高他的自尊心几乎没有什么影响，而且他的身心潜能实际上处于被埋没的状态，没有充分发挥出来，就会产生由于空虚、苦闷、不满足感所造成的挫折感；反之，如果抱负水平过高，超过了自己的能力，他虽然全力以赴，但是仍然力不从心，达不到自己希望的目标，这就会使自己产生失败感，挫伤自己的自信心和自尊心。所以，确定适度的抱负水平，是避免挫折和失败，获得自信与成功，使自己得以顺利发展的一个重要问题。

一个人要确定适度的抱负水平，就应当把社会利益、自己的主观条件、客观环境条件等综合起来加以考虑，才可能作出正确的分析和判断。而当受到挫折后，就要重新衡量一下，目标是否定得过高，是否符合主观条件。如果是由于目标不切实际而造成挫折，那就要重新调整目标。对建立的远大目标应分解成阶段目标，包括中期、近期和当前的各级子目标。子目标的排列要由易到难、由简到繁，形成一个层层升高、步步逼近的目标体系。这样，经过努力不断地实现一个个的具体目标，会使人接连获得成功的喜悦而产生更大的心理动力；同时，又总有一个巨大的具有吸引力的总目标呈现在前方，而使人长久保持旺盛的进取热情。

对抱负水平的调节，还应特别注意这样两种倾向：一种是自信心不足，对成功不抱希望，自暴自弃，忧惧羞愧。这种人一般都有较多、较久的失败经历，应该努力在原有的基础上取得一些好成绩，使自己从成功中体验到愉快和满足，逐步提高自信心。另一种是表现为盲目自信，自我评价过高。如果是这种情况，就需要冷静客观地剖析自己，在正确认识自己的基础上提出切实可行的目标标准，把目标摆在既有一定难度又可能达到的水平上。

挫折情境是产生挫折和挫折感的主要原因，如果挫折情境得以消除和改善，则挫折感自然会随之发生变化，乃至不复存在。对挫折情境的改善，应注意这样几个方面：

首先，要预防挫折的产生。如果能预见挫折的产生，从而采取及时有效的防范措施，尽量将可能发生的挫折在发生之前予以消除，这当然是最好的了，这并不是不可能的事。这就要在事前对可能发生的事情有所预测，对一件事情的成败能作出正确的估计。

其次，挫折发生以后，要认真分析。如果引起挫折的原因和挫折情境是可以改变或消除的，则应通过各种努力，设法将其改变，消除或降低它的作用程度。可以暂时离开当时的挫折情境，到一个新的环境里去。比如，恩格斯年轻时曾失恋，他一度感到痛苦和心灰意懒，后来他去阿尔卑斯山旅行，在新的环境里，看到世界如此宏大，生活如此多彩，很快达到了心理平衡，摆脱了痛苦，旅行归来又以新的热情迎接新的工作。

最后，就是要减轻挫折引起的不良影响。有些挫折情境一旦发生，是无法消除或一时无法改变的，如天灾人祸、生老病死、能力不济等。这时，就应设法降低和减轻挫折所引起的不良影响，尽快从挫折中脱身，不要老是盯住它不放。鲁迅笔下的祥林嫂，在心爱的儿子被狼叼走后，心如刀绞，她逢人就诉说自己儿子的不幸。起初，人们对她还寄予同情。但她一而再、再而三地讲，周围的人就开始厌烦，她自己也更加痛苦，以致麻木了。老是盯住自己的遭遇，就会使自己难以忘记这些痛苦，而更长久地受到痛苦的折磨。

三、提高挫折承受力

从本质上说，心理健康教育的最终目的就是提高人的适应能力，而挫折承受力标志着一个人适应环境的能力。这种能力不是先天的，而是可以通过后天学习、实践、锻炼获得的。提高挫折承受力，不仅可以使意志更加坚强，人格更趋成熟，而且有能力应付充满挑战和激烈竞争的社会。这对正在学习、成长中的大学生尤为重要。因此，战胜挫折，更好地适应环境应该是每位大学生的"必修课"。

（一）改变不合理的认知方式

提高挫折承受力首先最重要的是能够正确认识挫折，建立一个正确的挫折观。心理学研究表明，真正引起强烈挫折感的，与其说是那些挫折、冲突本身，还不如说是当事人对它们的看法，以及所采取的态度。一些大学生因挫折而陷入情绪困扰，难以自拔，在很大程度上是因为他们在认知方面的偏差。这里所指的认知是指人们对周围事物的想法或观点。心理学认为，外界刺激正是通过认知这一中介而产生各种各样的心理行为。由于认知方式的差异，就会引起不同的心理反应。据调查研究，大学生对挫折常见的不合理认知方式有以下几种：

1. 此事不该发生

有些大学生把生活中的不顺利、学习交往中的挫折与失败看作是不应该发生的。他们认为，大学生活应该是愉快的、丰富的，人际关系应该是和谐的、互助的。一旦生活中出现诸如竞选干部落选、同学之间发生争执冲突、成绩滑坡、好友负心、评不上优秀等事件就认为是不应该发生的，因而变得烦躁易怒、束手无策、痛苦不堪，乃至失去信心。

如果调整一下认识挫折的角度，视挫折为自然、正常的，那情况就会好得多。因为这样就能平心静气地接受挫折，而接受挫折是改变挫折的重要前提。有时，挫折也是一种契机，善于视挫折为一种机会，则更有利于战胜挫折，促进自我发展。

2. 以偏概全

有些大学生常常以这种片面的思维方式看待事物，简单地以个别事件来断言全部生活，一叶障目。例如，同学中有人对自己不友好就得出结论自己人缘不好或缺乏交往能力；一次考试不如人意，就认为自己彻底失败，不是读书的料；一次失恋就认为自己对异性没有吸引力等，从而导致自怨自艾、自卑自弃的心理而焦虑、抑郁等。

对挫折的合理认知应该是就事论事，不简单地以某件事情来断言自己或他人，能够全面、辩证地认识挫折；学会宽容自己和他人，接受自己和他人都可能犯错误这一现实，不因为自己或他人有错误而全盘否定。

3. 无限夸大后果

有些大学生遇到一些小挫折，就把后果想象得非常可怕，糟糕透顶。但事实却非如此。夸大后果容易使人越想越消沉，情绪越陷越恶劣，最后难以自拔。例如，一门功课考试不及格，就认为自己能力不行，学不下去，毕业不了，找不到工作，人生没前途，生命无价值。这实际上是一种自己吓唬自己、自己给自己加压力的做法。

因此，面临挫折而出现情绪困扰时，应该检查一下自己在认识方面出现的偏差，若能改变不合理的观念，就可以减少挫折感，或使自己尽快地从不良的情绪中解脱出来。

（二）加强修养，勇于实践

为了提高挫折承受力、社会适应力，就应该主动、自觉地将自己置身于充满矛盾的、复杂的社会环境中去磨炼，向生活学习，而不是逃避社会。一个经过生活磨炼、挫折锤打的人，在以后的生活道路上遇到挫折和失败时，就容易达到一种"曾经沧海"的境界，顺利地渡过难关。同时，必须提高自身的思想修养、道德修养、知识修养，培养"慎独"精神，养成冷静思考的习惯，经常自我分析、自我反省、自我激励。从心理发展的角度看，积极主动地锻炼，勇敢顽强地拼搏，反复不懈地磨炼，会使心理更趋成熟，增强承受挫折、化解冲突的能力，促使心理朝着健康向上的方向发展。

（三）优化自身人格品质

前面介绍的个性心理品质是影响挫折承受力的因素之一。生活中有以下个性特征的人更容易引起挫折感：

第一，性情急躁的人。他们情绪变化大、易动怒，脾气一点就着，常常因为一点芝麻绿豆大的事而引起挫折感。

第二，心胸狭窄的人。他们气量小、好猜疑，喜欢斤斤计较，容易体验消极的情感。

第三，意志薄弱的人。他们做事缺乏耐力和持久，草率、患得患失、害怕困难，只看眼前利益，经不起打击和挫折。

第四，自我认识有失偏颇的人。他们缺乏自知之明，或者自高自大、目空一切；或者自卑自贱、畏首畏尾、夸大不足、看不到长处。

为了提高挫折承受力，大学生应主动地培养自己良好的人格品质，改变那些不适应发展的不良人格品质。重点应培养自信乐观、自强不息、宽容豁达、开拓创新等品质。

自信才能乐观，乐观才能自信，二者相辅相成。当遇到挫折、困境时，如果相信自己一定能战胜，那就会积极去改变现实，克服困难、战胜挫折，这是自信的作用。乐观者在面临挫折困境时，不会被困难吓倒，而是能够透过表面的不利看到蕴藏在背后的希望，相信明天是美好的，从而信心十足地去战胜困难。

自强不息是良好的意志品质，是一切成功者共同的特征。生命不息、奋斗不止。通向成功的道路不是平坦的，挫折、逆境常常会出现，只有坚强不屈、顽强拼搏，才能取得最后的胜利。

宽容豁达和开拓创新的人胸怀宽广，对挫折不是被动地适应和一味忍耐，而是面向未来积极进取，勇于创造新生活。

因此，大学生适应环境，提高挫折承受力，应从培养良好的人格品质入手，严格要求自己，努力在实践中锻炼自己，使自己的心理得到充分、有效的发展，不断提高心理健康水平。

第四节 >>>>>>>>
成功心理训练（二）

在生活中有很多压力和困难，有些是必须克服的，有些是必须忍受的。比如学习、工作带来的压力，被误解的委屈等，往往能挺过去的人在将来岁月里更容易取得成功。在我们迈向成功的道路上，必然会充满各种各样的困难，这些困难是永无止境的，而且，随着追求目标的增高，所面临的困难也会更大。特别是在我们事业发展过程中的某些临界点上，困难将会显得无比沉重，这种困难即是我们所谓的"黎明前的黑暗"，是决定我们事业成败的关键性的突破口。这些困难被克服了，我们就会勇猛地前进一步，如果不能克服，我们的事业就会出现停滞、倒退甚至是失败。因此，本节的心理训练就是帮助你去锻炼自己面对逆境的承受能力。

一、训练题目：挫折心理训练

1. 难堪训练
2. 逆境，我不怕
3. 直面现实

二、训练具体方法

1. 难堪训练

【目的】发挥学员的想象力与表演力，敢于自信地正视自己的缺点，培养学员的自信心、胆魄和耐挫力。撕掉虚荣，建立自信，增强面对否定和失败的挫折承受力。

【时间】约 40 分钟（根据人数而定）。

【准备】一个 30 平方米的活动场地。

【操作】指导者先让学员思考自己的缺点，然后由学员们评出两位优胜者；再让两位优胜者在大众场合下蒙住眼睛说一段自己认为最丑、最隐私化的或最不愿意当众说的事。比如，可以说："我有一口漆黑漆黑的牙齿，像是阴沟里的石头，又臭又难闻，只要把阴沟井盖一打开，方圆十里，臭气熏天，蚊蝇肆虐。都说黄牙难看，我的黑牙起码比黄牙好一点吧，比如说我们看到非洲人黑皮肤，一张嘴一口白牙，多有美感，而我长了一身白净的皮肤，一张嘴一口黑牙，美感不会差吧！黑牙好看是好看，但经常牙痛，害得我要去看医生。好在最痛的两个牙齿已经拔掉了，但我又怕其他的牙齿慢慢都痛起来，不过即使拔完了，也无所谓，反正可以装假牙。"然后由其他愿意为之评分的学员上台来为两位学员评分。评分方式为：认为哪位学员表演得好的，就站在该学员后面表示支持。

这个训练，让每个学员去体验：当你描述自己丑陋的一面时，你的内心感受，以及遭到否定后的挫折承受力，并注意体会转换时的感觉。

2. 逆境，我不怕

【目的】增强情绪控制力，提高逆境商数与承受能力。

【时间】约 1.5 小时。

【准备】油彩、破烂衣服；两组互不相识的学生分散在不同的地方。

【操作】A 学员经过一番"化装"后，穿着仅能遮体的破烂衣服，脸上、身上因为涂了油彩而显得很脏，从学校走向目的地——公园、路边等行人较多的地方，15分钟后，见到 B 学员。等有很多人围观时，B 学员（与 A 学员不认识）对 A 学员进行强烈指责、批评，如，"你太任性了，自从你离家出走以后，你父母都病倒了！他们辛辛苦苦养育你这么大，容易吗？""你太自私了！像你这样的人永远都交不到真正的朋友！""你以为你很了不起吗？没有人看得起你！""你看你那个样，真叫人恶心！""何必自我摧残，像个讨饭的一样，让大家看着多不好！"街上围观的人越来越多……

A 学员要默默忍受，不得发言；B 学员扮演的角色象征生活中的逆境和压力；A 学员代表必须忍耐的人。训练前指导者要注意对 A 学员进行自信辅导。

这个训练，让每个学员去体验：当你被众人围观时，你有什么感受？你被无故指责时，心里在想什么？当你心里很生气，很委屈，但又不能说，只能心里想：忍住、要忍住！有没有发现自己的情绪控制力有些变化？

唯有经历过磨难的人，才能承受未来生活中可能面临的挫折。

3. 直面现实

【目的】提高自信心，增强面对现实的能力与生存能力。

【时间】约 2 小时。

【准备】清洁工的服装、口罩、手套、各种工具（垃圾车、扫把、抹布等）。

【操作】两人为一组，扮作清洁工；中间可休息 15 分钟，其余时间不得休息。选择在人流较多的地方（最好是自己家附近），打扫一段街道的卫生。一人拉着垃圾车，一人扫地清理垃圾；累了，在树下坐一会儿，喝点儿自己带的水。请大家仔细体会这种工作所带来的生理反应和心理反应。

总有一天，我们会面对社会，我们要面对自己的生活；当我们为了生活要去工作的时候，有些事可能是我们不想做，但又不得不做的。如果各种艰辛都压不垮你，那么以后的人生之路，你会比别人走得更自信、更快乐！

这个训练，让每个学员去体验：当你以一个清洁工的身份出现在街头时，有什么感受？如果有一天，你的生活发生了变化，为了维持简单的生存，你必须要做这样的工作，你怎么办？

真实地面对现实生活，往往比虚荣更有力量。

本章摘要

（1）在心理学上，挫折的定义是：个体在从事有目的的活动过程中，遇到障碍或干扰，致使动机不能实现、需要无法满足时所产生的紧张状态或情绪反应。

（2）从挫折的定义来看，挫折包含两层意思：一是指个体活动的一种特殊环境，即阻碍人们实现目标、满足需求的情境和事物，这就是挫折情境，也称为挫折源；二是指个体由于挫折情境而产生的心理感受和情绪状态等，即挫折感，也称为心理挫折。挫折情境与挫折感有着密切的关系，但并不总是成正比。

（3）从不同的角度，可以把挫折划分为如下不同的种类：① 从挫折的现实性角度，可将挫折情境划分为实际挫折和想象挫折。② 从挫折的严重性角度，可将挫折情境划分为一般挫折和严重挫折。③ 从挫折的持续性角度，可将挫折情境划分为短暂挫折和持续挫折。④ 从挫折的性质和内容的角度，可将挫折情境划分为需要挫折、行为挫折、目标挫折和丧失挫折。

（4）关于挫折心理的主要理论有：① 挫折的本能学说。② 精神分析学派的挫折理论。③"挫折—攻击"理论。④"挫折—倒退"理论与"挫折—奋进"理论。

（5）挫折产生的客观因素主要有自然因素和社会因素；挫折产生的主观因素主要有生理因素和心理因素。

（6）产生挫折的心理因素主要有：① 自我估计不适当。② 抱负水平过高。③ 不合理的、不切实际的需要。

（7）动机冲突的类型主要有双趋式冲突、双避式冲突、趋避式冲突和双趋避式冲突。

（8）挫折阈是指引起个体产生挫折感的最小刺激量。挫折承受力是指个体遭受挫折时免于心理失常的能力。挫折阈的高低与挫折承受力的强弱成正比。

（9）影响挫折承受力的因素主要包括：生理条件、个性心理品质、过去的经验与学习、对挫折的知觉判断等。提高挫折承受力的关键在于平时的训练。

（10）正确地运用心理防御机制，既影响到对挫折的适应，更影响到一个人的心理健康状况。

（11）大学生常见的挫折行为包括：学习中的挫折、生活中的挫折和交往中的挫折等。

（12）挫折对个体心理的影响有两个方面：一是挫折对个体心理的正面影响，二是挫折对个体心理的负面影响。

（13）挫折对个体心理的正面作用主要表现为：① 增强个体情绪反应的作用。② 增强个体的承受力。③ 提高个体的认识水平。挫折对个体心理的负面影响主要表现为：① 影响个体实现目标的积极性。② 降低个体的创造性思维活动的水平。③ 有损身心健康。④ 减弱自我控制能力，发生行为偏差。

（14）挫折的情绪反应一般有攻击、退化、固执、冷漠和逃避等，挫折的理智性反应一般有坚持目标、调整目标和改换目标。

（15）心理防御机制是指个体在面对挫折与冲突的情境时，在其内部心理活动中具有的自觉或不自觉地解脱烦恼，减轻内心不安，以恢复情绪平衡与稳定的一种适应性倾向。积极的心理防御机制包括认同、升华、补偿和幽默。消极的心理防御机制包括文饰、压抑、投射和反向。

（16）提高大学生对挫折的适应能力，应做到：① 正确认识挫折，客观分析挫折原因。② 调节抱负水平，改善挫折情境。③ 提高挫折承受力。

思考·讨论·活动

1. 大学生心理挫折有哪些类型？分析挫折的积极反应和消极反应。
2. 常见的心理防御机制有哪些？说出自己常用的是哪种防御机制。
3. 结合自己的经历，说说人生中所遇到的最大挫折是什么，自己是如何面对的。
4. 请结合本章的心理训练内容，分享训练过程中自己的感受。

第四章

大学生的认知心理

⭐ **章前导语**

任何心理问题与心理障碍都有其认知根源，不健康的心理常常来源于不健康的认知。生活中的诸多问题，小至同学反目、朋友误会、恋人吵架、家人间发生矛盾冲突，大至杀人、自杀，其认知系统都有或多或少的不合理之处。我们常常看到这样的情景：两个人吵得"天翻地覆"，每个人都认为自己有理，对方在胡搅蛮缠，在故意与自己作对。而真实的情况往往是，这样的两个人，就像是坐在两口井里的两只青蛙；或者像"盲人摸象"中的两个盲人。这里就涉及我们的思想方法，我们的认知模式。

认知是影响个体心理健康水平的重要因素。对于同样的外界刺激，不同的人有不同的心理体验和情绪反应，这在很大程度上是由于他们对该刺激的认知存在差异。片面错误的认知方式和非理性观念（又称不合理信念），往往直接导致个体产生抑郁、焦虑、恐惧、自卑等不良情绪。因此，大学生学习认知理论、掌握认知调适技术、调整认知结构、学会理性认知，将有助于减少情绪困扰，增强适应能力和改造社会的能力。

本章所要研究的内容，主要是有关认知理论与方法，以及对不合理认知的调适。希望读者在阅读本章之后，能够对下列问题有所认识：

1. 认知的含义和认知心理学。
2. 常见的不合理认知及其特征。
3. 大学生常见的不合理认知及其调适。
4. 艾里斯的理性情绪治疗。
5. 贝克的认知治疗。

第一节
认知与心理健康

认知是刺激与反应的中介，通过认知的转换，刺激具有了不同性质、不同程度的意义。研究发现，心理健康状况在很大程度上与认知合理与否有关。

一、认知概述

（一）认知心理学

认知心理学是当代心理学中一个重要的派别，它是把人的高级心理过程作为研究对象，探讨认知的获得、储存、转换和提取的规律。因此，认知心理学的研究涉及范围极为广泛，它包括经典心理学中的很多方面，如感知、注意、记忆、情感、动机等问题的研究，也涉及神经心理学的研究，直接去探讨心理与大脑的关系，它还涉及精神病理学的研究，以便从问题的反面去把握人的精神活动，它特别强调的是人的思维发展和思维过程。

如果说行为主义和精神分析由于时代的特点都曾构成过自己的学派，那么在20世纪中期出现的认知心理学就很少有学派的偏见，而它自身只是一种科学发展的潮流。为此，我们无法把这个潮流的源头追溯到两个或三个奠基人，我们不知道认知心理学的鼻祖，因为它没有鼻祖。它的出现是时代的要求，是科学发展的必然趋势。

除此之外，在心理学中也有认知心理学的源泉，这就是皮亚杰曾经做过大量研究的思维心理学。皮亚杰的工作对人们了解人的认知发展、道德观念形成和社会化问题都提供了有用的线索。此外，艾德勒（Adler）的个体心理学也强调在临床方面人的认识的重要性。他曾说过："我们不是受到我们的各种现实经验的冲击，因为我们总是能从自己的以往经验中找到适合我们目的的东西。我们在什么程度上依赖环境，这是我们自己决定的。"他的意识很清楚，就是精神创伤本身并不是经验，而是我们对经验的认识。其实在早期的心理学研究中就已经发现，以往的经验对当前的感知可以起到支配作用，对两可图形的判断可以随着我们的主观想象而转移就是很好的例证。

正是认知心理学的上述思想，即认知对于人的整个精神活动有着重要作用的思想被应用到临床上，从而形成一种独特的治疗方法——认知疗法。

（二）认知的含义

所谓认知就是人们看待事物的方式，它包括一个人的思想观点、阐释事物的思维模式、评价是非的标准、对人对事的基本信念等。从专业技术上讲，认知理论事关人如何获得信息，并在信息加工的基础上如何对周围环境作出反应。认知过程是依据认知者的过去经验及对有关信息的分析而进行的，认知还必须依赖认知者的思维活动，包括某种程度上的信息加工、推理分类与归纳。

认知理论有一个表达其基本思想的公式：S-C-R。其中S（stimulus），代表刺激，指整个外部世界中可以引起刺激的成分，包括外部事件、情境、他人、人际关系以及自己行为的表现等。C（consciousness），指意识，经验因素。R（response），代表反应。它认为刺激与反应之间不是简单的S-R关系，而是要通过意识、经验因素作为中介。譬如，通常人们会认为考试不及格（S）是引起个体失望、消沉（R）的直接和必然因素，其实不然。期望较高，对不及格毫无心理准备或对考试成绩很在意的大学生，与有心理准备或考试经常不及格或不在意的人，两者间的反应会有很大的差别。显然，这种差别来自不同个体对同一刺激（S）的不同认识和评价（C）。所以，认知心理学认为，外界刺激是通过人的认知这一中介而产生各种各样心理行为的。

（三）认知过程

我们的所知决定我们的所感，我们的所感决定我们的所行。感受与行为往往是外显的，我们容易把握，而认知却是内隐的，是"黑箱"里的东西。

认知心理学仔细研究了认知活动的整个流程，按照其理论模型，刺激与反应之间的变化过程是相当复杂的。[①] 首先是刺激通过感觉器官而成为感觉材料，经过记忆方式储存的过去经验和人格结构的折射，再由思维过程（通常是自动化了的）为感觉

---

① 马建青. 心理卫生学［M］杭州：浙江大学出版社，1990.

材料赋予意义，这就构成了知觉过程。通过这一知觉过程，个体可对过去事件作出评价，对当前事件加以解释，或对未来可能发生的事件作出预期。这些评价、解释和预期进一步激活了情绪系统和运动系统，产生各种情绪和行为。同时，这种被激活起来的情绪和行为系统，也不能当作纯粹的情绪和行为来理解。因为按照认知理论的看法，一种特定的情绪，其性质（喜、怒、哀、乐等）是由认知因素决定的；而一个特定的、有目的的行为，其动机，也就是行为的目的，也是由认知过程来把握的。因此，从刺激到反应这一整个系统中，认知过程是无所不在的。

由认知过程形成的观念，支配着情绪与行为，一个观念如果总是在相似情境中发挥作用，支配着一个模式化了的行为，这些观念就成为行为的规则。规则一旦形成，个体就会按照这些规则来调节自己的行为。所以，一个人如果认知过程发生错误，就可能导致错误观念，继而产生不适当的行为和情绪。因此，在心理咨询与治疗中，采用认知治疗方法，就是要帮助患者依靠他自己在其他方面能正常运用的思维工具反过来观察自己有关的认识过程，一旦患者能客观地认识这一过程，就能自己辨别支配其观念的认知过程是否适当，如果他认识到了自己的错误观念，就能够自己加以纠正，以正确的思维过程产生出的适应的观念来代替旧的错误观念，最终使其行为、情绪适应社会生活。

二、认知与心理健康

认知心理学强调认知过程对情绪、行为的决定作用，认为情绪和行为之所以产生，有赖于个体对情境所作出的评价，而这些评价又受个人的信念、假设、想象、价值观等认知因素的影响。因此，一些不良的认知常常容易导致情绪障碍和非适应性行为。

（一）认知曲解的 10 种形式

心理学家通过研究认为，在通常情况下，影响人的情绪低落的认知曲解有 10 种类型：①

1. 思想的绝对化

对事情的看法只有好坏两种，如果想法有些不完美就认为自己是个完全的失败者。这种人往往倾向于极端地评价自己，不是极好就是极坏。比如，有的同学一次考试不及格就断定"我是个彻底的失败者，我是个没用的人"。这种看问题的方式是不切实际的，因为生活中很少出现非黑即白的情形，没有一个人是绝对万能的，也没有人是一无是处的。

2. 过分类推

看到一个反面事件，就把它视为不断遭挫的典型。也就是说，一旦发生了某种事情，就武断地认定它会一再发生，因而沉湎于痛苦之中。如一位害羞的男生鼓足勇气约了一位女生，但她因另有约会婉言拒绝了，于是该男生就认为："我再也不会有约

---

① ［美］大卫·伯恩斯. 让你的感觉更良好［M］. 南宁：广西人民出版社，1995.

会了，没有女孩子愿意跟我出去，我将孤单地、悲惨地过完一生。"在这种歪曲的认知下，他再与女孩交往时就会缺乏信心而导致交往困难。

3. 消极过滤

在任何情况下，总是选择事情不好的一面并长时间沉迷其中，因而对所有事件的看法都是消极的。就好比戴了一副特制眼镜，把所有美好的东西都过滤掉，只留下消极的念头装入大脑。这种错误认知，会使人遭受很多不必要的痛苦。

4. 否定正面的事实

这是一种非常可怕的心理偏向，一些人固执地把中性或正面的经验转变成消极的经验，并继续保持消极信念。比如，认为"我不是一个讨人喜欢的人。"当某人赞美你的外表、工作能力或学习成绩时，你自动地告诉自己："他们很虚伪。""他们只是在说好听的话。"这些偏差只要在你脑海中闪过，别人的赞美就不起什么作用了。因此，会使你无法真正辨别成功与失败，忽略每天发生在你身上的很多美好的事情，失去丰富的生活情趣，带来不必要的忧虑。

5. 遽下结论

没有明确事实，却不经思索，武断地对事情进行反面推论。这种情况有两种基本形式：一是揣测型。即断定别人对你不好，瞧不起你，连弄清事实真相都觉得多此一举。这种反应在人际交往中常常容易造成对自我预言的"验证"，且真正导致双方关系恶化。比如你在路上遇见朋友，你向他打招呼，他却没有反应，因为他正在专心思考别的事情而没有注意到你，这时你如果错误地推论："他不理睬我，他瞧不起我。"日后你肯定会对他流露出不友好，或者躲避的态度，产生不必要的烦恼，以致影响朋友间的友好交往。二是算命型。即自己预测事情的后果不佳，而且自认为预测非常准确。有一位学生在焦虑的那段时间，不断地告诉自己："我不是快死了就是快疯了。"这些预言都是空想，因为他既未死去，也没有发疯。但这种消极的自我暗示会严重影响个体正常的生活。

6. 夸大和贬抑

又称"双筒望远镜的戏法"，指把事情过度放大或缩小。夸大主要是指用望远镜来看自己的过失和缺点，以及别人的优点，觉得自己很糟；贬抑主要是指把望远镜倒过来看自己的优点，把自己看得很渺小很差劲，没什么价值可谈。

7. 情绪化推理

认为自己的消极情绪反映出的一定是实际情况。其逻辑是："我觉得自己像个失败者，因此我就是个失败者。"这是一种错误的推理，因为感觉是你思考和信念的反映。如果这种歪曲推理常常出现，你的情绪就会变得毫无价值了。

8. 想当然

持这种认识的人试图激励自己说："我应该做这件事"或"我必须做好这件事"，这些"应该""必须"使他感到压力。这种不顾实际的想当然心理会使人产生很多不必要的坏情绪，困扰日常生活。当你的实际表现低于自定的标准时，你的想当然会导致自我嫌恶，不好意思或罪恶感；当其他人的行为不符合你的预想时，不可避免地常会使你觉得这是伪善行为，若不改变态度，实事求是，就总会对别人的行为感到失望。

9. 自我标示

属于过分类推的极端形式，为自己贴上不恰当的标签以代替描述自己的错误。比如，你可能做了错误的决定而你却标示成"我是个失败者"。这种错误标示不利于你的发展且不符合实际，因为生活不仅复杂而且随着想法、情绪和行为的变化而变化，贴上了错误的标签将给你精神上造成沉重负担。

10. 不当的自责

对一些与己无关的事件主动承担责任。常因出现了问题感到内疚，认为是自己无能所致。然而，事实上并没有必要为此负责。如一位同学因生病住进了医院，班长就认为："我是个不合格的班长，保证全班同学健康地成长是我的职责，他这次生病是我的失职。"自责心理往往使人觉得自己没用而感到内疚。实际上你想把整个世界担在自己肩上是不现实的，这不仅会使你丧失信心、无端忧虑，也不利于他人的自我发展。

(二) 常见心理疾病的认知

贝克 (A. Beck) 是认知理论的代表之一。他创立了情绪障碍认知理论，同时对各种心理障碍的认知过程作了评释。

1. 抑郁症的认知

贝克早年在治疗抑郁症患者过程中发现，认知因素在抑郁性障碍中占有极为重要的地位，一般抑郁症患者往往会把失败感人为地夸大，视为不可逆转的、长久不变的，并认为会扩散到生活的其他方面去。他们把这种失败完全归之于自己的能力和身心方面的缺陷，从而对自己持一种否定态度，认为自己毫无价值。若这种态度影响到对未来的看法，患者就会对自己的生活、前途毫无信心，失去行动的动机，不愿做任何的尝试。这种否定性经验最终可能导致自杀的企图。因为患者会这样想，既然自己是毫无价值的，对别人也不会有什么帮助，反而会成为别人的负担，自己的死就可能使大家都好过些。这种对自我的否定性解释，对外部世界的否定性经验以及对未来的悲观失望，就构成了抑郁症患者认知的基本结构。而在患者看来，他所预设的前提和他的推理都是合理的、正确的。

据临床研究发现，患抑郁症的人常有一些错误的观念：

① 我现在是、过去是、将来也总是没有希望的。

② 无论过去、现在、将来我都是毫无价值的。

③ 我永远不会受人重视。

④ 我无法从事正常活动。

⑤ 我愧疚，又孤立无援，所以自杀是最好的解决办法。

⑥ 我失魂落魄，马上就要陷于疯狂了。

⑦ 我的处境都是我自己造成的。

⑧ 我毫无价值，因而处处遭人拒绝。

⑨ 我周围的世界充满了荆棘和艰难，几乎没有一丝成功的希望。

2. 恐怖症的认知

恐怖症以对某类特定的物体、某些活动或某种处境产生持续的、强烈的、毫无道理的紧张、恐惧和回避反应为基本特征。这种恐惧在别人看来，与实际环境的危险程度不成比例。其实恐怖并不是对情境本身的恐惧，而是当某种恐怖症患者置身于某种情境中时，对该情境作出的预期。患者总是预期到会产生对自己有威胁的、不良的后果，而且这种威胁背离现实情境，被过分夸大了。例如，高楼恐怖症患者总是感到会从高楼上掉下去，摔得粉身碎骨，因而当他处于高楼之上时，尽管事实上很安全，但总感到那种巨大的危险就要发生，于是产生强烈的恐怖感。

据临床研究发现，患恐怖症的人常有的错误观念：

① 我害怕见到的东西必定是危险的。

② 当我害怕见到的东西出现时，我多半得吓垮了。

③ 我无法摆脱对某种物体的恐惧感。

3. 强迫症的认知

如果某种事件可能发生不良后果，强迫症患者总是把这种可能性夸大，因而认为必须做出些什么事情来制止这一事件的发生。同时他认为要完全彻底地避免事件的发生，理应作出更大努力。于是他一方面做出一些动作以表明他为制止这一事件作出了努力，但另一方面又总是对自己的努力不满意，力求做得更完美，于是他反反复复地重复着同一动作，考虑着同一问题。

据临床研究发现，患强迫症的人常有的错误观念如下：

① 我必须永远是诚实的、有良心的、可以信赖的。

② 我必须能控制每一件事、每一个人，包括我自己。

③ 我必须万事留心。

④ 我的一切努力和花费必须是高效率和有价值的。

⑤ 什么事情都随时可能发生。

⑥ 一贯正确这件事比什么事都要紧。

⑦ 我不能容忍脏、乱、差、无秩序和不讲卫生。

此外，其他心理疾病患者都有其自身认知的特点。

三、不合理认识及其特征

美国临床心理学家艾里斯（Albert Ellis）认为，每个人既有理性的一面，又有非理性（不合理认知）的一面；人生来都具有以理性信念对抗非理性信念的潜能，但又常为非理性信念所干扰。也就是说，任何人都或多或少地具有不合理信念，而有心理障碍的人，这种成分则更多、更明显。

（一）常见的非理性信念

艾里斯概括了人群中常见的容易引起人们情绪困扰的非理性信念：

1. 人应该得到生活中所有对自己而言是重要的人的喜爱和赞许

持有这种信念的人，常有一种压力，总怕稍有不慎而做错任何一件小事，或说错任何一句话。他们没有安全感，很容易导致自我挫败。而且他们即使得到所有重要人物的赞许，还会担心赞许的多寡、程度等问题。这些人往往把大部分时间都花在如何得到别人的喜爱上，而没有充裕的时间去从事有益的活动以充实自己，造成了心理行为上的他人导向而非自我导向。结果不仅没有得到所有对自己重要的人的喜爱与赞许，而且失去自我。

2. 有价值的人应该是全能的，应该在各方面都比别人强

这种想法是把一个人的价值完全放在能力与成就的天平上。实际上，不但没有人能够在各方面都能力十足，出类拔萃，而且大部分的人在一个很小的方面也做不到出人头地。每个人固然应该努力追求成功和胜利，但要求自己非成功不可，则往往会使自己变得焦虑不安，而且害怕尝试，最后反而丧失成功的机会。

3. 任何问题都能找到一个正确或完美的答案，如果不能找到，那是难以容忍的事

有些人相信所有问题都有正确、完美的答案。实际上，人们生活的这个世界并没有完美或绝对的事，不同角度的观察就会得出不同的结论。如果总是坚持完美、绝对的观念，会使人忽视甚至放弃那些可行而较不完善的解决问题的途径，从而丧失机会，拖延进程，或什么也干不成。

4. 不愉快的情绪是由外界引起的，自己无法控制

很多人认为不愉快的情绪是由别人和外在的事物引起的，并且相信，如果外在因素改变的话，他们便不会如此不愉快。实际上，人的情绪大部分是由自己的知觉、想法、评价引起的。因而，人应对自己的情绪负责。

5. 对于危险或可怕的事，一个人应该非常小心，而且应该随时考虑到它可能发生

考虑危险事情的发生并设法加以避免是可以减轻后果的，但如果过分担忧和焦虑，反而会使人在事情发生时无法有效地去面对，甚至无法判断事情危险的程度。有些天灾人祸是不易控制或无法加以预防的，担忧只是徒增烦恼，对自己毫无益处。要预防"万一"，但不要把"万一"等于"一万"。理性的人既有心理准备，又总是保持冷静的态度。

6. 逃避困难、挑战与责任，要比面对它们容易得多

这种观念是不正确的。因为人在逃避时，可能会有片刻的轻松，但却忽略了逃避会带来更多的困扰。实际上面对问题并努力工作，会使人们在行动过程中更有信心，而逃避则使人变得胆怯，而且永远得不到行动的经验和成功的机会。

7. 人应该依赖他人，并且依赖比自己强的人

社会中的人是互相依赖的，但又是互相独立的。人如果过分依赖别人，特别是过于依赖强者，久而久之会失去独立性，失去自我表现的机会，或失去安全感，而且一旦依赖丧失，则很容易产生焦虑，乃至引起崩溃。理性的人既相信自己，也相信别人；一般情况下，他总是独立自主，对自己负责；当他需要时，并不拒绝别人的帮助；他知道自己的努力可能会失败，但值得尝试，而且认为失败并非是什么灾难。

8. 过去的历史是现在的主宰，过去的影响是无法消除的

这种想法是以偏概全的思维方式。实际上，过去的经验固然会对现在有影响，甚至是现在生活的基础，但要改变并非绝对不可能。有的人以这种说法为借口拒绝改变，是逃避责任。他们将责任归于过去，不愿面对现实，或不敢对现在负责，不愿做任何努力，守旧是一种被动的生活态度。事实上，每个人都有改变的可能，而且完全在于自己对现在的把握。

9. 对别人的行为和处境，我们应当予以非常的关切

关心别人、帮助别人是社会中每个人的责任，但过分关切则不妥。有些人常忧心于他人的行为，并且总是设法控制他人的行为，实际上是低估了他人自行改变行为的能力，又为自己增添了苦恼而疏忽了自己的事情。理性的人能决定是否需要帮助他人，他人是否值得关切，如果是的话，他会试着去帮助别人，帮不上忙则接受这种现实。

10. 对有错误的人应该给予严厉的惩罚和制裁

俗话说，金无足赤，人无完人。人都难免会犯错误。在人际交往中，责备和惩罚往往无助于行为的改善，相反常常会导致逆反心理或对立情绪，以致引起更严重的后果。如果别人犯了错误，理性的人会努力去理解他，在可能的情况下阻止他继续沿错误的道路走下去。学会宽容别人和以诚待人、以善待人，是理性的人际交往态度。

以上这些非理性信念在日常生活中是很普遍的，它们常常会带来情绪困扰。

（二）非理性信念的特征

上面介绍的 10 种非理性信念，反映出人在潜意识或意识层面的特征。这就是绝对化要求、过分概括化和糟糕至极。①

1. 绝对化要求（demandingness）

在各种不合理的信念中，这一特征是最常见的。它指人们以自己的意愿为出发点，对某一事物怀有认为其必定会发生或不会发生这样的信念。这种信念通常与"必须""应该"这类词联系在一起。如"我必须成功""他应该待我好"等。持有这种信念的人往往把生活看成非黑即白的单色调，没有中间色，因而极易陷入情绪困扰中。因为客观事物的发生、发展都是有一定规律的，不可能按某一个人的意志去运转。对某个具体的人来说，他不可能在每一件事情上都获得成功；而对某个个体来说，他周围的人和事物的表现和发展也不会以他的意志为转移。因此当某些事物的发生与其对事物的绝对化要求相悖时，他们就会感到难以接受、难以适应并陷入情绪困扰中。

例如，有一位年轻女教师，因嫌自己单眼皮不漂亮，就去做美容手术，没想到手术效果不理想，双眼皮一个大一个小，很不对称，于是她整个人从此变得自卑、退缩、不愿与人交往，甚至都害怕站在讲台上面对自己的学生。表面上看，美容手术失败是她产生负性情绪反应的原因。但实际上真正原因是来自不合理的认知。我们分析一下就不难发现，在她的思维里有这样一个信念：女人应该漂亮，若不然，就会被别人看不起，就很难赢得别人（包括丈夫）的喜欢，因而在社会上做事就不容易顺利。这个信念就属于不合理的信念，不合理在什么地方呢？

（1）判断漂亮从来没有绝对的标准，不同的时代、不同的地方、不同的人对漂亮的评价标准往往会有明显的差别，张三认为你不美，李四可能认为你蛮有吸引力的。

---

① 钱铭怡. 心理咨询与治疗［M］. 北京：北京大学出版社，1994.

（2）漂亮与否本身就是一个相对的概念，一个人在相貌上不可能是完美的，别人都是不完美的，为什么非得要求自己是完美的呢？其实，大多数人都处于中等水平，都差不了很多。

（3）俗话说："爱美之心，人皆有之。"追求美是人的天性，但美的内容是很广泛的，相貌漂亮固然好，但更能体现人的价值的，更能在别人心中引起深刻而持久美感的并不是相貌，而是由品德、思想、个性、能力和情趣等综合形成的魅力。适度打扮自己是必要的，但把容貌看得太重就有些舍本逐末了。

（4）在一般情况下，大家对你的相貌并不会很在意，尤其是相处久了，早已经习以为常了，何况你漂亮与否与别人有什么关系呢？

2. 过分概括化（overgeneralization）

这是一种以偏概全的不合理思维方式的表现。就好像以一本书的封面来判定一本书的好坏一样。过分概括化的一个方面是人们对其自身的不合理评价。当一些人面对失败或是极坏的结果时，往往会认为自己"一无是处""一钱不值"，是"废物"等，以自己做的某一件事或某几件事的结果来评价自己整个人，评价自己作为人的价值，其结果常常会导致自责自罪、自卑自弃的心理，以及焦虑和抑郁情绪的产生。过分概括化的另一个方面是对他人的不合理评价，即别人稍有过失就认为他很坏、一无是处等，这会导致一味地责备他人以及产生敌意和愤怒等情绪。

例如，有一个男青年爱上了一个姑娘，他把能想到的办法都用上了，千方百计想赢得姑娘的芳心，可那位姑娘始终不理睬他，非但如此，到后来姑娘甚至挺讨厌他。他终于灰心丧气，认输了。但他不肯就此罢休，于是转向了另一个他并不是很喜欢的姑娘，在他看来这位姑娘各方面都很一般，没有什么可以值得骄傲的资本，心想和她处朋友应该是轻而易举的，甚至可以说是唾手可得，说不定姑娘一听说要和她发展关系还会很感激他呢。没料到，事情并非如此容易，刚一起步脑袋就撞了墙，姑娘明确告诉他别再费心了，她根本就不喜欢他，何况姑娘自己已经有"目标"了。最令他"伤心"的是姑娘相中的"目标"是他平时从没放在眼里的一个同学。这两次挫折使他深深地感到自己是个没有魅力的男人，进而又感到自己不仅在恋爱问题上是个"低能儿"，而且在处理其他问题上也同样是个"低能儿"，从而感到自己在这个世界上活着已经意义不大了，倒不如死了，免得人家看笑话。于是，他两次企图自杀，一次割腕，一次服安眠药，但都因抢救及时自杀未遂。他哀叹自己在自杀上也是个"低能儿"。

这位男青年的思维方式就是典型的过分概括化。他的思维结论是从两次恋爱挫折中得出来的，这就是以偏概全。我们知道，对每个人来说，恋爱遇到挫折都是有可能发生的，是很平常的事。两个姑娘不喜欢他，不等于所有的姑娘都不喜欢他。退一步说，就算两次失败能说明恋爱能力差，但并不能说明其他方面的能力也差。

3. 糟糕至极（awflizing）

这种不合理信念认为如果某一件不好的事件发生将是非常可怕、非常糟糕的，是一场灾难。这种想法会导致个体陷入极端不良的情绪体验，如耻辱、自责自罪、焦虑、悲观、抑郁的恶性循环之中而难以自拔。其实对任何一件事情来说，都可能有比之更坏的情形发生，没有任何一件事可以定义为是百分之百地糟透了的。当一个人沿着这种思路想下去时，当他认为遇到了百分之百的糟糕的事情或比百分之百还糟的事情时，他就是自己把自己引向了极端的负面不良情绪状态之中了。糟糕至极常常是与人们对自己、对他人及对自己周围环境的绝对化要求相联系而出现的，即在人们的绝对化要求中认为的"必须"和"应该"的事物并未像他们所想的那样发生时，他们就会感到无法接受这种现实，无法忍受这样的情景，他们的想法就会走向极端，就会认为事情已经糟到极点了。

例如，有一个大学一年级的学生，因期末考试作弊受到了记过处分。无疑，学校的处理是正确的，相对有些学校来说还算是比较轻的。处分后，这位学生思想负担很重，想了很多问题，越想越悲观。他想：自己刚上大学就被处分，家里的父母、亲戚、中学的同学和现在大学的同学都会因此而瞧不起自己，在他们面前想再直起腰来恐怕非常难了。大学四年，一开始给老师的第一印象就不好，以后就是表现再好恐怕也是白费劲。在读书期间有如此重大的污点，等到毕业时联系单位会很麻烦，用人单位一看档案一般就不会要了，就算是要了，也不会得到重用，没想到一生的前途就这样断送了。结果，他平时无精打采，上课心不在焉，睡在床上翻来覆去，整日里忧心忡忡、悔恨自责。问题出在哪里呢？就在于把事情的后果想得太糟糕了。

在人们不合理的信念中，往往都可以找到上述三种特征。每一个人都或多或少地会具有不合理的思维与信念，而那些具有严重情绪障碍的人，具有这种不合理思维的倾向更为明显。因此，人需要不断辨认自己的不合理信念才可能保持理性认知。

第二节　大学生常见的不合理认知

不少大学生存在着不合理信念或不良认知，尤其是那些适应不良、有心理障碍者，大多具有一系列相关的不合理信念。这些信念牢固地占据了他们的一部分思维，并影响到他们的行为。虽然，多年的知识教育使他们普遍具备了科学精神和理性思维习惯，但是他们中的不少人有时仍然不能理性地认识自我，不能理性地分析、评价与自己相关的人和事，从而陷入焦虑与痛苦之中，影响了个体的健康和发展。

一、大学生的认知特征

大学生在社会生活中形成了自己固有的认知结构，因此，即使是同样的刺激，由于每个学生的认知结构不同，也会使其认知表现出各种特点。

（一）认知的选择性

大学生对社会刺激的态度不同，可能认知也可能不予认知，这固然与社会刺激物本身的强度有关系，但所谓强度，主要不是社会客体本身的物理强度，而是其本身的社会意义的性质及其价值大小。也就是说，它对大学生们带来的是奖励还是惩罚，是有益的还是无益的，各人都以已有的认知结构为基础，从自己已有的生活经验出发，对当前的社会刺激作出种种估计与猜测。如果估计该社会刺激将给自己带来奖励，有益于自己，就会选择它作为认知对象。例如，人们从媒体介绍中知道某部影片的思想性和艺术性均佳，于是设法争取观看。反之，则往往采取置之不理或逃避行为，不以该社会刺激为认知对象。

可见，大学生是根据社会刺激物的社会意义的性质及其价值大小而有选择地进行社会认知的。

（二）认知反应的显著

这主要是指在一定的社会刺激下，个人心理状态（情感、动机）所发生的某些变化，这种变化将随着个人对社会刺激的意义所理解的程度而转换。大学生的认知总是伴随着一定的情绪体验的，当了解该社会刺激对个人有很大利害关系时，认知反应是十分显著的，亦即其情感及其动机等心理状态反应强烈。例如，当一个学生拿到录取通知书，得知自己考入符合自己心愿的大学时，心情十分激动，情感反应相当强烈；当另一个学生左盼右盼拿到了通知书，得知自己被一所本人不愿意去的学校录取时，心情也同样很激动，但方向相反，是一种失望的情绪十分强烈。

如果认知为该社会刺激与己无关或关系不大则心情很少变化，或无动于衷。例如，刚吃过午餐的人看到食物并不会非常高兴，因为他已无进食的需要，食物与他无关；如果一个十分饥饿的人面对食物，则会十分高兴，心情激动。

（三）认知行为的控制

这是自我意识发挥作用的结果，使个体的认知体验不被他们觉察，从而使个体与外界环境保持平衡。

心理学家麦金尼做了一个实验：用 11 个性质不同的词汇（其中有 7 个是引起不愉快情绪的词汇以及社会禁忌的词汇）作为社会刺激物，把这些词汇出示给被试者，让他们进行认知活动，实验者通过皮肤电反射来测定被试者的情绪反应。由于被试者对这些不同性质词汇认知时，会产生不同情绪状态，被试者的皮肤电反射就能够十分敏感地将其情绪状态反映出来。实验者还要求被试者当认知到这些词汇时，立即向实验者报告，实验者要观察被试者皮肤电反射与口头报告是否一致。实验结果证明，这两者是不一致的，当出现社会禁忌的词汇时，被试者很快发生皮肤电反射，但其口头报告却很慢；但当出现其他中性词汇时，则没有发生两者的不一致。

上述实验证明，凡是能激发个人产生焦虑的社会刺激或者将要带来不愉快的刺激，在其生理反应、情绪反应上是非常敏感的，但认知态度却并不积极，而是把这些刺激压抑下来，从而减少焦虑，适应社会。

认知行为自我控制这一特点，在大学生的社会生活中经常会发生。例如，一个身材矮小瘦弱的学生遇到一个身材高大的歹徒，虽然他内心十分害怕，但竭力使自己在表情上不表现出来，因为他知道自己越是表现得害怕，对自己越是不利。这实质上就是自我意识对其认知活动发生的调节作用。又如，我们去看望一个重病人，感到他面容憔悴，病情不轻，认知者心理十分难受，但在表面上会对病人说："你比前几天精神多了。"以此安慰病人，实际上却掩盖了认知者的真实感受。

二、大学生中常见的不合理信念

根据对大学生的调查和心理咨询实践，大学生常见的不合理信念主要表现在以下几方面：①

（一）自我的不良认知

大学生的不合理信念最集中地表现在自我认知上，面对自我的不良认知又主要表现为自卑。常见的不合理信念有：

（1）我这么矮，别人肯定瞧不起我。

（2）我长得不漂亮，肯定没人喜欢我。

（3）只要别人有一处强过我，我就该认输。

（4）我没有一处比同学们好的，我真没用。

（5）女同学都喜欢打扮，我一点儿也不喜欢，我不像个女孩子。

（6）我来自农村，什么都比不上城里长大的同学。

（7）我组织的这项活动没有成功，是因为自己无能。

自卑是大学生对现实自我的一种主要认知偏差，有两种表现：一种是与他人比较，觉得自己在知识、能力、体貌等各方面，不如别人；另一种是面对要做的事或试图达到的目标，怀疑自己的能力。自卑者的认知特点是过低评估自己，只看到他人的优点，看不到自己的长处；只看到完成工作的困难，而忽视有利条件；往往把自己的成功归因于机遇好或偶然获得的，而把自己的失败归因于自身条件的不足，认为是自己的无能、愚笨、缺乏魅力造成的；在学习、工作及人际交往中，多有失败的预期。他们常常认为自己的优点和长处是无足轻重的，暂时的，其他人也很快就会具备的；而别人的优点和长处却是实在的，重要的，自己所难以达到的。特别在外表和家庭条件等方面，更是惯于夸大他人的优势，贬低自己。这样的人，往往既自卑又很自尊，敏感多疑，易受伤害；容易压抑情绪，心境烦乱；行为上突出表现为缺乏勇气，胆小怕事，优柔寡断，不能发挥正常水平；常常错失良机，事后又懊悔不已，长吁短叹。

一个人认识自我是必需的，但要客观、全面地认识，切忌片面。认识别人也一样，不能只看到别人的长处或短处。事实上，每个人都有缺点和不足，因而，只看到别人的优点而以此贬低自己是片面的，不妥的；另一方面，每个人都有自己的优点和长处，任何人都能在社会中找到自己合适的位置，"天生我材必有用"，因而，把自己看成一无是处，无能透顶，也是片面的。

对自我单有较全面的认识还不够，还应该悦纳自我。优点和长处要接受，缺点和不足也要接受。一个人的长相、出身是无法选择的，只有悦纳，才是最实际最明智而且最有帮助的态度。

一件事的成功与失败，不能简单地归因。主观上努力、个人能力强、机遇好、有

①　马建青. 大学生心理卫生 ［M］. 杭州：浙江大学出版社，1992.

外界相助、任务容易等都有利于获得成功；而机遇不好、任务难度大、主观欠努力和能力欠缺都可能导致失败。因此要分析每次具体的失败和成功，要扩大"视野"，既要看到自身的因素，又要看到外部环境的因素；既要看到自身的客观条件，又要检查个人的主观努力程度，从而作出恰如其分的评价和相应的调整。否则，犹如管中窥豹，只见一斑，难免有失偏颇。

（二）人际交往的不良认知

对人际交往的不良认知是引起大学生人际关系困惑、障碍的重要原因之一。常见的不合理信念有：

（1）我必须与周围的每个人建立密切关系。

（2）应随时防备他人，言多必失。

（3）接受别人的帮助，必须立即予以回报。

（4）人都是自私的，不可信任的。

（5）别人都应该待我好。

（6）只有顺从他人，才能保持友谊。

（7）别人对我好，是想利用我或占我的便宜。

（8）有些人自私自利、斤斤计较，他们应该受到指责和惩罚，我不能与他们来往。

（9）朋友之间应该坦诚，所以不应有保密的事。

（10）如果有一个人对我不好，说明我的人际关系有问题。

（11）应随时思考别人是否有兴趣与我交往。

在人际交往的认知偏差中，有一部分与自卑有关，其认知特点是以他人为中心。这种人与他人交往的目的似乎只是为了使别人高兴，使别人满意，其实是为了获得他人对自己的认同。他们十分担心说话做事得罪别人或有什么地方让人不满意，因而总是谨小慎微，甚至畏畏缩缩，不敢大胆发表意见；总是尽力顺着别人的兴趣和意向，而不惜牺牲自己的选择权和自主性；与不熟悉的人相处，常常担心别人并没有与自己交往的兴趣，因而缺乏主动交往的勇气；不轻易接受他人的帮助，即使偶尔接受了他人的哪怕是微不足道的帮助，也会受宠若惊，连声道谢，并设法尽快给予回报。他们关心别人，但在集体和他人中往往缺乏威信；人际关系良好，但对此的自我满意度却较低，常有压抑感，易受人际焦虑的困扰，感觉活得很累。

另有一部分人在认知上以自我为中心。认为人都是自私自利的；人与人之间是钩心斗角、尔虞我诈、不可相信的；只有自己才最可靠。因此凡事从个人利益出发，斤斤计较，常为些蝇头小利大动干戈或闷闷不乐，嫉恨他人；对人常怀防范之心，生怕自己的利益受到侵犯；缺乏真诚，不愿表露自己的真实思想；死守"害人之心不可有，防人之心不可无"的信条，对与自己相关的人事、名利非常敏感。这种人戒备心强，缺乏安全感，对他人和集体缺乏感情，同时也不指望得到他人的关心帮助，甚至认为他人的帮助是别有用心。因而孤独、寂寞、好嫉妒、缺少朋友，常与周围的人闹矛盾，甚至怀有敌意。

还有少数人自视清高，把别人的言谈举止、行为习惯视为庸俗，缺乏修养，或能力低下。他们要么不屑与别人交往，要么把别人看成是可以随意支配的小人物。这种人往往没有良好的人际关系而不自知。

人际交往是一个互动过程。只要主动去交往，一般总能得到他人的回报。如果谁都想着对方主动与己交往，则友谊难以启动；只有以真诚和信任对人，才能换得他人的真诚和信任，否则难以建立真正的友谊。古语说"水至清无鱼，人至察无徒"，人无完人，只有理解和宽容，友谊才能巩固和持久。另外，在双方交往中，既要注意相互间的协调和谦让，又要注意保持自己的个性，这样才能达到互相弥补、互相提高的目的。其实，保持个性还是交往中赢得对方尊敬、兴趣的保证。

案例四：是我不愿意与他们交往吗？

（三）挫折的不良认知

认知是影响挫折反应性质和程度的关键因素。大学生对挫折的不良认知主要有：

（1）一旦这种事情（如退学、失恋、受到学校处分等）发生在我身上，那我一切就完了。

（2）与其冒失败的风险，还不如不干。

（3）我从来没有失败过，失败一定非常可怕，我会受不了的。

（4）别人的看法是非常重要的。一旦失败，外界一定会议论纷纷。

（5）人只能成功不能失败，失败就是弱者。

（6）任何事情，只要去做，就应该做得彻底而完美。

（7）一个人犯了错误，有了污点，那一辈子也无法抹掉。

认知情绪调节量表(CERQ-C)

大学生进大学前大多一帆风顺，富有优越感。因而他们中有些人认为自己不会与挫折沾边，缺乏对挫折的思想准备，一旦遭受挫折，则不愿承认和接受，采取逃避的方式；有的人往往把挫折对自己可能带来的影响无限夸大，将暂时的、局部的损失视为永久的、全面的丧失；有的人面对挫折，不是考虑如何接受挫折并作出调整，而是把注意力放在别人会怎么评价上；有的人有过失败的体验，就不敢做新的尝试；还有的人对己对人要求过高，追求完美，因而往往感到不理想、不满意，内心常常体验到挫折的痛苦和沮丧。

第三节
大学生的认知调适

认知调适是以合理认知代替不良认知的过程，它有认知治疗和自我调适两种方法。认知治疗是根据认知理论，通过认知和行为技术来改变不良认知的一类心理治疗方法的总称。常用的有合理情绪疗法、贝克认知转变疗法等。而认知自我调适是通过学习认知理论和认知疗法的基本技术，了解认知与情绪、行为之间的密切关系，从转变自己的不良认知入手，提高自我适应能力。因而，认知治疗的基本理论和技术不仅是咨询师必须掌握的基本知识，还是大学生进行认知自我调适需要了解的内容。

一、认知治疗

（一）认知治疗的发展

认知治疗（cognitive therapy）作为专业术语和一种心理治疗方法首次提出是在1976 年，贝克出版了他的专著《认知疗法与情绪障碍》。1979 年他又出版了《抑郁症的认知治疗》，更加全面和系统地阐述了认知治疗的理论基础及其治疗过程与技术应用，从而引起世界各国同行的关注。在 20 世纪 80 年代初期，欧美等国的精神病学界和心理学界开始掀起了认知治疗应用和研究的热潮。由于认知治疗的出现，使得心理治疗长期存在的两大流派——精神分析与行为治疗的对峙出现了转机，即认知治疗起到了一个桥梁作用，沟通和融合了精神动力学理论和行为主义理论，对 80 年代中后期所出现的全球性心理治疗方法趋于整合和灵活多样的应用起到了一定的推动作用。

1. 认知治疗的理论发展①

尽管认知治疗作为一种独立的心理治疗方法历史并不长，但它的产生及其理论基础的形成是与许多理论学派密切相关的。首先是心理现象学的研究，它认为一个人的观点和所处的环境对其行为的产生起着决定性作用。其代表人物可以追溯到古希腊斯多葛学派的哲学家，现代的理论学家代表有 A. Adler、O. Rank 和 K. Horney。第二是I. Kant 和 S. Freud 的结构理论与深层心理学（即认知包括原发和继发两种过程）。第三是 G. Kelly 的个体建构（personal constructs）学说与 R. Lazarus 的情绪认知理论。

当然，认知治疗的产生，与认知心理学的发展也是密切相关的。U. Neisser 在1967 年出版的《认知心理学》一书，标志着心理学领域又增添了一个分支。1970年，美国创立了《认知心理学杂志》。而认知心理学的兴起又是受到下述 6 个因素的影响和推动的：新行为主义、沟通理论（communication theory）、心理语言学、记忆研究、计算机科学和认知发展研究。因此，从心理学这一角度来看，认知治疗是认知心理学应用发展的一个部分。

2. 认知治疗技术的发展

认知治疗强调发现和解决在意识领域内此时此地的问题，许多治疗技术借鉴和引用了多种心理治疗的方法。例如，侧重提问和强调患者自身体验的检查方式是借鉴了罗杰斯的患者中心疗法；深入发掘和分析患者的情绪反应、潜意识认知以及内心冲突的技术则是来源于精神动力学治疗的方法；有关治疗会谈的结构、日程安排、目标制定、假设验证、家庭作业布置等是借用了行为治疗的方法。

具体来说，认知治疗的技术包括两个大方面：行为技术和认知技术。因此可以这样说，行为治疗 30 多年来的迅速发展，在相当程度上促进和丰富了认知治疗的技术发展。目前常用的行为技术包括完成和愉快体验的评估，每日活动记录，逐级加量的家庭行为作业，行为的演练或实践，心境状态的曲线记录等。认知技术在认知治疗过去 20 余年的发展中得到很大程度的发展和完善。从最初艾里斯的"ABCDE"认知诘

---

① 徐俊冕等. 认知心理治疗［M］. 贵阳：贵州教育出版社，1999.

难技术、贝克的识别自动想法和改变认知图式等技术，发展到如何改变认知偏见或识别不良认知的数十种技术等。

（二）认知治疗的含义

认知治疗是以精神病理学理论为基础的一类心理治疗。它有一系列的治疗原则和技术，对它的认识主要来自实验研究，其理论框架与认知心理学、信息过程理论和社会心理学有关；其治疗以信息加工模型为基础，即个体形成各自经验的方式取决于他们是如何感受和表现的；治疗的形式是积极主动、定式和限时、短程的。使用"认知治疗"这个标签，是因为治疗方法以直接改变患者的认知歪曲或想法（认知）中蕴含的特殊、习惯性错误为目标；治疗的策略是言语交谈与行为矫正技术相结合（因为包含了行为技术，有时亦称为认知行为治疗）。通过这些技术的应用，帮助患者识别、检验和矫正曲解的概念，以及作为认知基础的功能失调性想法和信念，让患者学会对目前境遇进行符合实际的思考和行动，从而达到症状的减轻和行为表现的改善。

简单地说，认知治疗是根据认知过程影响情感和行为的理论假设，通过认知和行为技术来改变患者不良认知的一类心理疗法的总称。因此，其治疗的基本观点是：

第一，认知是行为与情感的基础，一个人的所有情绪都是由他的"认知"或思想产生的。认知涉及一个人看待事物的方式、他的理解力、精神状态与自信心，还包括一个人阐释事物的方式：他怎样向自己解释某人某事。因此，一个人以什么样的方式思考就会以什么样的方式感觉，所思即所感。

第二，消极的情绪由消极的思想决定。你用否定的、悲观的思想看问题，那么，你就会感到非常沮丧、失意与消沉。

第三，几乎一切消极思想都蕴含着重大曲解。稍加推敲，你就会发现，这些消极思想都是无稽之谈，都不合情理。你终将发现，你的一切痛苦的唯一原因均来自歪曲事实的想法。

第四，通过改变我们的思想与认知，可以改变我们的消极情绪。

广义的认知治疗属于认知行为治疗的范畴，Mohoney 和 Aruboff 将认知行为疗法分为三大类：认知重建（cognitive restructuring）、心理应付技术（coping skills）和解决问题技术（problem solving skills）。其中认知重建影响最大。认知重建由三种治疗方法构成，分别是艾里斯的理性情绪治疗（rational emotional therapy，RET），梅琴鲍姆（P. H. Meichenbaum）的自我指导训练（self-instructional training，SIT）以及贝克的认知治疗（cognitive therapy）。

（三）认知治疗的主要特点

（1）限时、短程。认知治疗的疗程一般为治疗医师与患者接触交谈 15~24 次，开始为每周 1~2 次，以后每周或两周 1 次，结束治疗前每 2~3 周交谈 1 次。这样，总的治疗持续时间为 3~4 个月，一般不超过 6 个月。每次治疗会谈的时间为 40~60 分钟。

（2）定式化会谈。认知治疗的会谈一般为定式化的，即每次会谈一般分为三个阶段：首先是与患者复习回顾自上次治疗以来患者在家中的行为表现及认知行为作业完成情况，了解有哪些症状好转，有哪些没有变化，有哪些症状加重。然后，治疗医师和患者共同针对某一靶问题进行讨论和认知诘难，作为本次治疗会谈的重点。最后在治疗会谈结束前，进行本次会谈的小结，并安排布置一定量的认知行为作业。总之，每次认知治疗性会谈均根据一定的"议事日程"来合理地分配会谈的时间。

（3）围绕问题和不强调过去。治疗医师和患者在整个认知治疗过程中均围绕着明确和解决问题这一目标，处理"此时此地"的问题，而不是追究患者很早以前的病史。

（4）以学习理论为基础。认知治疗不是用精神动力学的理论来解释患者的行为，而是认为患者的功能失调性行为是由于不良学习（广义的）所致。重新学习比较合适的行为或学习新的认知方式来取代不良的认知结构是治疗的目标。

（5）平等合作的治疗性医患关系。同其他心理治疗方法一样，治疗性医患关系在认知治疗中也很重要，患者和治疗医师间的关系为合作、平等和互助的模式。治疗医师的角色是积极和指导性的，虽然有时给予一些说教，但主要的任务仍是帮助患者明确和解决问题。

（6）科学的研究方法。认知治疗的临床实施过程是按照实验研究的方法学来进行的，即治疗过程中包括资料收集（患者的问题想法、态度和行为等）、提出假设（认知模型）、进行验证（认知诘难、现实性检验）和结果评价。正是由于采用了科学实验的方法学，使认知治疗的疗效研究得以进行，也利于认知治疗的推广。

（7）苏格拉底式逻辑提问。认知治疗的主要技术特点是苏格拉底式逻辑提问，即治疗医师通过一系列的问题，使得患者逐步认识到自己的认知错误，动摇原有的不恰当想法，接受可能的解决方法或矫正其错误观念。

（8）家庭作业。认知治疗在每次治疗会谈的间歇期都会适当布置给患者一定量的家庭作业，目的是为了收集资料、验证假设和练习新的认知结构，巩固会谈的效果。

（9）开诚布公的治疗形式。认知治疗的过程是明确和公开的，不带有任何神秘色彩，治疗医师和患者双方都对治疗进程、治疗重点和治疗计划等非常清楚。治疗的房间也没有特殊的要求，只要求安静、光线适中、没有外界干扰。

（四）认知治疗的适用性

一般说来，人们的主要问题跟非功能性（错误的、歪曲的）认知有关，如对人的偏见，对自己的自卑，对事情抱有错误或消极态度等，均适合运用认知治疗的方式来进行治疗。

认知治疗在临床上的运用，是以对抑郁症的治疗最为突出。以研究抑郁症出名的精神医学家贝克发现患抑郁症的患者，在心理上常有认知方面的问题（抑郁症的认知前面已介绍），常因非功能性的看法而影响心情。从临床上的疾患种类来说，轻度的、功能性的抑郁症很适合认知治疗。但同样是抑郁症患者，如果其抑郁的程度很重，主要是内因而非心因性的，就不适合使用认知疗法，还是要依赖药物或其他物理疗法。

此外，认知治疗已经成功地应用于治疗焦虑障碍、惊恐障碍、恐怖症、进食障碍、强迫性障碍、药物滥用、人格障碍以及多种躯体形式障碍①。当然，日常生活中出现的心理冲突同样也适合认知疗法。

二、艾里斯的理性情绪治疗

艾里斯（A. Ellis）在 20 世纪 50 年代提出理性治疗法，后改名为理性情绪疗法（rational-emotive therapy，RET），他认为情绪障碍是由于非理性信念、绝对性思考和错误评价所形成的。到了 1993 年，因为注意到在认知重组中行为的重要性，所以他又宣称改名为理情行为治疗法（rational emotive behavior therapy，REBT）。艾里斯不同意行为主义对于人的行为的解释，他认为，人的行为不是简单的刺激—反应联结，刺激的功能只是在引发我们的认知，引发我们的自我内在语言（self-talk），而认知才是真正影响我们如何反应的决定性因素。因此，教会患者改变非理性信念，代之以理性的生活哲学，则可以改善患者的情绪。

（一）理论基础

艾里斯认为，人生来便具有以合理信念对抗非合理信念的能力，但又常常为非合理信念所干扰。例如，认为"有价值的人必须在各方面都比别人强""已经定下的事是无法改变的""对不好的人应一律严惩""人活着必须得到众人的注目和赞许"等，临床上和现实生活中常常有许多人是因为受到上述这些不合理信念的支配而产生心理或情绪障碍。

1. 理性情绪治疗对人的本性看法

艾里斯的理性情绪治疗是建立在他对人的本性的看法之上的，他的这种看法可归结如下：②

（1）人既可以是有理性的、合理的，也可以是无理性的、不合理的。人们有保护自己、快乐、思考并以口语表达、爱、与别人沟通、成长与自我实现的倾向；同时也有自我毁灭、逃避思考、因循守旧、重蹈覆辙、迷信、无耐性、完美主义和自责，以及逃避自己的倾向。

（2）情绪是伴随着人们的思维而产生的，当人们按照理性去思维和行动时，他们就会成为愉快的、富有竞争精神以及行之有效的人。而情绪上或心理上的困扰是由于不合理的、不合逻辑的思维所造成的。

（3）任何人都不可避免地具有或多或少的不合理思维与信念，人们常常因为扭曲思考的天生倾向，以及学来的自我挫败模式，而妨害自我成长。会犯错误是人的正常现象，当你接受自己是一个会不断犯错的人，那你就能更平和地与自己相处。

（4）情绪困扰的持续是那些内部语言持续的结果。人是有语言的动物，思维借助于语言而进行。不断地用内部语言进行自我重复（self-repetition），这些不合理的

① 许又新. 现代心理治疗手册［M］. 北京：北京医科大学、中国协和医科大学联合出版社，1997.
② 钱铭怡. 心理咨询与心理治疗［M］北京：北京大学出版社，1994.

信念就会导致无法排解的情绪困扰。"那些我们持续不断地对我们自己所说的话，经常就是，或者就会变成我们的思想和情绪"。

（5）大部分的情绪困扰都起源于责备。我们会有一种很强的倾向，把我们的欲望与偏好逐渐转变为独断的、绝对的"应该""必须"等要求与命令。当我们被这些"命令"控管时，我们就开始责备自己与别人，就会陷入困扰之中。绝对性的认知是人类悲剧的核心。

（6）人有能力改变自己的认知，他可以通过自我对谈（self-talking）、自我评价（self-evaluating）而达到自我支持（self-sustaining）。他可以创意地决定对同样的情景产生不同的感受。

艾里斯发现人具有追求完美的倾向，在和别人进行比较时常产生否定性自我评价，形成非理性的不合逻辑的思考，进而导致自我挫败的行为，并且，他把这些非理性信念归纳为 10 条（前面已介绍）。

2. 艾里斯的 ABC 理论

在关于人性的理论基础上，艾里斯进一步提出他关于情绪障碍的理论。这一理论的要点就是情绪不是由某一诱发事件本身所引起的，而是由经历了这一事件的个体对这一事件的解释和评价所引起的。这一理论又称作 ABC 理论。

艾里斯将 RET 的基本核心归结为 ABC 理论。其中 A 指诱发性事件（activating events）；B 指个体在遇到诱发性事件之后相应而生的信念系统（belief system）；C 指在特定情境下，个体的情绪和行为后果（consequence）。人们往往错误地把情绪不良（C）的原因归咎于事件（A），而实际上如果没有个体信念系统（B）介入的话，A 不能引起 C。个体信念各异，其情绪和行为后果也各不相同。所以，ABC 理论指出，诱发性事件只是引起情绪和行为反应的间接原因；而人们对诱发性事件所持的信念、看法、解释，才是引起人的情绪与行为的更直接的起因。[①] 因此，合理信念（rB）产生适当的情绪后果（deC）和行为后果（dbC）；而非理性概念（iB）则引起不适当的情绪（ueC）和行为后果（ubC）。治疗者引导患者对其信念进行审视（detecting）、界定（defining）、分辨（discriminating）和争辩（debating），目标是指导患者同非理性信念进行强有力的抗争，教会患者理性思维方式。患者采纳治疗者建议的理性哲学后，以合理的信念取代了原先的非理性信念，情绪和行为将随之改变，即达到治疗效果。这种 ABC 理论的模式常用于自我分析练习，以促进理性情绪的治疗过程（图 4-3-1）。

3. 艾里斯的理情行为治疗法（REBT）

艾里斯在不断的认知治疗实践中，体会到了认知的改组不是一蹴而就的事，它需要反复的行为操练，因此，他将自己的治疗方法改称为理情行为治疗法。其要点可归结为两点：认知改组，行为跟进。

艾里斯认为，改变认知偏差最难的问题是，如何才能觉察自我挫败的信念并向其挑战。因为认知偏差具有无意识性、自动性、功能性，是不知不觉的，所以，克服认知偏差首先要使无意识意识化。

---

① 钱铭怡. 心理咨询与心理治疗 [M]. 北京：北京大学出版社，1994.

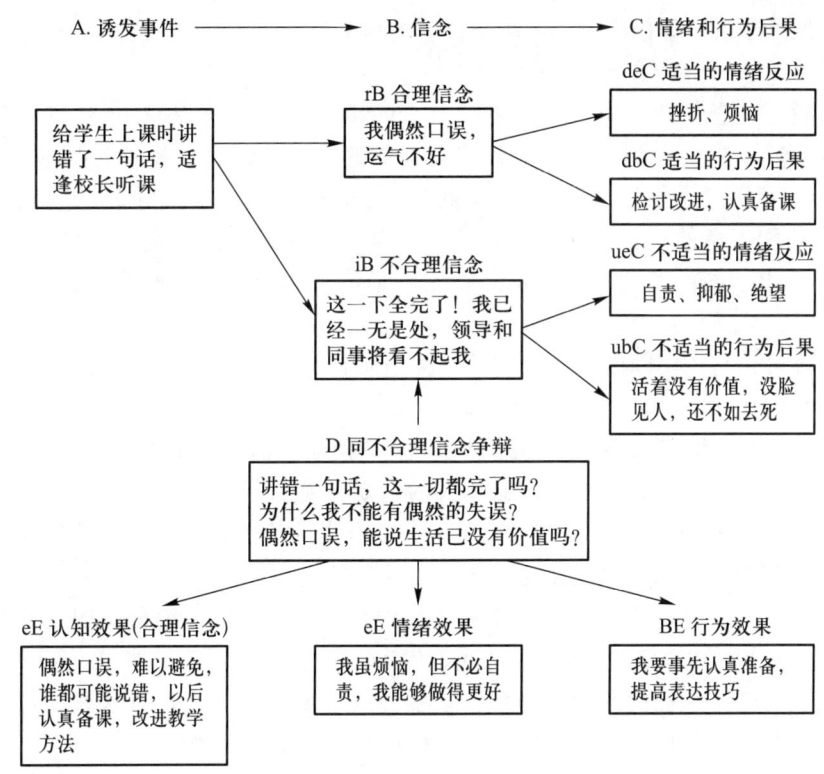

图 4-3-1 RET 的自我分析示意图

无意识的意识化，是许多心理治疗的关键步骤。哪怕是以强调潜意识著称的弗洛伊德，在他的治疗实践中，也非常依赖理性、意识与认知的作用。他的释梦、精神分析和自由联想，都是以知带情，使潜意识意识化的过程，其核心也在于增强理性与意识对潜意识的觉察与把握。

艾里斯认为，为了使潜意识意识化，第一步是表面的顿悟，它虽然不能导致人格的改变，但可以帮助他们看到问题，并了解困扰的起因。第二步是洞察，洞察有三个层次。第一个层次是了解我们会在生活中自己选择哪些事件来困扰自己。我们大部分的困扰是在 C 而不是在 A，即我们常常对情绪与行为的结果感到困惑而不是对事件本身感到困惑，因为我们会创造并接受有关 A 的非理性信念。第二个层次是了解我们最初获得非理性信念的方式，以及如何选定并保持这些信念。我们最初如何、何时或为什么会有情绪困扰已不重要，重要的是了解我们之所以一直保持这些信念的原因，这是因为我们自己不断地以一种绝对的信念在教导自己。我们自己的制约比幼年时期别人所给予的制约更重要。第三个层次是了解我们要改变自己的人格与不安的倾向并不需要神奇的方法，只需乐于去尝试练习，就能够改变自己的人格。通常单单了解某个信念是非理性的，还不足以导致改变，无论我们多么清楚地了解自己困扰着自己，使生活变得如此悲惨，我们仍然很少能有改变，除非积极地改变导致困扰的信念，并以实际行动来对抗。如果我们希望打破这种永不停息的困扰循环，必须坚决而强烈地在认知上、情绪上与行为上向非理性的信念宣战。

在实际的治疗中，艾里斯将其 ABC 理论扩展为 ABCDEF 六大环节。

A 诱发性事件—B 信念—C 情绪与行为的结果

D 驳斥干预—E 效果—F 新的感觉

D 为驳斥，它包括三个要素：审视（detecting）、辩论（debating）与分辨（discriminating）。首先，人们要学会如何审视他们的非理性信念，特别是那些绝对性的语句如"应该""必须"以及"自我贬抑（self-downing）"的信念。然后，要学会跟这些功能不良的观念辩论，即进行理性与验证性的质疑，毫不留情地与这些信念辩论，得出不同的结论并表现出新行为。最后，学会分辨理性的信念与非理性的信念。

E 是效果，是较实际的部分，获致一种新而有效的理性哲学，以合宜的思考代替不合宜的思考。

F 是一种新的情绪状态，不再感到有严重的焦虑和消沉，不再感到沮丧和自我责备，在同样的情境中会有不同于旧有模式的全新感受。

为达到以上 DEF 三个目标，可以采取一些有力的认知方法，这些认知技术包括：驳斥非理性信念、认知的家庭作业、改变自我告知内容、幽默的使用等。

（1）驳斥非理性信念。这是艾里斯的理情行为治疗法使用得最普遍的认知方法。人们可以通过思考、驳斥、辩论、挑战、解释、分析和教导等方式向自己的信念挑战。当人们知道了他们的困扰并非来自某事件或情境，而是来自对这些事件的觉知，来自自我告知，他们便可以对其中的非理性信念进行辩驳。例如，

"我凭什么证据认定自己是个无用的人？"

"如果我最糟的幻想成真，那会真的带来大灾难吗？"

"为什么别人就一定要公平地对待我？"

"是谁说如果我不能事事成功，就是一个大输家？"

通过以上一系列的辩驳，人们可以将意识带往更理性的层次，消除非理性信念的控制，或至少将其影响降到最低。

（2）认知的家庭作业。艾里斯认为，要克服认知偏差，并不是件容易的事，必须在生活中不断地、反复地演练，在这一点上，他引入了行为治疗的一些基本技术，认知的家庭作业就是其中之一。理情行为治疗法建议人们在日常的生活中，将自己放进冒险的情境中，挑战自我设限的信念，找出绝对性信念，追踪内化的自我告知中蕴含了哪些"应该""必须"的信念，并加以质疑。这一过程不是在大脑中无形地完成，而要实实在在地写在纸上，填写 RET 自助表格。

（3）改变自我告知内容。语言会塑造思维，思维也会塑造语言，因此人们应当特别注意自己的语言形态。认知偏差者都有一定的语词特征。常使用无助和自我责备语言形态的人，可以使用新的自我告知，以"非绝对性偏好"的新句型来取代"应该"与"必须"，用"较喜欢"取代"最喜欢"，用"可能不太方便，如果……"取代"那绝对是可怕的，如果……"。通过改变语言形态和做新的自我告知，人们可以用不同的方式去进行思考与行动，"如果不能获得我想要的那份工作，我可能会很失望，但是我还能承受得起""如果生活不能如我所愿，那也没什么可怕，只是不太称心而已。""虽然我在公众场合说话会很紧张，以致词不达意，但我冷静的时候还是很善于表达的。以后多锻炼锻炼就会镇定一点。""被人喜欢是挺不错的，但不是每

个人都会喜欢我，即使如此，也不是世界末日。""我花了那么多心思也没得到她的欢心，我非常难过。不过，失恋固然痛苦，但能够无怨无悔地爱一个人也是一件幸福的事，我在这一过程中也得到了很多。"

（4）幽默的使用。艾里斯认为，情绪困扰常由于自己过于严肃，以致对生活失去了广阔的视野与幽默感。因此，使用幽默可以对抗人们生活中过于严肃的一面，并协助驳斥生活中的"必须"哲学。

（二）治疗的方法

1. 基本步骤

理性情绪疗法的实施一般分 4 个阶段：① 使患者了解自己有哪些不合理的信念或看法，并且帮助患者了解为什么会出现焦虑和抑郁等情绪的困扰，以及不合理信念与情绪、行为之间的联系。② 让患者明确自己对不良情绪和行为等结果负有责任，促使其积极地参与治疗过程。③ 帮助患者改变其不合理的想法，放弃不合理的信念。④ 帮助患者学习合理的观念以及接受理性的生活哲学，减少或避免受不合理信念的影响。例如，让患者认识到情绪不良不是因为外界的因素，而是因为自己不合理的一些看法或观念所致。目前的情绪或心理问题是因为自己仍在沿用过去的一些不合理信念，只有改变自己的不合理想法，才能消除心理障碍。

2. 基本技术

理性情绪疗法的最基本技术是主动指导，向患者说明其生活上的困扰主要是来自于自身的不合理思考方式。常用的一般技术包括：疏泄、解释、领悟、面对问题、再教育、模仿、家庭作业、自我训练、行为脱敏和读书等。通过这一系列的技术，达到改变或动摇患者不合理信念的目的，以取得治疗效果。

三、贝克认知治疗

贝克的认知治疗是 20 世纪 70 年代中期出现的一种新型的心理治疗方法，他从事的工作主要是对抑郁症的研究和治疗。

（一）理论基础

贝克通过大量的临床治疗案例观察和深入的理论研究，明确提出了认知治疗的理论观点：心理问题不一定都是由神秘的、不可抗拒的力量所产生的，它主要是由于在错误认知的前提下，对现实误解的结果；这种错误可以从平常的事件中产生，如错误地学习、依据片面、不正确的信息作出错误的结论，或不能适当地区分现实与想象之间的差别等。他进一步指出，一个人的思想决定了他的内心体验和行为反应。因此治疗者应着重帮助患者解除歪曲的假设并学会使用正确的方法去思维。

贝克还归纳了人们在认知过程中常见的认知歪曲的 5 种形式：

（1）随意推论。在缺乏充分的证据或证据不够客观和现实时，仅凭自己的主观感受便作出草率的结论。

（2）过分概括化。指在单一事件的基础上作出关于能力、价值等整体自我品质的普遍性结论，也就是说从一个具体事件出发作出一般规律性的结论。

（3）选择性概括。只依据个别、片面的细节，而不考虑其他情况就对整个事件作出结论。

（4）"全或无"的思维方式。对事物的判断和评价要么是全对，要么是全错，把生活看成非黑即白的单色世界，没有中间色彩。

（5）夸大或缩小。对客观事物的意义作出歪曲的评价，要么过分夸大，要么过分缩小客观事件的实际结果。

上述任何一种形式的认知歪曲都可能造成思维紊乱，从而进一步产生各种情绪困扰。贝克论证说，抑郁的产生在于患者对失败的体验。无论这种失败是否真实，患者对此都会过分地夸大，认为它是一成不变或不可逆转的，并进一步将这种失败归因于自己的无能或缺陷、对自我作出否定性评价，认为自己毫无价值。因此，抑郁症患者往往由于逻辑判断上的错误，以及对事物含义的歪曲而自我谴责，对自己作出不合逻辑的推论，并用自我贬低和自我责备的思想来解释所有的事件。

（二）治疗方法

贝克强调，认知疗法对心理障碍的治疗重点应在于减轻或消除那些功能失调的活动（activity of dysfunction），并帮助患者建立适应性的功能；鼓励患者对导致障碍的思维和认知过程，以及情感、动机等内部因素进行自我监控。贝克进一步提出了5种具体的认知治疗技术：

（1）识别自动化思维。由于这些思维已构成患者思维习惯的一部分，多数患者不能意识到在不良情绪反应以前会存在这些思想。因此在治疗过程中，治疗者首先要帮助患者学会发掘和识别这些自动化思维过程。更为具体的技术包括提问、指导患者自我演示或模仿等。

（2）识别认知性错误。所谓认知性错误即指患者在概念和抽象性上常犯的错误。典型的认知性错误有前面谈到的几种，如随意推论、过分概括化、"全或无"的思维等。这些错误相对于自动化思维更难于识别。因此，治疗者应听取并记录患者诉说的自动化思维，以及不同的情境和问题，然后要求患者归纳出一般规律，找出其共性。

（3）真实性验证。将患者的自动化思维和错误观念视为一种假设，然后鼓励患者在严格设计的行为模式或情境中对这一假设进行验证。通过这种方法，让患者认识到他原有的观念是不符合实际的，并能自觉加以改变。这是认知治疗的核心。

（4）去中心化。很多患者总感到自己是别人注意的中心，自己的一言一行，一举一动都会受到他人的品评。为此，他常常感到自己是无力、脆弱的。例如，某个患者认为自己的行为举止稍有改变，就会引起周围每个人的注意和非难，因此治疗者让他不要像以前那样去与人交往，即在行为举止上稍有变化，然后要求他记录别人不良反应的次数。结果他们发现很少有人注意他言行的变化。

（5）抑郁或焦虑水平的监控。多数抑郁和焦虑患者往往认为他们的抑郁或焦虑情绪会一直不变地持续下去，而实际上，这些情绪常常有一个开始、高峰和消退的过程。如果患者能够对这一过程有所认识，那么他们就能比较容易地控制自身的情绪。

所以，鼓励患者对自己的抑郁或焦虑情绪加以自我监控，就可以使他们认识到这些情绪的波动特点，从而增强治疗信心。这也是认知治疗常用的方法。

此外，在实际治疗过程中，贝克还特别重视患者的潜能。他强调，治疗者应注意引导患者去充分调动和发挥自身内部的潜在能力，对自己的认知过程进行反省，发现自己的问题并主动加以改变。因为贝克相信，患者情绪和行为上的不适应是由于在某些特殊问题上错误地使用了共同感受这一工具，使其特定的认知方式与常人不协调，而不是其整个的认知系统都遭到破坏，在这些特定的问题之外，他们仍可能有正常的认知功能。因此，如何帮助患者利用这些功能解决自己的问题，是治疗者的首要任务。贝克的这种观点对认知治疗也具有重要意义，并且已经成为心理治疗的重要原则之一。

四、自我指导训练

自我指导训练（self-instructional training，SIT）是一种干预策略，用于处理一些有特殊心理问题的儿童和成人。这一方法最初由美国学者梅琴鲍姆和古德曼（Goodman）提出，用于处理冲动儿童的问题，让他们学会自控和解决问题的行为。自我指导训练目前是处理儿童心理问题最常用的一类认知行为干预方法，广泛用于攻击性儿童、多动症和有品行问题的儿童的处理。对于成人的某些心理障碍，如焦虑、消极、失望和某些不良行为等亦可作为有效的治疗技术之一。

知识拓展：屏幕与遥控器技术

（一）理论基础

与其他心理治疗方法不同，自我指导训练没有形成复杂的理论体系。有关这方面的理论研究主要是苏联心理学家鲁利亚和维果斯基于 20 世纪 60 年代初所提出的儿童自我指导训练理论，即认为儿童把来自外界的言语评价转变为自我评价是发育过程中的一个重要阶段，而攻击性儿童的行为可以看作是没有很好地将"外控"转变为"自控"。从对自控能力差的儿童的一系列研究中发现，这些儿童缺乏适当的言语调节功能。因此，对这些儿童的治疗就不能完全等同于其他心理障碍患者的认知或认知行为治疗，因为他们不存在与适应不良性认知曲解有关的问题，而是由于缺乏适当的认知中介，表现为不切合实际的思想行为，需要一种特别的认知技术来矫正这些儿童。

梅琴鲍姆和古德曼提出了自我指导训练这一方法，旨在希望"① 训练攻击性儿童自身内部的言语评价或自我指导，使其行为反应或表现逐渐适当和正常。② 加强儿童内心言语的调节成分，使其行为在自己的言语控制之下。③ 鼓励儿童适当地强化自己的行为"，使儿童发展新的认知模式，以达到自控。

（二）方法和临床应用

自我指导训练的方法是由几个部分的训练工作组成的，基本的训练包括非个人认知的训练和解决人际问题的训练。治疗的第一阶段是治疗医师大声讲出许多有关自我表达的词句，这些词句是给患者示范一步一步的操作技巧，如：① 明确问题——我需要做什么？② 接近问题——假设由我来设计这个模型。③ 注意关键点——我先估算一下，然后一步步设计。④ 说明和修正错误——我有一部分做错了，我可以修改，重新做可以做得更加仔细。⑤ 自我强化——我做好了，做了一件非常满意的工作。第二阶段是让儿童在看治疗医师做了一遍之后，自己大声地讲一遍，以后声音逐渐放轻，直至最后的默念。

Kendall 及其同事进一步发展了自我指导训练，在治疗过程中，除上述的自我指导训练外，还着重示范对行为的矫正。在患者训练前，治疗医师先示范自我指导的每一步骤（大声、低声、无声训练）；在训练期间，治疗医师指导患者如何解决问题。另外，还可采用奖惩原则，在出现适当行为或正确反应时给予一定的奖赏。Kendall 等人通过对 27 例自控能力差的儿童进行临床研究发现，经过自我训练的儿童，教师对其自控能力的评分有明显改善，近期疗效（10 周）稳定，但随访一年后的疗效欠佳。近年来国外有许多研究报道，自我指导训练作为认知行为治疗的一类特殊技术可用于冲动性儿童、精神发育迟滞、阅读困难、数学成绩差的青少年和缺乏信心的成人的治疗，也可用于精神分裂症、焦虑障碍和强迫障碍患者行为问题的治疗。

五、伯恩斯的三栏目技术与寻根术

在心理治疗中，伯恩斯使用一种三栏目技术来改变人们的认知曲解，实践证明，效果极好。

（一）三栏目技术

这种技术的具体做法是：将一张纸一分为三，从左至右分别写上自然反应、认知曲解、合理反应。当你有了心理困惑或解不开的结时，请你坐下来，按照以下三步骤进行：

（1）将你当时头脑中出现的随想通通写在纸上，不要让它们老是盘旋在你的头脑中，想到什么写什么。

（2）当所有的随想都写下来以后，对每一种随想进行分析，将其与前面的认知曲解表进行对照，找出你的认知曲解，准确地揭示你对事实的歪曲。

（3）练习对认知曲解的思想进行无情的反击，以更客观的思想取代认知曲解的思想。①

例如，一位同学因身体不适，开会迟到，被辅导员当众批评。她感到非常羞辱和气愤。事后她通过三栏目技术进行了认知矫正（表 4-3-1）。

---

① ［美］大卫·鲍恩斯. 实用宽心术 ［M］. 张国清等译，上海：上海人民出版社，1992.

表 4-3-1　三栏目技术

自然反应	认知曲解	合理反应
1. 被老师当众批评，真丢死人了	极端化思维	每个人都会有错，所以被人批评是正常的事，没有什么丢人不丢人的，虽然老师当众批评我，让我很难堪，但也不至于那么可怕。没有时间观念，的确不是什么好习惯，以后要尽力改正
2. 同学们肯定在嘲笑我，他们都会看不起我，以后我在同学中还怎么做人	瞎猜测、极端化思维	不对，大部分同学都很友好，起码同宿舍的同学知道我身体不好，她们会同情我，一个小小的错误并不会影响我在同学们心中的地位
3. 老师真可恶，他看不起农村学生	诅咒、情绪推理	其实，老师平时对我的生活、学习都很关心，他发火并不是针对我一个人，况且他也经常批评班干部和本地同学
4. 我真是个失败者，怎么会落到这样落魄的地步	人格化、以偏概全	不对，我能进入大学，就说明我很优秀，在学习方面我一点也不比别人差，今天的事只是一个小状况而已，改掉就好
5. 我真倒霉，偶尔迟到一次就被老师碰上	诅咒	弱者才会怨命，只要我积极进取，我的命一定很好，目前我要做的是，找老师沟通、解释一下迟到的原因

　　使用三栏目技术时应注意两点：第一，不要在心里做这一练习，动手较之动脑能达到更大的客观性认识；第二，要坚持，认知改组不可能一蹴而就，需要长期操练。

　　三栏目技术有一种变式：双栏目技术。当三栏目技术应用得很熟练以后，可以简化成双栏目技术，省略掉第二栏，而直接对自然反应进行反驳即可。

（二）寻根术

　　寻根术实际上也是三栏目技术的变种。用三栏目技术记下了我们的自然反应并进行了反驳，确实减轻了我们的内疚感与焦虑感，这些自然反应也基本上得到了矫正，但这些自然反应很可能仅仅是非常表层的，在心灵深处，也许仍然残留着一些"隐藏假定"。这些假定是你非常内在的人生价值观，是你的人生哲学，是你的自尊得以确立的基础，是在背后诠释你的自然反应的根本缘由。怎样才能将我们深层心理中根深蒂固的"隐藏假定"挖掘出来？

　　寻根术与三栏目技术相比，可以说是反其道而行之。在三栏目技术中，我们把自然反应看成是认知曲解的、无效的，而在寻根术中，你想象你自发产生的自然反应是绝对有效的，直接在自然反应下面画一个向下的箭头，然后往下追问："如果这个自然反应是真实的，它对我意味着什么？为什么它使我烦恼？"然后写下第二个随之而来的自然反应，再在下面画第二个向下的箭头，再如法炮制，扪心自问："如果那是真的，它为什么让我感到烦恼？"如此这般，通过这样一个个深思熟虑的诘难过程，便产生了一个层层深入的自然反应链环，最终揭开问题的渊源，即隐藏的假定。

值得注意的是，你所追索的是感觉背后的意义而不是感觉本身，这样你的隐藏假定才会变得明白无疑。

下面的例子是伯恩斯的学生沃特所做的寻根术记录，有一次，伯恩斯因为沃特的一个错误而批评了沃特，沃特感到惴惴不安（表4-3-2）。

表 4-3-2　寻　根　术

自然反应	合理反应
1. 伯恩斯医生可能以为我是一个蹩脚医生。 "假如他确实是这样想的，它为什么使我烦恼不安" ↓	1. 伯恩斯医生指出了我的错误，这并不说明他认为我是一个"蹩脚医生"。我可以问问他到底是怎样想的，不过在许多场合他都夸奖过我，说我是一位能干的医生
2. 那意味着我是一个蹩脚医生，因为伯恩斯是位专家。 "假定我确实是一位蹩脚医生，这对我意味着什么呢" ↓	2. 一位专家只能指出我作为一名治疗师的专业能力和弱点。不管什么时候，不管是谁，骂我是"蹩脚医生"时，他都作出了一个侮辱性的、有害的又没有用的申明。我对我的绝大多数患者进行了成功的治疗。所以，不论是谁，说我是"蹩脚医生"都是名不符实的
3. 那意味着我是一个彻底的失败者，那意味着我一无是处。 "假定我真的一无是处。它对我意味着什么" ↓	3. 以偏概全。即使我是一个相对不熟练的平庸的治疗师，这也并不意味着我是一个"彻底的失败者"或"一无是处的人"。我有许多同我的职业无关的其他兴趣、爱好、能力，以及良好的品质
4. 那么将会流言四起，大家都知道了我是一个不学无术的家伙，那么没有人会尊敬我。我将被驱逐出医学界，我将不得不离乡背井，远走高飞。 "它对你还意味着什么" ↓	4. 这是毫无道理的。因为如果我犯了错误，我可以改正错误。我不会因为犯了一次错误就"流言"四起，人们要做的事情，大不了是在报纸上刊出"注意：治疗师也会犯错误！"而已
5. 它意味着我是一个毫无价值的人，我感到痛不欲生	5. 受到批评或指责并不能使我成为一个无价值的人，既然我是一个有价值的人，我就没有必要感到痛不欲生啦

从表4-3-2左边一栏的自然反应之链中，可以总结出导致焦虑的"隐藏假定"为：一个有权威的人的批评肯定是有道理的；人的价值由其成就决定；一失足成千古

恨；为了让人尊敬我、喜欢我，我必须尽善尽美；人们抛弃我，意味着我是一个毫无价值的人。

寻根术运用的其实是一种诡逻辑法。将错就错，将小错一点点放大，直至最后，其错误与荒唐便一目了然。不过，在运用寻根术时要特别警惕，这种方法对一些爱钻牛角尖的人很危险，他们会顺着诡逻辑走进死胡同。许多人的自杀便是这样一个诡逻辑的推导过程：

1. 我的男朋友没有遵守诺言在这个周末给我打电话。

↓

2. 这意味着他并不在乎我。

↓

3. 这意味着他不是真心爱我。

↓

4. 这意味着我不是一个可爱的姑娘。

↓

5. 这意味着我这个人不行，毫无价值。

↓

6. 这意味着我最终将被抛弃。

↓

7. 这是多么可怕的事呀，以后我还怎么见人。

↓

8. 还不如死了的好！

鉴于以上危险，伯恩斯建议，将诡逻辑法与三栏目技术结合使用，参看上表的右边一栏。这样可以对"隐藏假定"进行层层深入的反驳。

第四节 ▶▶▶▶▶▶▶▶
成功心理训练（三）

如果你想美好的事情，美好的事就跟着来；如果你想邪恶的事，邪恶的事就跟着来。你整天想什么，你就是什么样子。所以，你永远不要说："我不行""我干不好""我会失败"等。做人不能狂妄自大，但绝对需要自信心。自信心是一种自我激励的精神力量，是对自我的充分相信，是一个人走向成功的源动力。凡是有自信的人，都可表现为一种强烈的自我意识。这种自我意识使他们充满了激情、意志和战斗力，没有什么困难可以压倒他们，他们的信条就是：我要赢！因此，本节的心理训练就是让你去改变以往对自己的消极认识，树立自信的感受。

一、训练题目：自信心训练

1. 撕掉坏标签
2. 你棒！我也棒！
3. 喊出自信

二、训练具体方法

1. 撕掉坏标签

【目的】告别自卑，告别过去；提高自信，突破自我，重塑自我。

【时间】约 50 分钟（根据人数而定）。

【准备】纸、笔、小土包（水或火）。

【操作】大家把对自己具体的、形象的、生动的消极评价统统写在纸上（不允许看别人写的"坏标签"），如"我这个笨蛋！我好蠢啊！我还想上大学，休想！我脑子就是不行！我真倒霉！……"甚至生气时骂过自己的话全都想出来、写出来；写完后，每个人准备一份"悼词"（团队写一个公用悼词），每个人可以任选埋葬坏标签的方式——土葬、水葬、火葬。埋葬时，指导者做"葬礼主持"，在旁边用低沉的语气诉说之后，带着大家念"悼词"（似宣誓一般）。如"今天，我在这里埋葬了我身上的坏标签，它从此永远地离开我，我将不再用它来评价自己了。它和我在一起生活了很久，它给我理由让我不努力学习，它用嘲讽和批评让我灰心丧气，它用贬低的语言让我自卑。现在，它离我而去了，我会有些不习惯，不用'我笨'做借口逃避努力，我不习惯；得到好成绩引起别人注意，我也不习惯；自信而又充满活力，我也不习惯；但是，我会让自己慢慢习惯，因为新的我更成功、更快乐。"念完后，我们来挖个坑或者叫"墓穴"，大家排成一队，把自己的坏标签撕掉，轮流扔进坑里……这是你的坏标签，你把它从自己的身上撕下来，撕碎了，扔进墓穴里去，它离开你了，好像你嘴里的蛀牙被拔掉了。最后，请大家立正哀悼，致悼词。让我们庆祝一番：哦！我们成为一个新人喽！

这个训练，让每个学员去体验：埋葬消极，埋葬过去，才能建立自信，面向未来。

2. 你棒！我也棒！

【目的】通过听、喊及手势语言提高自信心，增强生命力，勇敢面对人生。

【时间】约 1 小时（根据人数而定）。

【准备】在黑板上写好："你棒！我也棒！"

【操作】① 学员坐着赞扬其他学员，找出每一位学员的优点，通过头脑思考的方式鼓励每一位学员，使学员在鼓励中发现自己的优点，从而建立自信。例如，我们先从 A 学员开始，每个人轮流表扬 A 学员，不要不好意思，不许以开玩笑的口气；同时，A 学员也要大大方方地说："谢谢！"全部学员互相赞赏完时，请大家一起说："你棒，我也棒！"再大声点来一遍……

② 组织学生列队站好，指导者站在前面，面对学生，让学生跟指导者一起做，先是用右手指头碰一下左肩，然后再碰一下右肩，然后右手竖直大拇指从胸口用力伸出去说："我真的很不错。"再换左手同样做，说："我真的很不错。"最后换双手齐做，双手交叉用拇指碰左右肩，然后从胸口将双手用力伸出去，拇指朝上，说："我是真的真的真的真的真的很不错。"重复三遍，声音洪亮，动作有力，表现出充满自信的神态。若有歌曲，可编成一套舞蹈动作。

这个训练，让每个学员去体验：说一百遍自信的道理，不如亲自去喊一次，去舞一次，去赞扬一次，去鼓励一次。

3. 喊出自信

【目的】增强自信心、勇气、胆量；解除陌生、焦虑，克服恐惧、胆怯心理。

【时间】约 2 小时（根据人数而定）。

【准备】选定一个广场为活动地点，该广场一定要在闹市区。

【操作】写 10~20 句自我激励的口号，如："我自信积极，我不卑不亢，我坚强果断，我敢作敢为""我豁达开朗，我轻松自在，我聪明活泼，我坚定沉稳。"先让学员们背熟、脱稿，然后列队到活动地点，在广场上排列成正方形的三个边，面向陌生人，学员们轮流一个一个喊口号，站在队形中间，面对过路人，举起右手，做宣誓状，用尽全力把口号喊出来；不认真、不用力、不大声的，都得重新做，直到大家鼓掌表示满意为止（这种口号，最好早晚各喊一遍，养成习惯）。

这个训练，让每个学员去体验：在广场上，面对那么多的陌生人时，你有自信心吗？你怕遇到熟人吗？自信不是学出来的，自信是喊出来的。因为它是你血液里的细胞，骨子里的骨髓。

本章摘要

（1）认知是指人们对周围事物的想法或观点。从专业技术上讲，认知理论事关人如何获得信息，并在信息加工的基础上如何对周围环境作出反应。认知理论有一个表达其基本思想的公式：S-C-R。

（2）认知曲解的 10 种形式：① 思想的绝对化。② 过分类推。③ 消极过虑。④ 否定正面的事实。⑤ 遽下结论。⑥ 夸大和贬抑。⑦ 情绪化推理。⑧ 想当然。⑨ 自我标示。⑩ 不当的自责。

（3）患抑郁症的人常有的错误认知有：① 我现在是、过去是、将来也总是没有希望的。② 无论过去、现在、将来我都是毫无价值的。③ 我永远不会受人重视。④ 我无法从事正常活动。⑤ 我愧疚，又孤立无援，所以自杀是最好的解决办法。⑥ 我失魂落魄，马上就要陷于疯狂了。⑦ 我的处境都是我自己造成的。⑧ 我毫无价值，因而处处遭人拒绝。⑨ 我周围的世界充满了荆棘和艰难，几乎没有一丝成功的希望。

（4）患恐怖症的人常有的错误认知有：① 我害怕见到的东西必定是危险的。② 当我害怕见到的东西出现时，我多半得吓垮了。③ 我无法摆脱对某种物体的恐惧感。

（5）患强迫症的人常有的错误认知有：① 我必须永远是诚实的、有良心的、可以信赖的。② 我必须能控制每一件事、每一个人，包括我自己。③ 我必须万事留心。④ 我的一切努力和花费必须是高效率和有价值的。⑤ 什么事情都随时可能发生。⑥ 一贯正确这件事比什么事都要紧。⑦ 我不能容忍脏、乱、差、无秩序和不讲卫生。

（6）常见的非理性信念（不合理认知）主要有：① 人应该得到生活中所有对自己而言是重要的人的喜爱和赞许。② 有价值的人应该是全能的，应该在各方面都比别人强。③ 任何问题都能找到一个正确或完美的答案，如果不能找到，那是难以容忍的事。④ 不愉快的情绪是由外界引起的，自己无法控制。⑤ 对于危险或可怕的事，一个人应该非常小心，而且应该随时顾虑到它可能发生。⑥ 逃避困难、挑战与责任，要比面对它们容易得多。⑦ 人应该依赖他人，并且依赖比自己强的人。⑧ 过去的历史是现在的主宰，过去的影响是无法消除的。⑨ 对别人的行为和处境，我们应当予以非常的关切。⑩ 对有错误的人应该给予严厉的惩罚和制裁。

（7）非理性信念的特征主要有：① 绝对化的要求。② 过分概括化。③ 糟糕至极。每一个人都或多或少地具有不合理的思维与信念，因此，人需要不断与不合理信念辩解才可能保持理性认知。

（8）大学生中常见的不合理信念主要有：① 自我的不良认知。② 人际交往的不良认知。③ 挫折的不良认知。

（9）认知治疗是根据认知过程影响情感和行为的理论假设，通过认知和行为技术来改变患者不良认知的一类心理疗法的总称。

（10）广义的认知治疗属于认知行为治疗的范畴，认知行为疗法分为三大类：认知重建、心理应付技术和解决问题技术。其中认知重建影响最大。认知重建由三种治疗方法构成，分别是艾里斯的合理情绪疗法，梅琴鲍姆的自我指令训练以及贝克的认知治疗。

（11）理性情绪治疗（简称 RET）是艾里斯在 20 世纪 50 年代创立的，他认为情绪障碍是由于非理性信念、绝对性思考和错误评价所形成的。教会患者改变非理性信念，代之以理性的生活哲学，则可以改善患者的情绪。

（12）在关于人性的理论基础上，艾里斯进一步提出他关于情绪障碍的理论。这一理论的要点就是情绪不是由某一诱发事件本身所引起的，而是由经历了这一事件的个体对这一事件的解释和评价所引起的。这一理论又称作 ABC 理论。

（13）贝克认为人们在认知过程中常见的认知歪曲有 5 种形式：① 随意推论。② 过分概括化。③ 选择性概括。④ "全或无"的思维方式。⑤ 夸大或缩小。其中任何一种形式的认知歪曲都可能造成思维紊乱，从而进一步产生各种情绪困扰。

（14）贝克提出的 5 种具体的认知治疗技术是：① 识别自动化思维。② 识别认知性错误。③ 真实性验证。④ 去中心化。⑤ 抑郁或焦虑水平的监控。

（15）自我指导训练目前是处理儿童心理问题最常用的一类认知行为干预方法，广泛用于攻击性儿童、多动症和有品行问题的儿童的处理。对于成人的某些心理障碍，如焦虑、消极、失望和某些不良行为等亦可作为有效的治疗技术之一。

（16）在心理治疗中，伯恩斯使用一种三栏目技术来改变人们的认知曲解，实践证明，效果极好。

思考·讨论·活动

1. 如何正确理解认知与心理健康的关系？分析不合理认知的特征。

2. 大学生常见的不合理认知有哪些？讨论常用的认知调整方法。

3. 结合美国临床心理学家艾里斯提出的引起情绪困扰的 10 条非理性信念，谈谈自己的看法和感受。

4. 请结合本章的心理训练内容，分享训练过程中自己的感受。

第五章

大学生自我意识的完善

章前导语

人类对自我的认识是十分久远的。早在公元前 2 000 年，印度的宗教文献就有关于自我意识萌芽的记载。如《梨俱吠陀》中就写道"另有一物，在尔身中。"这就暗示了在人的肉体内，有一个"我"的存在。在中国古代的哲学著作中，也有"欲胜人者先自胜，凡事之本必先治身"和"吾日三省吾身"等名言对自我的思考。而古希腊先哲苏格拉底提出的"认识你自己"的口号，标志着人类开始自觉地认识自我。人类对自我意识的真正研究，是在欧洲伟大的文艺复兴运动中，特别是法国哲学家笛卡尔最先提出了"自我意识"这一概念，并首先提出"我思故我在"。同时，他提出"用心灵的眼睛去注意自身"的精辟论断，揭示了自我意识及其对自我意识的发现的途径。从此，有关自我及其本质以及自我意识发展的研究得到空前的发展。

关于青年自我意识发展问题的研究一直是众多学者研究的中心内容。青年比之童年，除了身体的变化，心理上最大的变化莫过于自我意识的变化。斯普兰卡称青年是"第二次诞生"，也是指他们发现了一个内心的自我世界。正是这个自我的出现，使得他们独立性、成人感日趋增强。所以，在自我意识研究中，自我意识的确立是青年心理发展的重要标志之一，它对青年人格的形成、心理的发展起着重要作用。正如苏联心理学家科恩在《青年心理学》中曾说过："青年初期最重要的心理过程是自我意识和稳固的'自我'形象的形成。""青年初期最有价值的心理成果就是发现了自己的内部世界，对青年来说，这种发现与哥白尼当时的革命同等重要。"①

大学阶段的自我意识是大学以前的自我意识的继续与深化，同时又有其质的变化。这一时期，大学生自我意识从分化、矛盾走向统一。这时候，每位大学生可能都会不由自主地产生许多关于我们自身的问题，诸如："我"究竟是个怎样的人？为什么总是离那个完美的"我"相距遥遥？为什么总会为将来迷惑？为什么人与人会有很大不同？为什么我似乎根本不了解自己？为什么总要寻找生活的意义？……因此，想了解自己，想了解他人，想了解世界、宇宙的奥秘，就好像那个神秘的"斯芬克斯之谜"一样，激励着大学生们不断探索自我、实践自我、超越自我。

本章所要研究的内容，主要是以"自我意识"为主题，探讨它的内涵和发展过程，以及如何针对大学生自我意识发展特点作出积极的自我调整。希望读者在阅读本章之后，能对下列问题有所认识：

1. 自我意识的含义及青年自我意识的发展过程。
2. 大学生自我意识发展的特点。
3. 大学生自我意识发展的缺陷及其调整方法。
4. 健全的自我意识的标准。
5. 塑造健全的自我意识的途径。

---

① 科恩. 青年心理学 ［M］. 南宁：广西人民出版社，1986.

第一节
自我意识概述

对于自我意识，社会上往往存有一些误解与偏见，认为"自我意识"含有唯心主义色彩，或者就是个人主义；一听到"自我实现""自我价值"等词汇，就认为是宣扬"我"，宣扬"个性解放""不顾社会要求"等，所以在我国对此还缺乏深入的研究。

一、关于"自我" 概念的界说

人与动物的区别之一就是人存在"自我"。什么叫自我？这是一个十分古老的哲学问题。早在 17、18 世纪，西方哲学家就对之进行了许多思考：笛卡尔曾把人的自我理解为一种反思能力——"我思故我在"；洛克把自我看作一种感觉力量；康德则认为自我是一种经验的意识感觉。心理学上把自我作为研究对象，可以追溯到威廉·詹姆斯、米德等人。以后，精神分析、人本主义等心理学派都十分关注对自我的探讨。

（一）主观我与客观我

威廉·詹姆斯（Willian James）认为，自我由主观、客观两个方面构成，主观的我用"I"表示，即是"自己认识的自我"；客观的我用"me"表示，即是一个能称之为人的一切的总和，包括能力、社会性和人格特征等。主观的我"I"在句子里是主语成分（我是……，我做……）。如，"我觉得自己有信心完成这项工作""我感到心里内疚"等。客观的我"me"在句子里是宾语成分，是被观察到的我。客观的我又分为物质的我、社会的我和精神的我。

物质的我（object self）包括自己身体的各个组成部分、衣着仪表、家庭中的亲人、家庭环境等。社会的我（social self）是指自己受到朋友们的认可，给周围人留下的印象、个人的名誉、地位，以及自己在所参加的社会群体中的作用。精神的我（mental self）乃是指自己的智慧、能力、人格倾向，以及感觉知觉的经验、情绪情感体验、各种动机欲望等。

詹姆斯认为，上述三种客观自我，都受到主观自我的价值判断和评价的影响，产生自我体验，进而形成自我追求，即主观我要求客观我努力保持自己的优势，以受到社会与他人的尊重与赞赏。当前有些学者在研究中发现，儿童自我意识的发展，的确存在上述几方面的客观自我成分。如"我长得很高"（躯体的我）、"我篮球打得好"（活动或行为的我）、"我与同学们都相处得很好"（社会的我）、"我相信世界会走向和平"（心理的我）。

（二）镜中我

库利（Cooly）从个人与社会的关系中，提出"镜中我"（looking-glass self）的概念。他认为他人对自己的态度是自我觉知的"一面镜子"。他说："自我觉知的内容，主要是通过与他人的相互作用这面镜子而获得的。通过这面镜子，一个人扮演着他人的角色，并回头看自己。"也就是说，一个人处在一定的社会关系中，是通过与他人相处，从他们对自己的评价中看到自己的形象的。

"镜中我"一说可以追溯到 A. 史密斯的论著中。他在《道德情感论》一书中谈到，社会好似一面镜子，人们可以从这面镜子中看到自己。在这面镜子前，我们可以尽可能地以别人的眼光来审视自己行为的合理性。史密斯、库利关于镜子的隐喻都具有双重含义。在日常生活里，我们常对着镜子观赏自己的脸、身材和衣着打扮，并根据它们是否符合我们的愿望，对它们进行评价，表示满意和不满意。同样，在与他人的相互作用中，经常想一下我们在别人眼里究竟是何形象也是非常必要的，别人成为我们的一面镜子，他们对我们的看法可以从他们的言谈举止中表露出来。正如库利所说："人与人之间可以作镜子，能照出他面前的人的形象。就像我们可以在镜子中看到自己的面孔、体态和服装一样。人们之所以引起我们的兴趣，是因为他们与我们自己有关——我们在自己的映像中，努力设想自己的外貌、风度、目的、行为、性格和友谊等在他们的思想中是怎样反映的，从而会以一定的程度影响着我们。"

根据库利的看法，自我是一种社会现象，源于各种社会关系。"镜中我"实际上是一种社会我。它也包含三个主要成分：即对自己在他人眼里的形象的想象，他人对自己所作的评价和判断的自我想象，自己对自己怀有的某种情感（如自尊、自卑等）。

（三）社会互动的我

G. H. 米德也提出类似库利"镜中我"的观点。他说："谁也不能知道自己，除非从别人那里发现自己的结果。"米德认为，自我产生于社会经验，不能把人的有机体和"自我"混为一谈。人的有机体是生物进化的结果，其神经生理结构不过是"自我"出现的一个条件。只有当人的个体成为他自身的客体，自我才会出现。同时，只有在开始把自我作为客体来对待时，人才能成为真正的人。"否则，可能有意识，却不可能有自我意识。"其实，人的自我反省、自我觉察便是人把自己作为客体来审视的一种能力。

米德对詹姆斯的主观我和客观我做了进一步的论述。他认为，主观我是行动的我，并给人格以动力性和独特性；客观我是社会的我，它依赖角色扮演，反映的是社会的经验，具体地说，它是通过在社会互动中概括他人对自己的态度后形成的。主观我和客观我构成了人的统一的自我的两个方面，密切相连，不可分割。正如米德所说："它们共同构成一个出现在社会经验中的人。自我实质上是凭借这两个可以区分的方面进行的一个社会过程。"

上述对自我的论述，基本上与詹姆斯和库利的自我观相近。米德的自我观的独特之处，是运用符号交互作用论解释自我。米德指出，符号意义的意识是自我形成的决定性环节，有意义的符号在为人类带来自我意识之时，也为人类社会带来了语言成分。正是由于语言，人类才能充分掌握思想的智能。通过和他人的姿态交流，大到人类的文化发展，小到具体的个人生活圈子，都出现了语言。正是通过有意义的符号（语言）的发展和使用，它首先用于相互交流，后来用于内心思考，才使我们成了现在的这个独特物种。

（四）本能驱动的自我

精神分析中的自我概念与哲学中的自我和社会学意义上的自我有很大的不同。弗洛伊德以人的本能的力量为中心研究自我。他将人格分为本我（id）、自我（ego）和超我（superego）。其中本我代表人格中的生物成分，自我代表心理要素，而超我则是社会文化因素。他认为，人格是一个复杂而精密的能量系统，人格的动力状态就是将心理能量分配给本我、自我和超我。由于能量有限，所以当其中一个系统获取过多的能量时，其余二者的能量就会不足。人的行为就是受此心理能量所支配的。

本我是人格结构中最原始的领域，婴幼儿完全受本我控制。本我是人的心理能量的根源和本能的栖息所，它缺乏组织，而且盲目、苛求和固执。本我是无法忍受紧张的，其功能是消灭即时紧张，以恢复平衡状态。它受快乐原则（pleasure principle）的支配，其目标在于减缓紧张、趋乐避苦。本我缺乏逻辑，没有道德观，只想要享乐以满足本能的需要。本我就像是被宠坏的小孩，永远不会成熟，它只有赤裸裸的欲望和冲动，从不思考，只是期望快乐和行动。本我大部分是属于潜意识的。

自我是人格与外在现实世界相接触的部分，它是人格结构中的"执行者"，扮演统筹、控制和调节的角色。如同交通警察一般控制本我、超我和外在世界的平衡状态。它的主要工作是协调本能和周围环境的关系。自我遵循现实原则（reality principle），有现实与逻辑的思考，以形成行动计划来满足需求。

超我是人格结构中监督批判的机构，它是个人道德的核心，其主要作用在于判断个体行为的是非善恶。它代表理想，而非现实，它追求的是完美，而非享乐。它代表的是父母传授给孩子的传统价值观念和社会理想，其功能在于抑制本我冲动，说服自我以道德目的替代现实目的，并且力求完美。因此，超我是父母及社会标准的内化，这与心理的奖赏和惩罚有关。其奖赏就是自尊和自爱的感觉，而惩罚就是罪恶和自卑的感觉。

虽然弗洛伊德把自我看做是控制本能的一种力量，但他的自我观基本上是消极被动的。因为，他始终强调的心理事实是本我，本我是由本能构成的，而本能则是人的所有活动的终极原因。自我相对本我而言是被动的，它没有自己的能量，自我的能量始终来自本我。本我要求什么，自我就得到什么。这使得自我只是为本我从事防御工作的工具。

（五）适应性自我

哈特曼是第二次世界大战之后最著名的精神分析理论家之一，被誉为"自我心理学之父"。哈特曼指出，"在精神分析中，自我不是人格或个性的同义语，不是与经验客体对应的主体，也不是人们意识到或感觉到的自己。在精神分析中，自我具有不同等级的概念，它是人格的亚结构，由其功能来决定。"知觉、思维、活动、防御等与现实有关的功能都是自我的重要功能。

把适应看作是自我的根本功能，这是哈特曼的自我观的第一个特点。他认为，适应是一个中性概念，它连接着人和环境。哈特曼扩展了弗洛伊德的自我概念，使自我的功能由防御本能变为适应环境。他还看到，人的适应与动物的适应有所不同，人们可以利用种种活动改造环境。然后，再适应这一被改造了的环境。因此，人类的历史不是自然进化史，而是文明的发展史。人在环境面前是主动的，适应即是人类能动性的表现。哈特曼的适应概念还强调社会关系的影响。他指出，从生命的一开始就存在着人对人的适应，人类要适应的环境是由人际关系组成的。而后，哈特曼的后继者玛勒在具体研究婴儿的适应活动时，发现了人对人的适应是整个人格发展的基础，婴儿的适应表现为他与母亲的相互作用，婴儿的成长即是对母亲的适应。

哈特曼的自我观的第二个特点，是赋予自我更大的自主性，对弗洛伊德的生物化倾向有所纠正。如前所说，弗洛伊德认为，自我在本我和超我面前是软弱的，一味调和矛盾，在冲突前面只知退却。而在哈特曼看来，无论是精神病患者还是正常人，自我都是人格结构中最具有主动性的力量。自我在本能面前不是被动的，更不是从本我中分化出来的一部分，而是有其独立起源的自主性结构。人有能力控制环境和本能。

从以上心理学大师对自我的论述中，我们可以体会到自我是一个复杂的人格系统，是人类生命体不断发展的重要部分。它不是与生俱来的东西，而是在社会经验积累和社会活动过程中出现的。自我的确立离不开社会和人际环境，个体往往是在他人对自己的态度和评价中，产生自信、自尊或者自卑的。同时，自我不是本能、欲望的奴隶，而恰恰是它们的主人。一个积极的自我具有良好的适应性和自主性。一个人只有拥有健全的自我，才会拥有健全的人格。①

二、自我意识的内涵

心理学里描述自我的术语有自我意识（self-consciousness）和自我概念（self-concept），这是两个意思相近的概念。西方学者一般用自我概念的多，中国学者采用自我意识的多。

（一）自我意识的概念

自我意识的研究历史曲折，现在仍然处在"百家争鸣"的阶段，其研究定义、研究成果众说纷纭，不妨让我们先来看一些国内心理学家的解释：

自我意识是自我的一个方面，一种形式，即关于作为主体的自我的意识，特别是关于人我关系的意识（朱智贤，1977 年）。

自我意识也称为"自我"，是对自己存在的觉察，是自己对所有属于自己身心活动的认识（时蓉华，1984 年）。

自我意识不同于"自我"概念，"自我"就是"我这个人"，它是具体的、活生生的社会存在。而"自我意识"则是指个人对自己在意识水平上的反映，亦是自觉

① 吴增强. 当代青少年心理辅导［M］. 上海：上海科学技术文献出版社，2003.

的、能动的反映（李敏中，1985 年）。

自我意识在一种情况下是指人能够觉察或意识到自我心理的过程。在另一种情况下，是指人所意识到的自己的心理活动内容及其特点，二者不可分割（张增杰，1983 年）。

自我意识就是一个人对自己，包括自己的思想认识、情感行为、个性特点以及人际关系等各方面的认识、感受、评价和调控。换句话说，就是以观念的方式反映现实的那种能力，作用于自我本身的意识形态（漆佑华，1987 年）。

……

以上引述的这些概念，或者从自我意识的过程或表现形式进行解释，或者从自我意识的对象和范围进行解释。虽然各抒己见，不相一致，但有一点是大体相似的，就是大家都承认自我意识是人对自己、自己与他人、自己与周围环境关系的认识，是人的意识发展的高级阶段，是一个包含认知、情感、意志等多种心理机能的、完整的、多维度、多层次的心理系统。

（二）自我意识的结构

自我意识一般包含了自我认识、自我体验、自我控制三层意义，也像意识一样表现为知、情、意的统一。自我认识就是要解决"我是一个什么样的人？""我为什么是这样一个人？"的问题，自我体验则主要涉及"对自己是否满意？""能否悦纳自己？"的问题，自我控制则是要解决"如何有效地调控自己？""如何改变现状，使自己成为一个理想的人？"的问题，三者紧密联系，相辅相成。

名师微课：自我意识三层意义的紧密联系

自我认识是其中最基础的部分，决定着自我体验的主导心境以及自我控制的主要内容；自我体验又强化着自我认识，决定了自我控制的行动力度；自我控制则是完善自我的实际途径，对自我认识、自我体验都起着调节作用。三方面整合一致，便形成了完整的自我意识。

1. 自我认识

自我认识，即自己对自己的认识，包括自我认知和自我评价，前者是个体对自身各种状况的了解，后者则是对自我各方面的评估。一个人需要了解自己什么呢？概括讲，有三个方面：① 生理自我，也就是人对自身这样一个生物个体的基本认识。比如，独立个体的意识（"我"不同于他人、他物）、性别、年龄、发育状况、生理特征等。② 社会自我，指对自身社会性要素的认识。人的本质即各种社会关系的总和，所以"社会自我"包含了人的各种社会关系及由此产生的相应的各种社会角色、社会文化环境和社会定位。③ 心理自我，就是对自身心理状况的了解，包括对自己的认知、情绪情感、意志、个性倾向性（兴趣、爱好、价值观、理想）及个性特征（能力、气质、性格）等的全面认识。这三方面的综合了解才是完整的"自我认知"。

在"自我认知"的基础上，自我对自我各方面会有个评估，然后给自己下一个结论，即"自我评价"。比如，我太瘦了，我是个很情绪化的人，我过于严肃，我是个受欢迎的人，很多时候我都是大家的中心等。

根据"理情疗法"的创始人艾里斯的观点（详见第四章），认知决定我们的情绪、情感及相应的行为，所以"如何认识自我、我到底是个怎样的人"是我们的重要课题。只有很好地认识自己，才可能很好地体验自己、控制自己；否则只会因"认识"而痛苦。

2. 自我体验

自我体验是建立在自我认识基础上的一种情绪体验，即自己对自己是否满意的问题，"满意"则自我肯定，信心十足；反之，则自我否定，垂头丧气。它有自爱、自尊、自恃、自卑、责任感、义务感和优越感等表现。

自我认识决定自我体验，而同时自我体验又往往会强化自我认识并影响自我控制。我们可能都有过这样的体验：当你对自己失望时，整个世界都似乎成了"灰色"，你心情沮丧、抑郁消沉，所看到的、所做的，甚至从记忆深层挖出的点滴过去都是令人伤感的、令自己否定自己的；而充满自信时，对自己的缺点都可以合理化地、积极地去看待，去争取改善。人区别于其他动物的一个很大的特点就是情感丰富，自我体验正是自我对自我的感受，它的积极与否直接关系到我们对自身发展要求的高低及行动方向的对错。

3. 自我控制

自我控制就是自己对自己的控制，自我认识了解了"我"，自我体验感受了"我"，自我控制则是要表现"我"。这里包含了两层含义：其一，自己对自己的设计，即"我"应该做什么、我不应该做什么；其二，自己对自己的指导，即"我可以怎样做"。

我们常说的"自制力"就是自我控制的能力，它的强弱、高低可以直接由我们的情绪、行为表现出来，自制力强的人，不易感情用事，常常会克制自己的情绪，做事有计划性，自我发展方向明确，给人深沉、冷静、含蓄的印象，极端者则犹如"冷血动物"，过于刻板，不近人情；相反，自制力弱的人，常会不分场合宣泄一番，高兴时手舞足蹈，生气时乱发脾气，表情就是"晴雨表"，行为好像 3 岁儿童，心理学术语称此为"过度情绪化"，行为充满"情境性"，对将来则愿意"跟着感觉走"。诸如自立、自主、自制、自强、自信和自律等词都是对积极自我控制的描述，而自我失控、自残、自虐、自我放弃则是消极的自我控制方式。

因此，广义上的自我控制，不仅是对自我行为的控制，也是对自我认识、自我体验的控制，通过主观能动性，选择认识角度，转变自我观念，调整自我评价体系，修正自我形象，去感受积极的自我。

（三）自我意识的基本特点

1. 自我意识的意识性

自我意识不仅表现在个人对自己本身有比较清晰的理解和自觉的态度，而且表现在对自己与客观世界的关系有比较清晰的理解和自觉的态度，而不是无意识的或潜意识的活动。

2. 自我意识的社会性

自我意识的社会性，因为自我意识也是社会的产物，这不仅在于它是在社会实践中形成的，而且在于它的主要内容是个人本身社会属性的反映。人的本质是一切社会关系的总和。对自我本质的意识，不是意识到自我的生物特性，而是意识到自我在社会关系中所处的地位，所充当的角色和所起的作用。能意识到自我的社会本质，这是自我意识的发展达到成熟的重要标志。

3. 自我意识的能动性

自我意识的能动性表现在个人不仅能根据客观的评价和自己实践的反馈信息形成对自我的意识，而且能根据自我意识来控制自身的心理与行为。这种自我控制能力的发展，使自我由被意识的客体转变成为同时也是意识的主体。这种主动的调控作用，也是自我意识发展成熟的一个重要标志。

4. 自我意识的同一性

自我意识是在长期的社会生活中形成的对自己本身的一种稳定的意识。虽然这种对自我的意识是随着个人本身的实践的成败与他人评价的改变而发生变化的，但从青年期以后，个人对自我的基本认识与基本态度仍保持着一定的同一性。正是由于自我意识的这种同一性，才使个人表现出前后同一的心理面貌，使他与其他个性互相区别。

自我意识的这些特点是相互联系的，只有全面地认识自我意识的这些特点，才能正确地理解自我意识的本质。

三、自我意识的形成和发展

自我意识的形成和发展是人类区别于动物的一个重要标志。无脊椎动物是不可能产生自我意识的，因为它们没有产生自我意识的物质基础——脑。脊椎动物开始有了自我意识的萌芽，它们可以分清自己的身体与周围环境的不同；某些灵长类动物，甚至可以看到社会自我意识的萌芽。即动物会有生理自我和社会自我的萌芽，但目前尚无证据表明动物有心理自我的萌芽。这就是说，心理自我是自我意识发展的高级阶段。从个体发展史中我们可以看到：自我意识的形成和发展是从生理自我经过社会自我发展到心理自我。这一过程也是人类进化和演变的过程。

（一）生理的自我

奥尔伯特（G. W. Allport）在其《人格的模式与成长》一书中，提出了自我意识的发展是从生理自我到社会自我，最后到心理自我的过程。

奥尔伯特指出，自我意识最原始的形态是生理自我，生理自我是个人对自己身体的认识，包括占有感、支配感和爱护感。这些认识能使个人体会到自己的存在是寄托在自己的身体上，当然这种生理的自我并非与生俱来的。

婴儿刚出生时，不能区分自己的与不是自己的东西，对自己的手、脚与周围的玩具视为同样性质的东西并加以摆弄，这时他们并没有自我意识。但当他表现出抓、咬、摸自己手脚的行为时，就发生了被抓、咬、摸等各种感知活动，而当他抓玩具时，却并未发生类似的感觉，于是对这些事物逐渐加以区分。奥尔伯特指出，必须注意的是，这时候的婴儿虽然多少有点把自己作为对象化的意识，似乎有一种自我中心的现象。但其实这时的婴儿对自己与他人他物还处于未分化的状态，只不过是一种对外界的直接反应。

出生两三个月以后的婴儿，有一个重要的现象发生了，这就是婴儿会对人笑。心理学家认为，婴儿的笑在其自我意识的发展中有重要作用。笑表示婴儿对外界的刺激发生了反应，说明婴儿与外界环境有了接触，发生了相互作用。

奥尔伯特指出，婴儿到了七八个月的时候，往往会关心自己在镜子里的形象，他们在镜子中认识父母的形象比关心自己的形象要早得多。婴儿到了十个月的时候，就会主动地看镜子里自己的形象，想和那个形象玩耍，但他那时候还不知道镜子里的形象就是自己。

婴儿在一岁半左右，听到别人叫自己的名字时，就知道是在叫自己。到了两岁左右，就能够确定地认识镜子里的自己形象，能用自己的名字来表达自己的要求，他们也还能够使用"你"这一人称代词与周围人进行交际。

刘易斯等人曾对婴儿的自我意识进行了研究。他们先让9~24个月的婴幼儿照镜子，然后母亲偷偷地用胭脂在儿童鼻子上涂一下，结果年龄小于21个月的儿童看到镜子里的形象有胭脂时，并不去摸自己的鼻子；可是24个月的婴幼儿却有三分之二用手指去摸自己的鼻子。稍长，婴儿开始用代名词"我"和"你"。这表明他们已经清楚地把自己和其他人划分开来了。有个叫道娜的两岁小女孩，与她的亲戚在一起，有人要她指出姊姊，她指对了。然后做游戏，这个游戏要求道娜去指其他人。接着，有人叫她"指道娜"，这下小女孩乱了套，最初是随便乱指。妈妈说"你知道谁是道娜，大家都叫她道娜的"后，道娜顿悟了，毫不犹豫地指了她自己。

以上分析可见，婴幼儿阶段的自我意识，是以躯体存在为基础的生理自我。到了三岁的时候，又表现出一些新的特点：有羞耻感、妒忌心与垄断心，能更多地使用第一人称"我"。这个时候表现出来的行为是自我中心的，以自己的想法来解释外界的现象，认为外部世界是为他而存在，以他为中心的，所以这段时间又称为自我中心期（period of ego centricity）。

（二）社会的自我

从三岁到青春期以前的十三四岁是社会的自我（social self）阶段。这段时期是个体接受社会文化影响最深的时期，也可以称为客观化时期（objective period）。

儿童在家庭、幼儿园、学校中游戏、学习、劳动，通过练习、模仿和认同作用，逐渐形成各种角色观念，如性别角色、家庭角色、伙伴团体的角色、学校中的角色等，即形成每个人的社会角色。

角色学习对儿童实现社会自我有着重大作用。幼儿园的游戏为儿童提供了很多角色学习的机会。游戏的过程与社会化的过程是吻合的，因为儿童的游戏是成人社会生活的缩影。例如，在办医院、玩娃娃家的游戏活动中，都设置了各种不同的社会角色，有"院长""医生""患者""护士""父亲""母亲""宝宝"等，儿童在游戏活动中扮演某个社会角色，就会学习该角色的行为方式，自己将以一个"医生"或者"母亲"的身份进行社会交往活动，揣摩该角色的心理状态，并且还学到了各个社会角色之间的相互关系，产生了某种情绪体验。

然而，这一时期的儿童，他的眼光是向外的，引起他兴趣和注意的是外部世界。他虽然能意识到自己是一个主体，能充分认识到自己的行动，但还不能认识到产生这一行动的心理原因。在认识外部世界时，他还不善于运用自己的眼睛去观察，运用自己的头脑去思考，而只是搬用成人的观点作为自己对外部世界的认识。因此，这一时期又称为客观化时期。这种情况要到青春期以后才开始改变。

（三）心理的自我

从青春期开始以后的近十年的时间里，是自我意识迅速发展并走向成熟的时期，也是心理自我（mental self）的发展阶段。进入青春期后，个体的生理、情绪、思维能力都发生了本质的急剧变化，如性的成熟、想象力的丰富、逻辑思维能力的发展等，都会促使其自我意识趋向主观性，这也可称为主观化时期（subjective period）。

从客观化时期发展到主观化时期是一个缓慢的过程。当个体尚处于客观化时期，就已经不断地把他从社会上所吸取来的态度、兴趣、愿望、能力、理想、信念等加以综合；到了主观化时期，个人就把经过综合、加工了的主观的态度、兴趣、理想等作为评价外界事物的依据。

自我意识经过生理的自我、社会的自我，到达心理的自我之后，这时期主要表现为下列几个方面的特征：

1. 透过自我意识去认识外部世界

这也就是说，用自己的观点来认知与评价外界事物，使自我意识成为个体认知外界事物的中介因素。这一时期与客观化时期不同。客观化时期的个体是从社会的观点来认识与评价事物的，因此青年和儿童不同，儿童是以成年人的观点为指导，而青年人不愿意盲目地追随他人，他们的观点和行为都带有浓厚的个人色彩。心理的自我是社会自我发展的必然产物，如果自我意识仅仅发展到客观化时期就停滞不前，那么人类社会将会变成"万人一面"、划一单调，社会创造力和社会进步亦无从谈起，无从产生。

2. 个人价值体系的形成与发展时期

这一时期的年轻人，常常会强调自己所具有的独特人格特征的重要性，从而指导自己的言行以适应社会，并提高自己在社会上的地位。例如，一个身体健康的青年往往会强调健康的重要性，一个学习优秀的青年人则强调文化知识的重要性，许多青年人都很欣赏自己所特有的人格特征，从而感到自尊等，这就是自我意识对人的价值观的影响。

3. 表现出自我理想

自我理想就是个人追求的生活目标，个人所追求的目标对他本人来说是最有意义的。如果想当个医生，就认为医生的职业最高尚；如果想当个教师，则认为教师的职业最有意义等。可见，自我理想与价值观是一致的。

4. 抽象思维有很大发展

这个时期，个人的抽象思维能力得到很大提高，使青少年能够透过现实情境，认识事物的本质，大大丰富自己的精神世界。

四、青年自我意识的发展过程

如果说婴幼儿时期是自我意识的发生阶段，童年期到少年期是自我意识进一步发展的阶段，那么，青年期则是自我意识迅速发展并趋向成熟的阶段。一般来讲，青年自我意识的发展，会经历一个特别明显的、典型的分化、矛盾和统一的过程。

（一）自我意识的分化

从少年末期进入青年期，自我意识发展中会出现一个新现象，即自我意识的分化。本来完整的自我意识，这时仿佛分解成处于不同地位的两种关于"我"的意识：一个是理想中的"我"（我希望成为怎样的人），一个是现实中的"我"（我现在是怎样一个人）；或者说，一个主格的"我"（I），一个宾格的"我"（me）。

名师微课：自我意识的分化、矛盾及统一

这种分化之所以发生，一方面是由于个体的发育与成熟，生理的变化使青年有了新的体验；另一方面，青年的社会地位、社会责任与少年期不同了，他面临着人生一系列最重要的事件，如升学、就业、恋爱等。因此为了成为一个社会的独立成员，青年必须把眼睛转向自己，了解自己的心理活动与个性品质，必须不断地调整和改善自我意识，不断校正自己的思想和行为，使之符合客观的要求（社会行为准则、价值观等），因而青年既是自我观察者同时又是被观察的对象。处在观察者地位的（I）是理想自我，被自己所观察到的（me）是现实的自我。

自我意识的分化，是自我意识开始走向成熟的标志。正是这种分化过程，促进了青年学生思维或行为的主体性的形成，从而为客观地评价自己或他人、合理调节自身的言行奠定了基础。当然，I 与 me 的分化，也带来了自我意识的矛盾。

（二）自我意识的矛盾

自我意识的明显分化，使青年对自己的内心世界和行为、对自己的角色和责任有了新的认识，开始意识到自己从未注意过的有关"我"的许多方面的细节，从而促使了青年自我意识的发展。然而，另一方面，分化也带来了理想我与现实我的矛盾，比如，常有青年这样评价自己：我希望自己是无所畏惧的，而事实上我连与异性讲话都脸红；我希望自己有毅力，可常常干事虎头蛇尾等。这些都是理想自我与现实自我矛盾的反映。作为青年中的特殊群体，大学生的情绪波动与自我意识的矛盾有相当大的关系。归纳起来，表现在以下几方面：

1. 理想自我与现实自我的冲突

这是大学生自我意识矛盾最突出、最集中的表现。大学生对未来充满信心，具有远大理想，抱负水平高，成就欲望强，对自己充满了信心。然而，他们较少接触社会，尚不能很好地把理想与现实有机地结合起来，二者的冲突就在所难免，集中表现在理想自我与现实自我的差距所带来的冲突。这种差距、冲突虽然会给大学生带来苦恼和不满，但正是这些差距激发了大学生奋发进取的积极性。当然，若理想自我和现实自我迟迟不能趋近、统一，则会引起自我分裂，导致一系列心理健康问题。

2. 独立意向与依附心理的冲突

进入大学后，大学生的独立意向迅速发展，他们希望能在经济、生活、学习、思想等各方面独立，希望摆脱家庭、学校、父母、老师的管教和约束，自主地处理遇到的一切问题。但他们在心理上又依赖成人，无法真正做到人格上的独立。这种独立和依赖的矛盾也一直是大学生苦恼的问题。

3. 交往需要与自我闭锁的冲突

大学生迫切需要友谊、渴望理解、寻求归属和爱。他们有强烈的交往需要，希望和朋友探讨人生，分享苦与乐。然而，大学生同时又存在着自我闭锁的趋向，他们把自己的心灵深藏起来，与人交往常存有戒备心理，总是有意无意地保持一定距离。正是这种矛盾冲突，使不少大学生常处于孤独感的煎熬中。

此外，还有一些自我意识的矛盾冲突，如个人的我与社会的我、自我上进与自我消沉等矛盾冲突都是大学生心理发展过程中的正常现象，是大学生自我意识迅速走向成熟而又未完全真正成熟的集中表现。自我意识的矛盾使大学生在心理和行为上出现某些不适应或适应困难，感到苦恼焦虑、痛苦不安，也可能影响其心理发展和心理健康。然而，这也促使他们设法解决矛盾，以求达到自我意识的统一。因此，自我意识出现矛盾并非坏事，因为有矛盾才会有发展，有发展才会有成熟，只要处理好，就能成为促进自我意识发展的动力。

（三）自我意识的统一

自我意识分化、矛盾所带来的痛苦不安会促使大学生去解决矛盾而求得自我意识的统一。这种统一集中地表现为理想自我与现实自我的统一。其途径有三种：一是努力改善现实自我，使之逐渐接近理想自我；二是修正理想自我中某些不切实际的过高标准，并改善现实自我，使二者互相趋近；三是放弃理想自我而迁就现实自我。不管通过哪种途径达到自我意识统一，只要统一后的自我是完整、协调、充实、有力的，就是积极的统一。反之，就是消极统一。

一般来说，自我意识的统一有以下几种结果和类型：

1. 积极的统一：自我肯定型

积极的自我统一即自我肯定。其特点是正确的理想自我与进步的现实自我通过积极矛盾斗争达到的统一，也可以说，这是符合社会发展的要求，有利于社会进步的理想自我逐步改正和不断趋于完善的现实自我的统一。

2. 消极的统一：自我否定和自我扩张

自我意识消极的统一有两种情形，即自我否定和自我扩张。

自我否定，其特点是对现实自我的评价过低，理想自我与现实自我差距过大，心理上常处于一种消极防卫态度。有的青年人常常自我安慰、原谅自己，从而在一定程度上放弃理想自我，以保持现实自我；有的青年人则没有什么发自内心需求的理想自我，自我意识的发展只处于消极应付的状态。

自我扩张，其特点是对现实自我的过度高估，虚假的理想自我占优势，理想自我与现实自我的统一是虚假的。典型的自我扩张常表现为做白日梦，在自吹自擂、虚幻之中度日。虽然这种类型的人极为少见，但严重者可能导致反社会行为，甚至违法犯罪。

3. 难以统一：自我萎缩和自我矛盾

自我意识难以统一，主要是自我难以协调，其发展的结果有两种：自我萎缩型和自我矛盾型。

自我萎缩型，其特点是理想自我极度缺乏或丧失，对现实自我又深感不满，自卑心理非常严重，导致自我拒绝的心理，甚至出现理想自我与现实自我的对抗。这种类型的人也极少，严重者可以导致精神分裂症或因绝望而轻生。

自我矛盾型，其特点是内心矛盾的强度大或延续时间比较长，新的统一的自我久久不能确立，积极的自我难以产生，自我调节缺乏稳定性和确定性。

第二节
大学生自我意识发展的特点及缺陷

青年中期的大学生，处于个体自我意识发展和确立的关键时期。经过大学生活和教育，大学生的自我意识发展达到了新的水平。独立感、自尊心、自信心、好胜心等逐步趋于成熟；自我认识、自我体验、自我控制三方面也趋于协调发展。然而，也有不少大学生在自我意识发展过程中存在着这样那样的障碍，从而影响到他们的健康成长。

一、大学生自我意识发展的特点

总的来说，大学生自我意识的发展是随着年级的上升而发展的，并表现出以下几方面的特点：

（一）大学生自我认识方面的主要特点

1. 自我认识的广度和深度大大提高

大学这一特殊的学习、生活环境，为大学生提供了一个博览群书、自由发展、自我实现的新天地。这个新天地为他们的自我认识向广度和深度发展提供了有利条件。大学生的视野更开阔了，关心的社会问题也多了，社会对他们的期望也比较高。这时，他们的自我认识不只涉及自我的气质、性格等一般问题，而且还涉及自己的社会地位、社会责任和自我的价值等问题。通过对这些问题的分析和思考，大学生的自我意识达到新的广度和深度。

2. 自我认识的自觉性和主动性明显提高

大学是大学生走向社会的最后学习阶段。学习期间，在他们面前摆着许多深刻的课题：我将来做个什么样的人？成就什么事业？我能为社会做些什么贡献？求知欲强烈的大学生，总是十分感兴趣而又急切地思考着这些问题，强烈地期待着一个满意的答案。这种思考比少年时期更主动、更自觉，具有较高水平。

3. 自我评价能力提高

随着大学生活的继续，大学生的知识增加了，社会经验也丰富了，大多数人对自己的分析、评价逐渐变得全面、客观和主动，对自己的优缺点有了较正确的认识和评价，并能选择自己的长处进行发展，开始具备在自觉基础上的"自知自明"。

（二）大学生自我体验方面的主要特点

自我体验方面的特点可以从自我体验的形式和内容两个方面来看。首先，从自我体验的形式来看，有以下几方面的特点：

1. 自我体验的丰富性

大学生丰富多彩的学习生活为他们发展丰富的自我体验提供了有利条件。例如，通过意识到自己的成熟而产生了成人感；通过意识到自己的能力和品德的高低而产生了自豪、自尊或自卑、自惭等体验；通过意识到自己的社会角色和社会地位而产生了社会责任感和义务感。一般来说，在自我体验方面，男生比女生更有自信心、更富于活力，但容易急躁；女生则更热情、更易体验到舒畅感，但也容易多愁善感。大学生自我体验的情感基调总体是积极、健康的。大学生要注意自我意志的指向能力，提高自我认识水平，这将有助于自我体验的丰富性向健康方向发展。

2. 自我体验的敏感性和波动性

大学生由于对自我的认识还在不断进行中，个性还不够成熟和稳定，意志也缺乏驾驭情感的力量，因而，凡涉及"我"的事物不仅会引起他们的兴趣，也往往能诱发连锁反应。他们可能因一时的成功而产生积极的、愉快的情感体验，甚至骄傲自满、忘乎所以；也可能因一时的挫折、失败而低估自我或丧失自信心，甚至悲观失望。到了高年级，当大学生自我认识和自我控制比较稳定后，这种波动性才逐渐减少。

3. 自我体验的深刻性

大学生比起儿童和成人往往更容易对外界事物产生感触，进而把这种感触内化为深刻的自我体验。他们的自我体验不是浮光掠影式的，而是非常投入和深刻的。他们往往希望通过这种自我体验使自己获得某种宝贵的经验和知识。一个最明显的例子就是大学生对于那些心理刻画细腻复杂的文学作品的偏好，因为这一类作品为他们提供了深刻的自我体验的空间。

其次，从大学生自我体验的内容看，也有以下几方面的特点：

1. 自尊心和好胜心强烈

自尊心是指一个人悦纳并尊重自己，对自己抱肯定态度的情感体验，是一种希望别人尊重自己和自尊自爱的自我意识倾向，它与自信心、进取心、责任感、荣誉感等密切联系，属于一个人积极的心理品质。自尊心是一种内驱力（是指由内部或外部刺激所唤起的，并使个体指向于实现一定目标的某种内在倾向），它激励着自我不断奋发努力、创造佳绩，尽可能使自己言行得到别人的尊重，以维护自己的荣誉和社会地位。处于青年中期的大学生，由于认识到自身存在的价值，强烈地要求肯定自己和保护自己，因此他们的自尊心很强烈，对触及自尊心的刺激十分敏感。在一项问卷调查中，回答"自己有强烈自尊心"的大学生达90%以上。

好胜心是一个人力求获得成功的一种自我意识倾向。好胜心往往与自信心有着密切联系，因为丧失了自信心，就不可能去争取成功。具有极强自信心的大学生，好胜心也是十分强烈的。他们争强好胜、不甘落后，希望能用行动表明自己是人生道路上的强者。例如，有的大学生有目的地参加各种有益的社会活动，从中锻炼和表现自己的才干；大多数学生则把好胜心用在学习上，勤奋努力，博览群书，提高自己的能力，为将来事业上的成功打下良好的基础，这是大学生好胜心发展的正确方面。

大学生有适当强烈的自尊心和好胜心对他们成长是有益的，但过度强烈就容易转化为自卑感或嫉妒心。

2. 自卑感和孤独感明显

自卑感，也称为自卑，是指一个人自己看轻自己，对自己的能力和品质评价过低，对自己持否定态度的情感体验。它是一种消极的自我体验。当代大学生的自尊心是很强烈的。但是，也有少数大学生具有自卑感。轻微的自卑可以超越，过度的自卑则可导致精力不集中、意志消沉、自信心极低、自暴自弃，严重的甚至导致自杀。所以，大学生一定要及时克服自卑感，恢复自信，提高自尊，以便顺利完成学业，早日成才。

孤独感，是指一种由于缺乏他人的理解，自己感到与世隔绝、内心充满孤单寂寞的情感体验。最近，在某高校的一项调查中发现：54.5%的学生有不同程度的孤独感，尤其是在新生中比例更高，达81.5%。为什么在大学生中会有如此多人感到孤独呢？研究表明，大学生产生孤独感的最主要原因是青年期的闭锁性心理。大学生自尊心强，独立欲望强烈，但内心世界一般又不轻易向外人袒露。这就造成了一定程度的心理闭锁性。他们虽然生活在父母、师生之间，却感到缺少可以向之吐露心声的人，因而常常有莫名的孤独感。

（三）大学生自我控制方面的主要特点

1. 自我控制能力提高

在成年人眼中，青年人是精力旺盛、富有朝气的，但也是极为冲动、多变的。这是因为青年人的自我控制能力还较差。处于低年级的大学生，冲动性还较明显。进入中年级，特别是进入高年级后，随着知识积累、生活阅历的增加，大学生自我认识和自我评价水平增强，他们能够根据别人的评价和自己行动的结果进行反省，及时调整自己的行为以适应实现目标的要求。这说明大学生行为的自觉性和自我控制能力明显增强，而盲目性和冲动性则逐渐减少。

大学生自我控制能力的明显提高，还表现在他们的行为和目标能以社会期望和社会要求为转移。例如，当今社会对大学生的要求越来越高，不单看文凭，更看重他们的真才实学和竞争意识。面对社会的期望和要求，大学生能对自己的目标进行及时的调整，在掌握专业知识的同时，还注重各种能力的培养，以便能更好地适应社会。

当然，大学生自我控制水平还缺乏一定的稳定性，还需进一步发展和完善。

2. 自我设计的愿望强烈

大学生有设计自我、完善自我的强烈愿望。他们根据自我设计的"最佳自我形象"不断地充实自己的知识，培养自己的能力，形成自己良好的性格和品德。大学生的成就动机是最强烈的，他们不愿做一个庸碌无为的人，都想干出一番事业，能对社会、对祖国有所贡献，以实现自己人生的价值。但是大学生的自我设计常会产生与社会要求不一致的矛盾。主要表现在：一方面，大学生都支持改革开放，希望有一个公平、民主、自由的社会，强烈地反对腐败行为；另一方面在涉及自己的利益时，又对合理的利己主义、享乐主义、拜金主义等表示认同，甚至有人为了所谓的自我实现而损人害己。

3. 强烈的独立意识和自信心

独立意识，也叫作独立感，是指个体力图摆脱监督、支配和管教的一种自我意识倾向。由于大学生在生理发育上已经完全具备了成人的特点，心理成熟和社会成熟已达到较高的阶段，加之在他们心目中"我"的形象是一个肩负着历史使命、又有一定知识才能和人格的大学生形象，因而，独立感特别强烈。此外，大学校园生活也给大学生的独立提供了条件。

自信心是从独立感中派生出来的一种相信自己精力和能力的自我意识倾向。青年大学生具有体力充沛、精力旺盛、思维灵活、记忆力强等优越条件，这是他们产生自信心的生理及心理基础。而"天之骄子""时代宠儿"的优越感，则是大学生充满自信的社会基础。所以，大学生的自信心是十分强烈的，他们不仅对自己的才华、学识充满自信，而且对自己的风度、能力也充满自信。但由于知识、经验不足，他们容易产生过分的自信，但因一时的挫折又容易降低自信。

大学生的独立意识和自信心十分宝贵，它是蓬勃向上、积极进取等优良品质的心理基础。因此要加以适当的保护和引导，不要因为一时的偏差而冷眼待之。一般来说，随着自我评价能力的提高和知识经验的积累，大学生的独立意识和自信心会逐步趋于客观和稳定。

二、大学生自我意识发展的缺陷及其调整

大学生在自我意识的发展过程中，由于心理尚未成熟，自我意识还在不断发展中，因而容易出现各种发展的偏差，引起自我意识的缺陷。具体表现在以下几方面：

（一）过度的自我接受和自我拒绝

自我接受亦称为自我认可，是指喜欢自己的个性，肯定自己的能力，对自己的才能和局限、长处和短处均能客观评价，不会过多地抱怨和谴责自己。而过度自我接受是把自我接受推向了极端，它主要是由高估自我引起的。有些大学生对自我的肯定评价往往有过之而无不及，仿佛是通过放大镜看自己的长处，甚至视缺点为优点；另一方面，他们看不起别人，不喜欢别人，拿放大镜看别人的短处。

自我拒绝亦称为自我否定，指不赞成自己，不喜欢自己，不能容忍自己的缺点和弱点，抱怨和指责自己。不同程度的自我拒绝在许多大学生身上都会出现，那些自卑感强、挫折感强的人则更为明显。而过度的自我拒绝则是严重的、经常的、多方面的自我否定，主要是由严重低估自我引起的。过度自我拒绝者往往有可能由自我否定发展为自我厌弃，甚至走向自我毁灭。

所以，过度自我接受与过度自我拒绝是自我评价不当引起的两个极端。要调整这两方面的缺陷，可以从以下几点来调整：一是要树立正确的认知观点，即人有所长亦

有所短，有所短也有所长；人既不会事事行，也不会事事不行；一事行不能说事事行，一事不行也不能说事事不行。二是确立合理的评价参照系和立足点，若以弱者为参照则会自大，若以强者为标准则可能会自卑。因而寻找适合自己的评价标准就显得很重要。人应多立足于自己的长处、自己拥有的一切，这会导致良好的感觉，建立起自己的信心，但亦应明了自己的不足；人在困难时应多看到成绩和进步，以提高勇气，在成功时则应多发现缺点以再接再厉。三是培养健康的人格品质，诸如自信而不狂妄，谦虚而不自卑，乐观但不盲目，克己但不过分等。

（二）过强的自尊心、自卑感和虚荣心

自尊心、自卑感以及虚荣心普遍存在于每一个大学生身上，这是正常的，即使是自卑感和虚荣心这样的消极心理现象，也是难以完全消除的，有时它们也会成为促进人向前的动力。但一旦过分，则会有害无益。

自尊心强的人不是认为自己比别人优越，而只是对自己有信心，相信自己能够克服自己的缺点。它不是骄傲、自大或缺乏自我批评的同义词。而过强的自尊心恰恰是认为自己比别人优越、骄傲、自大，缺乏自我批评，而且不允许别人批评，唯我独尊、自我中心，"老虎屁股摸不得"。这样的人很容易回避缺点，缺乏自知，易与人发生冲突。

自卑感是对自己不满、鄙视、否定的情感，它往往是自尊心屡屡受挫的结果，没有自尊心也不会有自卑感，正是因为自尊心的作用，人才会有羞愧、不满、谴责。然而过强的自卑感又往往以过强的自尊心表现出来。虚荣心也一样，没有自尊心就没有虚荣心，而没有自卑感，也就不必用虚荣心来表现自尊心，虚荣心是自尊心和自卑感的混合物。而虚荣和自卑都是自尊心发展不良的结果。

现实中，过强的自尊心、过重的自卑感与过分的虚荣心这三者是密切相关、相互纠缠的。那些自尊心表现得越外显、强烈的人，往往自卑感很强，虚荣心亦明显。这样的人一般性格内向，情感脆弱，多愁善感，虽然自惭形秽，却又特别害怕别人伤害自己的尊严，过分介意他人的评论与批评，与人交往时总存有一种防御心理，不容许稍有侵犯，且常会千方百计地抬高自己的形象。他们捍卫的往往是虚假的、脆弱的、不健康的自我，并为此消耗了大量的能量，以致无暇来丰富、壮大真实的自我。

过强的自尊心、自卑感和虚荣心都是不健康的心理，会影响大学生的心理发展和人格成熟。为了改变这些不良的心理特点，首先，必须对其危害有清醒的认识，有勇气有决心改变自己；其次，应当努力认识自己，了解自己的长处与短处，扬长避短，并对自己有正确的评价；再次，树立自信和健康的荣誉心，正确地表现自己，不卑不亢；最后，不被外界的议论所左右，正确对待得失，勇于坚持正确，改正错误。

（三）过度的自我中心和从众心理

随着自我意识的发展，大学生越来越感到自己内心世界的千变万化、独一无二，他们越来越多地把关注的重心投向自我，因而会比较多地从自身的角度考虑问题，尤其是大学生有较强的自信心、自尊心、优越感和独立感，就比较容易出现自我中心倾

向。当这种倾向与某些不健康的思想意识（如个人主义、自私自利思想等）结合时，就会表现出过分的、扭曲的自我中心。而过分以自我为中心的人，往往想问题和做事情都从"我"字出发，不能设身处地进行客观思考，盛气凌人。这种人往往有好处上，有困难让，有错误推，总认为自己对而别人错。

与过分自我中心相反，有少数大学生有过强的从众心理。从众心理，人皆有之，但过强则会有碍心理发展，导致缺乏主见和独立意向，常人云亦云，随大流，自己不愿思考或懒于思考，遇到问题束手无策。

要克服过分自我中心的途径有：其一，树立健康的人生观，自觉地把自己和他人、集体结合起来，走出自我的小天地；其二，恰如其分地评价自己，既不低估也不高估，既不妄自菲薄，也不妄自尊大；其三，尊重他人，只有尊重和信任他人才能获得他人的尊重和信任；其四，设身处地从他人的角度思考问题，关心他人，做到"我爱人人，人人爱我"。

而要克服过强的从众心理，则应培养和建立自信心，培养独立思考问题的能力，勇于创新，敢于与众不同。加强自我意识，同时确立健康的团体意识，不人云亦云，保持自己的独立性和个性。

案例五：我想，但我不敢！

自我和谐量表（SCCS）

（四）过分的独立意向和逆反心理

独立意向是大学生自我意识发展的显著标志之一。然而，大学生在摆脱依赖、走向独立的过程中，有时会"矫枉过正"，表现出过分的独立意向和逆反心理。

大学生从家庭来到了学校，经历着心理上的断乳，出现了"第二反抗期"，逆反心理便是这时期对家长、学校和社会的一种抵触情绪。但逆反心理并不是一种盲目的情绪，而是表现他们青年期矛盾心理的一种形式，其实质是为了寻求独立，寻求自我肯定。

逆反心理就其本身而言，具有两重性：一方面表明青年人的批判精神和独立意识，但这种反叛精神有时会显得不够成熟；另一方面，不少人还不善于确切地把握反抗，即表现出过分的逆反心理，比如在内容上一概排斥正确与错误、精华与糟粕，手段上往往采取粗劣的对抗、简单的排斥，情绪成分大，目的有时只是为了反抗而反抗，从而会给大学生的健康成长带来消极影响。

为了发挥独立性本身的积极作用，消除过分所带来的消极影响，就需要正确地理解独立的含义，做到自主、自立、自尊、自爱、自信和自律，多学多思，提高识别正确与错误的能力，敢于反抗，善于反抗，更客观、正确地对待自己、他人和社会，多接触社会和生活，加速自我的社会化和人格成熟。

应该看到，大学生自我意识发展过程中所出现的这样那样的失误、偏离、缺陷，是其心理发展还不成熟的表现，这是由他们的身心发展状况和时代特点决定的，从这个意义上来说，这是正常的。然而，尽管是正常的、普遍的，却又是必须加以调整的。因为只有这样，才能促进大学生心理的发展和成熟，达到自我意识的积极统一。①

---

① 马建青. 大学生心理卫生 ［M］. 杭州：浙江大学出版社，1992.

第三节
塑造健全的自我意识

自我意识在人格形成和人格结构中占有极重要的地位，人的认知、情感、意志都受到自我意识的影响。因此，健全的自我意识是人全面发展的重要条件，也是促进人的心理健康的有效途径。

一、健全自我意识的标准

关于自我意识，目前尚无统一衡量的标准，但可以从以下几个方面来考虑：

（1）一个有健全自我意识的人应该达到自我意识的积极统一。

（2）一个有健全自我意识的人应具有正确的自我认识，在自我认识的主动性、自觉性、准确性上达到较高的水平；具有良好的自我体验，自我体验是丰富、积极、健康的；具有有效的自我控制，在自我控制的自觉性、坚持性、自制性上达到较高的水平。

（3）一个有健全自我意识的人是自我认识、自我体验、自我控制三者的协调一致，同时又与外界保持协调一致。

（4）一个有健全自我意识的人应该是一个自我发展的人，其自我具有灵活性。

（5）一个有健全自我意识的人是一个心理健康的人，不仅自己能健康发展，而且能够促进社会的文明和进步。

二、塑造健全自我意识的途径

自我意识由自我认识、自我体验、自我控制这三者组成，因此，要塑造健全的自我意识，就应该从这三方面入手。

（一）正确认识自我

笼统地说，现代人有很多文化经验、科学知识，但却很少自知。而自知乃是一个人自我意识发展的基础。大学生的生活环境相对于社会而言比较简单，但其实际情境也是复杂多变，个人很难把握的。可从下面三种关系中来发展对自我的认识：①

1. 从我与人的关系中认识自我

他人是反映自我的镜子，与他人交往，是个人获得自我观念的主要来源。我们先从家庭中的感情扩展到外面的友爱关系，进入社会后又体验到人与人之间的利害关系。有自知之明的人能从这些关系中用心向别人学习，获得足够的经验，然后按照自己的需要去规划自己的前途。但是通过和人比较来认识自己的时候，应该注意比较的

---

① 张春兴. 成长中自我的探索［M］. 北京：世界图书出版公司，1994.

参照系。

第一，跟别人比较的是行动前的条件，还是行为后的结果？大学生来大学学习，如果认为自己来自农村，条件不如别人，开始就置自己于次等地位，自然影响心态和情绪。而在大学学习过程中看行动后的成绩才有意义。第二，跟人比要有标准，是相对标准还是绝对标准？是可变的标准还是不可变的标准？经常有大学生认为自己不如他人。其实他们关注的可能是身材、家世等不能改变的条件，没有实际比较的意义。第三，比较的对象是什么人？是与自己条件相类似的人，还是个人心目中的偶像或极不如己的人？所以，确立合理的参照体系和立足点对自我的认识尤为重要。

2. 从我与事的关系中认识自我

从我与事的关系中认识自我即我从做事的经验中了解自己。一般人通过自己所取得的成果、成就及社会效应来分析自己，却又常常受成败经验的限制。其实任何一种活动都是学习，不经一事，不长一智。成败得失，其经验的价值也因人而异。对聪明又善用智慧的人来说，成功、失败的经验都可以促使他再成功，因为他们了解自己，有坚强的人格特征，善于学习，因而可以避免再蹈失败的覆辙；而对某些自我比较脆弱的大学生来说，失败的经验会更促使其失败。这也是常见的现象，因为他们不能从失败中吸取教训，改变策略追求成功，反而在挫败后形成怕败心理，不敢面对现实去应付困境或挑战，以致失去许多良机；对有些自我狂大的人而言，成功反可能成为其失败之源，因为他们获得成功后便容易骄傲自大，做事不自量力，结果遭受失败；还有些人成长过于顺利，又有家庭的保护伞，而一旦失去保障的环境，便一蹶不振，不能支撑起独立的自我。因此，一个大学生在由成败经验中获得自我意识时也要细加分析和甄别。

3. 从我与己的关系中认识自我

从我与己的关系中认识自我，看似容易实则困难。我们可以从以下几个"我"中去认识自我：① 自己眼中的我。个人实际观察到的我，包括身体、容貌、性别、年龄、职业、性格、气质和能力等。② 别人眼中的我。与别人交往时，由别人对你的态度、情感反应而觉知自我。不同关系的人对自己的反应和评价不同，它是个人从多数人对自己反应归纳的统觉。③ 自己心中的我，也指自己对自己的期望，即理想我。我们还可以从实际的我、自觉别人眼中的我、自觉别人心中的我等多个方面来全面认识自己。但是，对现代大学生而言，虽然有多个"我"可供认识，但形成综合的自我观念比较困难。因为现代社会急剧变迁，改革开放后多元价值的影响，使现在的大学生自我认识难以客观、全面。

（二）积极悦纳自我

每个人都知道"自我"很重要，可依然会有一些人不懂得真正尊重自己、爱惜自己。他们可以喜欢朋友、喜欢知识、喜欢自然，却不愿意喜欢自己，结果他们不快乐。所以，悦纳自我是发展健康的自我体验的关键和核心。积极悦纳自我包括：① 愉快感和满足感。② 性情开朗，对生活乐观，对未来充满憧憬。③ 平静而又理智地看待自己的长处与短处，冷静地对待自己的得与失。④ 树立远大理想，并以此激励自己，不断克服消极情绪。⑤ 既不以虚幻的自我补偿内心的空虚，也不以消极回避漠视自己的现实，更不以怨恨、自责以至厌恶来否定自己。

（三）有效地控制自我

自我控制是人主动定向地改变自己的心理品质、特征及行为的心理过程，是大学生健全自我意识，完善自我的根本途径。很多大学生对自我抱有很高的期望，但因为没有足够的自制能力和意志，经受不住挫折和打击，无法实现自我理想。而那些自卑自怨、自暴自弃的大学生，更是因为自己无法控制自我的不良情绪，而使自己偏离了健全自我意识的轨道。所以，大学生应该根据自己的实际情况和社会需要，确立合适的抱负水平，通过自我奋斗，达到最终利国、利民、利己的自我实现和自我成功。具体来看有效控制自我的途径包括以下几点：

（1）建立合乎自身实际情况的抱负水平，确立适宜的理想自我。也就是面对现实，确定自己具体的奋斗目标，把远大的理想分解成不同的子目标，从而由近到远、由低向高，循序渐进，逐步加以实现。关键是每个子目标都应适当、合理，是经过努力可以达到的，以免失去信心。

（2）增强自尊和自信，使自己有为实现理想自我而努力的更强大的动力，激励自己不断奋进。

（3）培养顽强的意志和坚强的性格，发展坚持性和自制力，增强挫折耐受力，使自己能自觉主动地认清目标，为实现目标而努力排除干扰、克服困难，能正确地面对成功和失败。

（四）不断完善自我、超越自我

加强自我修养，不断进行自我塑造，达到完善自我、超越自我的境界是健全自我意识的终极目标。健全自我的过程也是一个塑造自我、超越自我的过程。

心理技术：快唤醒你的内在智者吧！

经验告诉我们，自我认识已是不易，自我控制亦很难，若再期望自我开拓、提升、超越更是难上加难。对大学生而言，塑造自我，实现理想自我更是其终生的目标，因此加强自我修养是大学生的重要课题。大学生都有很高的抱负和远大的理想。古人说得好，要"齐家治国平天下"，须从"修身养性"开始。即从点滴小事开始付诸行动。要想运动健身，就天天练习自己喜欢的体育活动；要想开阔思路，就多读书，多学习。在行动时，无论对人对事，均全力以赴，使自己能力品性得到最大限度的发挥。行动之后再反省得失原因，再度投入行动吸取教训作经验，一旦有所成果，便再反省总结。如此往复进行，自我便一步一步得到扩展和深化，自我的境界也就自然而然得到开拓与提升。

完善自我、超越自我也是一个"新我"形成的过程。从"小我"走向"大我"，从"昨日之我"向"今日之我""明日之我"迈进。珍惜已有的自我，追求更好更高的自我，做一个"自如的、独特的、最好的自我"。

自我的健全并不是一帆风顺的过程，它需要付出艰辛的努力和沉重的代价。我们可以用"4A 论"来表述其心路历程。① 第一，Acceptance：接纳，接纳自我与自我所

---

① 张春兴. 成长中自我的探索［M］. 北京：世界图书出版公司，1994.

在的现实环境。第二，Action：行动，对自己决定的事付诸行动，并全力以赴。第三，Affection：情感，工作时全情投入，也可以得到情感收获，即工作活动中所得到的乐趣和兴趣，也即所谓的乐在其中。第四，Achievement：成就，是以上三者完成后的自然结果，是努力奋斗的价值所在。如果一个大学生经历了4A的过程，他可以说是领到了一张健全自我意识的合格证。

第四节
成功心理训练（四）

"了解自我"是人类永恒的话题，然而"自我"至今仍然处于雾里看花的探索之中。所以，"超越自我"对每个人来说都是一个非常艰难但又迫切需要面对的课题，正因为如此，我们必须去尝试。

关注自己的自我意识，就是关注自己的成长，关注自己的未来。有人说，人生最大的敌人就是自我。因为自我最容易蒙蔽自我，且最难战胜。所以，一个人要有所成就，就必须懂得如何突破自我，走出自我。因此，本节的心理训练就是让你去感受在团队训练中，如何促进团体成员的自我探索能力，深化自我认识，勇敢、开放地表达自己，以形成健康的自我形象，增强自觉能力。

一、训练题目：自我认识训练

1. 20个我是谁
2. 谁塑造了我
3. 自画像

二、训练具体方法

1. 20个我是谁

【目的】认识并接纳自我。

【时间】约50分钟。

【准备】一张白纸，一支笔。

【操作】指导者可以先找出一个成员示范，连续让他回答"我是谁？"当他说出一些众所周知的特征时，如"我是男人"，指导者告诉大家，这种回答不反映个人特征，应尽量选择一些能反映个人风格的语句。然后指导者让大家开始边思考边回答"我是谁"这个问题，至少写出20个。尽量不在指导者的提示下从生理自我、心理自我、社会自我的角度深刻地描述。当指导者看到最后一位成员放下笔时，请团体成员在小组内交流（5~6人）。任何人都抱着理解他人的态度，去认识团队内的每一个独特的人。最后指导者请每个小组代表发言，交流活动的感受。

这个训练，让每个学员去体验：在自我认识过程中，如何客观地观察自己、分析自己、发现自己。同时在其他人的帮助下，了解自我。

2. 谁塑造了我

【目的】对过去的我，现在的我，未来的我作出评估和展望。

【时间】约 60 分钟。

【准备】准备好每人一张自制表，一支笔。

【操作】指导者先说明活动内容，然后让团队成员自行填写自制的表格，填写的过程会反映出不同的心态。有些人再一次肯定积极而可爱的自我，但有些人却引发一些长期压抑的感受。指导者要特别注意，填写完后大家一起分享交流。小组交流中，每个人都拿出自己填写的表格给其他人看，边展示边说明，注意自己与他人内心的反应。

（1）追寻自己自我意识的发展历程。自制第一个表格，包括以下内容：

① 父母眼中的我。

② 亲戚、长辈眼中的我。

③ 老师眼中的我。

④ 同学、朋友眼中的我。

⑤ 自己理想中的我。

⑥ 现实生活中的我。

（2）进一步认识自我、评价自我。自制第二个表格，包括以下内容：

① 身心的我。描述你喜欢自己身心的一面有哪些，再描述你不喜欢自己身心的一面有哪些。要以自我负责的态度进行深刻的自我描述。

② 现实的我。描述现实生活中自己的表现和感受，以及从别人眼中所反映出来的你。

③ 理想中的我。全方位地描述你希望自己成为一个什么样的人。

（3）我是一个独特的人，一个与众不同的人。自制第三个表格，包括以下内容：

① 我的长处，它是怎么来的。把自己的长处一一列出，并写明每一条长处是怎么来的，主要是受了谁的影响。

② 我的欠缺及不足，它是怎么来的。把自己的不足之处一一写出，并写明每一条不足是怎么来的，主要受了谁的影响。

（4）承认自我、接纳自我。自制第四个表格，包括以下内容：

① 把自己的长处再次一一列出来，并说明这些长处对自己今后发展的好处。

② 把自己的不足也再次一一列出来，并说明这些不足对今后自己的发展会造成什么样的障碍和限制。

这个训练，让每个学员去体验：你对表中哪一类（个）人的看法最重视？为什么？最难填写的是什么？为什么有时填不出来？你填的内容多是正面的还是负面的？另外，还可以从多个角度来认识自己，也可以在他人的鼓励下做更深入的自我探索。

3. 自画像

【目的】强化团队成员自我认识，促进自我觉悟。

【时间】50~60 分钟。

【准备】一张图画纸，一盒彩色水笔或油画棒。

【操作】指导者给每位成员发一张图画纸，每人或几个人合用一盒彩笔。然后请成员画出自己。可以有标题，也可以无标题。标题可以是"大学生活中的我""我的梦"等。无标题则让成员随自己的意思，可以用任何形式来画出自己，抽象的、形象的、写实的、动物的和植物的什么都可以。总之，把自己心目中的最能代表自己的东西画出来。这种方法可以使成员发现隐藏在潜意识层面的自我，不知不觉之中对自己作出评估和内省。画完后挂在墙上开"画展"，让团体成员自由观看他人的画，不加评论。欣赏完毕，请每一位"画家"对他的画解释并答疑。

这个训练，让每个学员去体验：自画像用非语言的方法将画者的内心投射出来，是一种独特的自我探索、自我分析、自我展示的方法。通过团体内的交流，还可以促进成员深化自我认识，加深对他人的认识和理解。

本章摘要

（1）自我是一个复杂的人格系统，是人类生命体不断发展的重要部分。它不是与生俱来的东西，而是在社会经验积累和社会活动过程中出现的。一个积极的自我具有良好的适应性和自主性，一个人只有拥有健全的自我，才会拥有健全的人格。

（2）自我意识是人对自己、自己与他人、自己与周围环境关系的认识，是人的意识发展的高级阶段，是一个包含认知、情感、意志等多种心理机能的、完整的、多维度、多层次的心理系统。

（3）从内容上来看，自我意识可分为生理自我、心理自我和社会自我。从表现形式来看，自我意识具有认知的、情绪的和意志的形式，即自我认识、自我体验、自我控制。

（4）自我意识的特点主要有意识性、社会性、能动性、同一性等。

（5）从个体发展史中我们可以看到，自我意识的形成和发展是从生理自我经过社会自我发展到心理自我。这一过程也是人类进化和演变的过程。

（6）奥尔伯特指出，自我意识最原始的形态是生理自我，生理自我是个人对自己身体的认识，包括占有感、支配感和爱护感。这一时期又称为自我中心期。

（7）从三岁到青春期以前的十三四岁是社会的自我阶段。这段时期是个体接受社会文化影响最深的时期，也可以称为客观化时期。

（8）从青春期开始以后的近十年的时间里，是自我意识迅速发展并走向成熟的时期，也是心理自我的发展阶段，又称为主观化时期。

（9）自我意识经过生理的自我、社会的自我，到达心理的自我之后，主要有四个方面的特征：①透过自我意识去认识外部世界。②个人价值体系的形成与发展时期。③表现出自我理想。④抽象思维有很大发展。

（10）青年自我意识的发展，经历着一个特别明显的、典型的分化、矛盾和统一的过程。

（11）从少年末期进入青年期，自我意识出现分化，这种分化过程，促进了青年学生思维或行为的主体性的形成，从而为客观地评价自己或他人、合理调节自身的言行奠定了基础，同时也带来自我意识的矛盾。

（12）自我意识的矛盾主要表现在：① 理想自我与现实自我的冲突。② 独立意向与依附心理的冲突。③ 交往需要与自我闭锁的冲突。

（13）自我意识的统一有以下几种结果和类型：① 积极的统一：自我肯定型。② 消极的统一：自我否定和自我扩张。③ 难以统一：自我萎缩和自我矛盾。

（14）大学生自我意识发展的缺陷主要有：① 过度的自我接受和自我拒绝。② 过强的自尊心、自卑感和虚荣心。③ 过度的自我中心和从众心理。④ 过分的独立意向和逆反心理。

（15）健全自我意识的标准主要有：① 自我意识的积极统一。② 具有正确的自我认识。③ 自我认识、自我体验、自我控制三者协调一致，同时又与外界保持协调一致。④ 自我具有灵活性。⑤ 心理健康，不仅自己能健康发展，而且能够促进社会的文明和进步。

（16）塑造健全自我意识的途径有：① 正确认识自我。② 积极悦纳自我。③ 有效地控制自我。④ 不断完善自我、超越自我。

思考·讨论·活动

1. 如何理解自我认识、自我体验和自我控制的关系？
2. 大学生自我意识发展具有哪些特点？
3. 根据大学生自我意识发展规律，谈谈你是如何完善自我意识的？
4. 请结合本章的心理训练内容，分享训练过程中自己的感受。

第六章

大学生的情绪培养

☆ 章前导语

中国人常说"人有七情六欲"。这个说法从《礼记》开始就有记载:"何谓人情?喜、怒、哀、惧、爱、恶、欲,七者弗学而能。"早在 2 000 多年前《黄帝内经·素问》中,也认为人有七情,不过包括的内容稍有不同,是指"喜、怒、忧、恐、悲、惊、思",并应用阴阳五行说,阐述了各种情绪之间的相克关系,即"悲胜忧、恐胜喜、怒胜思、喜胜忧、思胜恐"等,但不管是哪一种说法,都说明了人与生俱来所拥有的情感和情绪。

一般说来,人类的基本情绪及其表现形式是生来就有的。早在 1932 年,心理学家古迪纳夫(Goodenough)就研究了盲聋儿童的情绪表现,发现他们虽然不能观察、模仿他人的情绪表现。但遇到刺激时也会和正常儿童一样,表现出恐惧、欢喜、痛苦和愤怒等情绪。行为主义心理学家华生(J. B. Watson)曾认为,人生来只有三种原始的情绪,即恐惧、愤怒和爱,每一种情绪都由特定的刺激引起,都有特定的反应形式。加拿大心理学家布瑞基斯(K. M. B. Bridges)认为,新生儿生来只有"一般性的激动",直到两个月时才产生情绪的分化,有快乐和痛苦两种不同的情绪。这说明人的情绪是由简单向复杂发展的,个人丰富的情绪体验及复杂的情绪表现是后天学习的结果。

在人的心理活动中,情绪是最为敏感、最为活跃的心理因素。每个人都有喜、怒、哀、乐,而且我们每个人都能感受到它,感受到它在我们日常生活中有许多奇妙的作用。如当我们情绪高涨时,觉得似乎世界上没有什么攻不下的难题,浑身上下都是劲儿,看什么都顺眼;而当我们情绪低落时,又觉得似乎任何东西都在和自己作对,对什么事都不感兴趣,干什么都不顺手,这就是不同情绪在起作用。

近年来,随着脑科学的进展,特别是对情绪的脑生理机制的研究,心理学家提出了"情绪智力"的理论,使人们发现情绪对学习与记忆,对人的潜能开发都有积极的作用。而对心理健康问题的研究,情绪问题又占有比较重要的地位。情绪不仅可以致病,而且也可以治病。因此,了解情绪的基本知识,学会合理、有效地调节自己的情绪,对我们自身发展具有重要意义。

大学生的情绪发展有其自身的特点,由于大学生的学习、生活、工作总的来说是紧张、繁忙的,情绪也易处于紧张状态,这就不可避免地会出现一些情绪困扰,从而影响其健康发展,对此应给予足够的重视。

本章所要研究的内容,主要是以"情绪"为主题,探讨它的内涵,以及针对大学生情绪发展的特点,进行情绪的自我调整。希望读者在阅读本章之后,能对下列问题有所认识:

1. 情绪和情感的含义以及二者的区别和联系。
2. 大学生常见的情绪困扰及其产生原因。
3. 情绪与大学生身心健康的关系。
4. 大学生健康情绪发展的基本特征及其培养方法。
5. 对不良情绪进行自我调节的方法。

第一节
情绪概述

情绪既是一个复杂的心理现象，也是一个复杂的生理过程。关于情绪问题，许多心理学家作了大量的理论研究，如詹姆斯-兰格情绪理论、坎农-巴德情绪丘脑理论、沙赫特-辛格理论等，都从各自的研究领域，对人的情绪进行了分析。

一、情绪

（一）情绪理论

1. 詹姆斯-兰格理论

很多人都认为，人之所以会哭，是因为伤心；人之所以会笑，是因为快乐；人之所以会颤抖，是因为恐惧。美国心理学家詹姆斯（William James）和丹麦生理学家兰格（Karl G. Lange）分别在1884年和1885年提出了一种与常识相反的理论。他们认为，人快乐是因为笑；人悲伤是因为哭；人恐惧是因为颤抖。假如把恐惧的人的身体症状除掉，让他的脉搏平稳，眼光坚定，脸色正常，动作迅速而稳定，语气强有力，思想清晰，那么，他的恐惧还剩下什么呢？概括说就是：情绪并不是由外在刺激所引起的，而是由身体的生理变化所引起的。这个理论就称为詹姆斯-兰格理论。

2. 坎农-巴德理论

坎农（W. B. Cannon）是美国生理学家，巴德（Philip Bard）是他的学生。1927年，坎农率先对詹姆斯-兰格理论提出质疑，1938年由巴德用实验对老师的理论作出验证，于是建立了坎农-巴德理论。

坎农-巴德理论对詹姆斯-兰格理论主要提出三点批评：

（1）生理变化虽然是肯定的事实，但人单靠对生理变化的知觉很难分清是何种情绪。因为很多情绪状态所导致的生理变化是一样的。例如"心跳加快"：恐惧时会心跳加快，愤怒时和高兴时也会。

（2）机体的生理变化受植物（自主）神经的支配，变化比较缓慢，而情绪变化则相对快得多。用手术的方法使动物的某些组织或器官的功能被阻隔，结果并不影响情绪反应。使用某些药物（如肾上腺素）可引起生理变化，但并不影响情绪反应。

（3）生理变化和情绪反应是同时发生的。总之，他们认为情绪发生的中心不是外周神经系统，而是丘脑。

3. 沙赫特-辛格理论

美国心理学家沙赫特（S. Schachter）和辛格（J. E. Singer）认为情绪来自认知。一方面是对刺激情境的性质的认知；另一方面是对自己身体的生理变化的认知。

诺贝尔奖获得者、苏黎世心理学家及神经心理学家赫斯，通过采用电极刺激动物大脑的方法，确定了与恐惧、发怒等各种情绪相关联的神经中枢。美国心理学家詹姆斯、奥尔茨也发现大脑存在着"满意"和"不满意"的中枢，后来，科学家们发现大脑有几百个部位与情绪有关，其中35%的部位与肯定情绪有关，5%的部位与否定情绪有关。

在探讨调控情绪的问题之前，我们应该清醒地认识到，人只要活着就会有情绪的产生，情绪既可表现出积极的作用，也可表现出消极的作用，情绪的好与坏关键在"度"上，即使是那些人们通常视为消极的情绪（如悲伤、忧虑等），若能保持在适度的范围内，也不会对人构成伤害；而如果情绪反应过度，即使是那些人们通常视为积极的情绪（如高兴等），也会对人造成不利的影响。

（二）情绪的含义

人们在认识世界和改造世界的实践活动中，不但认识了客观事物，而且还表现出不同的好恶态度，例如，我们看见一朵花时，除了欣赏它的颜色、姿态、气味，还表现出喜爱、愉快的心情。一个故事听完可能引起你的赞叹，也可能引起你的愤怒。这种对事物的态度、体验就是情绪和情感。

人对客观事物采取的不同态度，是以某事物是否满足人的需要为中介的。当客观事物符合并满足人的需要时，人就会采取肯定态度，表现出爱慕、满意、愉快、尊敬等，反之，就表现出憎恨、恐惧、愤怒、悲哀等，至于那些与人的需要毫无关系，或暂时没有关系的事物，则人们一般对它抱着既不厌恶，也不喜欢的"无所谓"态度。所以，所谓情绪或情感是由客观事物是否符合人的需要而产生的，是人对客观事物所持的态度和体验，它反映着客观事物与人的需要之间的关系。根据这个含义，我们需进一步予以说明。

1. 情绪由刺激所引起

情绪不是自发的，情绪是由刺激引起的。引起情绪的刺激，多半是外在的，但有时也是内在的；有时是具体可见的，但有时也是隐而不显的。和煦的阳光、清凉的海风、无边无际的草原，令人心旷神怡；忙碌的街道、拥挤的公共汽车、喧哗的市场，使人烦躁不安；限时的工作、未完成的试卷、欠债的通知，则引起人们的焦虑和紧张。诸如此类，引起情绪的外在刺激，不胜枚举。

至于引起情绪的内在刺激，有生理性的，诸如腺体的分泌、器官功能失常（疾病），还有心理性的，诸如记忆、联想、想象等心理活动。想到伤心事，不觉潸然泪下，这是人人都体会过的经历。这些生理性和心理性的内在刺激均可能使人产生不同的情绪。

2. 情绪与需要密切相关

需要是情绪产生的基础，而且个人所体验到的情绪性质具有主观性。因而，是否引起情绪体验以及产生何种情绪体验，都与需要密切相关。客观刺激与主观需要的相关性是情绪产生的前提。

3. 情绪与认识活动密切相关

我们可以想象，同样的外在刺激，未必引起同样的情绪状态，有的人见灾心惊，但也有人幸灾乐祸。像此种情绪差异现象，显然与个人的动机有关。同样是体温计上显示的一个数字39℃，对患病的幼童及其母亲所引起的情绪反应，就会大不相同。此种情绪差异现象，显然与个人的知识经验有关。依此类推，当银行的出纳台前等着办理的储户排起长队，而银行职员却在慢吞吞地数着一大沓现金。对于此事，不同的人会有不同的反应，张三可能很焦躁，李四可能很平静，而王五则可能显得极轻松。这些不同反应与他们对自己和社会的态度及信念有关。总之，产生何种情绪与认识过程密切相关。

4. 情绪状态不易自我控制

情绪体验的产生，虽然与个人的认知有关，但在情绪状态下伴随产生的生理变化与行为反应，当事人通常是无法控制的。用在犯罪心理学上的测谎器，就是根据在情绪状态下个人不易控制其身心变化的原理设计的。受试者右臂部的缚带是记录脉搏心跳的，胸部的缚带是记录呼吸速度次数的，左手指上的缚带是记录皮肤电流反应的。各种测量记录均经振动式描针记录在定速活动的纸带上。研究者即可根据受试者在回答问话时的各条曲线的变化，作为推测其是否说谎的依据。自动记录多条曲线的仪器，称为多线记录器。在实际操作时，研究者首先向受试者询问与案情毫无关系的"中性"问题，借以留下受试者在情绪不太紧张时的记录。然后，研究者在不同的时间，向受试者询问两类不同的问题：一类是与案情直接有关的"重要"问题；一类是假造的"控制"问题。由其回答时所反应在三种曲线上的变化，据以分析受试者是否在说谎。实验表明，当事人说谎时，呼吸记录、心跳记录、皮肤电流反应记录都有显著变化。这说明，当事人在一定的情绪状态下产生的生理变化和行为反应是不易控制的。

（三）情绪的分类和表现

情绪是一种心理体验，但同时伴有生理变化和外部行为的表现。

1. 机体的变化

由于情绪刺激的作用，可以引起呼吸系统、循环系统、消化系统和外部腺体（汗、泪）与内分泌腺活动等一系列的变化，也可以引起代谢和肌肉组织的改变。在人产生情绪时，这一系列的生理变化如下：① 血压和心率上升。② 呼吸加快。③ 眼睛的瞳孔扩大。④ 汗分泌增加而唾液和黏液减少。⑤ 血糖水平增高，以供应更多的能量。⑥ 万一遇到创伤，血液能够凝结得更快。⑦ 胃肠道的蠕动减少，血液从胃和肠转移并输送到脑和骨骼肌。⑧ 皮肤上的毛发竖起。例如，人在愤怒时每分钟呼吸达 40~50 次（平静时，每分钟呼吸 20 次左右）。突然惊恐时，呼吸会发生临时中断。狂喜或痛苦时，会有呼吸痉挛现象发生。人在哭的时候，呼气快、吸气慢，呼吸的比率低（约是 0.30）。人在惊讶时，吸气是呼气的 2~3 倍。人在受惊或恐惧时，心跳每分钟约增加 20 次，血压也会增高（妇女比男子高一倍）。情绪发生时这些不为人们意志所左右的内部机体的变化，提供了对情绪进行客观测量的条件。

2. 情绪的分类

人的情绪复杂多样，一般认为，喜悦、愤怒、恐惧和悲哀是最基本的原始情绪。

（1）喜悦：喜悦是在盼望的目的达到后，紧张状态随之解除时的情绪情感体验。喜悦的程度取决于愿望的满足程度和舒适感，从满意、愉快、欢乐到狂喜等。

（2）愤怒：愤怒是由于目的和愿望不能达到，且一再受到阻碍时而产生的一种紧张而不愉快的情绪。从不满、生气、愤怒到大怒、暴怒。控制愤怒的情绪情感对每个人都很重要。长寿老人的共同经验之一是乐观、不动气。德国哲学家康德曾说，生气是拿别人的错误惩罚自己。这对我们极有现实意义。

（3）悲哀：悲哀是失去所盼望的、所追求的东西或者失去所爱的人而引起的情绪情感体验，从遗憾、失望到难过、伤心、悲痛、哀恸，渐次增强。悲伤造成紧张情绪的外部释放即是哭泣。哭泣对健康有利，它可以释放积压的痛苦，而强忍眼泪是不符合心理卫生要求的。有人曾研究眼泪的成分，认为悲哀的泪含有一种有毒物质，排除后有利于健康。

（4）恐惧：恐惧是企图摆脱、逃避某种情境的情绪体验，其是由于缺乏处理或摆脱可怕情境的能力造成的。奇怪、陌生、反常等都可能引起恐惧。

3．表情表达

情绪表达，是指个体将其情绪体验通过行为活动表露出来，从而显现其心理感受，并借以达到与外界沟通的目的。情绪表达有很多种方式，如语言文字、图画符号、身体活动等，它们与内部生理变化是相联系的。这里主要介绍最常见的表情对情绪的表达：

（1）面部表情：是情绪表现的主要形式，包括眼、眉、嘴等的变化。例如，悲哀时眼嘴下垂；哭泣时眼部肌肉收缩；愤怒时眼嘴张大，毛发竖起；盛怒时横眉张目；困窘、羞愧时面红耳赤等。

（2）体态表情：是指身体各部分的表情动作。例如，骄傲时挺胸阔步、趾高气扬；惧怕时手足无措；害羞时忸忸怩怩等。

（3）言语表情：是指情绪在语音、节奏、速度、声调等方面的表现。例如，愤怒时声音高尖且有颤抖；喜悦时音调、速度较快，语言高低差别较大；悲哀时语调低沉、言语缓慢、话语间断。研究表明，言语表情所传达的情绪信息比言语本身更多。

（四）情绪和情感的区别与联系

情绪和情感是两个难以分离而又有区别的概念。从严格意义上讲，情绪和情感有以下区别：① 从需要角度看，情绪是和有机体的生理需要相联系的体验形式，如喜、怒、哀、乐等。因此，情绪是人和动物共有的低级而简单的体验（当然二者有本质的区别）。情感是同人的高级的社会性需要相联系的，如与人交往相关的友谊感，与遵守行为准则规范相关的道德感等。② 从发生角度看，情绪发生早，也为人类和动物所共有，无论从种系或是个体发展来看，情感体验都发生得较晚，是人类所特有的，是个体发展到社会化进程的一定阶段才产生的。③ 从稳定性程度看，情绪永远带有情境的性质；而情感有可能既具有情境性，又具有稳定性和长期性。因此，情感的性质常常与稳定的社会事件的内容密切相关，如集体感、荣誉感、责任感和求知欲等。

人的情绪和情感虽有区别，但二者又有着密切的联系。在某种意义上可以说，情绪是情感的外在表现，情感是情绪的本质内容。一般来说，情感的产生会伴随着情绪反应。离开具体的情绪表现，人的情感就无从表达，而情绪的变化又往往受到情感的制约。同一种情感在不同的条件下，可以表现出不同情绪。例如，有爱国主义情感的人，当获悉我国射击运动员许海峰在二十三届奥运会上为我国争得首枚金牌时，无不拍手称快、喜悦万分；而当获悉我国驻南斯拉夫大使馆遭到北约轰炸时，又感到咬牙切齿，义愤填膺。

情绪和情感是非常复杂的心理现象。它既是在有机体的种族基础上产生的，又是人类社会历史发展的产物。在现实生活中二者很难区分。为此，有些心理学家不得不把无限纷繁的情绪和情感统称为感情（affection）。

二、情绪的状态

情绪分类的标准是多种多样的，一般来说可根据情绪发生的强度、速度、持续时间的长短和外部表现来划分，将其分为三种表现形式，即心境、激情和应激。

（一）心境

心境是一种轻微、持久而弥散的情绪状态，往往在一段较长的时间里影响着一个人的言行和情绪。如某大学生在一段时间里总是提不起精神，无精打采，干什么都显得没劲，甚至对他平时最喜欢的电影也不感兴趣。这个大学生的表现就反映了抑郁的心境。而相反处于良好心境会使人有"万事称心如意"之感，遇事易于处理。

心境的引起有很多原因。对人具有特殊意义的各种情况，如事业的成败、工作的逆顺、同学关系和机体状况的好坏以及自然环境的影响等，都能成为引起某种心境的原因。此外，激情的余波也能较长时间保留下来变成相应的心境。虽然，人们对引起心境的原因往往不能清楚地意识到，但是它总是由一定的原因引起的，其中社会生活条件是影响心境的重要原因。

心境分为积极心境和消极心境两大类。大学生的积极心境有助于学习，有助于克服困难，发挥主动性和创造性。大学生的消极心境易使其意志衰退、颓废，妨碍学习和生活。因此，大学生要做自己心境的主人，不因挫折而垂头丧气，也不因胜利而沾沾自喜，经常保持舒畅快乐的心境。

（二）激情

激情是一种迅速、猛烈的爆发式的短暂情绪状态，是一种异常激动的表现，常常伴有难以克制的冲动行为。

激情通常由对一个人生活中具有重要意义的事件所引起。此外，对立愿望的冲突或过度的压抑也很容易引起激情。激情的产生还与机体状态有关。

处于激情状态下，人的认识范围狭窄，理智分析能力受到限制，控制自己的能力减弱，不能正确地评价自己的行为及其后果。处于青年时期的大学生最容易产生激情，激情分消极激情和积极激情两大类。大学生的激情以消极激情为多见。当一个大学生处于消极激情状态下时，头脑往往很不冷静，行动失去控制，不能约束自己的行为，不能正确评价自己的行为及后果，因而往往出现不顾一切的行为。但激情也并非绝对不能控制。激情发生时，人们的自制力有所下降，但不等于对自己的言行完全失控。要控制消极作用的激情，最根本的是提高思想觉悟、培养良好的道德修养和坚强的意志力。

激情有时可以成为激励人们积极行动的巨大动力，这时抑制激情是不必要的。大学生的积极激情状态虽然较少，但它却有利于大学生的学习和生活。如有的大学生考试成绩获得第一名后的欢乐心情就是一种积极激情的表现，它可以促进该学生更加刻苦地学习钻研。

（三）应激

应激是由出乎意料的紧急情况所引起的一种十分强烈的情绪状态。由应激引起的生理和心理变化，称为应激反应。

应激时，肌肉器官会发生一系列变化。大脑中枢接受外界刺激后，信息传至下丘脑，分泌出促肾上腺皮质激素释放因子（CRF），然后又激发脑垂体分泌促肾上腺因子皮质激素，使身体处于充分动员的状态，心率、血压、体温、肌肉紧张度和代谢水平等都发生显著变化，从而增加机体活动量，以应付紧急情景。应激时，在心理上，思维容易出现混乱，分析、判断能力减弱，注意分配和转移比较困难，感知、记忆可能发生错误，这往往使个体行为紊乱，很难实现符合目的的行动。例如，母亲因孩子突然患病而惊慌失措时，为了请医生，会一连拨好几个电话，但一个也打不通。原因在于她反复拨动的电话号码都是自己的。当然，从日常生活中发生的许多事例来看，在处于应激状态时，人们通常还是能够积极活动，甚至做出异常的有益行动。

应激水平的差异与人们的个性特征、知识经验和意志品质有密切关系。处于应激状态时，有的人会惊慌失措，语无伦次，作出不适当的反应；有的人会"呆若木鸡"，肌肉紧张，活动受到抑制，甚至引起临时性休克；而有的人则能沉着果断，集中全身的精力应付危急的局面。只要人们有意识地注意锻炼应变能力，就能逐渐提高应激水平。但是，若长期处于应激状态，就可能损害人们的生物化学保护机制，降低人体的免疫力，以致易受疾病的侵袭。

三、情绪的功能

（一）自我保护的功能

每一种情绪都有其功能，即使像生气、痛苦等负性的情绪也有其重要作用。比如，当人处于危险的境地，恐惧的情绪反应，能促使人在行为上更快地脱离险境；当人工作或学习的负荷超出了自身的承受能力时，疲惫的情绪状态，会使人不得不放弃一些工作，而获得休息；在面对侵害时，愤怒的情绪会促使人奋起反抗，自我保护。

（二）人际沟通的功能

情绪在人际沟通中，起着非常重要的调节作用，微笑、轻松、热情、喜悦、宽容和善意的情绪表达，会促进人际的沟通和理解；而冷漠、猜疑、排斥、偏执、嫉妒和轻视的情绪反应，则会构成人际沟通的障碍。

（三）信息传递的功能

情绪还能起到信息传递的功能。例如，知己之间的一个动作、一个表情，就能使对方心领神会；考场中，监考教师威严的目光，就足以使那些想投机取巧的人望而却步。情绪还可以相互影响和传播，当一个人兴高采烈时，他的这种情绪会感染周围的人；而当一个人沮丧、愤怒时，也会使这种情绪向周围传播开来，并且还会将这些负性情绪迁移到他人身上。①

第二节 ▷▷▷▷▷▷
情绪与大学生的身心健康

一、大学生的情绪特征

大学生正处于青春期，在生理发育趋向成熟的同时，心理也经历着急剧的变化，尤其在情绪方面。大学生的社会地位、知识素养以及特有的年龄阶段，使得他们的情绪带有自己的特色。具体表现在以下几方面：

（一）大学生情绪的两极性和矛盾性

大学生情绪的两极性与矛盾性是大学生情绪的基本特征，它们决定了大学生情绪的基本面貌，是大学生情绪一般特征的集中表现。

1. 大学生情绪的两极性

大学生的情绪容易从一个极端跳到另一个极端，摇摆不定，跌宕起伏。其原因是由大学生的生理、心理发展水平决定的，是生理、心理、社会诸因素矛盾冲突的结果。

从生理角度看，主要是由于性成熟、性激素分泌旺盛通过反馈增强下丘脑（此为情绪的定位部分）的兴奋度，使下丘脑神经出现兴奋亢进，而由于大脑皮质原有的调节功能一时还不能适应这种情况，因而在皮质和皮质下之间出现了不平衡的状态。

从心理的角度来看，主要有三个方面：一是大学生对事物的认知还不稳定，对事物还缺乏完整的把握，因而在思维方式上往往带有绝对的肯定或否定倾向，易走极端；二是此时大学生的自我意识正在觉醒发展中，他们把探索的目光指向自我内部时，会发现理想我与现实我的差距，这常常会引起情绪的波动；三是由于大学生的内在需要日益增长且不断变化，与现实满足需要的可能性之间是非线性关系，这也使他们易处于矛盾状态，表现出情绪忽高忽低、变化多端的状态。

2. 大学生情绪的矛盾性

大学生情绪的矛盾性主要是大学生的生理与心理间的矛盾、个人需要与社会满足

---

① 吉家文. 大学生心理健康教育［M］. 天津：南开大学出版社，2012.

间的矛盾、理想我与现实我之间的矛盾在情绪上的反映。矛盾性是两极性的基础，两极性是矛盾性的外化和表现形式。因此，大学生情绪的两极性和矛盾性往往使他们的情绪显得不稳定、不成熟。

（二）大学生情绪的一般特征

大学生情绪的基本特征，可以进一步推演出大学生情绪的一般特征：

1. 稳定性和波动性并存

随着认知水平的提高，知识经验的积累，大学生对自己的情绪已有了一定的控制能力，比起中小学生来讲，大学生情绪趋于稳定，并出现了心境化的情绪特点。然而，比起成年人来说，大学生情绪的波动仍很明显，表现为心境变化比较频繁，情绪起伏性比较大。学习成绩的好坏、入党问题、评奖学金和三好学生、与周围同学的关系以及恋爱的成败等，都可能引起大学生情绪的波动。

2. 外显性与内隐性并存

由于大学生对外部刺激反应迅速、敏感，喜怒哀乐表现得比较充分而具体，因此，在一般情况下，大学生由情绪引起的内心变化与外部表现是一致的，即呈现出外显性的特点。然而在某些特定的场合或特定的问题上，大学生的外部表现和内心体验往往并不都是一致的，甚至完全相反。少年期那种"孩子气"式的坦率不多见了，对于自己内心的秘密，是说还是不说，多说还是少说，往往依时间、地点及对象而定。这种"心理闭锁"现象使大学生的外部行为表现和内在心理体验常处于矛盾状态之中。如有的学生明明对某教师或某同学很反感、有看法，在外表上却装作若无其事；有的男女同学之间，明明是有好感的，很希望进行思想、学习上的交流与互助，但出于自尊心或其他原因，反而在行为上有意表现出庄重、冷淡、回避的姿态。

3. 冲动性与理智性并存

一方面，大学生在外界刺激下很容易产生激情，产生冲动行为，如大学生中发生的打架斗殴事件大多因一点小事引起，由于情绪失控，出现了过激行为。但另一方面，大学生的理智、自控能力已得到较高程度的发展，多数情况下能理性思考问题，并对自己的行为进行自我约束和调节。

二、大学生常见的情绪困扰

在大学生活中，不顺心的事情时有发生。考试失败、被人嫉妒、人际关系不如意和失恋等，都可能使大学生产生自卑、焦虑、抑郁、冷漠及易怒等情绪困扰。

（一）常见的情绪困扰

1. 自卑

自卑是个体由于某种生理或心理上的缺陷或其他原因而引起的轻视自我的态度体验，表现为对自己的能力或品质评价过低，轻视自己或看不起自己，担心失去他人尊重的心理状态。这种心理状态很容易产生一种压抑、凄冷、孤独的情感，严重的会影响大学生的学习和生活。

大学生的自卑主要表现在：① 自我评价过低。这实际上也是自卑的实质。表现在对自己的生理条件如外貌、身高等，以及对学习、交往等各方面能力的评价上，认为自己明显不如他人。② 超概括化或泛化性的特点。即由于某一方面的原因造成的自卑情绪容易泛化到其他方面。如有的学生认为自己的身材不好引起自卑，感到自己的言谈举止及社会交往能力均不如别人。③ 敏感性和掩饰性。具有自卑感的大学生往往对自己的不足和别人对自己的评价很敏感，常把别人与自己无关的言行看成是对自己的轻视。由于担心自己的缺陷被人知道，因而常加以掩饰或否认，有时表现出较强的虚荣心。具有自卑感的大学生常用回避与别人交往的方式来避免别人看出自己的缺陷和不足。他们常把自己禁锢起来，从而产生孤独的体验，容易形成闭锁的性格。

要克服自卑感，首先要建立起正确对待自卑的态度，分析产生自卑的原因和内在心理过程，从而能够对这些原因有正确的认识，继而通过建立合理、积极的自我评价来消除和克服自卑。

2. 焦虑

焦虑是一种复杂的、综合性的、负性的情绪，是人们在社会活动中对可能造成心理冲突或挫折的某种事物或情境进行反应时的一种不愉快的情绪体验，即个体主观上预料将会有某种不良后果或模糊的威胁产生时出现的一种不安情绪，并伴有忧虑、烦恼、害怕、紧张等情绪体验。

大学生的焦虑主要表现在：① 因适应困难而产生焦虑。这是大学生中比较常见的情况。由于生活环境、学习方式和人际关系的转变，造成对新环境难以很快适应，因而引起各种焦虑反应。② 学习上的不适应也是促使焦虑产生的原因。不少大学生习惯了高中时那种被动的学习方式，上大学后对大学的自主学习方式不能很快适应，造成学习成绩下降，因此一些学生对以后的学习生活和前途感到忧虑不安，极个别的担心自己完不成学业，陷入焦虑状态中。③ 考试焦虑是大学生中较常见、较特殊的焦虑情绪表现。即由于担心考试失败或渴望获得更好的分数而产生的一种忧虑、紧张的心理状态。

案例六：囚鸟
——借我一双摆脱焦虑的翅膀

以上是大学生焦虑情绪的几种主要表现和可能的原因。应当指出，焦虑是一种比较普遍的情绪表现，并非所有的焦虑都是病理性的。要克服焦虑，首先，应增强自信，相信车到山前必有路，这样可以减轻焦虑；其次，应磨炼意志，不怕困难；再次，应该有开阔的胸襟，不计较得失，也不杞人忧天；最后，做事应当机立断，因为犹豫徘徊会增加焦虑。而对于那些自己感到无法控制的、比较严重和持久的焦虑表现，或患有焦虑性神经症的大学生，则应及时寻求心理咨询师的帮助和治疗。

焦虑自评量表
（SAS）

3. 抑郁

抑郁是大学生中常见的情绪问题，是一种感到无力应付外界压力而产生的消极情绪，常伴有厌恶、痛苦、羞愧、自卑等情绪体验。抑郁就像其他情绪反应一样，人人都曾体验过。对大多数人来说，抑郁只是偶尔出现，为时短暂，时过境迁，很快会消失。但也有少数人长期处于抑郁状态，甚至导致抑郁症。性格内向孤僻、多疑多虑、不爱交际、生活中遭遇意外的挫折、长期努力得不到报偿的人更容易陷入抑郁状态。

大学生的抑郁主要表现在：① 情绪低落、思维迟缓、郁郁寡欢、闷闷不乐、兴

抑郁自评量表
（SDS）

趣丧失、缺乏活力，干什么都打不起精神。② 不愿参加社交，故意回避熟人，对生活缺乏信心，体验不到生活的快乐。③ 伴有食欲减退、失眠等。长期的抑郁会使人的心身受到严重损害，使大学生无法有效地学习和生活。

因此，要避免抑郁或从抑郁中解脱出来，首先要正确地评价自己，看清自己的长处，建立自尊，增强自信，多回想一些过去成功的体验；其次，调整认知方式，不把事物看成非黑即白，多关注事物的光明面；最后，扩大人际交往，多与人沟通，多交朋友。如果抑郁情绪较严重，应寻求心理咨询机构的帮助。

4. 冷漠

冷漠是一种对人对事漠不关心的消极情绪体验。冷漠往往是个体对挫折环境和自我逃避式的退缩性心理反应，它带有一定的自我保护或自我防御的性质。事实上表面冷漠的人往往内心很痛苦、孤独，具有强烈的压抑感。

大学生的冷漠主要表现在：① 对学习漠然置之，听课昏昏欲睡，对成绩好坏满不在乎。② 对集体漠不关心，对同学冷漠无情，对环境无动于衷。日本心理学家把具有冷漠状态的大学生称之为"三无"学生，即无情感、无关心、无气力。

对大学生来说，为了消除冷漠，应充分意识到冷漠的危害性，分析自己冷漠的原因，从而作出有针对性的调整。

5. 易怒

大学生正处在热情高涨、激情澎湃的青年时期，有时候激情似乎难以控制。容易发怒是大学生中常见的一种消极激情。有的大学生因一句不顺耳的话、一件不顺心的事，就激动得暴跳如雷，或出口伤人，或拳脚相向。盛怒过后，又后悔不迭。正如古希腊学者毕达哥拉斯所言："愤怒以愚蠢开始，以后悔告终。"

发怒是当客观事物与人的主观愿望相悖时产生的强烈情绪反应。发怒对一个人的心身健康有明显的不良影响。通常，当人发怒时，会出现心跳过速、心律失常现象，严重时可能导致心脏停搏甚至猝死。由于发怒而导致心悸、失眠、高血压、胃溃疡以及心脏病的也不少。此外，发怒会使人丧失理智、阻塞思维，导致损物、伤人，甚至犯罪等许多失去理智的行为。大学生中一些违纪事件，大多是在发怒的情绪下发生的。

为了有效地控制发怒，可以按以下提供的方法去克服：① 明理。只有尊重他人的人才能获得他人的尊重，凡事多为对方想想，提倡考虑问题时与对方位置互换，多想事情的后果。② 宽容。只有宽以待人才能真正帮助教育他人，才能赢得友谊。③ 自制。俄国作家屠格涅夫就曾劝告易怒的人，在发怒之前，先将舌头在口内转10圈，用以加强自制。④ 转移。当感到自己难以控制愤怒时，采用转移注意力或转移环境的办法是明智的。

（二）大学生情绪困扰产生的原因

导致大学生不良情绪产生的原因错综复杂，其中既有外部社会、学校、家庭诸方面因素的影响，亦有内部生物遗传及生理心理特点的影响。

1. 情绪困扰产生的个体原因

个体原因包括个体的生理因素和心理因素。

从生理因素看，除了人的神经类型等因素外，人体内部的生物节奏也会影响情绪。有研究认为，人类的情绪变化、体力变化和智力变化的周期分别为 28 天、23 天和 33 天。可以画成三条正弦波的线，其中情绪周期性变化，主要是由于激素分泌水平的变化造成的，男性与女性均有这个周期，女性更为明显。当三条曲线均处于高潮期时，机体状态最好，体力充沛，心情愉快头脑灵敏；而当三者均处于低谷期时，人的各种机能效率都会降低，情绪不佳，而体力和智力不佳亦会加强已有的低情绪状态；而当三者处于临界状态时，机能状态也会处于不佳状况，情绪不稳定，易怒，注意力难以集中，反应迟钝，效率低，容易生病，机体活动协调性差，容易发生事故。

从心理因素看，影响情绪的心理因素很复杂，知识经验、认知方式、情感成熟水平、意志品质和个性特点等都可能导致情绪不良。具体来看，有以下方面特征的人较易陷入情绪困扰：

（1）在情绪特征方面：不稳定、好冲动、易暴怒或者易消沉、冷漠、郁郁寡欢。

（2）在意志特征方面：固执、刻板、任性、胆怯、优柔寡断和缺乏自制力，遇到困难过分紧张不安，经受不住挫折，不易摆脱内心矛盾。

（3）在自我意识特征方面：过分自尊或缺乏自信、自贱自卑。

（4）在社交特征方面：孤僻、自我封闭、敏感、多疑、心胸狭窄和好嫉妒。

2. 情绪困扰产生的环境因素

环境因素包括家庭、学校和社会三方面。家庭内的影响有家庭结构、家庭气氛、父母关系、父母情绪特征以及教养方式等。许多研究表明，家庭结构稳定、家庭气氛融洽和谐、父母情绪稳定、民主型的教养方式等均有利于儿童青少年情绪心理的健康发展；而家庭压力过大，气氛紧张或淡漠，教养方式不当，过于溺爱、严厉或漠视，都可能使青少年适应不良，产生情绪困扰。

学校环境包括教育方式、学习压力、人际关系、教师身心健康状况等因素。国外心理卫生专家认为，学生中的"学校恐怖症"大多起因于学校环境。学校环境中人际关系的紧张，繁重的学习压力，单调的教育方法，以及教师的人格缺陷、不当的教育方式等都会引起大学生的情绪问题。

社会环境包括社会文化背景，社会变革，社会的政治、经济、文化条件等。大学生的情绪常会受社会环境的影响。

三、情绪与大学生身心健康

情绪既可致病，亦可治病，良好的、愉快的情绪有利于人的身心健康，反之，不良的情绪易导致心理障碍，引发生理疾病。

（一）良好情绪能促进身心健康

良好的情绪不仅是维护心理健康的保证，也是促进生理健康的有效途径。因为：① 以良好的情绪取代引起神经和精神紧张的不良情绪，能够减少和消除对机体的不良刺激。② 良好的情绪可以直接作用于脑垂体，保持内分泌功能的适度平衡，从而使全身各系统器官的功能更加协调、健全。巴甫洛夫曾讲过："忧愁、顾虑和悲观可以使人得病；积极、愉快、坚强的意志和乐观的情绪可以战胜疾病，使人更加强壮和长寿。"

情绪不仅与大学生的身心健康有关，而且与大学生的心理发展、潜能开发、工作效率、生活质量等因素有关。良好的情绪往往使大学生乐于行动，有兴趣学习、工作和活动，有积极的与人交往的愿望；良好的情绪有助于大学生开阔思路，集中注意力，富有创造性。因此，培养大学生良好的情绪，有利于他们的身心健康和心理的发展。

（二）不良情绪对身心健康的危害

不良情绪主要是指过度的情绪反应和持久性的消极情绪两种。过度的情绪反应包括：因一些重大的生活事件导致情绪反应过于强烈，如狂喜、暴怒、悲痛欲绝等；也包括因一点小事而产生的过度情绪反应，如怒不可遏或激动不已等；还包括情绪反应过于迟钝，无动于衷，冷漠无情。而持久性的消极情绪是指当引起忧、悲、惧、怒等消极情绪的因素消失后，仍长时间地沉溺在消极状态中不能自拔的情绪状态。

1. 不良情绪易导致心理障碍

在过度的尤其是过于强烈的情绪反应或持续的消极情绪的作用下，首先受到影响的是神经系统的功能。突然而强烈的紧张情绪的冲击会抑制大脑皮质的高级心智活动，破坏大脑皮质的兴奋与抑制平衡，使意识范围狭窄，正常判断力减弱，失去理智和自制力，甚至有可能使人精神错乱，行为失常，许多反应性精神病就是这样引起的。持续的消极情绪的影响，则常常会使人的大脑功能严重失调，从而导致各种神经症或精神病。根据调查，大学生中常见的抑郁症、恐怖症、强迫症、神经衰弱等大多与持久的消极情绪密切相关。大学生自杀的原因中情绪问题是主要的，大多数的自杀念头或行为产生于抑郁状态之下，长期的抑郁情绪最终有可能导致悲剧的发生。因此，正如斯托曼（K. T. Stongman）所指出的："情绪在变态行为或精神障碍中起着核心的作用。"

2. 不良情绪会引发生理疾病

不良情绪在影响神经系统的功能之后，会进一步影响内脏器官的功能，从而损害生理健康。

不良情绪致病在多数情况下不是由一次大爆发而引起的，而是日常生活中紧张、烦恼、忧愁、焦虑、疑惧和失望等日积月累的结果。其中，情绪对人的内脏器官影响最明显的是心血管系统和消化系统。如，人在恐惧或悲哀时胃黏膜变白、胃酸停止分泌，可引起消化不良；而在焦虑、愤怒、怨恨时胃黏膜充血、胃酸分泌增多，常常导致胃溃疡。

心身医学研究认为，不良情绪是导致各种心身疾病的主要危险因子。以癌症为例，紧张、抑郁、焦虑等消极情绪的长期过度刺激，可导致大脑皮质兴奋与抑制的失调，从而使机体的内分泌功能发生紊乱，免疫功能受到抑制，这样会使人体内原有潜伏的恶性细胞激发增生，诱发癌症。调查发现，大学生中常见的消化性溃疡、紧张性头痛和偏头痛、心律失常、月经失调、神经性皮炎等心身疾病都和不良情绪有关。

第三节
大学生健康情绪的培养

情绪在人的发展过程中，占有举足轻重的地位。对大学生来说，养成良好的情绪品质，对他们的健康成才有着重要的意义。

一、大学生情绪健康发展的基本特征

要了解大学生情绪健康发展的基本特征，首先我们应该知道情绪健康的标准。

（一）情绪健康的标准

情绪对人的发展影响很大，一些心理学家就情绪健康问题进行了研究。

赫洛克（E. Hurlock）提出情绪成熟的四条标准是：① 能够保持健康，自己能控制因身体疲劳、睡眠不足、头痛、消化不良和疾病等引起的情绪不稳定。② 能够控制环境，不是想干就干，而是先预料后果，再采取行动。③ 将情绪的紧张消解到无害的方面。不是压抑情绪，而是将情绪转变、升华到社会性的高度。④ 能够调查、理解社会。

日本青年心理学家关中文提出情绪成熟的两个标志：① 在客观评价自己的基础上能控制一时的情绪和欲求，忍耐不满情绪。② 能够设计现实生活。他还提出达到情绪成熟的办法是在现实生活中注意自己的情绪，深入了解自我、调整情绪、珍惜现在时光，重视现在自己内心深处的东西，面对现实生活而不逃避等。[①]

总而言之，一个人情绪的目的性恰当，反应适度，正性作用强，就基本上达到了情绪健康的总标准。

而对大学生来说，情绪健康则具体地表现为：① 情绪的基调是积极、乐观、愉快、稳定的。② 对不良情绪具有调节、控制能力。③ 情绪反应适度。④ 高级的社会性情感（如理智感、道德感、美感）得到良好的发展。

（二）大学生情绪健康发展的基本特征

1. 能够积极适应环境

情绪获得健康发展的大学生，不仅能够积极适应熟悉的环境，而且勇于开辟新环境，乐于接受新环境，并且能很快适应陌生的环境。他们有探究新环境的兴趣，有认识、理解和正确把握新环境的能力，他们不仅善于调动自己已有的知识经验和能力，而且能够不断增加新的知识经验和能力，以对新环境作出积极反应；他们在陌生环境中，也可能发生适应的困难，也可能遇到种种挫折，也可能做出这样或那样不符合环境要求，甚至脱离社会规范的行为，但是他们不回避困难，不屈服于挫折所造成的压

---

① ［日］关中文. 青年心理学［M］. 南昌：江西人民出版社，1987.

力，能够及时调整自己的行为，达到环境的要求；同时，他们并不满足和依赖于环境的既定条件，努力使自己由现代环境的承受者，转变为一定环境的能动的改造者，不断创造条件，建立新的环境。

相反，情绪得不到健康发展的大学生，虽然能适应熟悉的环境，但往往依赖环境，满足于既定的客观条件，是环境的被动的承受者，而不是能动的参与者、改造者。他们不主动开拓自己的活动天地，喜欢把自己困于狭小的圈子里，在突然变化的环境、条件和情况面前，紧张不安、疑虑重重、畏怯不前；他们既缺乏认识新环境的经验和能力，也不善于调动已经拥有的知识和掌握新知识，而是习惯于接受现成的结论，拘泥于别人认识的结果；他们在困难、挫折和逆境面前，很容易丧失自信心，显得过分忧虑、懊丧，甚至退缩、逃避、一蹶不振，使自己陷入更恶劣的处境而不能自拔。

2. 能够有效地进行学习和工作

情绪获得健康发展的大学生，总是乐于从事学习、工作和其他实践活动，能够胜任一定的角色，完成一定的任务，并逐步提高效率。他们能够从实际条件出发，确定切实可行的活动目的，选择相应的活动方式，达到活动目标；他们能够在活动中充分发挥出自己的身心潜能，表现出不可抑制的主动性和积极性，并以此自我满足；他们不仅不觉得学习和工作是一种负担，反而能从中获得乐趣。假若剥夺了他们的学习和工作机会，他们会体验到不安和忧虑。

相反，情绪得不到健康发展的大学生，虽然也会参加一定的活动，但是，经常缺乏目的性、主动性和积极性，因而也不能充分发挥自己身心的潜能。他们的学习和工作效率低，往往容易半途而废；他们缺乏学习和工作兴趣，不能从中获得满足感，反而经常表现出对学习和工作的厌倦情绪，甚至害怕、逃避学习和工作；他们在学习和工作中极容易疲劳，而且难以恢复良好的身心状态。

3. 能够正确评价自我

情绪获得健康发展的大学生，自我意识也会得到较好的发展。他们不仅形成和确立了自我形象，而且对自我评价已经具有了一定的客观性和稳定性；他们对自己的认识比较符合自己的历史和现实，因而与别人对自己的评价比较接近。同时，他们的自我形象又是可塑的，会随着别人的评价、自我认识的深化而及时调整和改变，从而使其更适应环境的要求。

相反，情绪未获得健康发展的大学生，自我意识往往缺乏客观性，容易高估自己，产生所谓自我扩张、自我膨胀的倾向，也容易低估自己，产生所谓自我贬低、自我萎缩的倾向。他们或者具有过分盲目的自信和自尊心，或者具有令人不可理解的自卑自贱心理；他们对自己的认识也很不稳定，容易失掉前后的连贯性和一致性，往往今天一个看法，明天一个看法。但是又具有某种固执的倾向，认为自己对自我有新发现和新体验。因此，这种人在人际关系中，对人、对己都表现得既迟钝又过敏。

4. 能够保持良好、稳定的情绪状态

情绪获得健康发展的大学生，有良好的心境和积极的情绪状态，总是以积极、欢愉、乐观向上的情绪为基调，而少有消极、苦恼、忧郁、暴怒的情绪表现。他们能战胜消极的心境，摆脱不良情绪的困扰，能控制情绪性质、情绪强度和表现方式，能适应客观情绪的要求，因而他们不是自己情绪的奴仆，而是自己情绪的主人。

相反，情绪未获得健康发展的大学生，情绪极不稳定，喜怒哀乐反复无常，而且总是以消极情绪体验为基本格调，经常表现为惊恐、忧虑、烦恼、急躁和暴怒等。他们缺乏自制力，不能控制情绪，因而经常表现得十分幼稚，情绪状态不适应一定社会情境的要求。

5. 能够建立良好的人际关系

情绪获得健康发展的大学生，与父母、老师、同学、朋友容易建立并发展亲密融洽的关系。他们喜欢与别人交往，能够正确地理解别人的思想感情，容易接受别人、学习别人的优点和长处；他们能同情、关心、帮助别人，与朋友同甘共苦，因而能够被别人所喜欢、所接受，并具有较强的吸引力。

相反，情绪未获得健康发展的大学生，不容易处理好与亲人、师长、同学及朋友的关系，很容易同别人疏远、隔阂，把人际关系搞僵，甚至搞得很对立。他们不接受别人，也不被别人接受，因而显得很孤立。

二、大学生健康情绪的培养

（一）正确看待人生和社会，保持达观态度

首先要学会合情合理地提出自己的需要和愿望，要不断提高对自己需要的合理性的认识，懂得自己的愿望和需要必须符合社会的政治、经济变化发展的要求和道德准则。这样就不会由于个人的希望和愿望得不到满足而产生消极的情绪了。其次要充实自己的精神生活，树立远大的理想，追求崇高的思想、高尚的情操、宽阔的胸怀。这样的人，对细微得失、个人恩怨乃至鸡毛蒜皮的小事不会看得那么重，也不会为生活和工作中的阻力和障碍所压倒。当一个人致力献身于社会、献身于人民的事业的时候，他将为自己能对社会和人民尽到一份责任、贡献一份力量而感到满足和欣慰，这种精神上的满足才是快乐真正不竭的源泉。

（二）学习别人健康的情绪反应

健康的情绪反应是学习的结果。如何控制自己的情绪、怎样表达自己的情绪，这些都是个人在后天生活中经过学习才能掌握的。例如，小孩动辄便号啕大哭，后来，他发现这种表现方式不受别人欢迎，于是渐渐从别人那儿学会了克制。

大学生常常把情绪稳定、积极乐观的人作为自己的学习榜样。他们观摩榜样在各种情景下的情绪表现，学习表达情感的方式和情绪自我调节的方法。经验表明，请那些饱经风霜的成年人，向大学生讲述自己同命运搏斗的经历，会使大学生受到感染和启迪。同样，大学生与遭遇跟自己相同，但精神境界比自己高的同龄人交往，也会受到激励和鼓舞。先进青年的感人事迹，更给大学生的情绪发展以深刻的影响。他们对人生的积极看法，对困难的乐观主义态度，对自己的信心，是激励青年奋发向上、积极进取、永不懈怠的巨大力量。

（三）让各种情绪获得适当表现的机会

情绪活动是人的精神生活的重要方面，每个正常人都会有喜、怒、忧、惧等情绪，这是十分自然的现象，当人们产生某种情绪时，就不应该人为地加以禁抑，而应该让它有适当的表现。

强行压抑情绪的外露，硬要做到"喜怒不形于色"，把自己弄得表情呆板，情绪漠然，这不是情绪的成熟，而是情绪的退化；也不是正常人所应当有的情绪，而是一种病态表现。另外，强行压抑情绪，还会给人们的生理健康带来很大的危害。人们常说的"控制情绪"，实际上仅仅是一种外部表情的控制。情绪活动给人带来的一系列内在的生理变化，谁也控制不了。那些表面上看来似乎控制住了情绪的人，实际上却使情绪更多地转入内在，任何不良情绪一旦产生，就一定会寻找发泄的地方，当它在外部受到压制，不能自由地表现出来，便转移到内脏器官去活动，在体内寻找发泄的地方，从而更加危害自己。

（四）广交朋友和参加有益的活动

生活不总是一帆风顺和万事如意的。解决生活矛盾和自身冲突的最好途径，就是有地方去诉说，有人聆听你的倾诉。那种人际交流中的相互理解和同情，是调节自身情绪、导向良好适应的必要支持。来自朋友、亲人的慰藉、劝导和帮助会使人头脑清醒，可以帮助人从自身情绪的困境中走出来。

大学生的校园生活应该是美好的、丰富多彩的，除了日常学习和体育活动外，还应该培养广泛的兴趣爱好，诸如音乐、舞蹈、绘画、写作和书法等。大学生在各自的特定的活动领域中更易于相互理解，在各种有益活动的尝试中选择自己科学的人生道路，对生活有所享受、有所作为，思想感情就有所寄托，情绪健康就能有所保证。

三、不良情绪的自我调节

在实际生活中，每个人也都会产生这样或那样的不良情绪。我们要学会调节自己的情绪，努力减轻不良情绪带来的影响和损害。一般来说，不良情绪的自我调节可采用以下方法：

（一）正确归因

情绪的产生、情绪的性质以及强烈程度都与人的认识因素直接相关。有一句名言说得好："人受困扰，不是由于发生的事实，而是由于对事实的观念。"人的大部分情绪困扰是来自错误观念，如凡事以自己意愿为出发点的绝对化观念，以偏概全的过分概括化观念，把事情想象得非常可怕的糟糕透顶观念（关于认知问题详见第四章）。因此，正确地归因，找到问题的症结所在，改变错误观念，是克服不良情绪的关键。事实上，每个人都要对自己的情绪负责。如果能够主动调整自己的看法和态度，纠正认识上的偏差，多从光明面看问题，就可减弱或消除不良情绪。

（二）情绪宣泄法

有了不良情绪，如果不及时释放出来，就可能使人的心里产生痛苦，行为变形，影响正常学习、工作和生活，甚至影响身心健康。因此有了不良情绪要及时宣泄出来，当然这种宣泄要讲究方法。不能不分场合，不计后果，不顾影响，否则，不但不能使不良情绪真正宣泄出来，反而会带来新的更大的烦恼，产生更加不良的情绪。

情绪宣泄的方法有很多种：① 倾诉。可向师友亲人诉说心中的烦恼和忧虑，也可用写日记的方式倾诉不快。② 哭泣。在悲痛欲绝时大哭一场，可使情绪平静。③ 剧烈的活动。在盛怒愤慨时猛干一阵活或进行剧烈的体育运动，亦有助于释放激动的情绪。④ 发泄。如"喊叫疗法""模拟疗法"等都可用来发泄烦恼，宁心息怒。

（三）注意转移法

有的大学生有了不良情绪后，总是放在心上，扔不开，丢不下，使不良情绪不断蔓延，这是很不可取的。这时候，可把注意力从不良情绪上转移到积极方面去。按照巴甫洛夫的条件反射学说，人在发愁、发怒时，会在大脑皮质上出现一个强烈的兴奋中心。这时，如果另找一些新颖的刺激，引起新的兴奋中心，便可以抵消或冲淡原来的兴奋中心。如苦恼、烦闷时，去听听音乐、看看喜剧；初次登台演讲，心情紧张，就把注意力集中到讲话内容上；登上高楼或山顶，往下看时心会发慌，这时就将视线投向远方；怒火一触即发，赶紧把舌头在嘴里转它几圈，或强迫自己做一些与激情相反的动作，如开开窗、踱方步、喝几口水等，这些方法如运用恰当，都能起到转移注意力、稳定情绪的作用。

另外，采取行动，也是转移注意、排解烦恼的一种有效的心理疗法。一旦出现不良情绪时，便激励自己多做有意思的工作，把时间表尽可能排得满一些、紧凑些。

（四）自我安慰

在遇到挫折时，适当地进行自我安慰，可以缓解动机冲突引起的心理问题，消除焦虑、抑郁、烦恼和失望情绪，有助于保持心理安宁和稳定。如考试失败时，用"胜败乃兵家常事""失败是成功之母"来安慰自己，从而从懊丧、焦虑中解脱出来；在因挫折而陷入情绪困扰时，一般可用"亡羊补牢，犹未为晚"和"塞翁失马，焉知非福"来作自我安慰，以解脱烦恼、自我激励、总结经验、吸取教训。

（五）积极的自我暗示

自我暗示是运用内部语言或书面语言的形式来自我调节情绪的方法。暗示对人的情绪乃至行为有奇妙的影响和调整作用，既可用来松弛过分紧张的情绪，也可用来激励自己。例如，当情绪激动时，通过自我默诵或轻声警告，如"冷静些""不能发火"，来抑制自己的情绪；进考场后，暗示自己"不要紧张""先别忙，看清题""我一定能考好"，来保持自己情绪的平衡。不少大学生的床头墙角贴着"镇定""三思而后行""制怒"等条幅，正是针对自己的弱点，用书面语言提醒自己采取的办法。

此外，音乐治疗、放松训练等方法都能调节人们的情绪。但是，当情绪困扰较严重而自己又一时难以调节时，应及时寻求有关心理咨询机构的帮助。

第四节
成功心理训练（五）

对自我情绪的表达与控制，对他人情绪的识别和了解，是情绪智力的重要组成部分，它在人际交往中发挥着不可低估的作用。因此，本节的心理训练就是让你学习如何管理自己的情绪，提高自己的情商。

一、训练题目：情绪管理训练

1. 识别情感
2. 情绪化解
3. 聆听的艺术

二、训练具体方法

1. 识别情感

【目的】提高情感识别力和情感表达力。懂得丰富的身体语言对于文字内涵表达的重要意义。

【时间】约 40 分钟。

【准备】照相机一部，每人一面镜子，纸、笔，奖品。

【操作】让学生表达某种情感，学生做出表情和动作后，指导者用照相机拍下来；然后指导者把某一句话说 5 遍，每遍语气都不一样，表达 5 种情感，让学生猜，猜对一种得 1 分，然后让学生自己讲一句话，讲两次，表达两种意思，每成功一次得 2 分，得分高的前三名给予奖励。

这个训练，让每个学员去体验：不懂得辨别情绪的人，就无法把握自己的情绪，更何况别人。

2. 情绪化解

【目的】通过对情绪的识别、体会，增强对情绪的控制力以及学习情绪的化解方法。

【时间】约 40 分钟（根据人数而定）。

【准备】6 张脸谱卡片，分别为：快乐、生气、悲伤、失望、骄傲和害怕，也可以增加几种情绪表情，如：愤怒、惊恐、无奈……

【操作】学员在指导者指引下，抽一张卡片（6 张中的一张），表演这个表情，并讲述一个自己看到家长、同学、教练或好朋友有此表情的故事，再说出自己当时的心情及自己认为可行的化解办法（快乐除外）。例如，看了一张代表"悲伤"的卡片，立刻垂下眼睛，耷拉着头，好像马上要哭了，鼻子抽动着，这时候根据该卡片进行描述："去年我姥姥去世了，我妈整天都不说话，饭也不吃！虽然我只见过姥姥两次，但看到妈妈这样，我心里也很难过！后来，我劝妈妈说别太伤心了，姥姥知道也会不开心的，不如我们做 99 个千纸鹤给姥姥吧！妈妈后来就好多了！她称赞我长大了，懂得理解人，安慰人了，并夸我是她的好宝宝！"描述得越详细越好！比比谁的表达能力最好！每人表演时间为 3 分钟。

这个训练，让每个学员去体验：情绪的变化每个人都经历过，不过在很多时候，大家可能并没有留心观察或理解过自己或他人的情绪变化，而一个受欢迎的人，他一定是一个能清楚地识别情绪，并会化解情绪的人。

3. 聆听的艺术

【目的】增强情感表达能力，使学生对聆听有更准确更清晰的认识。

【时间】约 30 分钟。

【准备】问题卡片若干（每个同学自己准备 4 张，写上自己烦恼的问题），4 张倾听技能卡片，分别是：

① 复述对方说过的话（"你刚才说的是……"）。

② 更详细地询问对方说过的话（"你能不能告诉我一点关于……"）。

③ 对对方所说的表示兴趣（运用姿势、语气、眼光接触等）。

④ 描述对方的感觉（"我觉得你似乎正对……生气呢"）。

【操作】将学员分成两人一组。玩游戏时，每个学员选择一个问题，谈 3 分钟；一个人说话时，另一个要表现出上述 4 种技巧。每次"倾诉"结束后，谈话者根据 4 种技能给听话者打分，用上一项记 1 分；倾听者如果没有插话，另外加 2 分；然后双方交换角色再玩。8 次"倾听"（每次谈一个问题）后，游戏结束，把两人得分相加，总分如果超过 40 分（最高分 48 分）就可以得到奖励。

例如：

A 学员：最近我可烦了，教练又批评我，批评就算了，他还告诉我父母，后来我又被我爸爸妈妈骂了一通。

B 学员：你刚才说你爸爸妈妈也骂你了？

A 学员：是啊！其实我很不服气，这种事，教练完全是误会了，冤枉我了。唉，真是没办法，倒霉极了！

B 学员：你能告诉我，教练是怎么冤枉你的吗？

A 学员：当时，我在学校打球，一不小心，我的同桌小王将球踢到窗户上，把窗玻璃给打碎了。其实是小王踢球打碎了窗玻璃的，但其他几个同学都说是我打碎的，教练就批评我了。

B 学员：（点头，理解地）那你父母怎么说你的呢？

A 学员：要我闭门思过，在我零用钱里扣了赔偿费，还责骂我，我吓坏了……

B 学员：看来你对这件事还很生气？

A 学员：那当然了，肯定生气了。

B 学员：（点头）是啊……有时，大人也不分青红皂白，就简单行事。

A 学员：是啊……

这个训练，让每个学员去体验：当你听别人讲时，心里的感受是怎样的？另外，也应该体验到，做一个会聆听的人远比做一个会讲话的人受欢迎！所以，聆听比讲话更受欢迎，聆听是一门自我控制的艺术。

本章摘要

（1）关于情绪的理论主要有：詹姆斯－兰格情绪理论、坎农－巴德情绪丘脑理论、沙赫特－辛格理论等，都从各自研究领域，对人的情绪进行了分析。

（2）所谓情绪或情感是由客观事物是否符合人的需要而产生的，是人对客观事物所持的态度体验，这种态度体验反映着客观事物与人的需要之间的关系。

（3）伴随着情绪体验，除了产生内部生理变化外，机体外部也会发生明显变化，即表情动作，主要包括面部表情、体态表情和言语表情等。

（4）人的情绪和情感虽有区别，但二者又有着密切的联系。在某种意义上可以说，情绪是情感的外在表现，情感是情绪的本质内容。

（5）根据情绪发生的强度、速度、持续时间的长短和外部表现来划分，情绪有三种表现形式，即心境、激情和应激。

（6）心境是一种轻微、持久而弥散的情绪状态，往往在一段较长的时间里影响着一个人的言行和情绪。心境分为积极心境和消极心境两大类。

（7）激情是一种迅速、猛烈的爆发式的短暂情绪状态，是一种异常激动的表现，常常伴有难以克制的冲动行为。处于激情状态下，人的认识范围狭窄，理智分析能力受到限制，控制自己的能力减弱，不能正确地评价自己的行为及其后果。但是激情有时也可以成为激励人们积极行动的巨大动力。

（8）应激是由出乎意料的紧急情况所引起的一种十分强烈的情绪状态。由应激引起的生理和心理变化，称为应激反应。

（9）情绪智力包含准确地觉察、评价和表达情绪的能力；接近并（或）产生感情以促进思维的能力；理解情绪及情绪知识的能力；调节情绪以助情绪和智力发展的能力。

（10）大学生情绪的一般特征为：① 稳定性和波动性并存。② 外显性与内隐性并存。③ 冲动性与理智性并存。

（11）大学生常见的情绪困扰包括自卑、焦虑、抑郁、冷漠和易怒等。

（12）情绪既可致病，亦可治病，良好的、愉快的情绪有利于人的身心健康，反之，不良的情绪易导致心理障碍，引发生理疾病。

（13）对大学生来说，情绪健康具体地表现为：① 情绪的基调是积极、乐观、愉快、稳定的。② 对不良情绪具有调节、控制能力。③ 情绪反应适度。④ 高级的社会性情感（如理智感、道德感、美感）得到良好的发展。

（14）大学生情绪健康发展的主要特征为：① 能够积极适应环境。② 能够有效地进行学习和工作。③ 能够正确评价自我。④ 能够保持良好、稳定的情绪状态。⑤ 能够建立良好的人际关系。

（15）大学生健康情绪的培养需要做到：① 正确看待人生和社会，保持达观态度。② 学习别人健康的情绪反应。③ 让各种情绪获得适当表现的机会。④ 广交朋友和参加有益的活动。

（16）不良情绪的自我调节法主要有：① 正确归因。② 情绪宣泄法。③ 注意转移法。④ 自我安慰。⑤ 积极的自我暗示等。

思考·讨论·活动

1. 试分析情绪和情感的区别和联系。
2. 如何理解大学生情绪的两极性和矛盾性？大学生心理健康的基本标准有哪些？
3. 结合大学生常见的情绪困扰问题，讨论情绪自我调节有哪些具体方法。
4. 请结合本章的心理训练内容，分享训练过程中自己的感受。

第七章

大学生人格的塑造

☆ 章前导语

中国有句俗话："人心不同，各如其面"。人的心理差异就像人的面孔，千差万别、千姿百态。我们身边的人有的活泼，有的文静；有的勇敢，有的懦弱；有的聪明，有的笨拙。这些差异就是心理学研究所说的个性。每个人都有自己的个性。个性影响和制约着人的发展与成就。许多人的一生，并不缺才华、能力和机遇，却总与晋升、成就、财富擦肩而过，其根本原因就在于，他还不具备健康的心理和良好的个性。实践告诉我们，一切智慧、成就、财富和幸福都始于良好的个性。

人格又称个性，源于拉丁语"persona"，意指古希腊罗马时代的戏剧演员在舞台上戴的假面具，它代表剧中人物的角色和身份。有证据表明，早在人类社会之初，人们就试图以某种宗教形式或社会行为法典来使这些有关人的看法体系化。如《旧约全书》就有关于个体人格及其行为原因的描述。从希腊文明时代起，就有人尝试将人格上的个体差异（气质）与身体机能联系起来，这种观点在原则上与现代人格的生物学观点没有什么差别。人格的问题，一直是哲学家所关注的问题。虽然，在我国"人格"一词是现代才有的，但是，对人或人格的探讨却源远流长。远在先秦时期，我国古代思想家孟子就提出了"人之所以异于禽兽者"和荀子"人之所以为人者"的观念。中国哲学强调，人是群体的人，个人应服从家庭和国家，通过"修身、齐家、治国、平天下"（《礼记·大学》）的途径达到人格的完美。西方哲学中的人本主义哲学就是以研究人为中心，并以抽象的人为基础去解释一切问题的哲学学说。从古希腊普罗塔哥拉（Protagoras）的"人是万物的尺度"开始，到法国哲学家萨特（Jean-Paul Sartre）的存在主义的人生哲学，都是探讨人的。西方哲学强调，人是独立的个体，"上帝面前人人平等"，社会不可侵犯个人的权利，通过自我实现（self-actualization）以达到人格的完善。然而，直到 20 世纪 30 年代（心理学真正成为一门科学在 1879 年），人格才开始被认为是心理学的特有部分，而这主要应归功于奥尔波特的《人格：心理学的解释》和默瑞的《人格探究》等伟大著述的出版。

人格是一个有多种不同含义和多种属性的模糊概念。人们在日常生活中经常使用人格这个词，许多学科的学者也都在使用这个词，但是其含义往往很不相同。即使在心理学界，似乎每一位心理学家对人格都有不同的定义。心理学家对人格研究的主要领域是：人格结构、人格动力、人格发展、人格适应以及人格研究和评鉴。

人格是人的素质的重要组成部分，是人的心理面貌的集中反映。大学生正处于身心急剧发展和自我意识由分化、矛盾逐渐走向统一的特殊时期。因而，大学阶段依然是大学生人格不断发展的时期，而且大学校园文化氛围也为大学生人格塑造提供了一个广阔天地。然而，面对着社会的急剧发展、生活节奏加快，人们观念的多元化，也使大学生人格的形成变得更加困难和不确定，人格发展也出现更多的迷茫和冲突。因此，重视大学生人格的塑造，对于培养高素质、高质量的合格人才，具有重要的现实意义，同时也是我们进行心理健康教育所要达到的目标。

本章所要研究的内容，首先是分析人格的诸多定义、人格的基本特征（整体性、稳定性、独特性和社会性）以及人格的主要组成部分：气质和性格两个概念。其次是根据大学生人格发展的特点、影响因素，以及健康人格的塑造问题进行研究。希望读者在阅读本章之后，能够对下列问题有所认识：

1. 人格的含义、特征以及青年期人格发展的特点。
2. 气质的含义、类型和特征。
3. 大学生人格发展的特点和常见的人格缺陷。
4. 大学生人格发展的影响因素。
5. 大学生塑造健康人格的方法和途径。

第一节 >>>>>>>>>>
人格概述

在日常生活中，人们对人格、个性、气质、性格等词是非常熟悉的。我们常听说某君人格高尚，令人肃然起敬；某君人格卑鄙，使人鄙夷不屑。我们之所以能把张三、李四、王五区分开，这些都是因为不同的人具有不同个性的缘故。

一、人格

人格是一个极为抽象的模糊概念，也是一个含义极为丰富的概念。我们常听到人家说张三的人格高尚，李四的人格卑鄙。这是从道德或伦理上给人的一种评价。又有人说某某对其妻虐待欺凌，污辱人格，这是从法律规范的角度，说明某人侵犯他人的尊严和人身自由的问题。在这里，我们将对人格一词的来源、人格的诸多定义、人格的基本特征进行分析，来阐述人格这个概念的内涵。

（一）人格一词的来源

从字源上看，我国古代汉语中没有"人格"这个词，但是有"人性""人品""品格"等词。例如，最早讲到"人性"的孔子曾说过"性相近也，习相远也"（《论语·阳货》），他认为素质是基础，个体差异来自环境和教育。人性、人品、品格等词虽然与人格一词在内容上有联系，但它们毕竟是不同的术语。中文中的"人格"这个术语是现代从日文中引入的；而日文中的"人格"一词则来自对英文"personality"一词的意译。

英语中的"personality"一词源于拉丁文的"persona"，本意是指面具。所谓面具（mask），就是演戏时应剧情的需要所画的脸谱，它表现剧中人物的角色和身份。例如，我国京剧有大花脸、小花脸等各种脸谱，表现各种性格和角色。像红脸代表的是忠厚，白脸代表的是阴险狡诈，黑脸代表的是刚正不阿。把面具指义为人格，实际上包含着两层意思：一是指个人在生活舞台上表演出的各种行为，表现于外给人的印象或公开的自我；二是指个人蕴藏于内、外部未露的特点，即被遮蔽起来的真实的自我。因此，从字源上来看，人格就是我国古代学者所说的"蕴蓄于中，形诸于外"。

现代英语中"personality"也被译成"个性"。在我国不少教育学家、社会学家以及部分心理学家一般都用个性一词来表达他们所理解的"人格",即"个性＝人格"。但这显然忽视甚至舍弃了西方"personality"(人格)的本来意义。西方现代意义上的"personality"(人格),其含义除了指个人性或私人性外,还包含一定的个性特征。而汉语的人格既包含了人与人之间的差异性,也包含了人与人的共有性。因此,汉语词组"人格"与"personality"的译名"人格",两者之间既有一定的联系和相通之处,又存在着某些区别。其不同之处可以归结为两个方面,一是外延和范围不同,二是侧重点不同。汉语"人格"较为抽象、宽泛,具有广泛的适用性和多样化的含义。相对而言,"personality"的含义则要确定得多,范围也要狭窄得多,它是一个比汉语"人格"更为具体的概念。就侧重于特质而论,汉语"人格"侧重于个体的内在精神境界、道德品质修养、人生追求,以及对外界评价的反应等。西方文化中的"personality",强调个体的独立性,注重主体的态度与自身的体验,因此离开"个人"也就无所谓人格。

此外,严格地讲,个性与人格这两个概念还是有区别的。其一,个性是指人的个别差异(individual difference),从差别的角度来看一个人不同于他人的特点。人的各种心理现象,从反应到价值观,从感知到思维以及人格等,都有个别差异。人格则是对一个人的总的描述或本质的描述。它既能表现这个人,又力图解释这个人的行为,阐明其心理倾向。从这个意义上讲,个性仅表达人格的独特性,但人格还有整体性等特点。其二,个性是相对于共性(generality)而言的,世界上的万事万物都有个性,人自然也有个性。但人格只是对人而言的,对其他事物和动物显然不能用人格来描述。人格就是一个真实的人。人是由某些其他人共同的或相似的特征以及完全不同的特征复杂地交织而成的,其中既有个人所独有的,也有与他人相似的或共同的。人格这个概念比个性具有更多的内涵和外延。因此,应当把这两个概念加以区分。

(二) 人格的含义

名师微课:你真的知道什么是人格吗?

从19世纪20年代以来,"人格"已成为西方学术界最引人注目的课题之一。我国从20世纪80年代初开始,也兴起了"人格"研究热。不同学科的专家、学者,如心理学家、哲学家、社会学家、伦理学家、人类文化学家等,都对人格问题进行了广泛而深入的探讨,出版了大量讨论、论述人格问题的专著和研究报告,也相应地形成了众多观点各异、学派纷呈的人格理论或人格范型。

在各种理论或范型中,人格无疑是一个词义丰富、使用广泛的词汇。人们对它既有哲学上的定义,也有心理学的解释,还有法学、伦理学以及其他学科领域的阐述。仅从心理学的意义上看人格,就是一个十分复杂的问题。根据美国著名人格心理学家奥尔波特对人格的定义所做的统计,发现心理学家关于人格的定义不下50个。奥尔波特在对这些概念加以比较和归纳之后,提出了自己的人格定义:"人格是个体在心理、物理系统中的动力组织,这个动力组织决定人对环境顺应的独特性。"[1] 奥尔波

---

[1] Handbook of Personality: Theory and Research, P4, Edited by Lawrence A. Pervin, The Guilford Press, New York, 1990.

特这个人格定义在某种程度上被当作现代心理学中习惯用法的综合。

在奥尔波特之后又有不少心理学家界定人格的定义，如：

（1）吴伟士（1947）："人格是个体行为的全部品质。"

（2）艾森克（1955）："人格是个体由遗传和环境所决定的实际的和潜在的行为模式的总和。"

（3）卡特尔（1965）："人格是一种倾向，可借以预测一个人在给定情境中的所作所为，它是与个体的外显和内隐行为联系在一起的。"

（4）林德采荷文（1975）："人格是特征的一种组织，它存在于自己而区别于他人。"

（5）拉扎鲁斯（1979）："人格是基本和稳定的心理结构和过程，它们组织着人的经验并形成人的行为和对环境的反应。"

（6）米谢尔（1980）："人格是个人心理特征的统一，这些特征决定人的外显行为和内隐行为，并使它们与别人的行为有稳定的差异。"[1]

（7）陈仲庚（1987）："个体内在的行为上的倾向性，它表现一个人在不断变化中的全体和综合，是具有动力一致性和连续性的持久的自我，是人在社会化过程中形成的给予人特色的身心组织。"[2]

人格定义的不同，反映了心理学家们对人格研究的侧重点及他们所采用的研究方法的不同。人格定义的多样性，反映了人格的内涵的丰富性。从历史的观点来看，心理学家对人格的众多探讨与盲人摸象颇为相似，见仁见智，莫衷一是。心理学家正是从各个不同的方位向人格这一领域靠拢，按照自己的一孔之见给人格下定义。因此，所有各家的见解对我们认识人格都是有益的。虽然，目前人格研究领域中仍然存在着各种研究范型或研究取向，一时难以统一，但是各种观点走向融合的趋势同样是存在的。心理学家毕竟不同于摸象的盲人，他们的眼睛是明亮的并力求以科学方法论作指导。所以上述这些有关人格的心理学定义也表现出一些共同之处：第一，人格是指个体所独具的各种特质或特点的综合体；第二，人格是与人的个体差异有关的概念；第三，人格是与人的行为模式有关的概念。

因此，从心理学意义上的人格，我们可以认为，人格是指一个人在一生发展的漫长历程中，逐渐形成的表现为稳定的和持续的心理特点，以及行为方式的总和。这些心理特点主要包括以下几方面的内容：气质、性格、能力、兴趣、爱好、需要、理想、信念等。其中，气质、性格是人格的重要组成部分。

（三）人格的基本特征

人格具有整体性、稳定性、独特性及社会性 4 个基本特性。

1. 人格的整体性

人格的整体性（unity of personality）是指人格虽有多种成分和特质，如气质、性格、能力、兴趣、爱好、需要、理想、信念等，但在真实的人身上它们并不是孤立存

---

[1]　陈仲庚、张雨新. 人格心理学［M］. 沈阳：辽宁人民出版社，1986.
[2]　陈仲庚等. 人格心理学概要［M］. 厦门：时代文化出版社，1993.

在的，而是密切联系，综合成一个有机组织。人的行为不仅是某个特定部分运作的结果，而且总是与其他部分紧密联系、协调一致进行活动的结果。正像汽车那样，它要顺利运行，各部分必须协调一致朝着一定的目标，作为一个整体而运作。

2. 人格的稳定性

人格的稳定性（stability of personality）表现为两个方面：一是人格的跨时间的持续性；二是人格的跨情境的一致性。这两个方面是密切联系的。

在人生的不同时期，人格持续性（continuity of personality）首先表现为"自我"的持久性。每个人的"自我"，即这一个的"我"，在世界上不会存在于其他地方，也不会变成其他东西。昨天的我是今天的我，也是明天的我。一个人可以失去一部分肉体，改变自己的职业，变穷或变富，幸福或不幸福，但是他仍然认为自己是同一个人，这就是自我的持续性。持续的自我是人格稳定性的一个重要方面。

人格的稳定性还表现在人格特征跨情境的一致性。例如，一个外倾的学生不仅在学校里善于交际，喜欢交朋友，在校外活动中也喜欢交际，喜欢聚会。而且不仅在中学时如此，在大学时也是如此。所谓人格特征是指一个人经常表现出来的稳定的心理和行为特征。那些暂时的、偶尔表现出来的行为则不属于人格特征。例如，一个外倾的人经常表现为善交际、喜欢聚会和言谈，但他偶尔也会表现出安静，与他人保持一定距离。在这里善交际、喜欢聚会和言谈是他的人格特征，而安静，与他人保持一定距离则不算是他的人格特征。

人格的稳定性并不排除其发展和变化。人格的稳定性并不意味着人格是一成不变的，而是指较为持久的一再出现的特征。

3. 人格的独特性

人格的独特性（uniqueness of personality）是指人与人之间的心理和行为是不相同的。由于人格结构组合的多样性，使每个人的人格都有自己的特点。在日常生活中，我们随时随地都可以观察到每个人的行为异于他人的地方，每个人各有其能力、爱好、认知方式、情绪表现和价值观。

我们强调人格的独特性，并不排除人们在心理和行为上的共同性。同一民族、同一阶级、同一群体的人们具有相似的人格特征，文化人类学家把同一种文化陶冶出的共同的人格特征称为群体人格（group personality）。例如，许多研究表明，由于受传统儒家文化的影响，不论是国内的华人还是早期移民国外的华人都有不少相同的人格特征。

4. 人格的社会性

人格的社会性（sociality of personality）是指社会化把人这样的动物变成社会的成员，人格是社会的人所特有的。所谓社会化（socialization）是个人在与他人交往中掌握社会经验和行为规范，获得自我的过程。

社会化的内容，就像人类社会本身那样复杂多样。因纽特人（Inuit）要学习应付北极严寒的生活方式；布须曼人（Bushmen）要学习应付非洲沙漠酷暑的生活方式。社会化与个人所处的文化传统、社会制度、种族、民族、阶级地位、家庭有密切的关系。通过社会化，个人获得了从装饰习惯到价值观和自我观念等方面的人格特征。人格既是社会化的对象，也是社会化的结果。

（四）与人格相关的概念

在研究人格概念时，常常有一些与人格概念相联系的词汇，如健康人格、健全人格、理想人格等。在此，我们对这几个相关概念进行分析。①

1. 健康人格

健康人格是心理学尤其是人格心理学的重点研究内容。它是从人的心理状态、精神面貌的角度，探讨人对自身、对周围生活环境的良好适应和有效改造。健康人格就是心理健康的完满状态。它是以较高的主、客观认知水准，乐观而稳定的情绪，符合社会取向的人生观、价值观为核心，以具备良好的心理调适能力，充分发挥个体内在潜能，在各种行为反应中以积极、适度的方式表达个体感受与行为的主现状态。因此，心理健康是人格健康的重要标志和主要内容，保持良好的心理状态是促进人格健康的重要途径和有效方法。

也有人认为，健康人格是指能保证实现那些为人生所特有的高层次意向，体验到人心期待的人生高层满足，保障生命意义的自我实现的生活方式，特别是心理状态。持这种观点的代表人物就是美国心理学家马斯洛，他认为，健康人格更多的是个体主观感受和内心体验，是人有效地维持个人要求与外界社会环境压力之间的关系，保证个体身心舒适，较好地发挥自身潜能，顺利达到期待目标的积极心态和进取精神。

2. 健全人格

健全人格则表现为人在社会生活的多方面所表现出来的作为人的较理想的状态。它不局限在人格心理学范畴，还体现在伦理道德、法律法纪以及世界观、人生观等多方面。它是个体人格与社会人格的有机统一，既表现个体在社会生活中的价值取向，也反映社会对个体的价值认定。因此，培养具有健全人格的公民是不同社会形态的国家所共同追求的目标，也是各国教育改革的基本内容。

我国绘画大师、教育家丰子恺先生认为，健全人格亦即"圆满的人格"，是真、善、美的和谐统一，亦即在情绪意志上感受到美；在思想认识上追求真；在行为目标上向往无限的善。日本哲学家西田几多郎在《善的研究》一书中也认为，人们对真、善、美的追求应与内心的知、情、意的完美结合相符合或一致，其统一的标志就是健全的人格。可见健全人格不仅是人格的一种圆满状态，更是人们追求圆满人格的过程。正如爱因斯坦所说："照亮我的道路，并且不断地给我新的勇气去愉快地正视生活的理想，是善、美和真。"

3. 理想人格

在某种意义上，健全人格可以近似地理解为理想人格，但它又不能等同于理想人格。因为，现实生活中的每一位有血有肉的男女都不可能完全符合"理想人格"的标准或模式，但具有健全人格的个体却在社会生活中实实在在地存在着。我们树立和倡导理想人格，意在使人们达到"虽不能至，心向往之"的目的，起着鞭策、激励以及完善的作用。同样，我们进行健全人格的教育和培养，也具有这样的意义和目的，它能使每个追求健全人格的社会成员明晰做人的道理，向往高尚

---

①　樊富珉. 大学生心理健康教育研究［M］. 北京：清华大学出版社，2002.

的人格。

二、人格理论

关于人格问题的研究，有许许多多的理论学派，从不同的侧面进行了多维度的探讨，其中比较典型的是弗洛伊德的人格论、奥尔波特的人格论以及马斯洛的人格论。[①]

（一）弗洛伊德的人格论

弗洛伊德是精神分析学派的创始人。因受到 19 世纪物理学和生物学思想的影响，认为人的行为也遵循能量守恒定律，人的心理也被一种能所激奋，这种能来源于神经生理的兴奋状态，这种能就是以愿望和冲动为中心的"本能"，而人格就是释放或转换这种本能的一个系统。

弗洛伊德认为人格的结构由三个部分组成，这就是"本我"（也称"伊特"）、"自我"和"超我"，这三者是在意识、无意识活动的机制下，在心理发展的关系中形成的。

在弗洛伊德看来，"本我"是遗传下来的动物本能，是一种动力机制，其目标是毫不掩饰地满足生物要求，内部充满了非理性、反社会和破坏性的冲动。"本我"是人格的深层内涵。"自我"是"本我"的调节者，它处于"本我"的对立面，是检查和把关的门户。"自我"有部分意识参加，它的任务是使"自我"与外界社会更好地协调，并采取某种方式转移不能被社会所接受的本能冲动。"自我"是人格的表层。"超我"是充满清规戒律和类似于良心的人格层面，它是来自内心的道德理念。它在很大程度上依赖于父母的影响，是在儿童成长过程中逐步形成的。一旦"超我"建立，"自我"就可以按照"超我"提供的价值观和"本我"的要求进行调节，以采取合适的方式行事。

（二）奥尔波特的人格论

奥尔波特是一位美国的心理学家。他有句名言："同样的火候，使黄油融化，使鸡蛋变硬。"他认为，"人格是个体内部那些决定个人对其环境独特顺应方式的身心系统的动力结构"，他强调了人格的个别特点，创立了人格特质论。

这种人格特质理论认为，人格以特质迎接外部世界，用特质来组织经验，构成一个人完整的系统，由此而引发人的思想和行为。奥尔波特把特质分为两种，一种为个人特质，是在某个具体人身上的特质；另一种为共同特质，是群体都具有的特质。奥尔波特的特质论是指能够代表人生"生活综合"的测验单元，可分为三种类型，并且认为三者在人身上是重叠交叉的。第一种特质是枢纽特质，是一个人的一切行动都受其影响的特质，它渗透于这个人全部活动的所有方面；第二种是核心特质，是一个人具有一般意义的倾向，其渗透性差一些，但也有相当的概括性，是人格结构中的主

---

① 贺淑曼等. 健康心理与人才发展［M］. 北京：世界图书出版社，1999.

要构成因素；第三种是次要特质，是不受人注目的，一致性和一般性都较少的那些人格特质，其渗透性极小，与习惯和态度有关，情境性、突发性较强。

奥尔波特反对精神分析学的观点，认为人格从不是已经形成的东西，而是正在形成的东西，一个不断变化着的动力组织。他借用了古希腊的一句名言："没有已成的，一切都在变成中"，说明了他对人格不确定性的解释。

（三）马斯洛的人格论

马斯洛是美国心理学家，人本主义心理学的创始人。马斯洛认为以往的心理学家，都把目光投向人类消极、阴暗和病态的一面，他把这种心理学称为"残疾"心理学。而他的研究是基于人是一个有思维、有感情的统一体，研究的对象是一些有成就的著名人物，因而创立了研究人类积极的本性和因素的健康人格心理学。

马斯洛对人格内部的分析重点是动机和需要理论，他主张人类有一些本能化的需要，同时也有一些高层次的需要，这些需要就是生理的需要、安全的需要、归属和爱的需要、尊重的需要及自我实现的需要。他认为在人类的进化和作为一个主体的人的生活过程中，一种低级的需要满足后就会被更高的一种需要所代替，一直走向"自我实现"的需要，如图 7-1-1 所示。

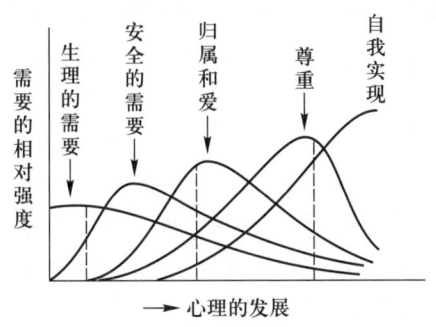

图 7-1-1　马斯洛需要层次理论

"自我实现"的人是马斯洛推崇的具有理想人格的人，他详细描述了自我实现者的特征。他认为自我实现者是"充分地利用和开发天资、能力、潜能的，这样的人似乎竭尽所能，使自己趋于完美"。他的人格理论为我们了解一个正常人如何发现自己的潜能，使自己的人格日趋完美，提供了许多宝贵的启示。

三、气质

气质是人格的基础之一，是人格结构中比较稳定的，与遗传素质联系密切的成分。

（一）气质的含义

气质一词最早为 2 000 多年前古希腊医生希波克拉特所提出。他认为人体内有 4 种体液：血液、黏液、黄胆汁和黑胆汁。这 4 种体液在不同人身上的比例是不一样的，因此人们的行为方式也不同，气质由此分为 4 大类：在体液混合中，血液占优势的叫多血质；黏液占优势的叫黏液质；黄胆汁占优势的叫胆汁质；黑胆汁占优势的就叫抑郁质。希波克拉特虽然天才地提出了人的气质类型，但还不能科学地解释它们。

现代心理学认为，气质是个体不以活动的目的和内容为转移的典型的、稳定的心理活动的动力特征。它具有以下三个方面的特征：

1. 气质是心理活动的动力特征

心理活动的动力特征表现为心理活动发生的速度、强度和指向性。心理活动的速度指知觉的速度、思维的敏捷程度、情绪发生的快慢等心理过程的速度。心理活动的强度指情绪的强度、意志努力的程度等。心理活动的指向性是指心理活动指向外部现实还是指向自己的内心世界。

2. 气质是一种天赋的个性心理特征

气质受人的先天生物因素影响较大，具有明显的"天赋性"。例如，刚出生不久的婴儿就有心理活动和动作上的差异，有的爱笑，有的爱哭，而有的则比较安静。这些心理活动的动力特征是受胎儿期发展起来的个体生物特征制约的，它是个体气质特征的初期表现。

3. 气质具有稳定性和可变性

气质的稳定性是指具有某种气质类型的人，在不同内容的活动中都显示出同样性质的气质特征。气质与性格、能力等个性心理特征相比，更具有稳定性。但气质的稳定性并不是说丝毫不可改变，它在社会生活和教育条件的影响下，可以得到改变，但这种改变是缓慢的。

（二）气质的生理基础

有关气质的生理机制的理论，可谓众说纷纭。具有典型意义的理论有体液说、血型说、颅相说以及内分泌说等等。实践证明，巴甫洛夫关于高级神经活动类型的学说，对探索气质的生理机制有重要的意义。

巴甫洛夫在研究动物的高级神经活动时，发现了神经活动的不同神经类型。

1. 神经过程的基本特性

大脑两半球皮质和皮质下部分是高级神经活动的器官，是心理活动的物质基础，特别是大脑两半球皮质的活动，在心理的生理机制中占有重要的地位。皮质细胞活动有两个基本过程：兴奋和抑制。兴奋引起增强皮质细胞和相应器官的活动。抑制的作用是阻止皮质的兴奋和器官的活动。这两种神经过程有 3 个基本特性，即兴奋和抑制的强度；兴奋和抑制的平衡性；兴奋和抑制的灵活性。神经过程的强度表示细胞接受强烈刺激或持久工作的能力，这种能力有强弱之分；平衡性是指神经过程兴奋和抑制两种过程的相互关系，兴奋与抑制任何一方占有优势则为不平衡；灵活性则是指对刺激的反应速度和兴奋与抑制转化的速度而言，神经过程灵活性高，从兴奋过程到抑制过程就快，反之，则慢。

2. 高级神经活动类型

巴甫洛夫根据神经过程 3 个基本特征的独特组合就形成 4 种高级神经活动类型：

（1）强、平衡而灵活型。这是一种健康、坚强、充满活力的神经活动类型。巴甫洛夫认为这是一种最完美的类型，这种类型的人比其他类型的人能较好地与环境维持平衡。这种类型的人受刺激时活泼、灵敏，没有受刺激时则倾向于平和。他们很容易建立抑制性条件反射。在不良的环境中，这种类型的人也不易出现神经性疾病。

（2）强、平衡而不灵活的类型。这种类型与前一种类型的特点一样，能够良好地适应环境。这种类型的个体兴奋过程和抑制过程都强，而且平衡，是一种坚韧而行动较迟缓的类型。由于神经过程不灵活，这种类型的个体较难适应快速变化的环境。这种类型的个体即使生活在不良的环境中，也很难出现神经性疾病。

（3）强而不平衡的类型。这种类型的个体兴奋过程强于抑制过程，是一种容易兴奋、不受约束的类型，所以也称为不可遏制型。在要求个体进行强的抑制的特定情境中，这种类型的个体倾向于抑郁和昏沉，或者产生难以遏制的行为或攻击性行为。

（4）弱型。这种类型的个体不易适应环境，较难对抑制性刺激做出反应。环境迅速的、经常性的变化会引起其行为失调。

（三）气质类型及其特征

气质类型是指表现为心理特性的神经系统基本特性的典型结合。根据目前心理学的研究，人的气质大致包括 6 种不同的心理特性：

（1）感受性。这是人对外界影响产生感觉的能力，是神经系统强度特性的表现。一个人感受性的大小，可以根据他的感觉能力与刺激强度的关系来判断。例如，一个人对引起感觉所需要的刺激量小，则说明这个人的绝对感受性大。反之，他所需要的刺激量大，他的感受性就小。

（2）耐受性。这是人在经受外界事物的刺激作用在时间和强度上的耐受程度，也是神经系统强度特性的表现。耐受性强的人，对已形成的条件反射经受多次强化时，条件反射并不消退，且有所增加；耐受性差的人，在多次强的刺激下则会出现条件反射的消退。

（3）反应的敏捷性。指一般的心理反应和心理过程进行的速度，诸如说话的速度、记忆的速度、思考问题的敏捷程度、注意转移的灵活程度，一般动作的灵活程度以及敏捷程度等，它主要是神经系统灵活性的表现。

（4）可塑性。这是人根据外界事物变化的情况而改变自己适应性行为的可塑性程度。凡是容易顺应环境、行动果断的人都具有较大的可塑性，而在顺应环境时阻碍大的，情绪上出现纷扰、行动迟缓、态度犹豫的人则具有更大的刻板性或惰性。它主要也是神经系统灵活性的表现。

（5）情绪兴奋性。这是神经系统特性在心理上表现的重要特性，它既表现神经系统的强度特性，也表现平衡性。有的人情绪兴奋性很高，而情绪抑制力弱，这表明其神经有强而不平衡的特性。情绪兴奋性还包括情绪向外表现的强烈程度。

（6）外倾性与内倾性。外倾性是兴奋性强的表现，内倾性则是抑制过程占优势的反映。具有外倾性的人，表现为心理活动、言语反应和动作反应倾向表现于外部，所谓"喜形于色"；具有内倾性的人，其表现正好相反，善于思索与"沉默寡言"。

根据以上分析，我们把高级神经活动类型、气质类型和心理特性用表 7-1-1 来表示：

表 7-1-1　高级神经活动类型与气质类型及其心理特征

名师微课：你属于什么气质类型？

高级神经活动类型	气质类型	气质心理特性的组合	行为方式的典型表现
强而不平衡型（不可抑制型）	胆汁质	感受性低；有一定耐受性；反应快而不灵活；情绪兴奋性高；抑制能力差；外倾性明显；行为有一定可塑性	直率，热情，精力旺盛，情绪易冲动，心境变换剧烈，脾气急躁
强而平衡、灵活型（活泼型）	多血质	感受性低；有一定耐受性；反应快而不灵活；情绪兴奋性高；外部表露明显；行为可塑性大	活泼、好动、敏感，反应迅速，喜欢与人交往，注意易转移，兴趣易变化，缺乏持久力
强而平衡、不灵活型（安静型）	黏液质	感受性低；耐受性高；反应速度缓慢；具有稳定性；情绪兴奋性低；内倾性明显；行为有一定可塑性	安静、稳重，反应缓慢，沉默寡言，情绪不易外露，注意稳定难转移，善于忍耐
弱型（抑制型）	抑郁质	感受性高；耐受性低；反应速度度慢，刻板而不灵活；情绪兴奋性高而体验深；内倾特别明显；行为可塑性小	情绪体验深刻；行动迟缓，多愁善感，能觉察他人不易觉察的事物，富有幻想，胆小孤僻

四、性格

性格是人格结构中表现最明显、也是最重要的心理特征。

（一）性格的含义

在心理学界，对性格的定义各不相同，比较一致的看法是：性格是个体对现实比较稳固的态度以及与此相适应的习惯化了的行为方式。它是神经活动类型与生活环境的"合金"。

知识科普：来测试一下你的性格吧！

性格是个人稳定的个性特征，并且在个体的行为中留下痕迹，打上烙印。性格不是指一时性的态度和偶然性的行为中的心理特点，而是指经常性的、比较稳定的态度和各种行为习惯中的心理特点。一个人在某次活动中表现出能够克服困难，还不能说坚强，只有在许多场合下都能够克服困难，才能说具有坚强的性格。同样，某一个人某次劳动表现出积极肯干，也不能说他就具备了勤劳的性格，只有在各种劳动中都埋头苦干，才能说他勤劳。这就是说，那种属于一时的、情境性的、偶然的表现，不能代表一个人的性格特征。只有一个人对客观现实持有比较稳固的态度以及与之相适应的经常的行为方式，才具有性格的意义。

（二）性格的结构和分类

性格是复杂的统一体。它有多个侧面，包含着多种多样的性格特征，各种个别心理特征相互依存、相互联系、相互制约构成一个完整的组织系统，这些特征主要有以下 4 个组成部分：

（1）性格的态度特征。如同情或冷漠，正直或虚伪，勤劳或懒惰等。这里面的态度对象多种多样，它包括个人的、集体的、社会的、思想的以及个人的内心世界等对象。

（2）性格的意志特征。如目的性或盲目性，独立性或易受暗示性，果断或犹豫，坚韧或软弱等。

（3）性格的情绪特征。如乐观或悲观，热情或阴郁等。

（4）性格的理智特征。如主动观察或被动观察，主动记忆或被动记忆，想象大胆或想象受限制等。

性格的分类方法众多，而且可以从不同角度来反映一个人性格的一个侧面，具体有以下几种：

（1）理智型—情绪型。理智型性格是指人的性格中理智特征特别鲜明，善于用理智控制情绪，使自己的行动具有明显的理智导向，自制力强，处事谨慎，但容易畏前缩后，缺少应有的冲动。如果理智被不健康的意识控制时，就可能表现为虚伪、自私、见风使舵等。

情绪型性格指情绪体验深刻，举止易受情绪左右。这种人待人热情，做事大胆，情绪反应敏感，但情绪容易起伏，有时甚至过于冲动，注意力不够稳定，兴趣易转移等。

（2）独立型—顺从型。独立型的人意志较坚强，不仅善于独立发现问题、解决问题，而且勇于坚持自己的正确意见，自主自立，自强不息。

顺从型的人服从性好，易与人合作，随和、谦恭，但独立性差，依赖性强，易受暗示，在紧急情况下易惊慌失措。

（3）外向型—内向型。外向型的人心理活动倾向于外部，活泼开朗，善交际，感情易外露，关心外部事物，处世不拘小节，独立性强，易适应环境，但易轻信，自制力和坚持性不足，有时表现出粗心、不谨慎、情感多变等。

内向型的人心理活动倾向于内部，情感较内敛、含蓄，处事谨慎，自制力较强，善于忍耐克制，富有想象，情绪体验深刻，但不善交际，应变能力较弱，反应缓慢，易优柔寡断，显得有些沉郁、孤僻、拘谨、胆怯等。

（三）性格与气质的关系

巴甫洛夫对性格和气质的生理基础进行了探讨，并提出了自己的创见。首先，他认为气质是以神经过程的特性，以及由此组成的高级神经活动类型为其生理基础的，性格的生理基础则是先天的神经类型特点与在生活经验影响下神经系统所建立的暂时神经联系的"合金"。所谓"合金"，既指暂时神经联系受神经类型特征的制约，又指暂时神经联系能掩盖或改变神经类型的基本特征。因此，气质和性格的生理基础有密切的联系。气质决定了性格特征的外部表现的时间，即由于气质类型不同，在强或弱的内外刺激作用下，行为方式的产生和停止有快有慢，有难有易。如多血质的人和黏液质的人都有交往的动机，但前者主动，而后者往往较少主动；多血质的人很容易和新朋友相识，但也容易疏远旧的朋友，而黏液质的人则相反。其次，气质的特征可以促进或阻碍性格的某一系统的发展。比如，一般情况下，胆汁质比抑郁质更容易形成勇敢、大胆的性格，而抑郁质比胆汁质更容易形成谨慎、耐心的特征。最后，性格相同但气质不同的人，其外部表现有不同的色彩。如，同具勤劳性格品质，胆汁质常常情绪饱满，迅速而利落地完成任务；多血质者往往兴高采烈，充满热情；黏液质者可能不动声色，从容不迫地工作；而抑郁质者常善于体察事物的细小变化，认真默默地工作。

相对而言，气质较多地受遗传因素影响，因而变化较难、较慢，而性格是后天形成的，受生活实践、经验的制约，虽然也具有相对稳定性，但与气质比较，它的变化更容易，也更快。日常生活中我们常说："生活的磨炼可以改变一个人"，主要是指性格的改变。另外，气质无好坏之分，只有当气质的表现涉及人的社会关系时，才能评定这种品质是否可行，是否有价值，而对性格而言始终具有好坏的评价。最后，相同气质的人可以形成不同的性格，不同气质的人又可以形成相同的性格。

第二节
大学生人格发展及影响因素

大学生人格的形成和发展受制于多种因素的影响，既有先天遗传素质的作用，也有后天家庭、学校、社会诸因素的作用。在人格的形成和发展过程中，由于内外不良因素的作用，会不同程度地影响人格的健康发展，从而导致人格发展的缺陷，严重的还会引起人格障碍。

一、大学生人格发展的特点

大学生正处于青年中期，在这一时期，他们的身体和心理迅速发展成熟，情感体验日益深化，并随着对社会的了解逐渐深入，他们开始关注自我，渴望发现自我的价值，产生强烈的归属感，渴望友谊，但又崇尚孤独，表现出情绪上的动荡和思想行为的不确定性。大学生的人格发展主要有以下几个特点：

（一）不稳定性

根据勒温（K. Lewin）的观点，青年期是由儿童的"心理场"向成人的"心理场"的过渡时期，由于"生活空间"扩大、社会的变迁，以及自身社会角色的过渡，造成大学生在未知的环境中难以确定自己的行为方式。因此，在这一时期，大学生表现出的一些人格特征带有显著的不稳定性。如有时表现出空前的自信，认为自己无所不能，而有时又极度地自卑，认为自己一无是处。而且两者可反复出现，使大学生情绪不稳、易于激动、烦躁、不安，常处于情绪的动荡状态。这是由于大学生在走向社会的过程中正在建立新的适应社会的人格模式，因此，表现出的一些人格品质是过渡性的，随着年龄的增长和社会化的加深，即成人期的到来，才会形成相对稳定的人格。

（二）冲突性

进入青年期的大学生，开始摆脱儿童期的对自我和外界的肤浅认识，将注意力集中到重新发现自我上来。尤其是对新生而言，环境的变化、学习压力的加大、同学间的竞争常使他们失去既往的心理平衡，在内心掀起巨大的波澜。自我的重新认知也使其思想行为陷入自我矛盾的尴尬境地，表现在与人交往中，其实内心渴望得到友谊和关怀，却因怕被拒绝而做出冷漠、高傲的姿态；而在对父母的感情上，则有时会产生感激父母的爱，但不满其教育方式的两种矛盾的情感。

（三）可塑性

人格的发展和变化并不是在童年就停止了，而是整个一生都在持续着。人格的发展经历幼儿期、少年期、青年期、中年期和老年期几个阶段。而青年期是人格走向成熟、由量变到质变的重要时期。在这一时期，受学校、社会等后天环境以及自身知识的积累、生活经历的影响，其人格常会有较大的改变，奥苏贝尔（D. P. Ausubel）甚至提出青年期是人格再构成的时期。这说明，处于青年期的大学生，其人格还未真正定型，具有较强的可塑性，因此，大学阶段是大学生人格发展的重要时期。大学生人格发展可塑性的特点，也正是我们加强大学生人格教育的理论依据。

二、大学生常见的人格缺陷

人格发展缺陷是介于健康人格与变态人格（即人格障碍）之间的一种人格状态，也可以说是一种人格发展的不良倾向，或者说是某种轻度的人格障碍。

（一）健康人格的基本特征

从心理卫生角度分析，健康人格表现出以下基本特征：① 人格结构中的各个方面得到协调、充分的发展。② 能有效地适应变化着的社会生活环境和个体心身的发展。③ 对心身健康潜能发挥以及社会生活的诸多方面产生积极有效的影响。④ 体现了人性与社会性的协调，并代表着人类社会发展的积极方向。[1] 因此，凡符合以上特征的人格就是一种健康的人格。

心理学家对健康人格提出了以下几种模式：

1. 奥尔波特的"成熟者"模式

美国著名人格心理学家奥尔波特在哈佛大学长期研究高心理健康水平的人，并把他们称作"成熟者"，从他们身上归纳出 7 个指标：

（1）能主动、直接地将自己推延到自身以外的兴趣和活动中。

（2）具有对别人表示同情、亲密或爱的能力。

（3）能够接纳自己的一切，好坏优劣都如此。

（4）能够准确、客观地知觉现实和接受现实。

（5）能够形成各种技能和能力，专注和高水平地胜任自己的工作。

---

① 马建青. 心理卫生学［M］. 杭州：浙江大学出版社，1990.

（6）自我形象现实客观，知道自己的现状和特点。

（7）着眼未来，行为的动力来自长期的目标和计划。

2. 罗杰斯的"机能健全者"模式

美国人本主义心理学家罗杰斯认为"机能健全者"所表现的是真实的自我，这种人很像小孩，是纯洁和真善的。他们认为幸福并不在于全部满足，而在于积极的参与和持续的奋斗过程。罗杰斯把"机能健全者"概括为以下6种特征：

（1）能接受一切经验。他们不拒绝或歪曲某些经验，一切社会经验都能正确地符号化地进入他们的意识领域。

（2）自我与经验的和谐一致。他们在评判事物时，以自己的内在评价机制来评价经验，不断同化新经验。

（3）个性因素能发挥作用。他们的行为既受理性因素的引导，也受无意识和情绪因素的制约。

（4）有自由感。他们相信自己能掌握自己的命运，生活充实并充满希望。

（5）具有高创造性。

（6）乐意给他人以无条件的关怀，能与其他人高度协调。①

3. 弗洛姆的"创发者"模式

西方知名的人道主义哲学家、新精神分析派的代表人物之一弗洛姆认为，人都有个性化发展和内在成长的潜能，现代社会使人变得更自立自治并具有活力，人人都可以凭自己的努力走向成功，但同时又使人变得更孤独、彷徨和无助，只有通过社会变革，才能造就大量可以充分发挥个人潜能的"创发者"。"创发者"有4个特征：

（1）创发性的爱情：相爱双方是平等、自由的，不会因为爱而泯灭了个性。

（2）创发性的思维：尊重、关心思维对象。

（3）幸福：一种生机盎然、充满活力、身体健康和充分发挥潜能的状态。

（4）良心："人本主义"的良心，是发自内心的道德准则的体现。②

以上这些模式是心理学家研究了高水平心理健康的人所得出的结论。生活中很多人都达不到这样的标准。但这些模式至少可以给我们一些启示，使我们在发展健全人格的过程中有一个参考。

（二）人格障碍

人格障碍（也称变态人格、病态人格）是指人格特征显著偏离正常，从而使患者形成了特有的行为模式，不能适应正常的社会生活。其主要特点是：① 没有神经系统解剖生理上的病变。② 人格障碍是在没有意识障碍、认识能力完整、智能无缺损的情况下，出现情感与行为活动的明显障碍。③ 患者一般能处理自己的日常生活和工作，能理解自己的行为后果，也能理解社会对自己行为后果的评价标准。因此，其一般不能免除自己的责任能力。但由于对自己的人格缺乏自知力，不能吸取教训、加以纠正，故难以适应正常的社会生活。④ 人格障碍具有相对稳定性，一经形成，

① 叶亦乾. 个性心理学 ［M］. 上海：华东师范大学出版社，1993.
② 易法建. 心理医生 ［M］. 重庆：重庆大学出版社，1996.

较难改变。① 人格障碍通常始于童年、青少年或成年早期，并一直持续到成年甚至终生。

很多心理学家认为人格障碍与精神病是有区别的。它是正常人格的一种变异，介于精神病和正常人之间。人格障碍者行为问题的程度各不相同，有的人基本可以和正常人一样生活，只有少数与他关系亲密的人，才会感受到他的怪僻和难以相处。而严重者则表现出明显的社会适应障碍，惹是生非，攻击别人，不能正常地生活、工作和学习。

人格障碍的类型有很多，目前尚无一致公认的分类。参照美国《心理障碍的诊断和统计手册》中的分类，人格障碍有三大类群：第一类以行为怪僻、奇异为特点，包括偏执型、分裂型人格障碍。第二类以情感强烈、不稳定为特点，包括癔症型、自恋型、反社会型、攻击型人格障碍。第三类以紧张、退缩为特点，包括回避型、依赖型人格障碍。

这里从偏重于神经症的角度，介绍几种较为常见的人格障碍及其克服方法：

1. 自恋型人格

《心理障碍的诊断和统计手册》中对其特征描述如下：

（1）对批评的反应是愤怒、羞愧或感到耻辱（尽管不一定当即表露出来）。

（2）喜欢指使他人，要他人为自己服务。

（3）过分自高自大，对自己的才能夸大其词希望受人特别关注。

（4）坚信他关注的问题是世上独有的，不能被某些特殊的人物了解。

（5）对无限的成功、权力、荣誉、美丽或理想爱情有非分的幻想。

（6）认为自己应享有他人没有的特权。

（7）渴望持久的关注与赞美。

（8）缺乏同情心。

（9）有很强的嫉妒心。

只要出现其中的 5 项，一般就认为是自恋型人格。

自恋型人格往往以自我为中心、情感易变化、激动，待人处世容易感情用事，但这种人情感肤浅，缺乏同情心，易造成人际关系紧张。自我评价不切实际，爱听表扬忌讳批评，有高度的幻想性，行为夸张戏剧化，希望惹人注意，与癔症型人格表现相似，但性格比较内向、冷漠。

自恋的人通常是受到宠爱的孩子，天赋高于常人，对自己极有信心，以为自己战无不胜。他们会不停地谈论自己的功绩和杰出品格，期望得到别人的爱慕和忠诚，以确定对自我的评估，而这种夸大的自我评估最终导致他们或者生活在虚幻的完美世界里，或因无法面对现实而心理崩溃。

2. 回避型人格

《心理障碍的诊断和统计手册》中对其特征描述如下：

（1）很容易因他人的批评或不赞同而受到伤害。

（2）除了至亲之外，没有好朋友或知心人（或仅有一个）。

---

① 张伯源、陈仲庚. 变态心理学［M］. 北京：北京科技出版社，1987.

（3）除非确信受欢迎，一般总是不愿介入他人事务之中。

（4）行为退缩，对需要人际交往的社会活动或工作总是尽量逃避。

（5）心理自卑，在社交场合总是缄默无语，怕惹人笑话，回答不出问题。

（6）敏感羞涩，怕在别人面前露出窘态。

（7）在做那些普通的但不在自己常规之中的事时，总是夸大潜在的困难、危险或可能的冒险。

只要出现上述特征中的 4 项，一般认为是回避型人格。

回避型人格又称逃避型人格。这种人不屑追逐世俗的成功，否认自己的能力，对所有的努力有深刻的反感。他们表面上极具优越感，轻视别人，实际上内心空虚，感到很无助。为避免受环境的影响，他们试图克制内心的渴望，安于现状，厌恶改变，在感情上把他人拒之门外，害怕与人接触会带给自己约束。他们成了"自己和自己生活的旁观者"。这种人格最大的特点就是缺乏自信心，而这可能是由于消极的生活态度，或遭遇挫折，或起源于童年的不胜任感和痛苦。

3. 依赖型人格

《心理障碍的诊断和统计手册》中对其特征描述如下：

（1）在没有从他人处得到大量的建议和保证之前，对日常事务不能作出决策。

（2）无助感，让别人为自己做大多数的重要决定，如在何处生活，该选择什么职业等。

（3）被遗弃感，明知他人错了，也随声附和，因为害怕被别人遗弃。

（4）无独立性，很难单独展开计划或做事。

（5）过度容忍，为讨好他人甘愿做低下的或自己不愿意做的事。

（6）独处时有不适和无助感，或竭尽全力逃避孤独。

（7）当亲密的关系中止时感到无助或崩溃。

（8）经常被遭人遗弃的念头所折磨。

（9）很容易因未得到赞许或遭到批评而受到伤害。

只要出现上述特征中的 5 项，即可认为是依赖型人格。

依赖型人格的人往往是自我谦避型的人，对别人的需要和期望使他过分地依赖于别人。这种人把爱情看得至高无上，认为爱别人意味着和另外一个人在心灵和肉体上的合一，并从中找到自身所没有的整体性。在爱别人的过程中，依赖型人格的人充分发展了理想化自我的讨人喜欢的品质。如果别人嫌弃或没有赏识他为讨好别人而作出的过分慷慨和关心，他会感受到深深的伤害，因为别人嫌弃的是他自认为最有价值的因素。所以他对嫌弃有强烈的害怕，这意味着对别人希望的落空和对自我的否定。

依赖型人格的人强迫自己在任何情况下绝对地原谅别人，这就引发了内心的焦虑。但如果他的同伴对他的依赖性怀有感情，并由此激起对他一定的忠诚，则是比较幸运的。不成功的关系是双方相互折磨，这对依赖型人格的人是缓慢而痛苦地毁灭自己的过程。病态的依赖性在父母与子女、教师和学生、医生和患者、领导者和追随者之间的友谊关系中也有典型的表现。

4. 偏执型人格

《心理障碍的诊断和统计手册》中对其特征描述如下：

（1）过分敏感。在没有充分依据时，预期自己会遭人伤害和摧残。

（2）未经证实便怀疑朋友或同事的忠诚与诚实。

（3）从温和的评论和普通的事件中就看出羞辱与威胁的意向。

（4）对嘲笑与羞辱决不宽恕。

（5）不愿信任别人。

（6）无端自卑，很容易感到自己受轻视，并且立刻报以恶眼与反击。

（7）未经证实，便怀疑配偶或性对象的忠实。

只要出现上述特征中的 4 点，即是偏执型人格。

名师微课：偏执型人格障碍男性多还是女性多？

偏执型人格又称妄想型人格。这类人的主要特点是固执刻板、敏感多疑、自我评价过高，常常感情用事，并伴有攻击性行为。固执刻板具体表现为好与人争论、常常为一些不甚清楚的细节问题而与人争得面红耳赤。一旦认定自己受了不公待遇就会不知疲倦地沉溺于诉讼，且大有不到黄河心不死之势。为人死板，缺乏幽默感。敏感多疑，往往表现出具有歪曲体验的倾向。对人充满不信任和戒备感，惯用敌视的角度看待事物，故人际关系紧张。在自我评价方面过分高估自己的能力，一旦遇到失败，不是从自己身上找原因，而是把失败的责任推诿于客观和他人。对别人的成功极为嫉妒。

案例七：可恨之人亦可怜

（三）人格发展缺陷

大学生中有相当一部分人存在不同程度的人格发展缺陷，常见的有鲁莽、急躁、悲观、害羞、狭隘、拖拉等。

1. 鲁莽

鲁莽是以冒失、莽撞、急躁、马虎为基本特征的人格品质，尤其表现在部分男大学生中。正值青年的大学生热情高，敢想敢干，容易冲动，因而容易表现得思考不足，办事急躁、冲动。有些人出于争强好胜的强烈愿望，为了炫耀自己的能力和勇气，可以不顾危险地去表现自己。鲁莽行事者往往成事不足而败事有余，甚至出现危险。

爱森克人格问卷（EPQ）

2. 急躁

急躁与鲁莽有联系，但比鲁莽有更大的普遍性。有些大学生的急躁表现在学习上，往往是什么都想学，而且都想在短时间内学会，其结果或是因为超出了自己的实际能力，加之时间有限，而不得不半途而废，不了了之；或是浮光掠影，蜻蜓点水，囫囵吞枣。日常生活中急躁者还常常忙中生乱，甚至祸及他人。急躁者多半表现出耐心、细心和恒心方面的不足。

3. 悲观

悲观的人一遇到不如意、失败便垂头丧气，怨天尤人，对前途失去信心。悲观者总是从消极的角度去看问题，总是把眼睛盯着伤口、弱点和困难处，并且常常"一叶障目，不见泰山"。用悲观来对待挫折，实际上是帮助挫折来打击自己，在已有的失败感中，又制造出新的失败感，在现有的痛苦中，再为自己增加新的痛苦。这种悲观心理的发展，会使人浑浑噩噩，毫无生气，甚至厌世轻生。

4. 害羞

害羞在大学生中并不少见。比如不敢在大众场合发表意见，害怕与陌生人打交道，路上见到异性同学会手足无措，见到老师怕难为情，说话感到紧张等。害羞之心人皆有之，但过分害羞，不该害羞时害羞，尤其是把害羞作为一种习惯，则是有害的。它会阻碍人际交往，影响一个人才能的正常发挥，它会导致压抑、孤独、焦虑等不良心理状态。

5. 狭隘

凡事斤斤计较，耿耿于怀，好嫉妒，好挑剔，容不得人等，都是心胸狭隘的表现，即常言说的"气量小"。心胸狭隘往往影响人际关系，伤害他人感情，使简单问题复杂化。心胸狭隘也常给自己带来烦闷、苦恼，影响自己的情绪和在他人心目中的形象，因此，狭隘人格于人于己有百害而无一益。

6. 拖拉

拖拉是不少大学生的通病。拖拉是指可以完成的事而不及时完成，今天推明天，明天推后天，正如《明日歌》所言："明日复明日，明日何其多。我生待明日，万事成蹉跎。"所以拖拉一方面耽误学习、工作，到头来匆匆忙忙去做，影响质量；另一方面，拖拉并没有使人因此而轻松些，相反往往会导致心理压力，引起焦虑，总觉得有事情没完成，干别的事也难以全心投入，甚至连娱乐时也有些心事重重，难以尽兴，并且会阻碍别的重要活动的进行，还会贻误时机。

三、大学生人格发展的影响因素

人格形成受很多因素的影响，包括父母的言传身教、同伴的影响、社会风气、民族习俗、遗传基因、外貌体格等，概括起来不外乎先天的遗传因素与后天的环境因素。大学生的人格发展也不例外，它是在实践活动中，在人和环境的相互作用过程中形成和发展起来的。[1]

（一）先天遗传因素

人的心理能否遗传？历史上历来有遗传决定论和环境决定论之争。最早对这一问题进行研究的是19世纪末的英国学者高尔顿（Francis Galton），他对300多对同卵或异卵双生子进行了观察研究，对数百名法官、文学家、科学家、艺术家、神学家、政治家的家谱进行了调查，出版了《遗传的才能和性格》《遗传的天才》等一系列著作。他认为人的才能和性格都是可以遗传的。他的观点遭到许多行为主义心理学家的反对。但对刚出生的婴儿的观察发现，有的婴儿哭声洪亮，好动，是兴奋型；有的婴儿哭声细微，安静，是抑制型。这样的神经类型的特点显然是遗传的。而且，有人对双生子的精神病"同病率"问题进行了调查，发现同卵双生的同病率显著高于异卵双生的同病率。"寄养"研究也表明，通过寄养的精神病患者的子女患精神病的概率比正常人的子女高得多。说明血缘关系越近，病态人格的发生率越高，表明遗传对人格的影响确实存在。

近三四十年来，由于分子生物学、分子遗传学和细胞遗传学研究的重大进展，如发现某一基因的突变会引发躁狂抑郁症，人体血液内的5-羟色胺（5-HT）具有保持

---

① 张玲等. 心理健康教育研究与指导［M］. 北京：教育科学出版社，2001.

情绪稳定的作用等，表明已有可能揭示遗传因素影响的物质基础。当然，这些遗传因素只是影响人格差异的一个方面，更重要的是在人格形成过程中来自周围环境、文化传统等方面的影响。

（二）后天环境因素

1. 家庭影响

家庭对一个人人格的形成和发展具有重要和深远的影响。家庭是儿童成长的最初环境，社会和时代的要求，往往是通过家庭在儿童心灵上打下烙印的，许多精神分析学家认为，从出生到五六岁，是人格形成的最主要阶段，这时一个人的人格类型已基本形成。在这个阶段，绝大多数儿童在家庭生活和父母抚养中长大。据文化人类学专家研究，人格中的信任感、语言能力、交往能力、情绪的稳定性和攻击性、爱的表达能力及自我认同感等，都与家庭环境有密切关系。因此，父母的教养态度对一个人人格的形成和日后的发展起着重要作用。

家庭环境影响主要是指父母的个性、家庭教育方式与家庭心理气氛对子女人格的影响。俗话说："有其父必有其子。"这句话的合理性表现在父母在待人处事、情感交流等方面对子女的人格形成所造成的潜移默化的影响。有的父母性格比较急躁，动辄以打骂方式教育子女。这种教育方式与其子女的敌对行为呈显著相关，而与情绪稳定、态度友好、意志坚强等良好人格特征却呈负相关。有的父母性格比较温和，通过说理来引导孩子，经常表扬子女的良好表现，并且以身作则。其子女往往具有较强的独立性和自信心，人际关系和谐，自尊，较少有过失行为。心理学家认为，过分苛求、粗暴打骂或放纵溺爱的教养方式都会对儿童的人格发展产生不良影响。比较理想的家庭教育模式是父母对孩子有高标准的要求，同时又能给孩子相对的自主性。这样的家庭环境有助于孩子良好人格的形成。

美国心理学家包德温（A. L. Baldwin）研究了父母教养态度与子女人格特征之间的关系，结果表明：支配、干涉、娇宠、拒绝、不关心、专制、严厉等教养态度，会导致子女不良的人格特性；而信任、民主、容忍等教养态度，会培养子女良好的人格特征[1]（表7-2-1）。

表7-2-1　母亲的养育态度和孩子性格的关系

母亲的态度	孩子的性格
支配	消极、缺乏主动性、依赖、顺从
干涉	幼稚、胆小、神经质、被动
娇宠	任性、幼稚、神经质、温和
拒绝	反抗、冷漠、自高自大
不关心	攻击、情绪不稳定、冷酷、自立
专制	反抗、情绪不稳定、依赖、服从
民主	合作、独立、温顺、乐于社交

---

[1]　叶奕乾等. 个性心理学 [M]. 上海：华东师范大学出版社，1993.

家庭的心理气氛对孩子的人格形成亦具有重大影响。心理学的研究结果表明，58%的品德不良少年来自缺损家庭，25%来自经济困顿的家庭，而且双亲不和比双亲不全影响更坏。父母长期的敌对争吵会使子女心理产生严重的焦虑、多疑或神经质，甚至引发人格障碍。在孤儿院长大的孩子往往比在正常家庭长大的孩子性格更孤僻，缺乏对社会的信任感，这和这些孩子从小就缺少母爱有关。由此可见，家庭心理气氛对孩子人格形成的重要性。

2. 社会文化环境的影响

社会文化环境因素包括社会制度、经济状况、阶级差别、民族传统、风俗习惯、伦理道德观念和教育方式等。人从诞生之日起，就无时无刻不在受社会文化环境的影响，在特定的社会文化关系中不断地成长成熟。从这个意义上说，人不仅仅是一个生物个体，更多地体现为一个社会成员。生物的人在成长过程中，会随时随地地对社会要求作出各种独特的反应，调节个体生物需要与社会文化环境的关系，主动或被动地实现个体社会化的过程。在这个过程中，个体形成独特而稳定的人格。所以，社会文化环境的方方面面都对人格的形成有潜移默化的影响。

不同的国家有各自的社会制度，因此，每个国家都十分重视培养公民对社会制度的支持和拥护。个体对社会制度的态度在一定程度上体现了个体的信仰、世界观、价值观，从而影响了人格发展的方向。不同的社会制度造就不同的社会环境，不合理的社会制度造成家庭结构的不稳定。社会道德风尚败坏、贫富差距显著，容易造就病态人格的温床。

经济状况也会对人格形成产生一定的影响。有迹象表明，社会经济地位越低，出现心理异常的频率越高。经济地位高的人因为较少碰到诸如生活困难、无力支付某些必要开支等紧张情形，并有足够的收入得到医疗上的帮助，包括身体和心理两方面，且高收入在一定程度上满足了人的自尊需要，对人格健康发展起到较为有利的作用。而经济地位低的人往往面临更多的生活紧张状况，社会经济衰退、通货膨胀及失业的威胁使人容易产生焦虑，缺乏自信，对健康人格的形成有不利的一面。但这并不表明社会经济地位与人格有某种必然的联系，有些人格障碍与经济地位关系很小或根本无关。

民族传统文化对个体人格的影响也非常显著。每个民族都有自己的民俗习惯、风土人情，并且代代相传。

美国的一位人类学家考察了新几内亚的几个原始部落，发现处于相似地理位置的相似部落，其行为方式和人格倾向却各不相同：Arapesh 部落的人历来和平相处，人与人之间友好合作，居民性格温和；Mundugumor 部落的人传统上好战、残酷，无论男女性格都有相似之处，表现为多疑、相互攻击，有很强的报复心。当然，同一民族文化环境中成长起来的具体的人的个性也是千差万别的。因为人格的形成是人的个别性与社会的同一性相结合的产物，所以会出现同一个家庭中老大是先进模范，而老二是罪犯的情况。

20 世纪 90 年代，我国有学者研究了中国人的人格，发现西方人和中国人在对人格特征的表述上显著不同，而中国大陆和中国台湾的大学生在对人格特征的表述上却惊人地相似①（表7-2-2）。

表7-2-2　东西方人的人格特征比较

差异表现		西方人	中国大陆大学生	中国台湾大学生
描述人格的维度		外向、有活力、热情	势力浮夸（卖弄、炫耀、贪心）	势力浮夸
		愉快、利他、有感染力	外向开朗—内向拘谨（乐观、活泼、健谈）	沉稳干练—迷糊懦弱
		公正、克制、拘谨	沉稳干练—迷糊懦弱（恒心、毅力、沉稳）	善良宽厚
		神经质、消极情绪、神经过敏	善良宽厚（友爱、好心肠、和善）	外向开朗—内向拘谨
		直率、创造性、思路开阔、文雅	暴躁固执（急躁、暴躁、刚烈）	暴躁固执

这说明东西方不同的民族文化孕育了不同的人格特征，中华民族的文化传统对中国人的人格有着深远的影响。

中国大学生的人格特征与中国的社会结构和传统文化有着千丝万缕的联系，其中，在中国人社会化过程中依赖、从众、谦逊、自我克制、自我满足等训练形成了他们人格结构中的集体倾向、他人倾向、关系倾向、权威主义倾向和服从性、抑制性、脆弱性；但随着我国的改革开放、社会主义市场经济体制的建立和各种西方文化的冲击，中国大学生的人格特征也有了新的变化，主要表现在个人倾向、自我倾向、竞争倾向、平等倾向、自主性和表现性等方面逐渐增强。

社会的伦理道德在一定程度上也会影响人格形成。因为任何一个人都不可能脱离社会而存在，社会的道德规范对正常人必然产生某种制约，如"切勿偷盗"的社会准则对我们大多数人的行为都有一定的约束性。这种相对稳定的制约对个体人格形成的影响不可忽略。

还有其他一些社会因素，如战争、自然灾害等也会对人的人格发展造成危害。在战争环境中长大的儿童与和平时代成长起来的儿童，其人格的特征就有显著的不同。前者由于生命安全得不到保障，内心有一种恐惧感和焦虑，情绪不稳定。像越南战争使一些青年人的性格变得较具攻击力和暴力倾向。和平时代的儿童一般无此担忧，对未来生活有良好的预期，心灵上没有战争的阴影。

3. 学校影响

学校对学生人格的影响主要是指教师和同伴的影响。因为人格是在实践过程中和人与人交往的过程中形成的。教师的言行举止、情绪反应方式都可能成为学生模仿的对象，从而潜移默化地影响学生待人处事的方式、学习态度或对自己的看法等。

同伴的影响在中学生和大学生中更为显著。因为这个年龄阶段的青少年更倾向于

---

① 李平. 中国人西方人——从词汇看人格［J］. 读者，1999（9）.

赢得同龄人的赞许和认可，从众现象在群体里普遍存在。但由于人格尚未完全成熟定型，故良好的集体环境对他们而言很重要。

第三节
大学生健康人格的塑造

当代大学生健康人格的塑造不仅关系到大学生本身的健康和成才，也关系到社会的发展和进步，关系到祖国现代化建设的进程和质量。因此，健康人格的塑造亦是一个时代的课题。

一、大学生健康人格的塑造

大学生健康人格的塑造是大学生身心健康发展的要求，也是我国现代化建设和社会进步的需要。随着我国改革开放的深入，市场经济体制的建立，人们的各种观念也正在发生深刻变化。这一方面为大学生健康人格的塑造提供了一个良好的空间；另一方面也给人格塑造带来在价值认同和行为导向上的困难。因此，大学生在健康人格的塑造中，要努力做到：

1. 树立正确的人生观与世界观，确立人格塑造的导向

许多大学生都曾困惑地提出："人生为何？""人生的真谛是什么？"等疑问。如果一个人有了正确的人生观和世界观，就能对社会、对人生、对世界上的任何事物，持正确的认识和了解，就能形成积极的生活态度和适当的行为反应，就能站得高、看得远，做到冷静而稳妥地处理事情；同时也能心胸开阔、保持乐观主义精神，从而为健康人格的塑造指明正确的方向。

2. 克服以自我为中心的倾向

人格障碍者各种表现的一个共同点就是只强调自我中心，不考虑或很少考虑社会和他人的需要。因此，大学生应通过关心国家大事，关心集体、班级，克服和摆脱以自我为中心的心理倾向，从而塑造自己的健康人格。

3. 丰富精神生活，培养高尚情趣

现代社会基本特征之一就是人们追求高尚、丰富的生活，一个人如果能够注意和发展自己的业余爱好，进行多方面的自我娱乐活动，就可以在其寂寞孤独、烦闷抑郁时，通过自我娱乐，防止心理受到压抑，使心身获得有益的休整和放松。因此，对高尚情趣的培养将有助于人们塑造自己健康的人格。

4. 丰富知识，提高自己的抽象思维能力

大学阶段是知识学习的黄金时期。随着知识的积累，人自身不断得到完善，所以，学习知识的过程是人格优化的过程，通过知识学习，人们可以提高自己的抽象思维能力，逐渐由直观经验型向理论抽象型发展，对自我和社会有更深刻的认识，从而为健康人格的塑造提供了保证。

二、加强大学生的气质修养

所谓气质修养，就是人凭借自身的意志力，按照自己的目标、工作、环境和需要对自己的气质进行相应的调节，使其更适于自己的目标、工作和环境的这样一个过程。

（一）正确认识气质

首先，应该明确气质没有好坏优劣之分。气质对人的实践活动的影响主要在于动力方面，即气质主要影响人心理过程发生的速度、强度和指向性。任何一类气质都有两重性，在此时此地具有积极意义的气质，在彼时彼地却可能有消极意义，关键要善于发挥气质类型中积极的一面，限制并克服消极的一面。

其次，应该认识气质不能决定一个人的社会价值或成就的高低。气质类型及其特点尽管表现在人们的各种活动中，但它并不决定和影响人的行动的方向和内容，只有当气质在人的活动中表现出来从而获得一定的社会意义，成为人的性格特征时，才可能影响和决定人的行动方向和内容。

（二）积极改造气质的消极方面

我们应该认识到，虽然气质的特性是天生的，但人是有能力对其表现加以控制和调节的。人具有主观能动性，在适应和改造环境的同时，完全可以自觉地改造自身气质的消极方面，有意识地使自身的气质完善化。具体操作如下：

（1）多血质的人，其消极方面主要表现在：情感不够深刻，完成工作时草率马虎，精力易分散，注意力易转移，常有肤浅的毛病。因此，改造的要点在于：① 培养注意力，强化一贯性，克服分心现象，排除引起分心的干扰因素。② 培养自我检查的习惯，尤其对学业要多加检查。③ 适当加强训练的深度。④ 进行耐力训练，培养审慎细致的学风。

（2）胆汁质的人，其消极方面主要表现在：缺少平衡和自制，并因此而发展为脾气暴躁，自控能力较差，常常在情绪冲动中犯过失，很少能吸取教训，常常在同一问题上多次摔跤。因此，改造的要点在于：① 忌与他人正面冲突，遇事尽量"冷处理""过夜处理"，或采取暂时回避的措施。② 积极克服简单的思维模式，遇事三思而行，慎思、慎动。③ 保证充分的休息时间，注意对工作、学习的调剂，勿过分紧张疲劳。④ 加强涵养，提高自制力。

（3）黏液质的人，其消极方面主要表现在：感情不够丰富，对新鲜事物不敏感，有因循守旧的倾向，平时安静少动，惰性强，反应较一般人缓慢。因此，改造的要点在于：① 加强联想训练，多参加运用发散性思维的活动，设置情境磨炼应变能力。② 结交多血质气质类型的朋友，吸取互补型气质的优点。③ 在学习过程中，对疑难问题应反复思考，不厌其烦，要放慢节奏和速度，以适应思维和反应的速度。④ 利用其稳定的优点，设置成功的机会，增强自信心。

（4）抑郁质的人，其消极方面主要表现在：孤僻、敏感、狭隘、能动性差、感情压抑、优柔寡断。因此，改造的要点在于：① 多参加集体活动，注意让自己在集体中扮演成功的角色，千万不能游离于群体之外。② 充分发挥细心多思的长处，创设成功的机会，增强自信心。③ 在学业上重视宏观把握，即系统性把握。

（三）适应角色需要，自觉调节自己的气质

气质对人的某些行为活动的进行及其效率有一定的影响，因而不同的职业要求人们具备相应的气质特点。实践证明，当一个人所具有的气质特点符合这项工作要求的时候，他就比较容易学习和掌握这项工作的规律。反之，干起来就比较困难费劲。例如，采购员、商品推销员，他需要同各种各样的人打交道，要有一定的交际能力和语言表达能力，有时要求人们做出迅速灵活的反应。那么，这种工作，具有多血质和胆汁质的人就可能比较容易适应和胜任，而黏液质和抑郁质的人则较难适应。

还有一些特殊职业对人的气质提出了特殊要求。这些职业主要是指大型动力系统的调度、飞机驾驶、宇宙航行、高空作业、矿坑救护等。这些工作一般具有冒险性，责任重大，工作气氛紧张，要求动作变化迅速，因此，必须安排具有冷静、理智、胆大心细、临危不惧等气质特点的人从事这些工作。例如，对飞行员的气质要求是反应迅速，动作灵敏、准确，情绪镇静，注意力集中，灵活，配合好等。因为，飞机在着陆的短短 5 分钟内，一个飞行员要做出 100 多个操作动作，注意仪表 100 多次，每次注视时间只有 0.4~0.6 秒。如果飞行员不具备应有的气质特点，就不能适应飞行驾驶工作。由此看来，气质在特殊职业工作中的作用是非常显著的，在选择职业时，就不能不考虑这一点。

所以，气质特征是职业选择的依据之一，某些气质特征为一个人从事某种工作提供了有利条件。但在现实生活中，环境绝不可能按照人们的主观意志变动，比如，大学生走上工作岗位后，就会渐渐地认识到，要工作环境适应自己的气质是不现实的，但个人却可以通过对自身的调节（包括对自身气质的调节）使自己在一定程度上适应环境，从而实现对自身可能性空间的超越。这种有意识的自我调节坚持久了，个人的气质自然会发生相应的变化。另外，职业也会对人的气质发生不以人的意志为转移的影响。长期做档案工作的人，不论他原来是什么气质，最终都会掺进严谨、认真、有条不紊而又过于拘谨的黏液质成分。只要我们真诚、长久地努力，我们就能按照自己的愿望改变自身的气质，使之更适合环境。

三、完善大学生性格的塑造

大学生性格的塑造可从以下几方面考虑：

（一）积极确立良好的性格形象

要进行性格的自我塑造，就应该从思想上确立良好的性格形象。由于每个人的具体生活道路不同，其性格都有不同的特征，这要通过观察自己的行为表现，判断自己属于哪种性格类型，然后了解这种性格的优劣何在，有意识地发展性格优点，限制并改造性格的缺点。经过一段时间的努力，使自己的不良性格特征向优良方面转化，并成为习惯性行为，这样，良好性格也就能培养起来。

（二）弥补性格弱点

塑造良好的性格，就是要了解自己的性格类属及性格表现的优缺点，在社会实践中强化性格的弱项锻炼，弥补性格缺陷，使性格发展趋于健康完善。

在这里仅就性格外向特征提出一些改造目标，性格属于外向型，按照它的表现特征，一般说来，应增强以下几方面的修养和改造：

1. 增强自制力

外向型性格的人意志特征和情感特征都比较脆弱，做事情往往是兴趣第一，缺乏长久性，这样会使所做之事前功尽弃，半途而废。因此应该注意学习的计划性，应强迫自己制订一个详细的学习计划，严格按照学习计划所规定的进度去做。

2. 培养细致的观察力

外向型性格的人感知、观察事物，往往是注意事物的整体和轮廓特征，缺乏细致性，区别事物多表现为极端判断，因而要努力培养细致的观察能力，处理问题时避免简单粗暴，只看表面，不看实质，只注重形式，不注意内容的现象。

3. 修炼深沉、稳重的做事风格

外向型性格的人，为人处世喜欢干脆利索、直来直去，这种特征比较讨人喜欢；另一方面是缺乏深谋远虑，会给人一种粗心大意、简单从事、偏激过火、感情用事等不良印象。因此，应注意克制自己的情绪，遇事提醒自己慎重考虑，沉着冷静。

4. 注意自己的行为

外向型性格的人，追求新奇，不拘形式，敢于冒险，如果动机和效果不统一，常被看作无组织无纪律，散漫随便，吊儿郎当。因此这种性格的人要注意必要的形式，注意行为的规范，与人交往也要注意选择对象，保持深交。

（三）优化性格品质

优化性格品质应注意以下几点：

1. 培养性格的完备性

性格的完备性表征着人的心理的多面性及其活动的多样性，培养性格的完备性是指个体使自己不同方面的良好性格和谐发展。一个人兴趣广泛、精神饱满、精力充沛、活动积极等，我们就可以说他的性格具有完备性。

2. 培养性格的稳定性

性格的稳定性表征着行为符合已经形成的信念和活动目的的基本倾向性，人的性格的明确稳定程度是有差异的。有的人性格明确、稳定，其行为符合自己的信念和理想，可以预料在这样或那样的情况下，该如何行动；而有的人性格模糊、易变动，其行为往往不符合自己的信念和理想，遇事得过且过，判断模棱两可，行动犹豫不决，甚至见异思迁。因此，要培养性格的稳定性，使自己良好的性格能经常地、稳定地、明确地表现出来。

3. 培养性格的有效性

培养性格的有效性，就是要培养自己形成能使事业成功的性格因素。性格的有效性表现为追求既定目标的坚定性和刚毅性。在这方面，有的人富有毅力和精力，能发挥出有效的力量；有的人则缺乏毅力，不能发挥出有效的力量。一个人遇到困难和障碍时，仍能充满热情地埋头苦干，发挥出巨大的创造力量，我们就可以说他的性格坚强，具有有效性。因此，要培养性格的有效性，一是要经得起接连不断的困难的考验，尽管在前进道路上难关重重，仍能知难而进。二是要经得起时间的考验，对既定目标绝不虎头蛇尾，更不见异思迁，做到持之以恒，不达目的决不罢休。

（四）性格的自我培养

1. 重视性格的自我修养

（1）自省。所谓自省，也就是通过内心的自我检查、自我分析，对性格进行反思，以总结优点、改正缺点为目的。自省时，应该提醒的是，找出自己的缺点并不难，难的是下决心改正它。我们取得"自省"实际效果的最大心理障碍就是"自我原谅"。

（2）自警。针对自己的性格弱点，选择相关的名言警句，作为自己的座右铭，用以提醒和勉励自己，这就是我们说的自警。

（3）自居。自居，本是西方心理学的一个术语，指的是人的一种自我防御、自我适应行为。在这里所说的自居，是指认同某个性格榜样，处处将自己作为该榜样的形象出现。自居有两个特点：一是出发点是积极的；二是过程也是积极的，都是为了提高自己、完善自己。

2. 加强性格的自我训练

（1）从小事入手。巴甫洛夫告诫人们在学习时，首先强调的是要循序渐进。从小事入手，就是循序渐进的思想。性格是在环境、教育等各种内外因素长期作用下逐步发展起来的，对其改变也需要一个长期的渐变过程。对性格的训练，刚开始时不能要求过高，比如，性格急躁、爱发脾气的人，自我训练的第一步应当是先设法克制火气，使自己冷静下来。过一段时间，再提出进一步要求，即不但不发火，还要表情自然；再进一步要求自己抑制火气时能挥洒自如。如此循序渐进，性格才会逐渐地从急躁易怒变得豁达大度。

（2）习惯潜化。从改变习惯到改变性格，这是实现性格转化的途径之一。有人曾把习惯比作人的"第二天性"。实际上，人的性格中的很大一部分，所表现的正是一个人习惯化了的行为方式。俗话说"积习难移""习惯成自然"，在对自己行为的支配中，习惯的力量比任何理论原则的力量来得更大。因此，大学生在性格修养过程中，要努力培养自己良好的学习习惯和生活习惯。

（3）注意在生活实践中磨炼自己。在实践中检验和判断性格，到实践中去培养磨炼性格，乃是我们进行性格修养的根本途径。[①]

性格的改变过程，首先是一个实践过程。性格向良好方向转变，往往不是由良好的训练计划、指导性修养方法所决定的。一百个空头计划不如一个具体的行动。因此，性格修养应当坚持从实践做起，在学习中、在与同学的交往中、在业余爱好的发展中，修炼自己的性格。这里没有什么捷径和窍门，只有针对自己性格上的缺点，制

---

① 莫雷. 大学生心理教育 ［M］. 广州：暨南大学出版社，1997.

订一个在实践中克服这些缺点的长期计划，并按这个计划持久地实践下去，才能逐步取得效果。

第四节
成功心理训练（六）

一个人的个性不仅影响他对事物的选择，也影响到他与别人的相处和沟通，最终影响他的生活，影响他的发展，影响他的成功。一个人要想取得成功，首先必须在个性上独立自主而不依赖别人。因为一个人生活在世上，无论他的外部环境是优越的，还是困窘的，要成就一番事业最终要靠自己去努力、去奋斗。因此，本节心理训练就是让你更好地了解自己的个性，了解他人的个性，在比较、交流中，塑造自己健全的人格。

一、训练题目：个性探索训练

1. 个性发现
2. 火光熊熊
3. 临终遗命

二、训练具体方法

1. 个性发现

【目的】认识他人，坦诚反馈，了解自我。

【时间】约50分钟。

【准备】每人一张"个性特征表"，一张白纸、笔。

【操作】指导者给每人发一张"个性特征表"（表7-4-1），请大家仔细阅读，然后研究一下团队内其他成员每个人的个性，把你的认识记下来，对每个人可选择一种类型或选择多种特征（3~5）。每人都写完后，指导者按顺序找出其中一人，请其他人谈对他个性的分析。最后由他本人发表对别人评价的感受及自我分析。自己与他人的分析也许非常一致，也许差异较大。深入探讨会有许多收获。

这个训练，让每个学员去体验：自己与他人对自我的认识为什么会有这种差别，从中寻找自己过去没有发现的特点、潜力（表7-4-1）。

表7-4-1 "个性特征表"

类型	长处	短处	适合职业
乐天型	热切、诚恳、乐观、抱希望、富有感情、优越感、努力	冲动、浮躁、不坚定、意志弱、易怒、易懊悔	讲解员、生意人、演员

续表

类型	长处	短处	适合职业
暴躁型	意志坚决、坚强、敢冒险、独立、思维清晰、敏锐	急躁、激烈、不太会同情人、易谋私利、骄傲、自大、报复心重、不太会深思	将军、老板、政治家
忧郁型	思想深邃、透彻、能自制、诚实、可靠、有天分、有才华、理想主义、完美主义、忠心	抑郁、沉闷、忧愁、痛苦、多猜疑、情绪化、好自省、过分求完美、易怒、悲观	艺术家、哲学家、教授
冷静型	平静、稳定、随遇而安、温和、自足、实事求是、善分析、有效率	冷淡、缺少感情、迟钝、懒惰、无动于衷、不易悔悟、自满	教师、科学家、作家

2. 火光熊熊

【目的】明确自己的价值观，理解他人的价值观。

【时间】30~45 分钟。

【准备】纸、笔。

【操作】指导者将团体分成 5 人左右的小组，然后告诉大家，现在你的宿舍（或家里）正被烈火吞噬，情况危急，时间只够你冲进火海取出三样东西，你会选择哪三样？先后顺序是怎样的？它们对你有什么价值？还有没有重要的物品不在抢救之列？为什么？然后给成员一定的时间让他们想一想，并写在纸上。最后，在小组内交流，告诉其他人你选择的原因。

这个训练，让每个学员去体验：当我们拥有时，可能不会去珍惜；而当我们失去时，才感受到它的价值所在，从而能更好地澄清自己的价值体系。

3. 临终遗命

【目的】对个人的人生价值观做具体的探索。

【时间】45~60 分钟。

【准备】纸、笔。

【操作】指导者告诉团体成员，由于种种原因，你正面临着死亡，终期将至，时间只允许你再做最后 10 件事，你会做哪 10 件事，并排出先后次序；然后写下你的遗嘱（只写 50 字以内）。每个成员认真思索后写下你的决定和遗嘱，并向团体成员讲述自己的决定和遗嘱，解释原因，谈一谈你在写的时候有什么感受，这感受对你今后的生活有什么影响。通过活动，可以帮助团体成员对自己的人生观和价值观进行整理，也可以通过与他人的交流，启发自己。

这个训练，让每个学员去体验：有时我们发现不到我们周围平凡的事物，认识不到事情的重要性，一旦处于危急时刻，才会感受到一切的美好，从而更珍惜自己的生活。

本章摘要

（1）心理学意义上的人格，是指一个人在一生发展的漫长历程中，逐渐形成的表现为稳定的和持续的心理特点，以及行为方式的总和。包括气质、性格、能力、兴趣、爱好、需要、理想、信念等。

（2）人格具有整体性、稳定性、独特性及社会性4个基本特性。

（3）关于人格问题的研究，有许许多多的理论学派，从不同的侧面进行了多维度的探讨，其中比较典型的是弗洛伊德的人格论、奥尔波特的人格论以及马斯洛的人格论。

（4）气质具有三个特征：① 气质是心理活动的动力特征。② 气质是一种天赋的个性心理特征。③ 气质具有稳定性和可变性。

（5）巴甫洛夫发现皮质细胞活动有两个基本过程：兴奋和抑制。这两种神经过程有三个基本特性：兴奋和抑制的强度；兴奋和抑制的平衡性；兴奋和抑制的灵活性。根据神经过程三个基本特征组合形成4种高级神经活动类型：① 强、平衡而灵活型（多血质）。② 强、平衡而不灵活型（黏液质）。③ 强而不平衡型（胆汁质）。④ 弱型（抑郁质）。

（6）人的气质大致包括6种不同的心理特性：① 感受性。② 耐受性。③ 反应的敏捷性。④ 可塑性。⑤ 情绪兴奋性。⑥ 外倾性与内倾性。

（7）性格是个体对现实比较稳固的态度以及与此相适应的习惯化了的行为方式。它是神经活动类型与生活环境的"合金"。性格特征主要有4个组成部分：① 性格的态度特征。② 性格的意志特征。③ 性格的情绪特征。④ 性格的理智特征。

（8）我国大学生人格发展的特征为：① 中国大学生在谦让、克己、忍耐、谨慎、负责等人格特征方面突出。② 中国大学生在处理人际关系时通常会首先考虑社会和他人，但也绝不是一味地追求社会的赞许。③ 中国大学在支配与冲动特点方面表现不突出；在社交方面倾向于积极进取；他们具有稳健、从众的人格特点，具有良好的社会化程度。④ 不同学科大学生的人格特征以及性别差异，均有各自的相对独特性。

（9）健康人格的基本特征是：① 人格结构中的各个方面得到协调、充分的发展。② 能有效地适应变化着的社会生活环境和个体身心的发展。③ 对身心健康潜能发挥以及社会生活的诸多方面产生积极有效的影响。④ 体现了人性与社会性的协调，并代表着人类社会发展的积极方向。

（10）人格障碍（也称变态人格、病态人格）的主要特点是：① 没有神经系统解剖生理上的病变。② 人格障碍是在没有意识障碍、认识能力完整、智能无缺损的情况下，出现情感与行为活动的明显障碍。③ 患者一般能处理自己的日常生活和工作，能理解自己的行为后果，也能理解社会对自己行为后果的评价标准。④ 人格障碍具有相对稳定性，一经形成，较难改变。

（11）常见的人格发展缺陷有鲁莽、急躁、悲观、害羞、狭隘、拖拉等。

（12）大学生人格发展的影响因素主要有先天的遗传因素与后天的环境因素，是在实践活动中，在人和环境的相互作用过程中形成和发展起来的。

（13）大学生在健康人格的塑造中，要努力做到：① 树立正确的人生观与世界观，确立人格塑造的导向。② 克服以自我为中心的倾向。③ 丰富精神生活，培养高尚情趣。④ 丰富知识，提高自己的抽象思维能力。

（14）气质修养，就是人凭借自身的意志力，按照自己的目标、工作、环境和需要对自己的气质进行相应的调节，使其更适于自己的目标、工作和环境这样一个过程。完善气质修养，应做到：① 正确认识气质。② 积极改造气质的消极方面。③ 适应角色需要，自觉调节自己的气质。

（15）大学生性格的塑造可从 4 个方面考虑：① 积极确立良好的性格形象。② 弥补性格弱点。③ 优化性格品质。④ 性格的自我培养。

（16）性格的改变过程，首先是一个实践过程。性格向良好方向转变，往往不是由良好的训练计划、指导性修养方法所决定的。没有什么捷径和窍门，只有针对自己性格上的缺点，制订一个在实践中克服这些缺点的长期计划，并按这个计划持久地实践下去，才能逐步取得效果。

思考·讨论·活动

1. 试分析气质与性格的区别和联系。
2. 人格发展缺陷、人格障碍和健康人格的特点及形成原因是什么？
3. 结合大学生人格发展的特点，谈谈你是如何塑造健康人格的。
4. 请结合本章的心理训练内容，分享训练过程中自己的感受，并设计另外一种培养良好个性的活动。

第八章

大学生的人际交往心理

人际交往概述

大学生常见的人际交往问题

大学生人际交往的心理调适

成功心理训练（七）

☆ 章前导语

　　从古至今，人类的历史就是一部人际关系史。最早研究人际关系的西方的柏拉图和亚里士多德，东方著名的教育家孔子等，都各自形成了自己的思想体系。如孔子的人际关系的理论基础是"仁"，以"爱人"为主体，以"博施济众"和"推己及人"为两翼，阐明人际关系的准则。孔子认为："己欲立而立人，己欲达而达人。"即一个人要想自己立足，也要帮别人立足；要想自己事事通，也要帮助别人事事通。孔子还认为："己所不欲，勿施于人。"即自己不想要的，就不要施加于人。

　　人际关系学，不论是东方的还是西方的都囊括于哲学的母体之中，直到 20 世纪 20 年代，一些心理学家把人际关系的心理现象引入实验室，加以实验、观察并作出定量分析，人际关系心理学才逐渐走向科学，时至今日，仍在形成之中。

　　人际关系是一门很复杂、很重要的学问和修养。心理学家研究表明，如果一个人长期缺乏与别人的积极交往，缺乏稳定良好的人际关系，那么这个人往往有明显的性格缺陷；同时，健康的个性总是与健康的人际交往相伴随的，心理健康水平越高，与别人的交往就越积极，越符合社会的期望，与别人的关系也越深刻。美国人本主义心理学家马斯洛发现，心理健康水平高的"自我实现者"，往往同别人有良好的交往与融洽的关系，他们可以很好地理解别人，容忍别人的不足和缺陷，能够对别人表示同情，具有给人以温暖、关怀、亲密和爱的能力。

　　在现实生活中，有些人很有才华和能力，却总得不到提拔和发展，其重要原因是缺乏良好的人际关系。"水能载舟，亦能覆舟。"一个人的幸福和才智来自人际交往，一个人的痛苦和不幸也来自与人交往过程中产生的问题。所以人际交往是人才发展的载体，是人生沉浮的关键，是身心健康的要素。

　　大学生正处在人生的黄金时期。大学生的所有活动都是在与人交往的过程中进行并实现的，社会交往是大学生社会化的基本途径，也是他们健康成长的根本保证。对正在学习、成长之中的大学生来说，培养良好的人际交往能力，不仅是大学生活的需要，更是将来走向社会的需要。因此，学习和掌握人际交往的相关知识，有助于提高大学生人际交往的质量，从而达到心理健康的发展。

　　本章所要研究的内容，主要是有关大学生人际交往的基本问题，以及人际交往的原则和技巧。希望读者在阅读本章之后，能对下列问题有所认识：

　　1. 人际交往与人际关系的含义及其意义。

　　2. 影响人际交往的因素。

　　3. 大学生人际交往的类型及常见问题。

　　4. 大学生人际交往的正确态度和原则。

　　5. 增进人际交往的方法和途径。

第一节 ▶▶▶▶▶▶▶
人际交往概述

　　现代社会，交往已经成为人们生活中不可缺少的重要组成部分。作为社会人，不分性别职业，不分文化层次，不分经济状况，不分地域环境，也不管意识到与否，都毫无例外地生活在一定的人际关系中，彼此需要关心、互相爱护、互相支持，也需要互相理解、互相尊重、互相制约。因此，交往成为人们参加社会实践和日常生活中最广泛也最为必要的要求之一。

一、人际交往与人际关系

　　（一）人际交往的含义
　　人离开了社会是不能独立存在的。生活在一个社会群体之中的个体，总会同社会广泛接触，同他人建立各种各样的联系，发生相互作用，产生人际交往。所以，所谓人际交往，是指人们运用语言符号系统或非语言符号系统相互之间交流信息，沟通情感的过程。交往可分为工具性交往和满足需要交往两种。工具性交往，其主要目的是为了交流思想、传递信息，将自己的知识、经验、意见等内容告知对方，达到影响对方的知觉、思维和态度体系，进而改变其行为的目的。满足需要的交往，其目的是为了表达情感、解除内心的紧张，求得对方的同情和理解。

名师微课：人际交往的含义

　　人际交往主要有以下两个特点：
　　一是交往双方都是积极的主体。在交往过程中，每一个参与者都是积极活动着的主体，即使处于次要地位的一方，也不是被动地接受信息和机械地反馈，而是根据自己已有的知识经验，按照自己的要求、兴趣和态度理解对方，分析对方言语的目的和意图，作出反馈。对方也根据反馈信息，及时调节自己的言行。因此，交往是双方相互作用的过程。
　　二是交往在一定程度上改变了双方的关系。交往并不单纯是信息交流的过程，更为重要的是，人们通过交往，能够达到影响对方的目的，使双方的态度和行为趋于一致以保持良好的人际关系。因此，交往是双方相互积极地施加影响的过程。

　　（二）人际关系的含义
　　人际关系是指人们在交往过程中结成的心理关系或心理距离，它表现为个体所形成的对其他个体的某种心理倾向及其相应行为。任何一种人际关系都包含着三个互相联系、互相促进的成分，即认知成分（指相互认识、相互了解）、情感成分（指积极或消极情绪、爱或恨、满意或不满意）和行为成分（指交往行为），其中情感成分是人际关系的核心成分。人际关系的变化与发展取决于人际交往中双方社会需要的满意程度。如果双方在相互交往中都获得了各自的社会需要的满足，相互之间就能发生并保持一种亲近、信赖、友好的关系。反之，双方的关系就会中止，或发生疏远关系，或发生敌对关系。

人际关系是错综复杂的，按最基本的交际范围分类，人际关系可分为个体与个体、个体与群体、群体与个体三种最普通的基本类型。按人际关系的性质又可分为两类：一是相容型人际关系，其中又可分为协调、友好、亲热等不同情况；二是不相容型人际关系，其中又可分为紧张、对立、仇视等不同情况。按社会学角度也可分为三类：一是血缘关系，如父母儿女等各种亲缘关系；二是地缘关系，如邻居关系、同乡关系等；三是业缘关系，如同学关系、师生关系、同事关系等。

人际交往和人际关系是两个既有联系，又相互区别的概念。人际关系是在人际交往的基础上形成和发展的，是人际交往多次反复并凝结为一定的模式的结果。人际关系的性质、亲密程度既从交往中表现出来，也影响着交往的内容和交往的频率。人际交往和人际关系各有侧重点和特定的内容。人际交往着重反映社会群体中人与人之间相互联系的过程和形式，而人际关系则侧重反映交往后建立的各种心理状态和行为特征。因此，人际交往是一个人形成一定人际关系的前提。没有交往就不可能建立人际关系。交往使人们彼此传达思想、交换意见，表达情感和需要。人际交往多次反复，凝成一种模式，就构成相对稳定的人际关系。

（三）人际交往的基本功能及作用

人际交往最基本的功能是传递信息，这是由交往性质本身所决定的。通过交往、传递信息后，又会对人们的心理发生影响，因此，它还具有心理保健功能和协调功能。

心理保健功能。人际交往对个人的心理健康有着极为重要的作用，交往是人类最基本的社会需要之一，同时也是人们同外界保持联系的重要途径。通过交往，保证了个人的安全感，增强了人与人之间的亲密感，而且人都有归属的需要，通过彼此间的相互交往，可以诉说各人的喜怒哀乐，这样就增进了成员之间思想、情感的交流，产生了依恋之情。事实表明，"交往的剥夺"同"感觉的剥夺"一样，对人的心理损害是极其严重的。

协调功能。人们通过相互交往进行联系，形成一定的社会关系，为了协调共同活动的需要，使社会成员有秩序地生活，避免各种矛盾和冲突，人们在交往中制定了一系列团体规范和社会行为准则。这些规范和准则的发挥，必须通过交往把信息传达给每个成员，促使人们行为保持协调一致。

美国著名人际关系专家戴尔·卡耐基说过：一个成功的企业家只有15%是靠他的专业知识，而85%是要靠他的人际关系与领导能力。因此，人际关系对我们每个人来说都是重要的。根据人际交往的基本功能，人际交往对大学生个体成长的影响，可以概括为以下几点：

1. 人际交往促进大学生的社会化进程

每个人的社会化进程都是在人际交往中进行的。人际交往是社会化的起点。随着人的成长，交往范围不断扩大，交往内容逐步深化，交往形式日趋多样。积极的人际交往有助于大学生获得更丰富的信息，保持与社会的联系，明确和承担相应的社会责任，促进成熟。

2. 人际交往促进大学生深化自我认识

人对自己的认识总是以他人为镜，需要通过与他人进行交流、比较，把自己的形象反射出来而加以认识。大学生在交往过程中，往往以同龄人作为参照系，从他人对自己的反应、态度和评价中发现自己的长处和短处，找到自己恰当的社会位置，从而选择更为恰当的行为。

3. 人际交往是大学生个性发展与完善的条件

一个人的个性除了受先天遗传因素影响外，更重要的是后天环境的影响。如果长期生活在友好和睦的人际关系中，人的个性就会变得乐观、开朗、积极、主动。大学期间是人的个性定型的关键时期，积极的人际交往、和谐的人际关系有助于大学生培养良好的个性。

4. 人际交往是维持大学生身心健康的重要保证

人际交往的时间和空间越大，人的精神生活就越丰富，得到支持与帮助的机会就越多，越能保持心理平衡。特别是青年学生，通过交往，获得友谊、支持、理解，得到内心的慰藉，提高自信和自尊，增强自我价值感和力量感，有助于降低挫折感，缓解内心的冲突与苦闷，宣泄愤怒、压抑与痛苦，减少孤独感、失落感。

（四）人际关系的形成

人与人之间相互交往从无到有，要经过一系列的变化过程，根据莱文杰的关系发展阶段研究，大致可以分为 5 个阶段（表 8-1-1）。

第一阶段：彼此陌生，互不相识。两个人彼此没有意识到对方存在的时候，双方交往处于零接触状态，此时双方是完全无关的，谈不上任何个人意义的情感联系。

第二阶段：开始注意。如果一方开始注意到对方，或彼此都关注到了对方，则人与人之间的相互注意就已开始。不过此时没有相互的情感交往。

第三阶段：表面接触。从交往双方开始直接谈话的那一时刻起，彼此就产生了直接接触。在表面接触时，作为他们彼此间媒介物的，可能是学校的课业，可能是商业上的交易，也可能是职务上的应对。总之，即使当时单方（或双方）心存情意，但在此阶段的接触，也只是极表面的人际关系。但在这一阶段所获得的第一印象在人际关系的发展上甚为重要。如单方（或双方）对对方的第一印象不深，则可能他们之间的人际关系即到此为止。很多人同学同事多年，彼此交往泛泛，就是因为他们间的关系只停留在第三阶段的缘故。一个人在日常生活中，与很多人维持着此种关系。

第四阶段：双方交往互动，开始了友谊关系。在此阶段，随着双方沟通的深入和扩展，双方在心理上有一个重要的改变，开始将对方视为知己，愿意与对方分享信息、意见和感情。此种对人开放自我的心理历程，称为自我表露（self-disclosure）。人际关系发展到彼此都能自我表露的程度时，就到了友谊形成的阶段。一个人在日常生活中，能使自我表露的对象并不太多。因此，同学同事虽然很多，但知己朋友却不多。一般情况下，心理学家按情感的相对程度，将人际关系分为少量交往、中等交往和大量交往。少量交往的人际关系，交往双方所发现的共同的心理领域较小，双方的心理世界只有小部分重合，也仅仅在这一范围内，双方的情感是融合的。中等交往的人际关系，交往双方已发现较大的共同的心理领域，同样双方的内心世界也有较大的重合，彼此的情感融合范围也相应较大。第四阶段主要表现为少量交往和中等交往的程度。

表 8-1-1　莱文杰的关系发展阶段

人际关系	图解	相互作用水平
1. 零接触（互不相识）： 两个没有关系的人	P　　　　O	低
2. 意识（开始注意）： 单方的态度或印象 没有交往	P　　　　O	
3. 表面接触： 双方的态度 开始有交往	P　　　　O	
4. 建立友谊： 一个连续发展的过程 少量交往 中等交往	P　O P　O	
5. 亲密关系： 大量交往	P　O	高

第五阶段：亲密关系。在大量交往的情况下，双方已发现的共同的心理领域大于相异的心理领域，彼此的心理世界高度（但不是完全）重合，情感融合的范围也覆盖了大多数的生活内容。不过，在通常情况下，人们只有同极少数人能够达到这种人际关系的深度，有些人则从来没有与任何人达到这种深厚的关联，还有一些人终其一生与别人的交往都只是处于比较肤浅的水平。人际间的友谊发展至此，无疑是达到了"你中有我，我中有你"的地步。如双方属相同的性别，就成为莫逆或至交；如双方系异性，而且在感情上又添加性的需求、奉献与满足的心理成分，那就发展为爱情。

表 8-1-1 以图解的方式，对人际交往各种状态及相互作用水平的递增关系作出直观的描述，需要特别指出的是：表 8-1-1 表达了一个十分重要的概念，即不存在人际交往双方心理世界完全重合的情况。两个人是两个世界，两个理解的基点，两种

情感的基点，两种利益的基点。人与人之间只存在多大程度上相一致的问题，而不存在完全相一致的情况。

二、人际关系理论

在思考和探索人际交往规律的过程中，很多哲学家、社会学家、心理学家都提出了自己的有关人际关系的理论。现简介三种具有代表性的人际关系理论。

（一）马斯洛的交往需要理论

马斯洛在他的需要层次论中，提出了交往需要论。马斯洛的交往需要论，阐述了交往需要在人的所有基本需要中的地位和作用，从宏观上说明了人际关系中的心理要素。

1. 人的需要层次

马斯洛认为，人的需要是多方面的，但它们不是混乱的，是有规律可循的。他把人的基本需要归纳为 5 大类，并且认为这 5 类需要有从低级到高级的层次之分。即生理需要、安全需要、社交需要、尊重需要、自我实现需要（图 8-1-1）。

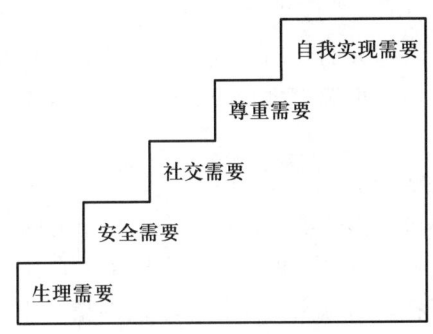

图 8-1-1 人的基本需要层次

马斯洛认为，如果一个人的生理需要和安全需要获得了相对满足，就会产生一种社交需要，又称为爱与归属的需要。在现实生活中，每个人都希望得到友谊、爱情、配偶和孩子，还希望为团体所接纳，有良好的人际关系。人们渴望有所归属，成为群体的一员，这就是人的归属需要。反之，如果一个人被别人抛弃或被拒绝于团体之外，便会产生一种孤独感。所以，社交需要是人类生存和发展的基本需要。

2. 人的社交需要

马斯洛从心理学角度，分析和研究了人的需要的相对强度和人的心理发展之间的关系。

（1）交往是人的一种基本需要。人的需要是纷繁复杂的，但在这些众多的需要中有的是根本性需要，有的是非根本性需要。一般来说，根本性需要引导着人们行动的方向，是人们行动的主要动力、基础，因此也是人类生存和发展的基本需要。在马斯洛看来，交往就是人们的基本需要之一。人是群体动物，因此人有归属感，渴望成为群体的一员，渴望与他人交往。人又是有感情、有理性的高级动物，因此他的基本需要不仅包括物质需要，而且包括精神需要，他们希望和同事们保持友谊，希望得到信任和友爱。否则，人们在交往中受到压抑，其交往需要得不到满足，就会在生理和心理上造成极大的伤害，甚至造成非正常的死亡。例如，很多青年人因失恋而自杀；因不能与他人交往而心理变态；因与外界隔绝而感到孤独和恐惧等。

（2）社交需要的重要地位。马斯洛把社交需要看作需要总体层次里的中间环节，突出了社交需要的重要地位。人的需要有从低级到高级的层次，但每一层次的需要都有其特定的地位和作用。在马斯洛的5个层次的需要中，社交需要处于中间层次，起着中介作用。具体讲：社交需要是生理需要和安全需要发展和满足后产生的结果；社交需要的发展和满足又是尊重需要和自我实现的前提。因此，社交需要直接或间接地渗透在生理需要、安全需要、尊重需要、自我实现需要之中，它把这些需要有机地联系起来，形成了一个有层次的需要整体。它又进一步使各种需要之间相互作用、相互转化。在现实生活中，人们的生理需要和安全需要正是以社交需要的相对满足为中介，进而发展和转化为尊重需要和自我实现需要。

（二）米德的象征性符号互动理论

米德是形象社会学理论的鼻祖，也是形象互动论的主要代表人物。形象是形象互动论（即象征性符号互动理论）的中心概念。形象包括语言、手势、文字以及符号等。

形象互动论主要研究人与人的互动（交往），以此来揭示人际关系。人际关系既需要从人际交往的社会和心理根源上进行宏观研究，也需要从人际交往的具体过程中进行微观揭示。

1. 人际交往是形象的互动

米德认为，社会只不过是由一群互动中的个人所组成的，同时个人的一切活动也与社会分不开，必然带有社会意义。就是说，人们生活在社会情境中，因此每个人的每一个动作或行为都有其特定的意义，并且在不同的情境中的行为具有不同的意义。他认为，在人际交往中，行为本身在交往中不重要，重要的是行为的意义。人们的交往是在对交往行为的意义的理解和分析基础上进行的互动。而行为的意义本身具有象征性、符号性，即是通过形象来反映的。所以米德把这种在对行为的意义的解释、分析和反应基础上的人际交往理论称为象征性符号互动理论。例如，当某个人突然拍你肩膀，通常你会首先想这个人是谁，想到你拍肩膀是好意还是恶意，是友还是敌，然后你才加以反应。这种过程就是形象互动论所谓的解释、分析、反应现象。

正因为人际交往是一个对对方行为进行解释、分析、反应的过程，而交往本身又是双向的，即双方的互动，所以米德认为人际交往过程中需要两个基本要素：① 首先要对自己的行为进行定义，即把自己准备做出的行为的意义传达给别人。意义从哪里来？就从符号的象征性中得来。② 要有个解释过程，即理解别人行为的意义。所以，人际间的互动就是充满着解释和定义的过程，即解释—定义—解释—定义……

2. 交往中的"自我"

在米德的互动理论中，另一个重要内容是交往中的"自我"和"自我互动"。米德认为，人们在交往过程中不仅存在着与他人的互动，而且还存在着"自我互动"。他把"自我"分为：主体我（I）和客体我（me）。主体我，就是自己先对自己下定义，又称"主观的我"。客体我，就是受他人影响或他人理解的我，又称"社会的我"。每个人要了解客体我就要扮演别人，考虑别人对我的理解。所以，主体我与客体我的统一，就是一个人既扮演自己又扮演别人。人们通常在扮演了自己和扮演别人之后，再进行自我互动。

人们在自我互动中为什么要建立客体我呢？米德认为，在"自我"形成的过程中，起决定性作用的是交往，即自我是社会的产品。人们对自己的看法实际上是他人对自己的看法。如果没有他人的看法，我们根本无法知道自己是怎样的一个人。如某个人常觉得自己很笨，这是因为他周围的人都说他笨。一个小孩怎么知道自己的名字呢？只是因为别人都这样称呼他，他从别人对自己的称呼中知道了自己的名字。自我概念的产生就是经过这种过程而实现的。自我是在团体行为中形成的，正因为如此，米德进一步认为，个人经由自我也可以了解他人、团体行为和社会。

（三）人际关系的 PAC 分析理论（相互作用分析理论、人格结构分析理论）

人际关系的 PAC 分析理论是美国心理学家艾瑞克·伯恩（Eric Berne）于 1964 年在《人们玩的游戏》一书中所提出的。他提升了传统理论，并创立了整套的 PAC 人格结构理论，是一种针对个人的成长和改变的有系统的心理治疗方法。这一理论产生的最初动力来源于对精神分析疗效的质疑。伯恩个人受弗洛伊德的影响很大，但他认为精神分析有许多缺点，因此对精神分析治疗不以为然。

1. 人格结构的 PAC 分析理论

PAC 分析理论认为，每个人的个性都是由三种比重不同的心理状态构成的，就好像一个人身上的三个小我：父母、成人与儿童，即父母（parent，P）意识、成人（adult，A）意识、儿童（child，C）意识，简称 PAC。这三种状态在每个人身上都交互存在，也就是说这三者是构成人类多重天性的三部分。这个理论中的这三个核心概念的原型，实际上来源于弗洛伊德的超我、自我与本我。

（1）父母意识。处于父母意识状态身份是以权威和优越感为标志。通常表现为统治人、训斥人等权威式的作风。这种状态学自父母与其他权威人物。当一个人的人格结构中 P 成分占优势时，他的行为表现为：凭主观印象办事，独断专行，滥用权威。这种人讲起话来总是"你应该……""你不能……""你必须……"

（2）成人意识。处于成人意识状态是以客观和理智的行为为特征。这种人能从过去存储的经验中，估计各种可能性，然后作出决策。当一个人的人格结构中 A 成分占优势时，其行为表现为：待人接物冷静，慎思明断，对自己负责，对他人尊重。其语言特征为："我个人认为……""我的想法是……"

（3）儿童意识。处于儿童意识状态是像儿童般冲动，表现为服从和任人摆布，喜怒无常；感情用事，一会儿天真可爱，一会儿乱发脾气，让人讨厌。当一个人的人格结构中 C 成分占优势时，其行为表现都是即兴式的，不负责任，追求享乐，玩世不恭，遇事无主见，逃避退缩，自我中心，不管他人。这种人讲起话来总是："我要……""我想……""我不管……""我不知道……""我就是要……""我有什么办法……"

在 P、A、C 三种成分中，P、C 具有盲目性、被动性与两面性。而 A 具有自觉性、客观性与探索性，致力于弄清事物真相、事物间的关系与变化规律，能够站在别人的角度审视自己，具有反省能力。

2. 依据 PAC 理论，改善人际交往

依据 PAC 理论，可以对交往过程中双方的心态进行分析。不同的心态可以构成不同的交往组合。PAC 分析理论把人格分为三种状态，认为交往中起主导作用的是三者中的一种心理状态。如果交往中的双方都按照对方的期望作出反应，那么这种交往关系属于"平行性"或"互补性"，具体形式有 6 种：PP'—P'P、AA'—A'A、CC'—C'C、PC'—C'P、AC'—C'A、AP'—P'A；如果交往中的双方相互作用构成一种交叉关系时，交往不能获得预期的反应，双方就会产生矛盾和冲突，信息交流就会中断。这种交往有 4 种具体形式：AA'—P'C、AA'—C'P、PC'—P'C、CP'—C'P。前者可以加深人与人之间的感情，建立和发展友好的人际关系；后者则容易导致误会、紧张和友好关系的中断。表 8-1-2 可以很清楚地看出不同类型的交往关系。

表 8-1-2　不同类型的人际交往关系

图例	特点	呈现状况
	① PP'—P'P：各抒己见，以我为主，不易协调	长辈之间
	② AA'—A'A：平等对待，互相切磋，容易协调	成人之间
	③ CC'—C'C：没有顾忌，既不做决定，也不承担责任	孩童之间
	④ PC'—C'P：居高临下，命令或斥责，要求顺从	长幼辈分之间
	⑤ AC'—C'A：以理服人，期望指引对方	同事、夫妻之间
	⑥ AP'—P'A：有理智，但又担心自控能力不够	上下级、同事、夫妻之间
	⑦ AA'—P'C：甲方以理智的方式对待乙方，乙方却把甲方看成小孩，并以高压方式对待甲方	异辈、同事之间
	⑧ AA'—C'P：甲方理智地对待乙方，乙方则喜欢耍性，易感情用事，并把甲方看成"父母"	异辈、恋人、夫妻之间

续表

图例	特点	呈现状况
	⑨ PC′—P′C：一方采取高压命令式，而另一方不服，也采取同样方式回敬	同事、上下级、家长及子女之间
	⑩ CP′—C′P：甲乙双方都喜欢感情用事，并且易于冲动，缺乏理智	同事、朋友、夫妻之间

注：1. 甲（P-A-C），乙（P′-A′-C′）。

2. PP′—P′P，PP′意思是甲以父母状态期望乙也是父母状态互动，P′P意思是乙以父母状态对甲的父母状态反应。

3. AA′—P′C，AA′意思是甲以成年状态期望乙也是成年状态互动，P′C意思是乙以父母状态对甲的儿童状态反应。

根据PAC分析理论，以下10种类型人际交往比较常见：

① PP′—P′P型　在这种类型中，甲乙双方都表现出一种颐指气使的武断，如甲方说："你把这任务完成一下。"乙方却说："你看不见我正忙着吗？找别人干去吧！"

② AA′—A′A型　在这种交流类型中，双方都能以理智的态度对待对方，如甲问："你能把这项任务完成吗？"乙说："如果没有什么干扰，我想是能够的。"

③ CC′—C′C型　在这种类型中，甲乙双方都易诉之于感情。比如甲说："过不到一起干脆离婚。"乙答："离就离，谁离不开谁呢！"

④ PC′—C′P型　在这种交流类型中，甲乙双方表现出权威和服从的行为，即甲方以长者自居对待乙方，乙方亦能服服帖帖，不以为然。如甲作为上级对乙说："这件事完不成要受批评。"乙作为下级回答："真完不成，我甘愿接受批评。"

⑤ AC′—C′A型　在这种交流类型中，一方表现为小孩子脾气，而另一方则表现为有理智的行为，这在同事之间、夫妻之间经常会发生。

⑥ AP′—P′A型　在这种交流类型中，甲方表现为有理智，但又担心自己控制不住自己。为此，甲方经常要求乙方担作P的角色，起到对甲方的监督和防范作用。这在上下级、同事、夫妻之间经常会发生和利用这种类型的相互作用。

⑦ AA′—P′C型　在这种交流类型中，甲方要求乙方以理智对待他，但乙方则以高压方式对待甲方，这在上下级、同事之间经常发生。

⑧ AA′—C′P型　在这种交流类型中，甲方讲理智，而乙方却易感情用事，这种现象也经常发生在不同人之间的交流中。

⑨ PC′—P′C型　在这种交流类型中，一方采取命令式而另一方不服，也采取同样方式回敬。这种交流方式必然会引起矛盾冲突。这经常表现在上下级、家长和子女之间。

⑩ CP′—C′P型　在这种交流型中，甲乙双方都把对方作为权威看待而表现出一种服从的意向，这在同事和朋友之间经常发生。

　　什么样的交往最好呢？中断的交往肯定不好，可持续的交往能够保证交往的进行，这是我们交往进行的一个起码条件。从表 8-1-2 分析，第一种交往方式 PP′—P′P 型，双方都自以为是，这不顺眼，那也不好，双方虽然能有共同话题，但都在互相指责。这样的两个人，如果一直交往下去，会互相助长偏激苛求的性格。第三种交往方式 CC′—C′C 型，交往则有些同流合污的味道，"今天晚上有电影泰坦尼克，我们选修课不去了吧？""好呀，我去想办法弄张请假条"，两人一拍即合，但都不负责任。这是平行性交往。PC′—C′P、AC′—C′A、AP′—P′A，均属于互补型的交往，我期望对方的，刚好是对方回应的。"哎呀，我的头好疼啊！""你赶快回去休息，你的笔记我帮你抄，作业我帮你做。"这种交往因为互补，所以能够持续，但却潜藏着不平等与依赖，长此以往，也不利于交往双方的发展。只有 AA′—A′A 交往是最健康的，大家都本着负责与尊重的原则，力图合情合理地解决问题，因此，AA′—A′A 交往是最成功的。

　　在一般情况下，"成人"的心理状态是解决问题的主要途径。成人的刺激，往往会诱使对方作出"成人"的反应，从而保持交往关系的持续进行。所以我们要不断强化自我的成人心态。当然，生活是多彩的，人也是多种多样的。人本来就具有多重人格，有时很感性，有时很理性，有时很任性、顽皮，有时却很有责任感，很理智。虽然 AA′—A′A 交往是最理性、最健康的。但在不同的情景下，往往需要我们扮演不同的角色。当一个人处于困难中，或许你以 P 的身份出现更加合理，因为此时此刻，他更需要你的关怀、帮助。而你由于长期的工作、学习重压，在情绪高度紧张时，不妨换上 C 的身份，舒缓一下心情，放纵一下，任性一次，沉浸于童趣之中。当然，大多数情况都要求我们以 A 的身份出现。

三、人际交往的心理效应

　　在人际交往中，对交往对象的认知、态度、情感等会直接影响到交往能否进行以及进行的程度。社会心理学的研究发现，人际交往中的习惯性错误是经常存在的。

　　1. 晕轮效应

　　对大学生的实验发现，热情和冷酷常被视为一个人的主要品质，大学生对一个具有"热情"特征的人，往往也会认为他慷慨、风趣、幽默，而对一个"冷酷"的人则会产生吝啬、刻板、残忍的印象。

　　晕轮效应又称月晕效应或光环效应，是指人们常从对方所具有的某个或某些特征而泛化到其他一系列尚不知道的特征，在人际交往中（尤其是最初），人们往往会利用最少量的情况对别人作广泛的结论。

　　大学生在与异性交往中，外貌晕轮效应较为常见。研究指出，男女大学生对外表吸引人的人比对外表不吸引人的人赋予更多理想的人格特征，诸如和蔼、沉着和好交际，他们还常常为那些长相比较动人的人设计更美好的未来，如找个好工作或建立美满的家庭。① 以外表作为交往的基础，会有一些不利的后果，如交往面的狭窄，深交后的失望等。

晕轮效应容易产生以偏概全的结果，这在人际交往中是常见的。

2. 首因效应

又称优先效应或第一印象，是指人的知觉对初次所形成的印象往往深刻牢固，并对以后的人际知觉起指导性作用。其实第一印象最容易受晕轮效应影响，因而并不一定是客观的。

晕轮效应和优先效应之所以产生，是因为人对他人和事物的认识，是一个以知觉为主体的认知过程。第一印象赖以产生的信息是有限的，但是人的知觉具有综合性的趋势，人会把这些不完全的信息贯穿起来，用思维填补空缺，从而把对象认知为一个统一的整体，进而产生一定程度的整体印象。由于这个印象是在对某个人原先没有接触，因而也无所谓认知的基础上获得的，所以在大脑中嵌入的程度比较深。关于这个人的后来信息，都是在有了这个印象以后输入的，于是就不可避免地要受到这个印象的"干扰"：符合的，很容易强化；不符合的，就会发生冲突。尽管后来的信息仍可能在头脑中留下烙印，但它的程度显然要打折扣。再加上人的认知过程具有"非矛盾化"倾向，即后来的感觉如果与先前的感觉不一样，人会本能地加以拒绝，以免引起内心矛盾、冲突。除非后来的感觉足够强，才会突破原先印象的定势，从而产生新的印象。② 因而，晕轮效应和首因效应是正常的心理偏差，难免有一定的片面性，重要的是要认识到这种偏差，努力减少其消极影响。

3. 近因效应

近因效应指最近的信息对人的认知具有强烈的影响，最后留下的印象比较深刻，这就是心理学上所谓的后摄作用。

首因效应与近因效应看起来似乎有些矛盾，其实是一个问题的两个方面，两者都发挥着各自的作用。一般来说，人际交往中第一印象和最近印象对人的影响都是比较重要的，所以要有好的开头也要有好的结尾，虎头蛇尾的形象常会令人失望。比较而言，在对陌生人的知觉中，首因效应较明显，而对熟人或分别很久的人的认知中，近因效应更明显。

4. 刻板印象

有些人习惯于机械地将交往对象归于某一类人，不管对方是否表现出该类人的特征，都认为他是该类人的代表，而总是把对该类人的评价强加于他，从而影响正确认知，尤其是当这类评价带有偏见时，就可能损害人际交往。比如，有的大学生认为老年人必保守、死板；男大学生认为女生娇气、傲气等。这种刻板印象容易形成"先入为主"的定势作用，从而妨碍人际关系的正常进行。

5. 投射作用

人际关系中的投射作用，即"以小人之心，度君子之腹"，指与人交往时把自己所具有的某些不讨人喜欢、不为人接受的性格、态度、观念或欲望转移到别人身上，

---

① ［美］克特·W. 巴克. 社会心理学 ［M］. 天津：南开大学出版社，1984.

② 黄克尧. 青年心理向导 ［M］. 杭州：浙江科学技术出版社，1987.

认为别人也是如此，以掩盖自己不受人欢迎的特征。如那些爱议论他人的人也总认为别人时常在背后议论他；惯于讲假话的人常常不相信别人的话。由于投射作用的影响，在人际交往中很容易产生误解而伤害他人。

应该看到，人际交往中的这类心理现象常常是许多人在不知不觉中产生的，而且多有心理学上的道理，但它们会对人际交往带来不同程度的影响。因此，只有因势利导，扬长避短，方可使人际交往变得更令人满意。需要指出的是，那些严重的、经常的人际知觉障碍是心理发展的障碍。

四、影响人际交往的因素

心理学家发现，影响人际交往的因素很复杂。在这里主要介绍影响人际吸引的因素、心理因素和社会因素。

（一）影响人际吸引的因素

人际吸引是人与人之间建立感情关系的基础。一个人如果毫无吸引别人之处，就不能引起别人的注意；如果两人之间不能彼此吸引，也无法建立亲密的人际关系。因此，人际吸引的程度，反映了交往双方心理距离的远近，是人际关系状况的一个标志。[①] 一般来说，人际吸引力大小的影响因素有以下几方面：

1. 外表因素

通常情况下，英俊、漂亮的外表，富有魅力的身材，往往更容易讨人喜欢（尤其是对异性），这构成了人际交往的第一印象，并在很大的程度上影响交往的兴趣。但是，心理学的某些实验证明，人们在择友时，常觉得外貌与自己相差不太大的人对自己有较大吸引力，这也许是普通人的自知之明；另一方面，在选择终身伴侣时比选择约会朋友时，对外貌的要求明显降低，这时更重视的是个性品质等内在的特征。

2. 空间与时间因素

空间因素是指交往双方的距离远近，时间因素是指交往的机会、频率。俗话说："近水楼台先得月""远亲不如近邻"。这说明时空是形成密切的人际关系的一个重要条件。空间距离近，交往机会就多，易建立并保持良好的关系。

美国心理学家费斯汀格等人曾以麻省理工学院已婚学生眷属宿舍的居民为对象，研究他们之间的邻居友谊与空间远近的关系。结果发现，从互不相识到入住一段时间后结交为新朋友，几乎离不开4个接近性特征：一是邻居；二是同楼层的人；三是信箱靠近的人；四是走同一个楼道的人。由此看来，经常见面是友谊形成的一个重要因素。在大学里常见的情况是，同学之间，或同住一个寝室，或同在一个学习小组，或同属某个活动团体，或是同乡等原因，经常接触，交往频繁，容易具有共同的经验、共同的话题，从而也容易建立起较密切的人际关系。

当然，人与人在空间上彼此接近，未必一定彼此吸引，甚至可能接近久了彼此生厌。因此，时空接近性仅是密切人际关系的一个必要条件，不能视为充分条件。

---

①　马建青. 大学生心理卫生［M］. 杭州：浙江大学出版社，1992.

3. 相似性因素

俗话说："物以类聚，人以群分。"对某种事物或事件具有相同或相似的态度，具有共同的理想、信念和价值观，感情上就容易产生共鸣，形成密切的人际关系。相似主要表现在三方面：一是兴趣，爱好的相似。相似者共同话题多，谈话较投机，彼此有交往兴趣。二是地位、经历的相似。相似者心理上容易接近，共同语言也多，容易产生亲近感。三是态度、观点的相似。心理学家纽科姆（T. M. Newcomb）曾在1961年用实验法研究过这个问题。他向自愿参加研究的大学新生提供免费住宿16周。在住进宿舍前，研究者先给这些彼此不认识的被试者实施态度、价值观和个性特征等方面的测验，将态度、价值观和个性特征相似或不相似的大学生安排在一间房子里住。然后，定期测验他们对一些事情的态度、看法，以及他们对同房室友的喜欢评定。住宿初期，空间距离是决定彼此交往较多的重要因素；但到了后期，彼此间态度、价值观和个性特征的相似性，超过了空间距离的重要性而成为密切的人际关系的基础。在研究的最后阶段，让这些大学生自由选择住同一个房间时，结果表明，相同意见和态度者均喜欢选择住同一个房间。态度相似性之所以能影响密切人际关系，可能是由于彼此观点一致，争辩机会较少，人与人之间互相支持，从而使友谊得到发展。

4. 互补因素

互补性也是密切人际关系的重要因素之一。所谓互补，是指人的个性表面的差异，由内在的共同观点或看法来弥补。如果相似性是客观因素，那么，互补性可视为主观因素。互补实际上是一种主观的需要或动机。有时两个性格很不相同的人相处很好，并成为好朋友，这就是由于双方都知道自己的长处和短处，都想利用对方的长处来弥补自己的短处，这是一种心理上的需要，基于这种需要，双方可以和睦相处。特别是异性之间，根据互补性原则结为姻缘的相当普遍。常言道，男刚女柔，刚柔结合，既相冲又相容。因而，在人际交往中，当双方的需要和期望正好互补时，往往会产生强烈的吸引力。"当一个人的需要可以满足另一个人的需要时，两人就趋于互相喜欢。一个支配型和一个服从型的人有着互补的人格，这是因为一个人的需要（要支配）满足了另外一个人的需要（接受支配）或者相反。因此，他们能形成一种巩固的关系，并能互相喜欢"。①

但互补并不必然导致需要上的互相补充和满足，即互补的范围是有选择的。一个办事风风火火、果断利落的人，如果不欣赏办事小心谨慎、三思而后行的人，那么尽管后者能成为前者个性的一种补充，但仍难以使之喜欢，形不成有助于人际交往的互补因素。

（二）影响人际交往的心理因素

影响人际交往的心理因素主要指认知因素、情感因素和人格因素。

1. 认知因素

交往过程中的认知因素包括对自己的认知、对他人的认知和对交往的认知。过高

---

① ［美］L. 弗里德曼等. 社会心理学［M］. 哈尔滨：黑龙江人民出版社，1985.

评价自己会导致自大，在交往中盛气凌人，或不屑交往；过低评价自己会引起自卑，羞于与他人相处，导致交往中的畏惧心态。自我评价又会直接影响对他人的评价。以自我为中心的人常常对他人评价偏低，而自卑心过重的人又会错误地过高评价他人，从而造成难以平等交往的局面。对交往本身的认识也会影响交往行为。如果只是为了满足自己的需要，从而忽视他人的需要，会引起交往中断。

2. 情绪因素

交往过程中的情绪因素包括对交往的情绪反应、人与人之间的情感关系及心理距离的远近。情感成分是人际交往中的主要特征，对人的好恶决定着交往者彼此间的行为。青年人感情丰富，心境易变，有时对人对事过于敏感，容易凭一时的好恶改变对一个人的看法，使得人际交往缺乏稳定性，产生各种障碍。此外，交往过程中的情绪反应是否适度适当，也影响着交往的发展方向。情绪反应过分强烈会给人以轻浮不实之感；情绪反应过于冷漠则被视为麻木无情。

3. 人格因素

交往过程中的人格因素包括交往者的能力、特长、气质、性格、涵养、价值观等。有助于人际交往的人格特征是：尊重关心他人，善于理解，乐于助人，富于同情心；热心集体活动，工作认真负责，稳重、耐心、宽厚、真诚、热情、开朗等。不利于人际交往的人格特征是：自我中心，只关心自己，不为他人的处境和利益着想，有极强的嫉妒心；对集体工作缺乏责任感，敷衍了事，华而不实，或完全置身于集体之外；对人冷淡、虚伪、固执，爱吹毛求疵，苛求他人，不尊重人，支配欲过强；过分自卑、内向，缺乏自信，过于服从或取悦他人，依赖心太强等。

（三）影响人际交往的环境因素

就大学生而言，大学生的集体生活一方面创造了彼此交往的条件，另一方面，也构成了矛盾纠纷的源泉。同学们来自五湖四海，个性、脾气、习惯、爱好千差万别，甚至有时连语言都难以沟通，难免会发生这样或那样的磕磕碰碰。有时为讨论某个问题而争得面红耳赤，伤了和气；有时为打扫卫生斤斤计较，各不相让；有时为某个生活习惯不合而互不来往。

对新生而言更是如此，来到人生地疏的新环境，或多或少都有远离家乡、亲人的凄楚感、孤独感、失落感，尤其是那些从未离开过父母、独立生活能力较弱的同学，更容易影响到他们对人际关系的心理感受。

此外，社会环境也对大学生交往产生不良影响。尤其是社会上那种尔虞我诈、自私自利的思想行为对大学生的人际交往具有消极的影响。

第二节
大学生常见的人际交往问题

大学生渴望友谊，希望有丰富的人际交往，但现实中却存在着人际交往的种种困惑、不适，对人际交往的满意程度普遍较低。人际交往障碍已成为影响大学生心理行为的三大问题（学习问题、性爱问题、人际关系问题）之一。

一、大学生人际交往的特点及变化趋势

（一）大学生人际交往的一般特征

随着独立性增强，大学生逐渐摆脱了对父母、老师的依赖，与此同时，同龄人的影响变得越来越大，大学生越来越需要获得同伴的接受、认可、尊重、信任，需要在交往中丰富知识、了解生活、学会处世，以实现社会化。因此，大学生人际交往的主要特征是：

（1）大学生人际交往需求迫切。大学生思想活跃、精力充沛、兴趣广泛、活泼好动，对人际交往的需求要比成人或中小学生更迫切。他们力图通过交往去拓宽视野，获得同伴的认可、接受、尊重、信任，满足自己多方面的需要。

（2）大学生交往对象以同龄人为主。因为大学生过着朝夕相处的集体生活，摆脱了对父母、老师的依赖。众多的交往机会、相似的人生经历、共同的学习任务，使得大学生交往对象更多地选择同寝室、同班、同乡等有相似背景的同学。交往的内容基本上围绕共同的话题，如学习、考试、娱乐等，通过思想交流、情感沟通而展开。

（3）大学生交往动机中功利性少，情感性多。大学生之间的交往更注重情感的沟通和交流，对交往中的直接功利性动机一般不肯轻易苟同。因为处于求学之中，经济方面的压力相对较小，交往中更注重精神方面，并带有理想色彩。

（4）大学生对异性之间的交往愿望强烈。由于处在青年中期，性生理的成熟、性意识的唤醒，使大学生对异性产生了兴趣。大学生活又提供了异性同学交往的许多机会，因此，异性交往的愿望常常会变为交往的具体行动。

（二）大学生人际交往活动的变化趋势

当代社会处于一个变化改革的时代。社会变革不仅使社会生活发生了一系列的变化，也使大学生的思想、观念、行为发生了深刻的变化，尤其是信息网络化的发展，使大学生的社会交往关系发生了很大的变化，呈现出由封闭性到开放性、由真实性到虚拟性、由自然性到社会性以及不平衡性加强等特点。①

1. 从封闭性、单调性到开放性、丰富性

由于社会的发展，以及大学生生活环境的变化，大学生人际交往的血缘关系、地缘关系正逐步淡化，业缘关系、趣缘关系将逐步强化。人际交往的开放性和复杂性正在加强。大学生人际交往上打破了封闭的、依赖性的家庭小圈子。

人际交往已经不仅仅局限于学校、血缘亲属或邻里的狭小范围，也打破了以学习为中心的模式。现代社会的开放性带来了一个前所未有的全球交往时代。当代大学生生活在开放的现代社会，其交往具有极大的开放性和丰富性。越来越多的学生走出校园，踏入社会，尽早建立各种社会关系，从实习到兼职，从打工到与人合作，甚至自主创业，尽量丰富自己的社会阅历和实践经验，为将来真正踏入社会做好铺垫。

---

① 吴晓娅. 当代大学生人际交往变化解析［J］黑河学刊，2011（1）.

2. 从真实性到虚拟性

当今社会的一个重要特征是它正好与互联网时代的勃兴交织在一起。发展迅猛的网络世界使大学生人际交往由真实向虚拟交错转变，其人际交往途径也呈现出多样性。近几年来，随着社会发展的不断进步，高科技产品的不断涌现，因而电脑、手机、互联网越来越受到这些充满活力的大学生群体的青睐。大学生宽松自由的时间比较多，网络不仅是他们的学习工具之一，更是他们娱乐休息时与人交往的重要手段，他们通过网络上的 QQ、Email、微博和微信等方式实现一对一，或一对多等方式交流。根据中国互联网络信息中心第 44 次《中国互联网络发展状况统计报告》显示，截至 2020 年 6 月，国内的网民规模已高达 9.04 亿，在我国网民群体中，初中学历的占比最大，为 40.5%；高中/中专/技校学历的占比 21.5%；小学及其以下学历的占比 19.2%，而大学专科、大学本科及其以上学历的分别占比 10.0%、8.8%。网络对个体和社会都产生了特殊的影响。一方面，网络对大学生的社会化产生了许多积极的影响，如网络增强了大学生的平等观念，为大学生的自我实现开辟了新的空间。但是另一方面，网络的负面效应在大学生社会化的过程中也突出表现出来，带来了许多网络时代较为特殊的偏差行为，如网络依赖、信任缺失、与现实的疏离感和孤独感等。由于网络世界的极大丰富性，一方面使得参与者在选择人际交往对象上有绝对的自主权，使得思想尚不够成熟的大学生可以单纯根据自己的好恶选择聊天对象，但这样容易导致他们沉溺其中而不利于其人格的健全发展；另一方面网络信息鱼龙混杂，各种负面经验严重冲击着大学生的人生观、价值观，不利于其正确的人际交往观的形成。

3. 由自然性到社会性

大学阶段较之中小学对社会的了解将更广泛、更深刻，对自我的认识将更趋复杂，对理想与现实之间，个人与社会之间的矛盾会有更多的体会，并开始思考自身在未来社会中的行为与处境。此间，他们往往面临着自身价值观的重新选择和人格的重建。在人际交往上主要表现为从人际交往的自然性向社会性变化。①

（1）交往的工具性。务实性是当代大学生交往行为的显著特点。随着高校扩招，大学生群体已经不再局限于少数的精英分子。在价值取向上从比较纯粹的精神追求到消费与享乐主义倾向；从追求道德的自我完善到遭遇诚信危机。现在的大学生比较务实，在人际交往上表现为工具性特征加强。

人际交往动机主要有情感性动机和功利性动机两大类。情感性动机以满足个体情感需要为目的，它包括归属动机和友情动机；功利性动机所驱动的交往称为工具性交往，以获取利益为目的，这种获益有可能是精神上的，也有可能是物质上的。②

（2）交往的功利性。大学生的成长是一个通过不断学习及不断适应各种社会规范并成为正式社会成员的社会化过程。在这一过程中，他们的道德价值观尚处于未最后形成的阶段，仍然较易受社会环境的影响。"人脉就是钱脉"的观点在大学生人际交往中非常流行，人际交往消费急剧增加。以衡量对方"价值"的大小和交往利弊

①　陈承贵. 新时期大学生社会化问题及对策分析［J］. 高校教育研究，2008（08）.

②　苟萍，陈彤. 浅析当代女大学生人际交往特点［J］. 西南农业大学学报（社会科学版），2009（07）：168-172.

的得失选择交友，这种功利性在大学三四年级尤为突出。想考研的与业务老师交往频繁，想留校的与书记或主任来往甚密，尤其是在毕业前夕，有的利用社会关系做文章，有的不惜花钱送礼达到个人的目的。比以往任何时期的大学生都讲究"实惠"，他们既乐意"付出"又希望"得到"，既强调"情投意合"又注重互利互惠的综合利益，认为只有这样的交往才能使自己感情得到满足，利益得以实现。①

4. 不平衡性

在传播与沟通中，大学生人际关系呈现出不平衡倾向，主要表现出以下几项差异：年级的高低与人际交往能力的高低成正比，贫困学生的人际交往能力远远低于经济状况良好的学生，女生异性交往能力远优于男生，综合性大学学生在人际交往能力广度深度上强于理工科学生。

有些学生特别是贫困家庭的大学生，与那些家庭、经济等各方面条件都比较优越的大学生在人际交往中形成两个不同的群体。有调查显示，经济上的拮据使得前者在人际交往中较多地表现为被动、性格内向等，甚至个别学生还会由此产生自卑、孤僻等心理。大学生人际交往呈现两高一低的新特点。"两高"指交往途径多样和参加社团的大学生交往程度高；"一低"指贫困生群体交往频度和密度较低，师生间交往的亲密度降低。

二、大学生人际交往的类型及问题

（一）大学生人际交往的类型

由于性别、年龄、性格、经验等不同，大学生在交往心理与行为上有明显的差异。大致可以分为三种类型：

一是积极型。这类学生对交往认识深刻，行动积极，表现出较大的兴趣和热情。大多热心参加社团活动，主动承担社会工作，负责班级、学生会的工作。

二是被动型。这类学生对过去封闭的交往形式不满意，主张开展积极交往，认识上比较明确，行动上却不主动，怕耽误学习，一般较少主动交往，而多是被动卷入。

三是沉静型。这类学生人数少，习惯过平静的生活，性格一般比较孤僻。平日少言寡语，不善交往，只保持和少数人的交往与接触。

知识拓展：异性交往需要注意哪些问题呢？

（二）大学生人际交往问题

随着社会的发展，交往能力的提高已经受到越来越多大学生的重视，他们对人际交往有了更积极的看法和更迫切的要求。但是在现实生活中大学生的交往仍存在一些问题，这主要表现在以下几方面：

（1）缺少知心朋友。这类大学生通常能与人正常交往，人际关系也不错，但自感缺乏能互吐衷肠、肝胆相照、配合默契、同甘共苦的知心朋友，为此，有时不免感到孤独和无奈。

（2）与个别人难以相交。这类大学生与多数人交往良好，但与个别人交往不良，

---

①　王爱平. 当代大学生人际交往特点分析［J］. 北京高等教育，2001（2-3）.

他们可能是室友、同学或父母等与自己关系比较近的人，由于与这些人相处不好，常会影响情绪，成为一块"心病"。

（3）与他人交往平淡。这类大学生能与他人交往，但总感到与人相处的质量不高，缺乏影响力，没有关系较密切的朋友，多属点头之交，没有人值得他牵挂，也没有人会想念他，他们难以保持和发展良好的人际关系。这类同学多会感到空虚、迷茫、失落。

（4）感到交往困难。这类大学生渴望交往，但由于交往能力有限、方法欠妥或个性缺陷、交往心理障碍等原因，致使交往不尽如人意，很少有成功的体验，他们往往感到苦恼，很希望改变社交状况。

（5）社交恐惧症。这类大学生对人际交往特别敏感、害怕，极力回避与人接触，交往时表现出紧张、恐惧、心跳加快、面红耳赤、眼睛不敢看对方等状况。为此，他们常常陷入焦虑、痛苦、自卑中，严重影响到身心健康和日常生活。

（6）不想交往。这是比较特殊的一类。前五类同学都有交往的愿望，而此类同学则缺乏这种愿望和兴趣。他们自我封闭、孤芳自赏或存有怪癖。一般存在这类问题的学生极少。

比较而言，前四类是一般社交中存在的问题，人数比例较高，而后两类问题属严重的社交障碍，比例虽小，但对身心的健康发展危害很大。

三、大学生常见的人际交往心理障碍①

从心理咨询中发现，大学生人际交往不适主要表现为两种情形：一种是不懂人际交往技巧，缺乏人际交往经验，从而导致人际关系紧张；另一种是不敢与人交往，不能与人交往，这就属于人际交往的心理障碍。这种心理障碍主要表现在以下几个方面：

1. 恐惧心理

表现为与人交往时不由自主地感到紧张、害怕，以致手足无措、语无伦次，不能表达自己的意思，严重的甚至害怕见人。这通常称为社交恐惧症。患有社交恐惧症的大学生对人际交往特别敏感、害怕，一到公共场合就出现眩晕、紧张，心跳加快，极力回避与人接触，甚至不敢出门。这给患者的社会交往、信息交流、人际关系带来严重的干扰。

2. 自卑心理

自卑是一种自我评价过低引起的心理体验。具有自卑心理的大学生，往往喜欢把自己封闭起来，对人对事特别敏感，因此非常容易受挫；常常带着一种病态心理看待别人对自己言行的评价，倾向于逃避现实而陷入幻想世界，缺乏人际活动的积极性和适应性；在与人交往时，内心深处非常想接近他人，又唯恐被人拒绝；既想发表自己的一些见解，又怕说出来遭到嘲笑。

人际交往中的自卑心理，一般表现为两种形式，一种是与人交往时的尴尬心理超

①　陈沙麦，何少颖等. 大学生心理学［M］. 上海：同济大学出版社，1997.

过了亲近别人的欲望。亲近欲望受到压抑时，交往感到为难就采取回避的态度。与人交谈，简单生硬，总希望赶快结束，不敢正视对方而垂下眼皮或注视它处。与人相处，神情冷淡，小心翼翼，拘谨，甚至有一点讨好的意味。第二种形式，一般是因为自卑，总认为自己事事不如他人，随时都有被人嘲笑的可能，因此扭曲自我，走上极端，故作清高，为掩饰内心的恐慌而不轻易接近人，将自己封闭起来。这种人内心是渴望得到别人青睐的，当他人真不理他（她）时，他（她）又感到自尊心受到了损伤而更羞于见人。有时别人随便谈论一个人或一件事情，他（她）会认为人家是在含沙射影地说他（她），心理极不平衡。别人无心算计他（她），他（她）却疑神疑鬼，无故和别人赌气，搞得人家莫名其妙，结果是失去了越来越多的朋友和与人交往的机会。

3. 害羞心理

害羞是一个人自我防御心理过强的结果。害羞者常有以下特点：一是过于胆小被动；二是过于谨小慎微，害羞者说话时，意思表达不清楚，说话、做事总怕出错而被人议论，因此一句话要在喉咙口反复多次，一件事总要左思右想，为此搞得神经紧张、坐立不安，而且往往错过说话、做事的时机，以致后悔、懊丧、自责；三是过于关注自己，害羞者特别注意自己在别人心目中的形象，总觉得自己时时处在众目睽睽之下，于是敏感、拘束；四是自信心不足，害羞者对自己的社交能力、表达能力乃至自我形象缺乏信心，因而使本来可以做到、做好的事难以如愿。

害羞心理与青年期自我意识的发展有关。此时，大学生的自尊心大大增强，更多地开始关注自己，渴望得到他人的理解和信任，可另一方面又很担心自己被他人接纳的程度，当一个人过多地重视自己在别人心目中的地位、印象时，就可能变得缩手缩脚。

4. 自傲心理

自傲是由不切实际地高估自己引起的。自傲的人对自己的肯定评价往往有过之而无不及，仿佛是通过放大镜看自己的长处，甚至视缺点为优点；另一方面，他们看不起别人，不喜欢别人，拿放大镜看别人的短处。盛气凌人，盲目自尊，看谁都不顺眼，不愿服从任何人。他们的人际交往模式属于"我好—你不好"型。在人际交往中常使对方感到难堪、紧张、窘迫，影响彼此交往。对此，心理学家柯里指出，"如果一个人只看到自己比别人好，别人都比不上自己，这样就会产生盲目乐观情绪，自我欣赏，自以为是，因此就不能处理好人际关系，调动主客观双方的积极性，而且还会遇到社交挫折，产生苦闷。"

案例八：行事自傲、不合群

5. 嫉妒心理

大学校园里，学生群体中充满了竞争与挑战。有的大学生由于欠缺修养，好胜心强，自制力弱，心胸狭隘，对别人的成就感到不服，由此容易产生嫉妒心理。一般说来，嫉妒是因别人比自己好而产生的怨恨。按世俗的说法，嫉妒心理即是一种"愿人穷不愿人富"的心理状态。

在人际关系中，嫉妒心理是一大害。他人学习成绩冒尖，在班上受尊敬拥戴，经济上的宽裕，仪表气质的出众，社交上的优势，恋爱的成功，异性追逐者广泛等，都可能引起一些心胸狭窄的大学生的嫉妒，从而导致作恶甚至犯罪。嫉妒心理使一个人

大学生人际关系综合诊断量表

不求努力赶超他人，只想抑制阻碍别人的进步以达到自己的心理平衡。嫉妒心理强的大学生，难以与更多的人交往，交往中虚伪多于真诚，其目的是损人利己，结果于人于己都不利。于他人造成损害，于自己则由于经常心怀不满、怨恨、妒火，心理不平衡，也导致心理不健康，并且失去很多的朋友。弗兰西斯·培根在《论嫉妒》中就曾指出："嫉妒这恶魔总是在暗地里，悄悄地去毁掉人间的好东西。"

6. 猜疑心理

所谓猜疑，一猜二疑。疑是建立在猜的基础上，因而往往缺乏事实根据，在许多时候也缺乏合理的思维逻辑。好猜疑的人往往对人对事十分敏感多疑，看到同学背着自己说话，便疑心是在讲自己的坏话；看到某同学没与自己打招呼，便猜想该同学对自己有意见或不喜欢自己等。在猜疑心理的作用下，人会陷入作茧自缚、自圆其说的封闭性思路中，即以某种假想目标为出发点，最后又回到假想目标上来。把假想作根据，又据此得出结论。在猜疑心理的笼罩下，被猜疑者的一言一行都会带上可疑的色彩。

猜疑会导致人际关系的紧张，伤害他人的感情，无事生非，甚至酿成祸端，同时也使自己处于不良的心态之下。对此，培根在《论猜疑》一文中指出，猜疑心"是迷陷人的，又是乱人心智的。它能使你陷入迷惘，混淆敌友，从而破坏人的事业"。

第三节
大学生人际交往的心理调适

加强人际交往，改善人际关系，不仅有利于促进个体心理健康的发展，而且有助于优化人们的生活环境，这是人类生存和发展的重要基础。实践证明，增进人际交往、改善人际环境的关键在于加强心理调适，培养交往能力。

一、人际交往的四种基本态度

美国著名的心理学家爱利克·伯奈（E. Berne）认为，大多数人的心理失常，实质上是日常交往行为中交往态度的失常。依据对自己和对他人所采取的基本生活态度，可以分为以下四种人际交往模式：

1. 我不好—你好，我不行—你行

这是一种常见的心理自卑者与他人的交往关系。它是来自于儿童时期形成的自卑的心理模式。其特点是，交往的一方深深感到自己是无能和愚笨的，无论做什么都不行，而似乎所有的人都比自己要强得多。因此，持有这种交往态度的人，在人际交往中常表现出不同程度的自卑和恐慌，最为极端的典型的表现是社交恐怖症。

2. 我好—你不好，我行—你不行

持有这种交往态度者，总认为自己对别人好，而别人对自己不好，为此愤愤不平，把人际交往中的失败与挫折归结为他人不好；或者把自己当作充满优越感的人，而把交往的对方当作缺乏头脑的笨蛋。这种人似乎充满自信，其实是虚弱的，他们的心理防御倾向往往比较突出。

3. 我不好—你也不好，我不行—你也不行

持有这种交往态度者自认低能，同时也认为别人并不比自己优越多少，他们既不相信自己，也不崇拜他人；他们既不会去爱人，也拒绝别人的爱。这种人常陷入可悲的境地，他们捧着灰白的面孔，无论走到哪里都带来生活的低潮，而且常常得不到他人的怜悯。

4. 我好—你也好，我行—你也行

这是一种健康的心理状态。它的特点是，充分体会到自己拥有一种强大的理性能力，并对生活的价值有着恰当的理解，是爱自己与爱他人、相信自己与相信他人的统一。虽然他们并非十全十美，但他们能客观地悦纳自己和他人，正视现实，并努力去改变他们能改变的事物。他们善于去发现自己、他人和世界的光明面，从而使自己保持一种积极、乐观、进取、和谐的精神状态。

上述四种人际交往的基本态度是建立在一定的价值观念、认知方式、个性特征以及行为习惯诸因素基础上的。现实生活中种种复杂的人际交往方式都是这四种基本模式的不同程度的展现。一般来说，前三种模式容易引起人际交往的障碍。第四种交往态度是我们应该提倡的，它有助于人际交往，也有助于心理健康。

二、把握成功的交往原则

在人际交往过程中，为了使自己的交往行为引起交往对象良好的反应，彼此更加协调一致，在交往中应遵循一定的原则：

1. 平等原则

平等待人是建立良好人际交往的前提，也是人际交往的第一原则、最基本原则。交往平等指的是人与人之间的相互交往应该平等相待，做到一视同仁，不能因为家庭、经历、特长、经济等方面的不同而对人"另眼相看"，也不要因为学习成绩、社交能力等方面存在差异而看不起别人。只有平等待人才能换取平等待己。

心理技巧：如何让别人记住自己

2. 真诚原则

真诚待人是人际交往中最有价值、最重要的原则，也是人际交往得以延续和深化的保证。美国一位心理学家曾于1968年设计了一种测试量表，列出555个描写人品的形容词，让大学生说出最喜欢哪些，最不喜欢哪些，结果学生评价最高的品质是：真诚。在8个评价最高的形容词中，有6个和真诚有关，即真诚、诚实、忠诚、真实、信赖和可靠。而评价最低的品质中，虚伪居首位。所以，在交往中，只有彼此抱着心诚意善的动机和态度，才能相互理解、接纳、信任，在感情上引起共鸣，使交往关系得到巩固和发展。那种"逢人只说三分话，未可全抛一片心"的交往信条，是不健康的。

3. 尊重原则

尊重是由"人人平等"的社会理论规范所规定的人际交往原则。它包括自尊和尊重他人。自尊就是在各种场合自重自爱，维护自己的人格；尊重他人就是重视他人的人格、习惯与价值，承认他人在人际交往中的平等地位。

4. 宽容原则

人们在交往中出现矛盾，遇到冲突时要有耐心，能够宽容待人，对非原则性问题不斤斤计较，求同存异。宽容有助于扩大交往空间，也有助于消除人际间的紧张和矛盾。

5. 互助原则

互助表现为交往双方相互关心、相互帮助、相互支持，既满足双方各自的需要，又促进相互间的联系，深化彼此间的感情。

三、增进人际交往的若干方法

处理人际关系是一种能力，也是一种技术，它可以通过学习和训练来培养、提高，基本途径是加强思想道德修养、丰富社交知识、锻炼交往能力、提高心理素质等。下面简单介绍人际交往的一些基本技巧。

（一）学习交谈技术

人际关系不仅是一门技术，也是一门艺术，其中有许多的技巧。因此，要达到良好的沟通，需要了解和掌握以下基本技巧：①

1. 给人留下良好第一印象的技巧

第一次见面给对方留下什么样的印象是非常重要的，它具有先入为主的特性，往往是决定双方是否继续进行交往的关键（前面已述）。一般在首次交往中，最容易引起对方注意的是自身的精神面貌，如长相、面部表情、身体的姿态、言语、行为表现、衣着服饰等。这些因素综合在一起构成了仪表吸引力。在人际交往中，应尽量使自己的仪表符合当时扮演的角色，即在不同的场合，针对不同的人，采用不同的表情、姿态、语调。该严肃的时候严肃，该放松的时候放松，衣着要干净整洁，这是获得对方初步好感、给人留下良好第一印象的有效方法，也是成功交往的第一步。

2. 交谈的技巧

俗话说："一样话，十样说。""一句话让人笑，一句话让人跳。"可见交谈中同一句话由于语气、语调、面部表情和当时的情景不同而出现不同的含义，交谈的成功与否不仅取决于交谈的内容，而且取决于交谈的方式、方法。大学生在与别人交谈过程中应掌握如下一些技巧：谈话时让对方先说，可以显示自己的谦逊，并借此机会观察对方；最好不要谈论对方的隐私或忌讳的话题；谈话中要显示自己的谦虚，让对方接受；谈话态度要坦诚；在适当时机可以说一些幽默的话或笑话，以活跃气氛；在和几个人一起交谈时，不要把注意力集中在一个人身上，要注意平衡。

此外，人际称呼反映了人与人之间关系与感情的密切程度，人际称呼适当，能使人们在良好的心理气氛下顺利地交往，获得心理上的满足。对长辈的称呼要表示出尊敬的感情，对同辈则要亲切友好。对很密切的朋友，面对面交往中可略去其姓，而对不太熟悉的人则应用全称，以免唐突或显得过分亲热。

---

①　姜宪明. 大学生心理学自我保健［M］. 北京：北京出版社，2001.

在交谈中还应避免以下几个方面的交谈方式：经常打断对方的谈话或抢接对方的话头；口若悬河，滔滔不绝，忽视对方的反应；不注意语言的条理性，语无伦次，让人疑惑不解；注意力不集中，经常让对方重复谈过的话题，或对别人的谈话表现出不耐烦；目光喜欢长时间盯着对方看，或审视对方，让对方感到不舒服；随便解释某种现象，妄下断语或不懂装懂，借以表现自己是内行；不考虑交谈对象的反应，用词不当或声调异常，使人听不明白或感到不高兴；短话长说或长话短说，不考虑交谈的时间、主题、氛围和效果；单方面突然结束交谈，或强行把话题转移到自己感兴趣的方面去。

3. 倾听的技巧

生活中学会倾听，是一项重要的交往艺术。越是善于倾听他人意见的人，人际关系就越融洽，因为倾听本身就等于告诉对方，你是一个值得我倾听你讲话的人，表现出对他的尊重，无形之中就会提高对方的自尊心，加深彼此的感情。在倾听对方谈话时应掌握以下一些技巧：精神集中，表情专注，经常与对方交流目光；不停地赞许性地点头、微笑、做手势，或不时用"哦""对""是这样"，以及重复一些你认为重要的话，表示你在注意倾听，鼓励对方继续讲下去；在交谈中如有疑问，可提出一些富有启发性或针对性的问题，对方会感到你对他的话很重视，有"知己"的感觉；用自然、真诚的表情来呼应对方的谈话，如对方说笑话时，你的笑声会增加他的兴致。

4. 非语言交往技巧

美国心理学家梅拉比安（A. Mehrabian）曾提出一个公式：信息的全部表达＝7%的语调＋38%的声音＋55%的表情。它说明了非语言行为的重要作用。大学生为了增进自己的人际关系，应注意以下非语言交往技巧：

（1）服饰技巧。索菲亚·罗兰说过："你的衣服往往表明你是哪一类人物，它们代表着你的个性。一个和你会面的人往往不自觉地依据你的衣着来判断你的为人。"服饰展示着一个人的形象和风度，因此在人际交往中必须注意自己的服饰问题，服饰要整洁、得体，要体现出自己的个性，与自己的身份相符合，形成自己的人格风度。

（2）目光技巧。眼睛是"心灵的窗口"，显示着人的心灵深处的信息，目光是人际交往中重要的信息来源。心理学家发现，在一般文化背景中，人们相互之间频频地目光对视是一种亲切交往，但其对象大多限于情侣和亲人之间。如果一般异性敢于长时间地对视，则意味着彼此感情和关系的升级。在相互不太亲密的交往对象之间，直愣愣地盯住对方，往往是一种失礼行为，而上下打量人则更是一种轻蔑和挑衅的表示。通过闪避目光可以表示自己的卑屈地位，如在对方的瞪视之下垂下视线，则表示退让和服从。在遇到困难或感到恐惧时，通过长时间的凝视来向别人求援，往往可以增加得到帮助的可能性。

（3）体态技巧。体态是一种无声的肢体语言，它通过人的手势、身体的各种姿态、面部表情等来传递信息，既能体现人的精神魅力，又能体现人的外在魅力，是人的思想感情与文化修养的外在体现。

在日常生活中，如果表现出热情和兴趣，往往身体略微倾向交谈的对方，并伴有微笑、注视等；微微欠身表示谦虚有礼；身体后仰表示傲慢；侧转身体表示厌恶和轻蔑；背朝人家表示不屑理睬等。另外，在社交场合有些体态应避免出现，如拉拉扯扯、指手画脚、将身体靠在他人身上或物体上，当众伸懒腰、挖鼻孔、掏耳朵、打哈欠、大声说笑、点头哈腰、歪头斜眼等。

（4）距离技巧。心理学家通过观察和实验发现，人都有一个把自己圈住的心理上的空间。一旦这个空间被人触犯，就会感到不舒服或不安全，甚至恼怒起来。每个人都有一种保护自己个体空间的需要，这并不是拒绝与他人交往，而是想在个体空间不受侵占的情况下自然交往。在人际交往中，人与人之间的距离表达特定的意思，美国西北大学的霍尔教授称之为"人际距离带"，它包括：① 亲密带（0~0.5 米）。在这种距离内，人们不仅仅是靠语言，还通过视觉、听觉、触觉、嗅觉来传递信息，每个人都能感觉到对方呼吸的快慢、皮肤的气味。这往往限于贴心朋友、夫妻和情人之间，其他人如果插足这个空间，就会引起十分敏感的反应和冲突。② 个人距离带（0.5~1.25 米）。一般亲密朋友是在 0.5~0.8 米的距离带交往，而普通朋友则在 0.8~1.25 米的距离带交往。交往在这个空间之内，正好能相互亲切握手，友好交谈，具有较大的开放性，任何朋友和熟人都可以自由进入这一空间。③ 社会带（1.25~3.5 米）。在这种距离内交往，彼此的关系不再是私人性质的，而是公开的社会交往。如在办公室里，一起工作的人们总是保持这种距离进行交谈。④ 公共带（3.5~7.5 米）。这种距离常用于非正式交往，人们之间极为生硬的谈话适合于这个距离。不同民族，人们交往的空间距离要求也不尽相同。大学生在交往中要根据相互之间关系的亲疏、远近以及类型来调整与人交往的最佳空间距离，从而有助于增进人际关系。

（二）妥善运用赞扬和批评

如何适时适度、有效地运用赞扬与批评，是人际交往中的一个重要问题。

赞扬能够释放出一个人身上的能量，调动人的积极性。实验心理学对酬谢和惩罚所作的研究表明，受到赞扬后的行为，要比挨了训斥后的行为更为合理、更为有效。如果对已经十分疲劳的青少年表扬几句，那么疲劳测定器上会显示出体力的急剧上升，反之，若训斥几句，则会显示体力的急骤下降。因此，有这样一句话："赞扬能使羸弱的躯体变得强壮，能给恐怖的内心以平静与依赖，能让受伤的神经得到休息和力量，能给身处逆境中的人以务求成功的决心。"真心诚意、适时适度地赞美对方，往往能有效地增进彼此的吸引力，因为人们欢迎喜欢自己的人。

名师微课：赞美也要有技巧！

适时适度地感谢人也很重要，即使对方做了微不足道的事，也别忘了说声"谢谢"，同时还要不断发现值得称赞的东西。感谢是对对方所做的事和对其人格的尊重与赞美，因此，感谢也是一种赞扬。要把感谢说出来，而不只是记在心里；表达感谢时，应该真心诚意、充满感情，而不是随随便便地说一句，否则感情就变成了形式，就失去了真正的意义；不应扭扭捏捏，而要大大方方、口齿清楚地表示谢意；一般不应笼统地向大家一并表示感谢，而是指名道姓地向每个人表明谢意；在说感谢时，眼睛应注视对方；在对方并不期望感谢，或认为根本不可能受到感谢时表示感谢，则效果更好。①

---

　① ［日］大西宪明. 怎样使你的性格讨人喜欢［M］. 北京：知识出版社，1987.

　　一般来说，应多用赞扬，少用批评，因为赞扬是良性刺激，而批评是一种负性刺激。但并非不可以批评。通常批评只有当用意善良、符合事实、方法得当时，才有可能产生积极的效果。也就是说，批评不能使对方的自我萎缩或产生反感，而应在于促进对方的进步和提高。为此，可以批评对方的行为，但不能批评对方的人格，即就事论事，而不可就事论人，或以偏概全；批评的重点不能只是指出对方的错误，更应告诉对方如何改正和防止再犯；不宜当众批评，这样极易挫伤对方的自尊心；批评时应针对现在的事，而不要把以前的错误、缺点重新抖搂出来，否则很容易使对方难堪、不耐烦，或反感；批评时措辞和态度都应是友好的、真诚的。应该说，真心诚意、实事求是的批评并不会阻碍人际关系，反而有助于增进友谊。

　　（三）培养交往能力

　　善于交往的人，往往具有某些特征，而培养这些特征，将有助于提高人际交往能力，改善人际交往的质量。

　　一般来说，善于交往的人，往往善于发现和承认他人的价值，并且尊重他人，愿意信任他人；他们对人宽容，容忍他人有不同的观点和行为，不斤斤计较他人的过失，在可能的范围内去帮助他人，而不是指责他人；他们更喜欢运用微笑，而不是争吵、愤怒；他们常对别人表现出兴趣，乐于与人交往，愿意与多人保持友谊；他们能记住对方的姓名和容貌，不会忘记在朋友的生日时予以祝贺；他们善于从对方感兴趣的话题入手，交谈中不仅是个健谈者，更是个善听者；他们敢于表达喜怒哀乐，但不过分，能与人与时协调起来；他们能恰如其分地表现自己，不卑不亢，自然地与人交往，而不是刻意地想引人注目、惹人喜爱，那样的话反而会使人生厌；他们努力地去理解别人，设身处地，而不会把自己的价值观、个性强加于人；他们重视人际交往，珍惜友情，努力去做有益于发展人际关系的事，而避免有害于人际关系的事；他们与人交往时态度主动、积极、热情、真诚、友好。

　　善于交往的人，懂得"你要别人怎么待你，你就得怎样待人"；懂得"己所不欲，勿施于人"；懂得"得到朋友的最好办法是使自己成为别人的朋友"。他懂得对什么事都过于计较并不值得；别人是别人而不是自己，因而不能强求；与朋友相处应求大同，存小异；与他人交往重在发现交往的价值。他懂得失去人心的最好办法是到处说别人的闲话和坏话；态度蛮横最容易发生争吵；爱发脾气的人通常自己受损最多。他懂得要多交友、交好友，但要少树敌、不树敌，要努力缓解矛盾、冲突，"冤家宜解不宜结"。

　　需要特别指出的是，人际交往时，真诚通常被认为是人际关系中最有价值、最重要的一种特征。任何的人际交往技巧，若离开了"真诚"这一基础，就失去了它应有的价值，变得虚情假意，无真诚则无友谊可言。

　　（四）提高心理素质

　　人与人的交往，是思想素质、能力素质和心理素质的整体作用，缺少任何一部分都会影响人际交往的质量。有些人存在交往方面的不足，是因为存在着这样那样的心理障碍，主要有：恐惧、胆怯、害羞、自卑、冷漠、孤僻、封闭、猜疑、自傲、嫉妒、易怒、敌对等。

这些人际交往心理障碍对人际关系所造成的直接影响是：不敢或不能与人交往；交往变得困难；交往给人带来的是不快、压抑、烦恼、自卑等消极情感体验。因而及时地矫正这些心理状态是有效交往的重要一步（关于如何自我调节，前面各章已做了详细阐述）。

每一个人都有进一步发展人际关系的内在需求，也都拥有这样的潜能，重要的是要走出封闭、狭隘的自我。只要人人都献出一片爱心，世界将会变得更美好。一个友善、文明的人际环境是健全个体的保证，也是健全社会的基础。

第四节
成功心理训练（七）

一个人要想成就一番大业，就必须学会理解别人，学会让步，学会宽容别人的过失。你只有对别人好，才能换得别人对你的好。不能理解别人的人，是很难找到事业上的合作伙伴的。所以，人与人之间需要理解和沟通，并建立相互信任的关系。作为团队的成员在初步相识后，需要进一步的相互接触、相互了解、相互接纳，减少防卫心理。因此，本节的心理训练就是让你在人际交往中学习相互信任，以及学习微笑。

一、训练题目：人际交往能力训练

1. 后仰与背摔
2. 信任之旅
3. 眉飞色舞与微笑

二、训练具体方法

1. 后仰与背摔

【目的】可通过驱除心理压力，来增强学员的自信心、安全感和信赖感。

【时间】约90分钟。

【准备】人生感恩类音乐、椅子、桌子（结实的方桌）。

【操作】① 两人一组：两人同一方向站立，一人在前，一人在后，在前站立者两脚分开，与肩同宽，两脚不动向后仰（口令：请放心，我一定支持你！）在后面站立者五指分开用双手支撑其肩膀，两人距离慢慢拉开，后者双腿前弓后蹬，要用全身力量支撑前者；两人轮换做。② 7～9人一组训练，一人站在一米多高的桌上，脚跟踩着桌边，闭上眼睛，双手交叉相握于腹部前方，双脚与肩同宽，往后仰倒，要求头与肩膀笔直后躺，不能臀部先落地。不要睁开眼睛，不要回头看。你的身后有没有人不重要，重要的是你是否相信这个世界上还有人会支持你。下面6～8人连成3～4对"抬花轿"，形成一个"床"，接住他（她）后，轻轻摇晃片刻，放下。一个人做完后轮流换另一个人做。指导者引导暗示时能针对性强一点效果更好，要注意安全，躺倒后注意不要忘记摇晃和拥抱。

这个训练，让每个学员去体验：自己有没有安全感？有没有信赖感？当你向后倒下时，心理有何变化。是紧张、害怕？还是自信、信任？

2. 信任之旅

【目的】突破自我，相信自己，相信别人，通过助人与受助的体验，增加对他人的信任与接纳。

【时间】约60分钟。

【准备】指导者事先选择好盲行路线，路线最好要有阻碍，如上楼、下坡、拐弯、室内室外结合等。每人准备蒙眼睛用的毛巾或头巾。

【操作】团队成员两人一组，一位做盲人，一位是帮助者。"盲人"蒙上眼睛，原地转三圈，暂时失去方向感，然后帮助者沿着指导者选定的路线，搀扶带领"盲人"绕室内外活动。其间不能讲话，只能用手势、动作帮助"盲人"体验各种感觉。活动结束后两人坐下交流当"盲人"的感觉以及帮助别人的感觉，并在团队内交流。然后互换角色，再来一遍，再互相交流。

这个训练，让每个学员去体验：对于"盲人"，你看不见后是什么感觉？你对你的伙伴的帮助是否满意，为什么？你对自己或他人有什么新发现？对于助人者，你怎样理解你的伙伴？你是怎样想方设法帮助他的？这使你想起了什么？等等。

信赖别人固然重要，但更重要的是，你要先做一个值得信赖的人！这需要自信。

3. 眉飞色舞与微笑

【目的】训练面部肌肉的弹性与柔软度，增强面部表情的表现力与感染力，有助于学生准确地表达内心世界的情感，对于语言、礼仪、表演、演讲等学习具有很大的帮助。

【时间】约40分钟。

【准备】小镜子、铅笔。

【操作】指导者先与学员讨论面部肌肉训练的重要性与微笑的价值，然后具体示范，学员们模仿。

① 面部肌肉训练分别是：A. 上额耳朵往后拉；B. 眉面肌肉向上提；C. 眼睛肌肉四周张；D. 鼻头肌肉往外张；E. 嘴角肌肉上下拉；F. 面部肌肉缩与张；G. 双手搓热抚摩脸。

② 先拿出小镜子，看着镜子里的自己，把铅笔横放在齿间，咬得越宽越好，照照自己，然后，取下铅笔，笑！再做一遍，直到你觉得镜子里的自己笑得很自然为止。

③ 闭上眼睛，只想一个问题：我很可爱，我的笑容令我更可爱！我是一个非常受欢迎的人！把这三句话在心里默念三遍，然后开始想象：我最想见的人，我的父母或朋友……来了，我看到他，我很开心；我在心里先笑了，我的眉毛笑了，我的眼睛笑了，我的脸笑了，我的鼻子笑了，我的嘴也笑了；我笑得很舒服，很自然，我的笑脸就像花儿一样绽放着，看见我的人，他们的心情一下就好了，他们也忘了所有的烦恼，也笑了！啊，全世界的人都微笑着，这个世界多美好啊！

这个训练，让每个学员去体验：面部表情是人际交往的一个好工具，特别是微笑。微笑是可以养成习惯的，大家一定要常练习。一个习惯于对任何人微笑的人，一定是个非常受欢迎的人，也一定是个成功的人。

本章摘要

（1）人际交往主要有以下两个特点：一是交往双方都是积极的主体；二是交往在一定程度上改变了双方的关系。

（2）人际关系是指人们在交往过程中结成的心理关系或心理距离，它表现为个体所形成的对其他个体的某种心理倾向及其相应行为。任何一种人际关系都包含着三个互相联系、互相促进的成分，即认知成分（指相互认识、相互了解）、情感成分（指积极或消极情绪、爱或恨、满意或不满意）和行为成分（指交往行为），其中情感成分是人际关系的核心成分。

（3）人际交往和人际关系是两个既有联系，又相互区别的概念，人际交往着重反映社会群体中人与人之间相互联系的过程和形式，而人际关系则侧重反映交往后建立的各种心理状态和行为特征。

（4）人际交往功能有传递信息的功能、心理保健功能和协调功能。人际交往对大学生个体成长的影响主要有：① 人际交往促进大学生的社会化进程。② 人际交往促进大学生深化自我认识。③ 人际交往是大学生个性发展与完善的条件。④ 人际交往是维持大学生身心健康的重要保证。

（5）人与人之间相互交往从无到有，要经过一系列的变化过程，大致可以分为五个阶段：第一阶段，彼此陌生，互不相识；第二阶段，开始注意；第三阶段，表面接触；第四阶段，双方交往互动，开始了友谊关系；第五阶段，亲密关系。

（6）人际交往的心理效应有晕轮效应、首因效应、近因效应、刻板印象、期待效应和投射作用。

（7）影响人际吸引的因素主要有外表因素、空间与时间因素、相似性因素和互补因素。

（8）影响人际交往的心理因素主要有认知因素、情感因素和人格因素。

（9）大学生人际交往的一般特征是：① 大学生人际交往需求迫切。② 大学生交往对象以同龄人为主。③ 大学生交往动机中功利性少，情感性多。④ 大学生对异性之间的交往愿望强烈。

（10）大学生人际交往活动的变化趋势为：① 从封闭性、单调性到开放性、丰富性。② 从真实性到虚拟性。③ 从自然性到社会性。④ 不平衡性。

（11）大学生人际交往的类型有积极型、被动型、沉静型。

（12）大学生人际交往问题主要是：① 缺少知心朋友。② 与个别人难以相交。③ 与他人交往平淡。④ 感到交往困难。⑤ 社交恐惧症。⑥ 不想交往。

（13）大学生常见的人际交往心理障碍主要表现在：① 恐惧心理。② 自卑心理。③ 害羞心理。④ 自傲心理。⑤ 嫉妒心理。⑥ 猜疑心理。

（14）依据对自己和对他人所采取的基本生活态度，可以分为以下四种人际交往模式：① 我不好—你好，我不行—你行。② 我好—你不好，我行—你不行。③ 我不好—你也不好，我不行—你也不行。④ 我好—你也好，我行—你也行。一般来说，前三种模式容易引起人际交往的障碍。第四种交往态度是我们应该提倡的，它有助于人际交往，也有助于心理健康。

（15）成功的交往原则有平等原则、真诚原则、尊重原则、宽容原则、互助原则。

（16）增进人际交往的方法有：① 学习交谈技术。② 妥善运用赞扬和批评。③ 培养交往能力。④ 提高心理素质。

思考·讨论·活动

1. 试析人际交往与人际关系的联系和区别。
2. 人际交往中的心理效应有哪些？人际吸引因素有哪些？
3. 结合大学生人际交往的特点，谈谈自己是如何增进人际关系的。
4. 请结合本章的心理训练内容，分享训练过程中自己的感受，并设计另外一种可以增进人际交往的活动。

第九章

大学生的学习心理

章前导语

"学习"一词，在我国古代文献中早就有之，孔子说："学而时习之，不亦说乎？"又说"学而不思则罔，思而不学则殆"。古代儒家的学习观点，在一定程度上揭示了学习与练习、学习与情感、学习与思维的关系。《三字经》上曾说："玉不琢，不成器，人不学，不知义。"也从一个侧面说明了学习的重要性。长期以来，许多心理学家、教育学家和哲学家从不同的观点角度提出了许多不同的学习理论，学习是人类自身生存和发展的重要手段。联合国教科文组织在关于教育发展的宣言中提出"学会认知，学会做事，学会共同生活，学会生存"。事实上，学习本身就是发展。人需要学习，只有通过学习才能达到自我完善与自我发展的目标。

学习是大学生的主要任务和主要活动形式，学习效果的优劣将直接影响大学生的自我形象和心理状态。大学生在学习过程中对心理卫生问题长期以来没有引起足够的重视。习惯上人们往往认为那些不想学习、学习成绩滑坡、考试不及格乃至无法学习而退学的大学生，是缺乏理想、学习不认真、对自己要求不严或学习方法不当所致。然而，越来越多的研究认为，大学生的心理卫生状况是影响大学生学习的重要因素之一。同时大量的心理学调查和研究表明，大学生的心理健康水平和学习成绩呈正相关。动机、兴趣、态度、情感、意志和性格等非智力因素都会对学习产生影响。因此，了解和探讨大学生学习心理现象及其发展规律，对改善大学生的学习状况，提高心理健康水平有着重要意义。

本章所要研究的内容，主要是有关大学生学习心理问题、考试心理问题，以及调适方法。希望读者在阅读本章之后，能够对下列问题有所了解：

1. 学习的含义和意义。
2. 大学生学习的特点以及学习与大学生心理健康的关系。
3. 大学生常见的学习问题及其调适方法。
4. 大学生的考试心理及其与大学生心理健康的关系。
5. 考试焦虑的原因、危害、表现以及调适方法。

第一节
大学生学习与心理健康

学习对大学生的心理健康、心理发展有很大影响；反过来，大学生的心理健康状况、心理发展水平亦对大学生的学习产生直接的作用，两者是互为基础、互相影响、互相促进的。

一、学习概述

在心理学中，学习是一个含义极广的概念。就人类而言，小孩使用筷子、系鞋带是学习，科学家的发明创造也是学习。学生在学校里的学习，更是有系统、有计划和有指导地进行的。那么，如何给复杂多样的学习下一个恰当的定义呢？

（一）学习的含义

学习是一项极其复杂和重要的人类活动，人的生存、文化的传播、社会的进步都离不开学习。所以自古以来人们对学习行为十分重视。而日常概念中的学习，往往限于知识、技能的学习，如学生上课听讲、做作业，青年工人参加技术培训等。而心理学中所研究的学习，是指个体的后天与环境接触，获得经验及行为产生持久变化的过程。这里的"行为"，不光指外部可以观察到的外显行为，也包括思维活动和认知活动中概念与表象的变化等一些内隐行为。

学习这一概念，有广义和狭义之分。从广义上说，"学习是人和动物在生活过程中获得个体经验的过程。凡是以个体经验的方式所发生的个体适应变化都是学习。它是动物和人类生活中的普遍现象"。[①] 但人的学习与动物的学习有本质区别，动物的学习仅仅是个体对环境的适应，是一种自然现象，只受动物自身和自然环境的支配。人的学习是社会现象，是受人类社会的历史发展规律支配的。从狭义上说，"学习是指学生在学校里掌握知识、技能，形成一定的道德品质的过程"，它是学习的一种特殊形式。它是在教师的组织、领导下，有目的、有计划、有组织进行的，以掌握人类所积累的经验为主要任务。

传统的学习观认为学习就是在一定的情境中，在教师有目的、有计划、有组织的系统指导下，受教育者读书求知并获得一定结果的实践活动。而现代学习观则在对前者观念认同传承的基础上，突出以下理念：

其一，学习是人们自觉主动的行动。现代学习观特别注重学习主体的自身需要、经验、兴趣、性格、能力、志向等，重视尊重学习主体的选择、适应和潜能。因而，新的学习观认为学习不只是对学习者的标准化、强制性的活动，更重要的是要成为学习者自觉、主动、积极的行为。

其二，学习是学习者的社会化的全部过程。所有通过感受器官通向大脑的活动都是学习。在《学习的革命》一书中，作者指出，"我们所看、我们所听、我们所尝、我们所触、我们所嗅、我们所做的"均为学习，而传统的学习观特别看重结果，认为有了良好成绩的学习才可被称为学习，而对成绩低下或无结果的学习者的行为则未能给予价值认定。

其三，学习既表现为接受和掌握，也表现为感悟、体验、发现和探究。传统的学习观认为人类的学习是个人系统掌握社会和个体经验的过程，是通过语言和文字为中介而实现的。因此，只有接受、吸收、掌握和占有了前人的知识和经验并转化为自己的知识与经验，才是学习。然而以智力资本为特征的知识经济社会更重视学习主体在实践过程中的内在感悟、体验、发现和探究。

---

① 杨清. 简明心理学辞典 ［M］. 长春:吉林出版社,1985.

（二）学习理论

1. 巴甫洛夫的经典条件反射的学习理论

俄国生理学家巴甫洛夫在用狗为实验对象进行消化腺研究时发现，假如一定频率的节拍器声响（条件刺激 CS）与肉粉（无条件刺激 UCS）多次结合，原先只由肉粉（UCS）引起狗的唾液分泌（无条件反应 UCR），现在节拍器声响单独出现也可以引起类似的唾液分泌反应（CR）。这就是说，当 CS—CR 之间形成了巩固的联系时，学习出现了。我们可以说，在此情境中，狗学会了听一定频率的节拍器声响。

2. 桑代克的尝试与错误学习理论

桑代克根据猫学习开启迷笼外出得食的实验，得出了他的学习理论，主要包括两大要点：

第一，学习是经由尝试与错误的过程，在问题情境中，个体表现出多种尝试性的反应，直到其中有一个正确反应出现，将问题解决为止。该正确反应就是个体在该刺激情境中学得的特定反应。这种从多种反应中选择一种与特定刺激固定联结的历程，称为尝试错误学习。

名师微课：你听过巴甫洛夫的狗，那有听过桑代克的猫吗？

第二，桑代克提出了三个学习定律：准备律、练习律和效果律。

3. 斯金纳的操作条件反射的学习理论

斯金纳在 20 世纪 30 年代发明了一种所谓斯金纳箱的学习装置，箱内装上一操纵杆，操纵杆与另一提供食丸的装置连接。把饥饿的白鼠置于箱内，白鼠偶然踏上操纵杆，食丸装置就会自动落下一粒食丸。白鼠经过几次尝试，会不断压杠杆，直到吃饱为止。这时我们可以说，白鼠学会了按压杠杆以取得食物的反应，按压杠杆变成了取得食物的手段或工具。所以操作条件反射又称工具条件反射。在操作条件反射中的学习，也就是操纵杠杆（S）与压杆反应（R）之间形成固定的联系。

4. 班杜拉的社会学习理论

社会学习论，又称模型模仿论。这一理论试图阐明人怎样在社会环境中进行学习，从而形成和发展他的个性特点。他人特别是父母、教师、同伴和其他如英雄模范等，起到学习榜样的作用。个体通过观察他人所表现的行为及其结果而调节自己的行为，这就是观察学习。

5. 学习的信息加工理论

近来认知心理学家们把学习看作信息的加工与存储。学习行动的各加工阶段分别为：注意、选择性知觉、复述、语义编码、检索、反应组织、行为表现及反馈等。

总之，前四种学习理论比较适合解释情绪、动作技能与行为习惯的学习，而信息加工理论则较适合解释比较高级的认知学习。

（三）学习的意义和作用

1. 学习是有机体和环境取得平衡的条件

学习是有机体与其生存环境保持平衡的必要条件。动物为了适应变化的环境，需要学习，而人不仅要适应环境，而且要改造环境以使环境更好地为人类服务，这就更需要学习。有人认为，低等动物的生活方式极为简单，只要依靠本能就能适应环境、取得平衡。例如，没有神经系统的原生动物只有最低级的感应能力，对学习几乎没有要求或要求极低。但是现在已经证明，草履虫经过练习能减少在毛细血管中旋转的时间，这显然是由于经验引起了行为变化。由此可见，在原生动物中也有学习发生。到了人类，个体生活中从出生到老死整个过程，都离不开学习。因此，有人用图 9-1-1 所示来说明学习在不同的动物发展水平的个体生活中所起的不同作用：

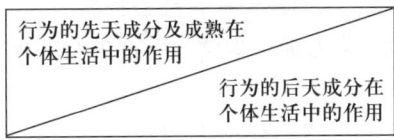

　　图 9-1-1　行为成分与动物发展水平之间的相互关系

　　由图 9-1-1 可知，动物的生命形式越低级，行为的先天成分作用越大，学习活动只构成其全部活动中的较小部分，其一生所能实行的动作在刚出生或出生不久就大都出现了；而高等动物则不同，行为的后天成分在生活中起的作用大，出生时最无能，且本能反应少，婴儿期特别长，学习能力强，受益于学习和经验也多。

　　2. 学习能促进成熟与心理发展

　　（1）学习可以影响成熟。所谓成熟，指个体生理方面的发展，它受生物学规律支配。生理的结构和机能为学习提供了可能性，在个体发展的一定阶段上，学习什么，从何开始，都要以学习者的相应成熟为条件。但是，如果个体的生理结构得不到使用的话，它的机能就会消退。如果对初生的动物剥夺某方面的刺激作用，则可以影响其相应的感觉器官的发育和成熟，如理森（A. H. Risen）对黑猩猩进行的"剥夺研究"。所以，没有环境的刺激作用及学习活动，正常的成熟是不可能的。

　　（2）学习能激发人脑智力的潜力，从而促进个体心理的发展。我们知道，有些人在小时候的学习成绩和能力水平都很差，但后来他们却成为伟人，有了很高的智力水平和伟大成就。例如，达尔文小时候曾被认为是低能儿，牛顿小时候学习很差，华罗庚在初一时还补考过数学。那么是什么使他们产生了如此巨大的变化呢？是学习把他们大脑中的潜能激发出来了。甚至到了中年、老年，还可以发挥个体头脑中的潜能。

二、大学生的学习特点

　　大学生的学习与中小学生相比，有着明显不同的特点。这些特点表现在学习过程的自主性、学习方式的广泛性、学习内容的专业性和学习目的的探索性方面。[1]

　　（一）学习过程的自主性

　　自主性是指学生在学习过程中主观能动作用的发挥。自觉主动地学习是大学学习活动的核心。大学的学习和中小学相比，很大的差别就在于整个学习过程中教师指导性的教学多，指令性的要求少。因此，大学生的学习不能完全依赖教师的计划安排，不能单纯接受教课内容，必须充分发挥主观能动性，体现自主性的特点。有不少大学一年级新生，对大学的学习感到难以适应，其原因就在于已失去对教师和书本的依赖，又未形成自主学习的习惯。大学学习的自主性特点，贯穿于大学学习过程的始终，并且反映在学习活动的各个方面，如学习时间的自主安排，学习内容的自主选择和掌握，学习方法的自主选择等。

与中学阶段相比，大学学习的课程门类明显增加，而课堂教学的时间又相对减少，学习成果的优劣在很大程度上取决于大学生自己对学习时间的计划和安排。大学生应该合理安排好学习时间，协调好课堂听课、课后复习和自习等学习环节。不少青年人带着"中学时期苦苦拼搏，进大学后要痛痛快快玩个够"的想法来上大学，并以这种思想指导大学课余生活的安排，结果学习松懈，学业荒废，成绩下降。

大学教师讲课往往是提纲挈领式的，有时，课堂上讲的只是自己最有心得的一部分，或是该段教学内容关键所在的部分，其余部分就要由学生自己去攻读、理解、掌握。这是一种充分体现自主性特点的学习方式。因此，培养和提高自学能力，是大学生必须完成的一项重要任务。大学生应逐步学会不需要教师也能获得知识，具备更新知识的本领。这不仅直接关系到大学学习的优劣成败，对学生今后的发展也至关重要。在知识更新周期越来越短的现代社会里，具备自学能力是进行终身学习的一个基本条件。

大学生虽然也按照教师的要求学习，但是不像中学生那样绝大部分时间是被动地完成教师布置的学习任务，而是具有相当程度的自主选择性。除了公共必修课和基础课之外，大学生对于学校开设的选修课，可以根据自己的需要、兴趣、特长等自主取舍选择：有些课的知识需要巩固掌握，有些课仅做一般了解，有些课可以不学。据调查，学生自主选择学习内容的标准按选择人次占总人次的多少大体排列如下：① 学科内容在实现自己理想过程中所占位置（包括考研究生）的重要性。② 学科内容本身的深刻性、理论性以及是否具有吸引力。③ 毕业后职业工作需要认可自己在某方面的学习成绩。④ 任课教师讲授艺术的感染力。

至于选择哪种学习方法，更是由大学生自主决定的。在多种多样的学习方法中，个人可以找到适合自己的最有效的学习方法。在大学里，教师不会规定该用什么方法去记忆，怎样阅读，往往只是直接提出学习的目标和要求，用什么方法达到目标，则由学生自主选择。一般来说，大学的学习已不再是靠死记硬背的功夫去接收教师整理过的一些知识，而是靠自己去理解、消化知识。这个消化的过程就充满了自主性。

（二）学习的广泛性

广泛性反映了大学学习多层面、多角度的特点。课堂教学是大学生学习的主要途径，但绝不是唯一途径。大学生在学习过程中可以通过各种不同的途径和渠道吸收知识，也可以靠广泛的学习兴趣去探求、获得课程之外的知识。这样便可以扩展、丰富和充实课堂上和教科书上所涉及的知识。

大学学习活动的安排正反映出这种广泛性的特点。在课余时间，学生有较多的自由支配时间，可以在学校为之提供的条件下广泛地学习。例如听各种学术报告、知识讲座，参加专题讨论、社会调查、参观考察、查阅图书馆提供的大量文献资料等。众多的形式和方法为大学生从不同层次、不同角度学习知识创造了机会。大学生只有通过广泛的学习，才能比较全面地把握知识体系，提高能力和才干。

广泛性的另一表现是，大学生在学习活动中可以发展自己的兴趣。大学生可以按自己的兴趣和意愿有选择地学习一些知识，这样在专业方向上就有了可以调整、取舍以及发挥的灵活余地，在实际应用时也可以如虎添翼。

（三）学习的专业性

专业性是大学学习活动比较直观的特点。大学学习既不同于以掌握知识为主要目的的中小学学习活动，也不同于以完成职业任务为主要目的的职业活动，它是围绕着使大学生如何尽快成为某一方面的专门人才而组织和进行的学习活动，具有高层次的职业指向，学生学成之后能够成为工程师、经济师、农艺师、经理和其他科技、教育、医务、文艺、法律、新闻、外事、军事、党政等各种高级专业人才。因此大学生所学课程的内容都是围绕着专业的方向和需要来展开的，基础课、工具课和专业课等专业课程的设置，将有助于构建大学生适应性的知识结构和能力结构。当然，大学生所学内容也要随着专业在社会中的变化和社会的需求而不时有所变化、更新。

值得一提的是，不能因为大学学习具有专业性特点，而将大学学习与职业技术培训或进修混为一谈。后者更注重于技术的专门应用和训练，而前者却要求理论知识和应用技术并重，因而学习的范围更宽，程度更深。所以，大学学习期间通常只是确定一个大致的专业方向，更具体、更细微的专业目标是在学习深入的过程中逐步明确的，甚至要在踏上社会、进入工作领域后才能进一步确定。刚刚工作的大学生的专业技能可能一开始还不如从职业技术学校毕业的中专学生，但是，具有更佳专业素养的大学生拥有更强的适应能力和潜力，很可能在一段时间之后反而"后来居上"，发展得更好。

（四）学习的探索性

爱因斯坦曾强调指出："高校教育必须重视培养学生具备思考、探索问题的本领。"探索性是指表现在学习过程中的创新意识和初步的创造性活动。

大学生在系统学习知识，不断掌握专业技能的过程中，学习能力（主要是思维能力）将有较大的发展和提高。在此基础上，学术上的新观点、新理论、新成就必然会触动青年学生的创造欲，乃至渐渐形成一种希望自己能重组已有知识或从崭新角度分析和解释问题的内在动机。这充分表现在大学生喜欢以自己的思路、自己的语言表达对事物的理解，并极愿对未知领域进行尝试性的探索等方面。有不少学生积极参加教师的科研工作，有些在校学生能发表有创见的论文或参加科技竞赛，也有些学生直接到社会上承接研究课题。

探索性不仅表现在大学生完成论文（设计），参加学术报告会、讨论会和学术活动上，也表现在所学的课程内容上。大学生的学习不单是掌握知识，还要掌握科学的研究方法，了解各学科存在的问题及其解决的可能性。因此大学生除了完成论文

（设计）之外，还要尽量主动地进行科学研究，学会对未知领域的探索。

探索性特点反映了青年学生的学习创造性，也反映了社会对他们的要求。科学就是在探索中前进的，大学生作为开创科学未来的生力军，不能不具备探索精神。

大学学习活动几个主要特点之间有一定的联系。自主性是大学学习活动的基本要求；专业性反映了大学学习活动有明确的目标；广泛性是大学学习活动的拓展；探索性是大学学习活动的深入。因此，没有自主性，就不可能形成探索；缺少探索性，自主性就无法发展；离开专业性，广泛性就缺乏核心；失去广泛性，专业性就显得狭窄单调。正是这些特点相互交融，才使得整个学习过程充满了活力，才使得大学各阶段学习丰富多彩。

三、学习对大学生心理健康的影响

就学习活动本身而言，学习是人与环境保持平衡、维持生存和发展所必需的条件，也是适应环境的手段。学习能促进人的全面发展以适应社会的需要。因此，学习对心理健康是有益的。当然，如果是学习不健康的内容，就会带来消极的影响。同样，一个人的心理健康状况也会对学习产生影响。

知识拓展：什么是罗森塔尔效应，对学习有何影响？

（一）学习对心理健康的积极影响

前面在介绍"学习的意义和作用"中已经谈到了学习具有发展智力、开发潜能的作用。因为每个人都有与生俱来的潜能，但是这种潜能只有通过学习才能得以表现，并进一步得到开发。并且，一个人的智力也是在学习过程中不断发展的。心理卫生学认为，一定的智力水平是心理健康的基础，而潜能的开发状况则与心理健康状况直接相关。

学习能带来心理上的满足，使人体验愉快的情绪。一个人乐于工作，就常常能从工作中找到乐趣，每当完成一项任务，取得一项成绩就会感受到自己的价值和尊严，就会有一种自我效能感，并感到喜悦和满足。而在遇到不如意的事情时，若能埋头于工作，就可以实现"注意转移"，使自己忘掉烦恼，从工作成绩中得到安慰。大学生的"工作"就是学习。因此，努力学习、善于学习，有助于大学生的心理健康与发展。

此外，大学生的学习活动还有助于纠正错误的认知观念，发展正确的认知方式；有助于建立和谐的人际关系，发展健康情绪和高级情感；有助于改善意志品质，培养健全人格等。

（二）不良学习对心理健康的消极影响

学习是一项艰苦的脑力劳动，在学习活动中，需要消耗大量的生理、心理能量。如果学习方式不当，就会事倍功半，影响学习积极性；如果学习内容过多、负荷过重，就会由于压力过大而引起身心不适；如果搞"疲劳战术"，不注意劳逸结合，则会损害身心健康；如果学习环境嘈杂、肮脏，则会使人心烦意乱，效率低下等。

此外，学习内容不健康、黄色、反动，就会严重污染大学生的心理，使一些辨别能力差、抵抗力弱的大学生受害。

（三）心理健康状况对学习的影响

一般而言，心理健康的大学生，学习成绩要优于心理不健康者。对具备一定智力基础的大学生来说，非智力因素比智力因素对学习更具有影响力。非智力因素指的是不直接参与认识活动，即不具有加工、处理信息的功能，而是个体内部的动力系统，它影响人们认识和行为的方式及积极性。这个系统包括需要、动机、情感、兴趣、意志、性格、价值观等因素，它实现着对人的认识活动和行为的驱动、定向、引导、持续、调节和强化等功能。

学习活动是智力和非智力因素共同参与的过程。在学习过程中，非智力因素能够转化学习动机，成为推动人们进行学习的内在动力。学生选择什么学科作为自己的主攻方面、探索哪一方面的课题，这都和学生的需要、兴趣、情绪、态度、意志、个性特点等心理因素直接相关。因此，良好的心理健康状况，即正常的智力、健康的情绪、坚强的意志、良好的个性、正确的自我意识、和谐的人际关系、较强的适应能力等，对大学生的学习有很大的促进作用；反之，如果心理健康状况不佳，甚至有心理疾患，则会不同程度地妨碍大学生的学习，抑制大学生潜能的开发，严重者甚至无法学习。

第二节 >>>>>>>>>
大学生常见的学习心理问题及调适

在大学校园里，大多数学生能经受住紧张的学习对其各方面素质的综合考验，顺利地完成学业。但是也必须看到还有相当数量的大学生在学习上表现出不同程度、持续时间不等的学习困难。导致学习困难的原因虽然多种多样，但是分析的结果表明，心理障碍是主要原因。常见的心理障碍有：学习动机缺乏、学习疲劳、学习焦虑、注意障碍、记忆障碍等。

一、学习动机缺乏

学习动力，是指学习内在的驱动力量。它是由学习动机、学习兴趣和学习态度组成的，这三者密切联系、互相促进、贯穿于学习过程的始终。在这里，我们主要介绍学习动机。

1. 学习动机

我们经常看到这样的现象，一些在中学勤奋刻苦的学生进入大学后，整个人便松懈了，躺在"60分万岁"的旗帜下无所事事。

有的人也想把学习搞好，但又总是提不起劲，拿起书便觉得厌倦。这些都是学习动机缺乏的表现。学习动机是学生将学习愿望转变为学习行动的心理动因，是发动和维持学习行动的内部力量，它反映了学生的需要和愿望，并体现在意志行动过程中。

学习兴趣是学生的内部动机在学习上的体现，来自学生内部的好奇心、求知欲和抱负；学习态度反映了学生对学习是喜欢还是厌倦的情绪。

2. 学习动机缺乏的表现

（1）懒惰行为：表现为不愿上课，不愿动脑筋，不完成作业，贪玩。学习上拖拉、散漫，怕苦怕累，并经常为自己的懒惰行为找借口。

（2）容易分心：动机不足的学生注意力差，不能专心听课，不能集中思考，兴趣容易转移。学习肤浅，满足于一知半解。行动忽冷忽热，情绪忽高忽低。

（3）厌倦情绪：动机缺乏的学生对学习冷漠、畏缩，常感厌倦，对学校与班级生活感到无聊。在学习中无精打采，很少享受到学习成功带来的快乐。

（4）缺乏方法：动机不足的学生把学习看成是奉命的、被迫的苦差事，因此不愿积极寻求一些适合自己的学习方法，满足于死记硬背，应付考试。由于缺乏正确灵活的学习策略和方法，所以往往不能适应新的学习环境。

（5）独立性差：动机缺乏的学生，在学习上没有明确的目标，学习行为往往表现出从众与依附性，随大流，极少有独立性和创造性。

3. 学习动机缺乏的原因

（1）个体原因。大学生的个体特征，如情绪、意志、态度、经历、兴趣、健康状况等，都会对其学习动机产生影响。例如，如果大学生在以往的学习过程中，经常遭受到挫折与失败，就会引起痛苦和沮丧的情绪，降低学习信心，导致学习动机减弱以至消退。

（2）家庭原因。家庭环境对学生的学习动机有直接的影响。家庭环境是指家庭为受教育者所创造的学习环境及所提供的学习条件。家庭的经济条件、家长的文化程度、家庭结构等因素构成了客观环境；家长的教育方式、期望程度、家庭气氛等则是主观环境。主观环境对大学生的学习动机影响更大。如果父母不重视子女的学习，父母本人进取心不强，甚至还向子女散布"实惠思想"和读书无用论，这必然会干扰学生的学习，削弱他们的学习动机。如果父母期望太高，管教太严，有时也会适得其反，使学生产生逆反心理或为难心理，反而降低了他们的学习动机。

（3）学校原因。大学校园是大学生生活、学习的场所。校园环境、教学设备、课程设置、教学计划、教师素质和校园文化等，都会对大学生的学习动机产生影响。例如，如果学生对大学校园的期望过高，抱有一种玫瑰园般的幻想，而踏入校门后，发现现实远不如想象中的美好，其学习动机也会受到挫伤。

（4）社会原因。社会生活是影响学习动机的重要因素，其中社会价值观对大学生学习动机有很大的影响。如果整个社会崇尚知识和人才价值，则对大学生的学习动机有正面的影响。反之，就会使学习动机明显消退。

4. 动机缺乏的自我调适

（1）明确学习意义。明确学习的重要意义是培养和激发学生学习动机的首要条件，特别是要产生指向社会的高尚动机，更需要明确学习的意义。当大学生认识到自己的学习与社会发展有密切联系时，当大学生看到自己学习的价值时，学习就有了责任心和使命感，学习动机也会更加强烈。因此，大学生应该多参加一些社会实践活动，了解国情、民情，了解本专业对社会的贡献，并在实践中运用知识、发现问题。

这样往往会增强自己的学习动机。

（2）培养学科兴趣。当个体开始学习一门新的学科时，常常由于新奇感而有较强的求知欲。随着学习的不断深入，难度逐渐增大，好奇心也会减弱。因此，培养学科兴趣，首先要明确这一学科的社会意义和专业意义，认识到此学科对于自己的专业学习、品行修养等方面所产生的影响。其次，要带着问题去学，抓住本学科中一些没有定论的、有争议的问题，广泛搜集资料，通过独立思考，提出自己的看法，这会增强自身对此学科的兴趣。

（3）建立课程学习目标。没有目标的学习就很难有收获。大学生应该为课程建立一个目标，这可以使学习的目的性更明确，从而强化学习动机。课程学习目标可以用表格的形式来设置，表格可以包括如下栏目：课程名称、课程性质、学时、主要内容，学习知识的目标、技巧方面的目标、培养能力的目标等，然后逐项填入。

（4）掌握科学的学习方法。学习方法不当会使学习效果不佳，长期学习效果不佳会使学习动机减弱以至退失。良好的学习效果对学习动机有强化作用。因此，要始终维持较高的学习动机，就必须掌握良好的学习方法。这二者是互相影响、互为条件的。

二、学习疲劳

1. 学习疲劳

所谓学习疲劳是指学习者由于学习过度或学习方法不当，而产生的学习效率逐渐降低，并伴有渴望停止学习活动的生理和心理现象。例如，某大学三年级学生小李自入学以来求知若渴、惜时如金，除吃饭、睡觉外，其余时间几乎都用来看书、做作业。后来他感到疲劳异常，连拿笔的手都感到僵硬不灵活了，常觉心慌，食欲差，无论怎样努力也听不进课，看书注意力也难以集中、记忆差，甚至对原来很感兴趣的学习材料也感厌烦，因而烦躁，爱发脾气，这些都是学习疲劳的反应。

2. 学习疲劳的表现

学习疲劳可分为生理疲劳和心理疲劳两类，其中以心理疲劳较为常见。

生理疲劳是一种生理机能上的失调，可分为肌肉疲劳和神经疲劳。肌肉疲劳表现为肌肉痉挛、肌肉功能失调、动作不和谐、姿势不端正、乏力等。神经疲劳是长期的心理活动所导致的神经系统反应能力的疲惫或紊乱，如麻木、无动作反应、感觉迟钝或无感觉、辨别困难、反应时间加长等。极度的生理疲劳可造成肌体受损、神经功能紊乱等。

心理疲劳指学习者主观上感到疲劳，有可能是机体某一部分生理机能确实失调，也可能只是一种疲倦感。主要表现为对学习感到倦怠，情绪紧张不安、烦闷、易怒、精神涣散、注意力不集中，随之而来的是学习积极性及效率有减退倾向，严重者可表现为学习困难，学习无兴趣等。

在学习疲劳中，心理疲劳是主要的。但心理疲劳与生理疲劳又不是完全相互独立和分割的，大学生产生的学习疲劳可能是心理疲劳，也可能是生理疲劳，也可能是二者的综合反应。

3. 学习疲劳的原因

（1）心理疲劳的原因。① 学习者对学习缺乏兴趣，不积极，学习动力不强，因此在学习时就容易从心理上感到厌倦。② 学习活动过于紧张，需要高度的注意、积极的思维、努力的记忆，这些都容易使人疲劳。③ 学习材料过于复杂、过多、过难，或内容单调乏味，学起来感到枯燥、无趣，又特别费力气，更觉疲惫不堪。④ 学习环境太差，如室内的温度、湿度不很适宜，空气中氧气含量不足，光线过强或过暗，周围环境过于肮脏、凌乱、嘈杂，都容易导致学习者心情紧张、压抑、不安，从而产生心理疲劳。

（2）生理疲劳的原因。生理疲劳分为肌肉疲劳和神经疲劳：① 肌肉疲劳的主要原因是，在学习活动中，一方面由于长时间采用一种姿势，肌肉活动过久，使颈部、腰部产生疲劳，另外学习活动既要消耗养料、氧气等，同时也产生乳酸等代谢废物。如果进行长时间高强度的学习，消耗的能量比补充的更多，不足以应付所需，废物在体内的积累比排除更快，就会产生肌肉疲劳。② 神经疲劳是长期的心理活动所导致的疲劳，其原因与肌肉疲劳的原因相同，只是与肌肉比，神经活动消耗的能量少且消耗慢，因此神经比较不容易疲劳。

（3）学习方法不当的原因。有的大学生学习非常用功刻苦，也没有智力障碍，但学习效果却不佳。究其原因，是由于他们的学习方法不当所造成的。此外不注意劳逸结合，睡眠不足等，这也是产生生理疲劳的主要原因。

4. 学习疲劳的自我调适

（1）科学用脑是防治学习疲劳的关键。大脑两半球具有不同功能，左半球与逻辑思维有关，主管智力活动中的计算、语言逻辑、分析、书写及其他类似活动；右半球则与形象思维有关，主管想象、色彩、音乐、空间、幻想及类似的其他活动。如果长时间地运用一侧大脑半球，就容易产生疲劳。因此，应根据大脑两半球的不同分工而交替使用大脑，就可以延缓疲劳现象的发生。

（2）掌握一套适合自己的学习方法。掌握科学的学习方法，"学会学习"，这不仅是大学学习成功的保证，而且也是大学学习的重要任务。心理学家认为，学习方法取决于学习对象、外部条件和学习者的内部因素。大学的学习方法取决于其特点且有别于中学的学习方法，大学生必须结合自己的实际，寻求适合大学学习特点的方法，才能进行有效的学习；同时，学习是一种个人的活动，学习方法还要结合自身特点，避免因学习方法不当，而产生疲劳作战。

（3）培养学习兴趣。兴趣在繁重的学习活动中起着重要作用。教育实践证明，学生对学习本身，对学习科目有兴趣，就符合他的由活动动机产生的认识倾向，就可以激起他的学习积极性，这样可以缓解疲劳或推迟疲劳的到来。

（4）创造良好的学习环境。优雅整洁的学习环境，清新的空气，适宜的温度、湿度和光线使人心情舒畅，学习效率高，而且不易疲劳。空气沉闷不洁使人疲倦，噪声干扰注意力，容易使人心烦意乱、焦躁不安，光线过强或过暗都容易使人眼睛疲劳，头晕目眩，应注意避免这些不良的学习环境和条件。

三、注意障碍

1. 注意障碍

注意是心理活动对一定对象的指向和集中。例如，学生上课时专心致志听老师讲课而不听其他声音，聚精会神看黑板而不看别的东西，这即是注意的指向和集中。注意是一切心理过程的开端，并伴随着心理过程的始终，它使心理活动处于积极状态并具有方向性，保持较高的效率。而注意障碍是指心理活动难以或者过分地指向和集中于一定的对象。

2. 注意障碍的表现

一般说来，注意障碍主要表现为：注意的稳定性很差，难以长时间保持在特定的对象或活动上，注意力分散且难以持久；或注意稳定性极高，对某种观念固定不变，也无法摆脱，不能转移注意。

（1）在注意范围方面表现为注意范围变得越来越狭窄，注意力难以被唤起；或者注意范围"变宽"，注意容易转移，很容易被外界无关的刺激所吸引，如课堂上书本掉在地上或教室外出现的声响等分散了注意力，干扰了听课，明知不对，却难以控制。

（2）在注意强度方面表现为注意力"增强"，对一定对象的局部过分注意，而对其整体却难以注意；或者注意减退，或注意力涣散，不能将注意力集中于一定的对象上，对已开始的学习活动常半途而废，难以坚持始终。

（3）在注意分配方面表现为注意难以同时指向和集中于不同的对象。如，上课时学生既要听讲、记笔记，还要看书、看黑板，而注意发生障碍的学生则手忙脚乱，顾此失彼。

（4）在注意转移方面表现为难以根据新的任务，主动地把注意力从一个对象转移到另一个对象上，或者转移得过快或过慢。

3. 注意障碍的原因

从生理方面讲，注意障碍主要与脑生理功能障碍有关。如学习过度疲劳造成大脑细胞负担过重，高级神经系统的兴奋与抑制过程失衡，大脑皮质产生保护性抑制状态，致使大脑皮质觉醒功能不足，使人昏昏欲睡，不能集中注意力；或者由于大脑过度兴奋，大脑皮质觉醒过度，致使大量不需要的感觉冲动传至大脑皮质，造成注意力涣散，容易转移，难以集中。

从社会心理方面讲，造成注意障碍的原因有：对学习的目的、作用认识不足，缺少集中注意力的自觉性；对学习内容的价值认识不足，缺乏学习动力和兴趣，也难以集中注意力；学校教学制度不健全，学风、班风不正等现象也会影响学习注意力。从个性心理来讲，情绪不稳定，紧张、焦虑、疲劳、烦躁、兴奋等都会妨碍学生集中注意力；自制力差、缺乏恒心、好冲动等人格因素也会造成学生注意力差。此外，某些外因干扰，如家庭发生意外事故、人际冲突矛盾、情绪困扰、学习环境不安静、社交或娱乐活动过多都易导致学生注意力难以集中。

4. 注意障碍的自我调适

（1）增强自我意识，树立战胜"疾病"的自信心。若发现自己有注意障碍"症状",应尽快找到老师或咨询点,了解自己的"病情",增强自信心,积极配合调节,以取得最佳调治效果。

(2)增强注意力的动力,保持最佳的学习注意状态。理解学习任务的重要性,培养自己具有明确的学习目的、浓厚的学习兴趣和积极的学习态度,是引起和维持注意力的动力。同时,按任务要求要经常提醒自己坚持注意,用意志努力去支配自己的注意力。

(3)增强集中注意力的自觉性,提高自控能力。在日常学习活动中有意识地培养集中注意学习的良好行为习惯,培养克服困难、注意学习的毅力,逐步增强自我控制的能力,培养自律性人格,增强集中注意力的自觉性。

(4)防止因过度疲劳而导致注意障碍。保持身心健康、精神愉快、精力充沛,注意充分休息,做到劳逸结合,防止因过度疲劳而导致注意障碍。

四、记忆障碍

1. 记忆障碍

记忆是大脑对经历的事件的反映。它是一切智慧的基础,是人们积累知识和经验,发展智能,达到预定目标与成就的必要条件。记忆包括识记、保持、再认或回忆等环节。"识记"是知识经验在中枢神经系统中留下痕迹,并获得和巩固知识经验的过程;"保持"是识记过程在人脑中留下的痕迹并储存的过程;"再认"是以前经历过的事物又出现在面前时感到熟悉和确认的过程;"回忆"是对以前经历过的事物不在面前时能重新再现出来的过程。

2. 记忆障碍的表现

记忆障碍是指人们在识记、保持、再认或回忆过程中发生的困难或异常。一般表现为识记能力差,保持时间短,遗忘快,不能回忆或再认产生错误,反应迟钝,集中力差;常感头脑发"木"等现象。记忆障碍主要表现为:

(1)记忆"增强",即过去已经遗忘的经验能清晰地回忆起来,而这些经验在心理正常的情况下一般是难以回忆起来的。

(2)记忆能力减退,遗忘的速度、范围、程度超过了正常人,发展到严重时表现为对经历过的事物无法再认或回忆。

3. 记忆障碍的原因

(1)学习目的不明确,学习动机不强烈,学习兴趣不浓厚,对学习缺乏信心等心理状态会使大脑对知识的记忆缺乏积极主动性,大脑皮质活动不活跃甚至处于抑制状态,使人的智力下降,这是记忆障碍的主要原因之一。

(2)过度疲劳。长时间单调的学习使大脑相应功能区域处于疲劳状态,兴奋与抑制失衡,新陈代谢功能失调,从而产生保护性抑制,导致记忆效率下降。

(3)急躁、烦恼、紧张、压抑等情绪。过分焦虑或抑郁,会引起神经功能紊乱,并且易破坏记忆功能。此外不同学习材料间的相互干扰,也会引起记忆障碍,造成遗忘。

4. 记忆障碍的自我调适

（1）遵守记忆规律，提高记忆效率。① 要有明确的记忆目的和强烈的动机。目的越明确、动机越强烈、任务越具体，记忆效果越好。② 认真选择记忆内容。从大范围讲，应围绕自己现在、将来所从事的专业或职业及加强自身各方面修养所涉及的知识领域来选择记忆内容。③ 充分利用理解记忆。在学习中要尽可能透彻理解材料，利用自己已有的知识经验揭示客观事物的本质、规律，找出材料本身的内在联系及其与自己已有知识经验的联系。理解记忆在速度、全面性、精确性、巩固性等方面都比机械记忆效果好。④ 掌握自己的记忆规律，安排好记忆内容。应根据自己的情况，找出最佳记忆时间。一般来说大学生应重视晚自习，因晚自习是白天学习的复习，第二天新课的预习，有利于学习刺激在大脑中留下痕迹的加深和巩固，达到最佳记忆效果。

（2）重视科学的复习方法。① 及时复习。复习是避免与减少遗忘的主要手段。遗忘是刺激痕迹的消失，它的规律是："先快后慢"，因此要及时复习，赶在遗忘前复习会收到事半功倍之效。② 坚持复习。新学的知识除应及时复习外，还要坚持复习。随着时间的推移，每次复习所用时间会相对越来越少而效果会越来越好，不会加重学习负担。③ 复习方法多样化。复习不是简单的一次次重复，每次复习都有新的角度、高度，不只背诵，还要与思考、分析、动手等结合起来。

（3）树立记住的信心，培养浓厚的学习兴趣和保持愉快的情绪。因为浓厚的学习兴趣以及愉快的情绪可以调动一个人的注意力，且思维较清晰，对事物印象深刻，从而提高记忆效果。反之，消极情绪、精神紧张易引起大脑皮质相应区域抑制，难以建立广泛的神经联系，导致记忆力减弱。愉快、稳定的情绪是记忆心理卫生研究中的重要内容。

第三节
大学生考试心理及调适

考试是大学生面临的主要应激源之一。每个学生都希望在考场上发挥出自己的最佳水平，以取得优异成绩。可是总有些学生不得不接受一个残酷的事实，即考试成绩并非与自己的努力成正比，考试的结果总与自己的愿望有差距。于是由此便带来了一系列心理卫生方面的问题，诸如，丧失信心、自尊受挫、精神苦闷、厌倦学习及自暴自弃等。这说明考试对大学生的身心健康有很大影响。因此，学会正确对待考试，防治各种考试心理障碍，培养良好的应试能力，学会一些应试的技巧，将有助于提高学习效率，巩固学习效果。

一、大学生的考试心理

（一）大学生考试的心理类型

考试对每个大学生来说并不陌生，而考试的心理状态怎样，对考试的成绩有着不可忽视的影响。根据大学生考试前后的心理状态及效应，可以把考试心理类型简单分为两种：

1. 正常型

其特点是学生的心理处于积极有效的状态。注意力高度集中，记忆力潜能得到最大限度发挥，思维力处于高度的理性判断和推理状态，想象力得到最大限度的施展。这种心理类型的学生，情绪稳定，精神饱满，对考试中遇到的困难能用坚强意志，通过内部调节的方式加以克服，在考试中，其整个心理功能得到正常发挥。

2. 异常型

其特点是学生的心理处于消极的低效状态。情绪高度紧张，智力活动效能下降，心理活动失调或中断，产生怯场现象。根据心理失调程度可分为轻度、中度和重度怯场现象。轻度怯场现象，主要表现为有时对平时熟悉的知识回忆不起来，答卷时由于情绪紧张而心慌出汗等。但其思路还正常，答题活动还能继续进行下去。中度怯场现象，主要表现为较多平时熟悉的知识回忆不起来，思路出现障碍，思维的深度与敏捷性受到影响，答卷混乱。重度怯场现象，表现为正常心理活动暂时中断，发生晕场。

（二）大学生考试中的心理活动类型

大学生在考试中的心理活动不尽相同，大体上可以分为三种类型：①

1. "独我"型

其特点是情绪稳定，专心致志地想着考试的内容，想着自己如何去解答考题，如何发挥自己的水平，对考试无关的事"视而不见，听而不闻"，具有一种"天地之间唯我一个"的"独我"境界。在考试中遇到困难时，能以镇静的心理状态加以克服。这种类型一般表现在平时学习成绩好，心理品质健康的学生身上。

2. "犹豫"型

其特点是因为有部分试题不太明白或不会答，心里忐忑不安，显得手忙脚乱，情绪较紧张，一会儿看看试题，一会儿看看监考老师。有的人会产生作弊念头，如果老师监考较松，就可能发生作弊行为。同时，对自己所做的题也是似是而非。这种类型一般表现在平时学习成绩平等或中下等的学生身上。

3. "双顾"型

其特点是对考试存有蒙混过关的侥幸心理。有的考试前就做好了作弊的准备，考试中眼睛盯着监考老师的举动，视监考的松严程度而采取作弊行动。如果较严，就采取较稳妥的方式来进行；如果较松，则肆无忌惮地公开或半公开地作弊。总之，在整个考试过程中，把作弊视为通过考试的主要手段，这种类型一般表现在平时学习成绩较差或很差的学生身上。

（三）考试对大学生身心健康的影响

考试对大学生身心健康的影响既可能是积极的，也可能是消极的，取决于大学生

---

①　孙守成. 当代大学生心理学［M］. 北京：世界图书出版社，1991.

个体对考试的看法和态度及对考试成绩的归因和评价。

考试对大学生来说，是一种紧张刺激，故引起适度的焦虑、产生一定的心理压力是正常的。这样不仅可以调动生理能量和心理能量，使自己正常发挥，甚至超常发挥，还有利于促进自己的身心健康，增强应激能力。若对考试满不在乎，若无其事，没有焦虑，则是不正常的。但假如把考试看得太重，当成是仿佛决定自己命运的大事，只能成功，不能失败，从而导致过度的焦虑，那么就不仅会危害认知过程，而且会损害身心健康。

而考试成绩，无论好坏，都会对大学生的心理健康产生不同的影响，因为当今社会、学校和家庭对大学生能力高低的评价多是以考试成绩为主要依据。因此，若成绩优异，就会带来愉快的体验，增强自尊和自信，提高学习积极性。但有的学生也可能因此而狂妄自大，骄傲自满，经不起成功和荣誉。若成绩不佳，就会出现挫折感。此时，有的学生能主动分析原因，调整学习方法，加紧用功，以求今后有提高和发展；但有的学生却会情绪低落、郁郁寡欢，甚至怀疑自己的学习能力，悲观失望、自暴自弃、影响学习，危害身心健康。

考试的心理卫生问题以过度考试焦虑、考试怯场为主。

二、考试焦虑

（一）考试焦虑及其表现

1. 考试焦虑概述

考试焦虑是考试时常见的一种心理现象。如果面临极其重要的考试，而心里又不是十分有把握，那往往会产生强烈的不安和担忧。

焦虑是由当前活动或对未来活动的预想而引起的不安、忧虑、紧张甚至恐惧的情绪状态。考试焦虑由一定的应试情境引起，它以担心为基本特征，以防御或逃避为行为方式，并受个体认知评价、人格因素及其他身心因素所制约。多数人在面临重要考试时都会产生一定程度的考试焦虑，这是正常、无害的。但过度考试焦虑对学习及身心健康危害很大。

2. 考试焦虑的表现

考试焦虑是担心考试失败而有损自尊的一种高度忧虑的负性情绪反应。

（1）在心理上多表现为忧虑、紧张、恐惧、坐立不安、慌乱，面对繁杂的学习内容心乱如麻、茫然无绪、思维紊乱、不知所措，不能集中注意力，记忆力减退，思维迟钝，学习效率下降，情绪抑郁、易怒、烦躁，缺乏自信心，夸大失败，依赖性强，独立性差等。

（2）在生理上表现为肌肉紧张、呼吸急促、心跳加快、头昏、大小便频率增加、多汗、恶心、睡眠不良、食欲不振、胃肠不适等；在行为上表现为坐立不安，采用逃避方式进行防卫，或者胡乱作答，早早离开考场，或者东张西望，无心作答，趁监考人员不注意悄悄离开考场，或者采取作弊方式寻求摆脱，但一般以逃避方式进行防卫者居多。

（二）考试焦虑的危害

过度考试焦虑影响学习，也损害身心健康。[①]

1. 考试过度焦虑危害认知过程

考试过度焦虑容易分散和阻断注意过程，使注意力不集中，不能专注于学习和应试，而是专注于各种各样的担忧；考试过度焦虑干扰识记和回忆，使该记的记不住，记住的想不起；考试过度焦虑还会使思维呆滞凝固，令比较、分析、综合、抽象、概括等具体思维能力无法正常发挥，创造性想象更是无从谈起。

案例九：考试焦虑，无心学习

2. 考试过度焦虑危害心理健康

考试过度焦虑是一种负性情绪反应，它会危及人的心理健康，特别是如果在考试过后仍陷于焦虑之中不能自拔，那就很容易转为慢性焦虑，而慢性焦虑会影响大学生日常生活的方方面面，甚至转为焦虑症。

3. 考试过度焦虑危害身体健康

考试焦虑量表

考试过度焦虑会影响心血管系统的功能，出现心律不齐、高血压、冠心病等；会有消化系统功能紊乱的临床表现，若这种状态长期持续，就会导致胃炎、胃溃疡等胃肠疾病；考试过度焦虑还会影响呼吸系统和内分泌系统的功能，诱发支气管哮喘和甲亢等。

（三）考试焦虑的原因

1. 知识经验及能力

学生知识经验储备不足，记忆提取困难，难以应付考试，对取得好成绩不利时就会焦躁万分。考生能力差，自感不如别人，对考出好成绩没有信心，加上有的受家长压力或爱面子，考前会很不安甚至有恐惧感。应试中会因遇到困难，如有不会做的题而十分紧张，焦虑水平变高。

2. 认知评价能力

个体对考试性质的认识程度，对考试利害关系的预测程度及对自身应付能力的估计程度直接影响其焦虑水平。如果一个人把某次考试与自己的终身前途联系在一起，其焦虑水平必然要高。如果一个人对考试过程感到无把握，怀疑自己的能力，也会增长焦虑的情绪。

3. 应试技能

一个缺乏应试技能的人，在考场上极易产生慌乱现象，不能有效地分配时间，抓不着重点，从而增加考试焦虑。

4. 身体状况

身患疾病、体质虚弱、疲劳过度、经常失眠的人，对即将来临的考试，容易激起较强的情绪波动，产生过度焦虑。另外，由于每个人受父母遗传基因的影响而在神经类型的强弱上有所不同，使得有些人对刺激容易产生紧张反应，导致过度焦虑。

以上几点是产生考试焦虑的自身因素。此外，家庭、学校、社会环境的压力是造成学生考试焦虑水平过高的外在因素。如家长对学生要求过严，期待水平过高，学校片面追求升学率，大搞题海战术，学生考试负担过重；社会以考试结果来决定考生未

---

① 郑日程. 考试焦虑的诊断与治疗 ［M］. 哈尔滨：黑龙江科技出版社，1990.

来的就业、发展前途乃至社会地位等，这些都会对学生造成巨大的心理压力，因而形成高度的考试焦虑。

三、考试心理的调适

为了以积极、正常的心理准备迎接考试，大学生可参考以下建议：

1. 端正对考试的认识

明确考试只是衡量学习好坏的手段之一，考试成绩不能全面反映一个人的学习能力和知识水平，更不能决定一个人的前途和命运，不必把考试成绩看得太重；懂得产生考试焦虑的根源是自身而不是考试，相信人可以用理智和意志来控制和调节情绪。

2. 实事求是，制定适当的目标

大学生要正确评价自己的能力，根据自己的原有基础和潜力，制定适合自己的努力目标，既不妄自菲薄，过于自卑，又不好高骛远，过于自信，否则期望过高，压力过大，就容易焦虑、紧张。

3. 认真学习，做好复习

平时刻苦勤奋，考试时就会"艺高胆大"，充满信心；考前应全面复习，尽量熟悉考试要求、题型、时间、地点等，做到心中有数，避免"临阵磨枪"。

4. 保证身体健康

身体健康是考试成功的一个重要保证。考前应加强营养、劳逸结合、睡眠充足，保证有充沛的精力和清醒的头脑及良好的身体状态。

5. 精神上放松

考试前的一段时间应该放松，不要因为担心或和朋友为某些细节争论不休，或突然去回忆某一内容而消耗精力，这只会增加烦躁不安的情绪。同时要了解适度焦虑是正常的，也有利于认真对待考试，正常发挥水平。

心理技巧：深度放松训练

6. 考试怯场的处理

如果考试由于过分焦虑、紧张而出现怯场的情况，就应暂时停止答卷；闭眼，放松，做深呼吸，并反复地自我暗示："我很平静""我很放松"，适当地舒展身体，待情绪趋于稳定后，再继续答题。如果情绪过于紧张，抑制了答案的忆起，这时不要心慌，不妨转移注意，继续去做其他题目，可能不久就想起答案来了。

7. 寻求心理咨询

考试前后若感到自己难以克服过度的考试焦虑，或曾出现过多次考试怯场现象，就应积极寻求心理咨询的帮助。在咨询师的指导下，通过放松训练、自信训练和系统脱敏法等加以矫治。

第四节

成功心理训练（八）

一个人要取得成功，丰富的知识是必不可少的。纵然你有天生蕙质，如果不注意后天的学习，也是"巧妇难为无米之炊"，终究成不了气候，最后不免落个王安石《伤仲永》一文中那个神童的平庸结局。一个成功的人总是处于不断的学习之中。周围的环境在变，新事物不断涌现，这也要求我们不断学习。因此，本节的心理训练就是让你感受如何去学习，以及学习能力的培养。

一、训练题目：学习能力训练

1. 克隆
2. 连环城
3. 脑力激荡

二、训练具体方法

1. 克隆

【目的】训练观察力、注意力、理解能力以及模仿表演能力。

【时间】约 35 分钟。

【准备】一套连贯的动作，简单，有教育意义。

【操作】指导者选出一组人员，10 人左右，第一个 A 学员留在现场，其他人在室外等候（不得看到室内情况）。指导者先把这套动作做一遍给 A 学员看，讲给 A 学员听，然后再教 A 学员两遍，A 学员看完后，叫 B 学员进来，A 学员按自己的理解将指导者教给他的动作做给 B 学员看，这期间是不能说话的，做两遍后，B 学员做给 C 学员……以此类推。最后，指导者请最后一个学员再表演一次，说出表现的意见，再请第一位学员表演一次，说出表现的意见，进行比较。

例如：指导者做一连串动作，动作大意是："只要有恒心，铁棒也能磨成针。"左手掌拍胸口，指"我"，然后，右手握拳，在身前用力一握，小臂与大臂成直角，意为"有恒心"，接着两手张开在身前做"很粗的铁棒"再做"磨"的动作，两手拿着铁棒，左右拉，然后再做"针"动作，两手拇指与食指捏住，右手向左，左手向右，轻轻一拉；指导者教了 A 学员后，A 学员教 B 学员、B 学员教 C 学员……

这个训练，让每个学员去体验：在学习中，若教的人没有教好，学的人不认真，没有用心观察理解，就无法学习。所以，无论我们学哪方面的知识，一定要注意力集中，多观察，多动脑筋，多理解，多问几个为什么，而且要注意形体动作的准确到位，这样才能学得又快又好！学好了，还要学会表达学到的东西。

2. 连环城

【目的】培养学员解决问题的能力；了解解决问题的方法及各种方法的优劣比较。

【时间】约 50 分钟（按人数而定）。

【准备】准备卡片 28 张（按人数来定卡片数量），每张卡片写上参加者在现实生活中遇到的问题；问题的答案是多元化的。

【操作】把 28 张卡片弄乱，从年龄最小者开始，拿出最上面的卡片，大声读出上面的内容，接下来，让所有参加者轮流每人找一个办法，提供一个合乎要求的可能办法，然后自己写上个"Y"或"N"；如果提不出来，就算输，写一个"N"；最后评出"好"办法。每人在自己的纸上评分，"Y"2分，"N"0分。

例如：A学员先抽一张卡片，大声地读出来："在班里，有同学老爱用我的东西，怎么办？"首先由A学员自己先想个办法，如不借给他（这个办法，只能写一个"N"）。

B学员：跟他交换用东西（这个办法，可以，画个"Y"）。

C学员：告诉他用完了要退还（不错，画个"Y"）。

B学员和C学员的办法显然比A学员的方法好。

这个训练，让每个学员去体验：没有想不出的办法，只有想不出办法的人。

3. 脑力激荡

【目的】发挥集体力量探讨解决问题的有效办法及途径。

【时间】约60分钟。

【准备】每个小组一张大纸，粗水笔一支。

【操作】全体成员分成6~8人一组，每组在指导者给定的时间内就某个题目发表意见。应遵守三条规则：① 不评论他人意见正确与否。② 尽可能多地出主意。③ 争取超过别的小组。

活动本身带有竞赛性质。每个题目限时15~20分钟。题目可根据团体成员的特点或团体咨询的目标而定，要求具体可操作。例如："怎样减轻生活学习压力""愉快度过大学生活的方法""改善人际关系的方法"等。当指导者宣布开始，每个小组派一人记录，其他人七嘴八舌出主意，相互启发、集思广益，列举种种可能的方法。当指导者说"停"时，每个小组把自己的意见贴在墙上，选一位代表解释这些方法。全体成员一起评论，看哪个小组办法最多，可以获"优胜奖"，哪个方法最实用、最幽默、最有想象力，可以评为"幽默奖""实用奖""有趣奖""认真奖""好主意奖"，等等。通过评比，帮助成员选择在生活中最适用的方法，拓宽思路，群策群力，依靠集体的力量，获得解决问题的方法。

这个训练，让每个学员去体验：创造就是打破固有的思维行为模式，发挥每个人的潜能。同时，体验"人多力量大"这个道理。

本章摘要

（1）学习这一概念，有广义和狭义之分。从广义上说，"学习是人和动物在生活过程中获得个体经验的过程。凡是以个体经验的方式所发生的个体适应变化都是学习。它是动物和人类生活中的普遍现象。"从狭义上说，"学习是指学生在学校里掌握知识、技能，形成一定的道德品质的过程。"

（2）桑代克提出的三个学习定律为：准备律、练习律和效果律。

（3）学习的意义和作用主要有：① 学习是有机体和环境取得平衡的条件。② 学习能促进成熟与心理发展。

（4）大学生的学习与中小学生相比，有着明显不同的特点。这些特点包括：① 学习过程的自主性。② 学习方式的广泛性。③ 学习内容的专业性。④ 学习目的的探索性。

（5）学习是人与环境保持平衡、维持生存和发展所必需的条件，也是适应环境的手段。学习能促进人的全面发展以适应社会的需要。因此，学习对心理健康是有益的。当然，如果是学习不健康的内容，就会带来消极的影响。同样，一个人的心理健康状况也会对学习产生影响。

（6）大学生中常见的学习心理问题有：学习动机缺乏、学习疲劳、学习焦虑、注意障碍、记忆障碍等。

（7）学习动机缺乏的表现有：① 懒惰行为。② 容易分心。③ 厌倦情绪。④ 缺乏方法。⑤ 独立性差。

（8）学习动机缺乏的自我调适：① 明确学习意义。② 培养学科兴趣。③ 建立课程学习目标。④ 掌握科学的学习方法。

（9）学习疲劳是指学习者由于学习过度或学习方法不当而产生的学习效率逐渐降低，并伴有渴望停止学习活动的生理和心理现象。分为生理疲劳和心理疲劳两类，其中以心理疲劳较为常见。

（10）学习疲劳的自我调适：① 科学用脑是防治学习疲劳的关键。② 掌握一套适合自己的学习方法。③ 培养学习兴趣。④ 创造良好的学习环境。

（11）注意障碍主要表现为：注意的稳定性很差，难以长时间保持在特定的对象或活动上，注意力分散且难以持久；或注意稳定性极高，对某种观念固定不变，也无法摆脱，不能转移注意。

（12）注意障碍的自我调适：① 增强自我意识，树立战胜"疾病"的自信心。② 增强注意的动力，保持最佳的学习注意状态。③ 增强集中注意力的自觉性，提高自控能力。④ 防止因过度疲劳而导致注意障碍。

（13）记忆障碍是指人们在识记、保持、再认或回忆过程中发生的困难或异常。一般表现为识记能力差，保持时间短，遗忘快，不能回忆或再认产生错误，反应迟钝，集中注意力差，常感觉头脑发"木"等现象。

（14）记忆障碍的自我调适：① 遵守记忆规律，提高记忆效率。② 重视科学的复习方法。③ 树立记住的信心，培养浓厚的学习兴趣和保持愉快的情绪。

（15）考试焦虑是考试时常见的一种心理现象，是担心考试失败而有损自尊的一种高度忧虑的负性情绪反应。过度考试焦虑会影响学习，也损害身心健康。

（16）考试心理的调适：① 端正对考试的认识。② 实事求是，制定适当的目标。③ 认真学习、做好复习。④ 保证身体健康。⑤ 精神上放松。⑥ 考试怯场的处理。⑦ 寻求心理咨询。

思考·讨论·活动

1. 学习对心理健康有哪些影响？
2. 大学生学习动机缺乏的原因及表现有哪些？
3. 如何克服考试焦虑问题？谈谈自己应该怎样保持良好的考试心态。
4. 请结合本章的心理训练内容，分享训练过程中自己的感受，并设计一种可以提高学习效率的活动。

第十章

大学生的性心理

⭐ **章前导语**

古人云："食色，性也。"马克思也说，人有两大基本欲望，一是生存欲望，二是性欲。性，人人都有。我们每个人都是性塑造的生命；我们每个人都伴随着性的发育成熟而长大；性是我们生命的一个组成部分。它能带给人以欢乐，也能给人以痛苦；它可以引人走向崇高的境界，也可以诱人误入歧途深渊。

然而，长期以来，人们对属于自身的性却缺乏科学的认识。"性肮脏""性耻辱"，这些封建传统的性观念，曾经使我们"谈性色变"，对性难以启齿。性神秘、性无知，曾经酿造了不少男女青年的性爱与婚姻悲剧。把性只看作人的生物本能的狭隘片面认识，不能使人理解性对于人的生命发展的最高意义。因此，每一个追求自身成长、关注生命价值的现代人，都应该建立科学的性观念，掌握全面的性知识。

青年期是个体性成熟的旺盛期，因而也是充满风险和最具挑战性的时期。在青年期的不同阶段，个体所面临的性发展任务是不同的，因此，针对他们进行的性教育的内容和形式也应有所不同。大学生作为处于青年中期阶段的高知识群体，他们的性健康问题也有其自身的内容和特点。

大学生就其生理和心理发展而言，已进入性生理成熟和性心理趋向成熟的阶段。与性有关的许多问题，如性意识、性吸引、性冲动、性压抑等直接影响着大学生的心理健康和发展。因此，对大学生的性健康教育应着重于性心理方面的教育。

本章所要研究的内容，主要是有关大学生性心理的问题，以及性心理的自我调节。希望读者在阅读本章之后，能够对下列问题有所认识：

1. 性心理的发展过程以及性心理成熟的表现。
2. 大学生的性心理特征。
3. 大学生常见的性心理问题、性心理障碍和调适。
4. 了解健康的性心理结构，努力建立健康的性心理。
5. 大学生进行性心理自我调节的方法。

第一节
性心理发展及表现

人的性心理发展具有一定的规律性，是阶段性与连续性的统一，每一发展阶段都会表现出某些典型的发展特征。一个人的性心理行为如果与该阶段的发展特征相一致，则是性心理适应正常的表现，反之，超前或滞后都容易引起这样那样的性心理行为适应不良。

一、性心理

（一）性生理发育

现实中的"性"的变化虽然是从青春期开始的，但生理上的性在卵子受精时就

名师微课：谈
谈男女差异

已经决定了。在胎内形成的遗传上的生殖器官，出生时男子便有阴茎和睾丸，女子有卵巢和子宫，这种构造上的特征便称为第一性征。随着青春期的到来，性腺功能开始变化，男女生殖器官发育趋向成熟。与此同时，男女形态上更加"性别化"。男子身材高大，体格魁梧，喉结突出，音调变低，阴毛、腋毛、胡须出现，开始遗精；女性皮下脂肪增多，乳房变大，音调变高，月经初潮。这种在第一性征影响下产生于青春期的男女身体形态上的特征，称为第二性征，又称为副特征。

首先遗精和月经初潮是男性、女性成熟的标志。一般情况下，男子首次遗精年龄在 14~16 岁，女性月经初潮年龄在 12~15 岁。近些年来，由于社会经济的飞速发展和文化观念的巨大变化，青少年身体发育和性成熟出现了全球性的提前现象。发育的前倾化，使得青年性生理成熟与人格成熟之间的不平衡逐渐扩大，即"心身异步现象"很明显，由此带来的个人的性适应问题和社会的性问题也越来越严重。

（二）性心理的含义

性心理是指在性生理的基础上，与性征、性欲、性行为有关的心理状况与心理过程，也包括与异性有关的如男女交往、婚恋等心理问题。性心理可具体分为性感知、性思维、性情感及性意志等。它们相互联系、相互制约，共同体现在与性有关的言行之中，其中性思维起主导作用。

1. 性感知

性感知是性心理的基础过程。性机能的成熟，使主体对性刺激的反应特别敏感，这时来自异性的刺激，如俊美的容貌、柔和的声音、温馨的肌香等，都有可能引起主体的性冲动；另外，外生殖器官受到刺激也会引起主体的性冲动。主动对这些由视、听及嗅觉所引起的性冲动的反应和由于外部刺激部分外生殖器官所得到的性快感就叫作性感知。

2. 性思维

性思维是性心理的核心心理过程。随着生理机能的逐渐成熟和性感知的不断积累，主体就会自觉或不自觉地经常思考一些有关性的问题，从而对这些问题有所认识。如少年在思维过程中把过去得到的一些自我性感知与现实中的异性对象联系起来，因而对两性的关系和意义有所了解；又如青年想象异性对象，考虑如何追求异性对象等。这种主体对有关性的问题的思考就叫作性思维。

3. 性情绪与情感

在性感知和性思维以及日常与异性的接触中，主体逐渐地认识了两性的差别及关系，对异性开始抱有一定的态度，如对异性的好感、思慕、爱情和性嫉妒等。这种主体对异性所持的态度和同异性对象接触中所得到的这种态度的体验，就叫作性情绪与情感。

4. 性意志

性意志是指主体自我意识调节性行为的能力。性意志强的人善于控制自己的性行为，把它约束在正常的、合法的范围内；相反，性意志薄弱的人，易受性冲动所左右，以致触犯性道德和法律。

性心理的发展与性的生理发展密切相关。性生理发育是性心理发展的生物学基础。性生理发育障碍或性生理缺陷都会引起性心理发展偏差或对性心理发展产生不良影响。如果一个女青年过胖或乳房太小，一个男青年个子矮或生殖器太小，都可能会引起他们的焦虑与担心，导致性心理不适。此外，性生理发育的早迟，也会影响人的性心理状况。比如性成熟早的男孩容易显得自信大胆，性成熟晚的男孩则容易自卑胆怯。而成熟过早的女孩则会感到难为情，不适应。

（三）性的社会文化意义

对人类而言，性的驱力有明显的生理基础，但它不是由单纯的内分泌激素支配的。从出生至性成熟这十多年，乃至一生的时间，人类所受社会文化的影响十分重要。它使人们对于性的态度、性行为的满足方式、社会对于性行为的限制，以及性行为在整个社会中的意义，随着所在社会文化的模式而逐步确立。在这种复杂情况中的性，明显地不同于性生理的作用。

人类的"性"最重要的意义是其社会性。性心理受社会文化的影响最大，文化传统、教育状况、社会的性观念、家庭的影响和各种文艺作品等都深刻制约着性心理的发展。比如婚姻家庭是一般所认可的性的满足方式，虽然各个社会的婚姻制度与配偶关系不尽相同，部分人对现有的婚姻方式也很不满意，而且少数人不接受社会这方面规范的限制，但对绝大多数人而论，婚姻家庭中的"性"所引起的心理冲突小，所获得的满足感较大，所建立的性关系也较持久。那些和社会规范不相符合的行为，则受到大家的负面评价和谴责，被视为"不道德""淫乱"等。而不同时代、不同年龄、不同文化背景下的不同个体在性心理表现上会有某些差异，也是大家有目共睹的事实。所有这些都显示出"性"的社会意义。

因此，性既是生理的，又是社会的。一个人的性心理健康状况是生物因素和社会文化因素的完整统一体现。[①]

二、性心理的发展过程

（一）性意识的萌芽与觉醒

性意识是指青年对性的理解、态度和体验。儿童是没有性意识的。心理学研究发现，一岁半的孩子通常知道自己是男孩或女孩，但不能解释此种属性；3～4岁的孩子能分辨周围人的性别，但往往只是根据外部特征，如衣着、发式来区分；5～6岁的孩子因游戏的兴趣不同，出现了同性之间紧密联系的倾向，没有异性意识；小学阶段，同性之间结合成封闭状态的小集体。

回避异性，但对异性的兴趣在增加，只是因为受到同性伙伴的约束和成人文化的控制而不敢接近异性；到了青春发育期，由于生理发育和第二性征的出现，青少年明显地意识到自己的性别，意识到两性之间的区别和联系，对异性的意识发生了微妙的变化。一方面内心关心爱慕异性，另一方面又表现出对异性的冷漠、回避或厌恶态度，性意识开始觉醒。一般情况下，女性往往比同龄男性在性意识上成熟得更早一

① 樊富珉. 大学生心理健康与生活［M］. 北京：清华大学出版社，1997.

些，而男性获得某些性感的体验要比女性早。

（二）性心理的发展阶段

人的一生要经历一系列的性心理发展阶段。奥地利精神分析学家弗洛伊德认为，人的性能力是与生俱来的。在人的成长过程中，性本能对心理发展产生了重要影响。他把性欲和心理的发展分为五个阶段：① 口腔期（又名自恋期，0~1.5岁），婴儿从吮吸、吞咽、咬和发声中得到性的快感和满足，这是本我的表现。② 肛门期（1.5~3岁），幼儿喜欢由排泄中得到快感和满足，幼儿通过排便训练逐渐学会延缓生物机能的满足，并追求生物机能以外的乐趣，自我开始发展，并逐渐把本我置于控制之下。③ 性蕾期（又称为性器期，3~6岁），儿童开始把性爱转向外界，产生性的好奇心，对异性父母的爱恋，即俄狄浦斯情结（Oedipus Complex），同时对外生殖器产生注意，超我迅速发展。④ 潜伏期（6~12岁），在性器期十分活跃的幼儿性欲在此阶段潜伏下去。男、女孩分别只与同性为伍，他们都尽量避免性的表现。⑤ 生殖期（又称为他恋期，12岁~成人），性的能量重新涌现出来，男女均从异性的接触中寻求乐趣。

弗洛伊德非常强调"性"的发展和人的心理、人格发展的密切关系。他认为，性心理发展过程中如果在某一阶段发生停滞或倒退，就可能导致心理异常。比如，在口腔期阶段，婴儿通过欲望的满足而建立对世界的安全感和对人的基本信赖，倘遇挫折，就容易变得不信任人，缺乏安全感。因此，弗洛伊德认为，一个人的人格是由幼年的经历所决定的，大部分人创伤性的、阻碍成人的经历通常发生在5岁之前，而这种经历主要是性心理发展中的障碍。所以必须重视儿童性心理的发展。

（三）青春期性心理发展

青春期性心理发展更引起心理学家的关注。因为它的变化很显著，影响很明显，由此带来的适应问题也特别多，有些问题甚至表现得很严重。

美国心理学家赫洛克（E. Hurlock）认为，从性意识的萌芽到爱情的产生和发展，大致可分为四个阶段：一是青春初期疏远异性的否定期，二是向往异性的牛犊恋期，三是青春中期积极接近异性的狂热期，四是青年后期浪漫的恋爱期。

我国的一些心理学家认为，青年性心理发展大体经历三个阶段：①

第一阶段：异性疏远期。青春初期开始，由于一系列生理变化使男女少年对性的差别特别敏感，惊恐不安，羞涩与反感交织在一起，彼此便疏远起来，甚至产生抵抗发育的心理。此时，原来青梅竹马的童伴，开始疏远，男、女孩各择同性作伙伴，这是性意识前发期的心理特征。这时期大约在读小学五六年级到初一二年级的阶段。这阶段孩子开始对性有兴趣，但这种兴趣与性爱毫无关系，只是一种好奇心与求知欲。

第二阶段：异性接近期。此阶段情窦初开，男女有了彼此接近的内在需要，但此时异性间的亲近感具有了广泛性特征，注意的对象容易转移，稳定性差，仅仅是异性间的吸引，而且，多属于性朦胧的自然表露，对两性关系还完全处于一种似懂非懂、

———————
① 王极盛. 青年心理学［M］. 北京：中国社会科学出版社，1983.

稀里糊涂的状态。此时的男女往往分不清好感与初恋的区别，因此，常会造成困惑和苦恼。

第三阶段：两性恋爱期。此时男女之间的友情集中寄托在某一个钟情的异性身上，互相爱慕以致产生恋爱。这是性意识发展的必然产物。

三、性心理的表现

（一）性心理的表现

由于性生理的成熟和性心理的发展，青年阶段的性心理活动内容丰富多样，它总是通过各种方式的外显行为表现出来。

1. 性欲望的产生

由于性腺发育的成熟，青年男女在青春期都会出现性欲望与性冲动。这是青年发育中的正常生理和心理现象。青年的性欲望是依赖于生理与心理因素的，性激素是性欲望产生的生理动因，与性有关的感知、记忆、联想等是引起性欲的心理因素。在具体表现中，男女也有所区别。一般来说，男子的性欲是自发的，而女子性欲则往往是通过轻微的拥抱、爱抚才引发起来。因此，男子常由于性欲而引起苦恼，而女子则较少。

2. 对性知识的追求

由于性生理的成熟，青年产生了对性知识的兴趣，这是青年性意识发展的必然产物和正常表现。随着第二性征的出现，特别是男子第一次遗精，女子的月经初潮之后，青年男女对性知识的兴趣明显增加，希望了解有关性方面的知识，如爱看有关性方面知识的书，同性在一起常谈论有关性方面的问题。男女青年，尤其是女青年特别喜欢看爱情小说和有关家庭生活方面的小说。

3. 对异性的爱慕

随着生理发育基本完成，男女青年就会从内心深处感到异性吸引的存在。因而总是以直接或间接的方式接近异性，探索异性的秘密。或者以各种方式引起异性的注意，对异性表示好感，希望得到异性的爱。由于男女情感特点不同，在追求异性的方式和爱情的表露方面的特点也有所差别。男子的追求和表露方式，一般比较主动、外露和热烈；而女青年则显得比较内敛、深沉与羞涩。

4. "探究性"与"自慰性"的性行为

青春期是性能量最旺盛的时期，但大多数青年此时却是未婚的，没有获得性满足的合法途径，因此可以说这时青年总是处于性饥饿状态。这时期，性欲有两个基本特征，其一是它的"探究性"。当青年们发现自己的性本能之后，便会从各方面加以探究；其二是"自慰性"，随着生理发育成熟，性欲望的产生，有些青年便会用一些"自慰性"的性行为进行自我解脱，其中最常见的手段是手淫。据国外报道，手淫者男性占92%，女性占58%。

此外，青年中的"性幻想""性梦"等，也是性心理的表现。

（二）性心理成熟的标志

1. 男性性成熟的心理特征

（1）钟情。钟情是男性性成熟最典型的心理表现和特征，主要指对女性的注意力增加，越来越喜欢与异性交往。体现的是对异性的纯洁而朦胧的思念、热烈和浪漫的渴望、自我在精神上对幸福的向往。这种情感内藏和袒露，男性各有其独特的反应方式。

（2）自我表现。由于钟情心理的促使，愿意和自己钟情的异性接触，于是就产生了需要异性注意的心理行为。它表现在开始注意自己的仪表、发型、服装等；注意倾听、理解、揣摩钟情异性的言谈、举止、心境、情绪，总想为她做点什么；爱在她面前逞能，以表示自己的博学和才能；在一起或在一定场合的言行举止中，常用目光凝视她，观察她对自己的反应，并学着开始用眼神表示某种期待。

（3）紧张感。在性成熟初期，男性在参加有异性在场的无论什么活动，如谈话、说笑、集体游戏或是个别交往时，总有一种心理上的紧张感。产生这种紧张心理有许多复杂原因，如世俗观念、外在舆论等，但最主要的是连男性自己也迷惑不解的心境或无目的的盲目行为，以致缺乏自信而形成内心的紧张感，这种紧张感会随着两性之间的交往逐步消失。

2. 女性性成熟的心理特征

（1）爱慕。女性性成熟比男性相对早一些。进入性成熟期的女性由于好奇心和新颖感的驱动，开始关注、爱慕异性。但绝大多数女孩只在心灵一隅默默体验，从不轻易出动。

（2）选择。选择异性朋友是女性性成熟的最重要的心理特征。随着独立意识的增强、视野的开阔、多向性的活动交往以及情感的深化，女性开始有选择地寻找自己的异性知心人，以满足感情上的需要。

（3）倾心。一旦找到自己的"意中人"，多数女性就容易把对方当成自己的依靠，把自己的一切都寄托于对方，倾心相爱。

第二节 ▶▶▶▶▶▶▶
大学生性心理问题及调适

当代大学生因为性的成熟，面临着许多性心理卫生问题。总的说来，大学生性心理发展是正常的、健康的。多数大学生能较好地调节性欲、性冲动，表现出符合社会规范的行为，能较好地对待两性交往。然而，由于社会传统性观念和西方性观念以及整个社会性心理氛围的影响，又因为青年性生理成熟提前和性心理成熟滞后这一矛盾冲突，以及目前的性教育远远跟不上大学生心身发展需要，相比较心理发展的其他方面，大学生在性心理发展过程中的问题是比较多的，由此而引起的性困扰、苦恼和适应不良也最多。

一、大学生性心理的特征

大学生从性成熟到以合法的婚姻形式开始正常的性生活，一般至少要在 10 年以上，这一时期被心理学家称为"性饥饿期"或"性待业期"。我国学者通过多年的调查研究，认为这一时期的大学生在性心理方面主要有以下几个特征：[①]

（一）性心理的本能性和朦胧性

大学生的性心理尤其是低年级大学生的性心理，缺乏深刻的社会内容，基本上还是一种生理急剧变化带来的本能作用，好像鬼使神差对异性发生兴趣、好感、爱慕。但这种萌动披着一层朦胧的轻纱。不少学生不了解性，觉得性有较浓厚的神秘感。所以那种对异性的兴趣、好感和爱慕主要还是来自异性的吸引。然而正是在此基础上，在朦胧纷乱的心理变化中，性意识逐渐强烈和成熟起来。

（二）性意识的强烈性和表现上的文饰性

青年期很显著的特征是闭锁性和强烈的求理解性，这就导致了其心理外显方式的文饰性。在对待性问题上也是如此。他们十分重视自己在异性心目中的印象、评价，但表面上又表现得拘谨、羞涩、冷漠；心里对某一异性很感兴趣，表面上却故意表现得无动于衷，不屑一顾，或做出回避的样子。他们表面上十分讨厌那种亲昵的动作，但实际上很希望体验体验。诸如此类的矛盾心理与表现使他们产生了种种的冲突和苦恼。

（三）性心理的动荡性和压抑性

青年期是人一生中性能量最旺盛的时期，但由于不少大学生的心理还不成熟，尚未形成稳固的、正确的性道德观和恋爱观，自控能力较弱，因而，他们的性心理易受外界不良现象的影响而动荡不安。现实生活中丰富多彩、五花八门的性信息，特别是西方"性解放""性自由"的思想，易使个别大学生的性意识受到错误强化而沉溺于谈情说爱之中甚至发生性过失、性犯罪。与此相反，另一些人由于性的能量得不到合理的疏导、升华而导致过分的压抑，少数人还可能以扭曲的方式、不良的甚至变态的行为表现出来，如厕所文学、课桌文学、窥视、恋物等。

（四）男女性心理的差异性

大学生的性心理因不同性别而有所差异。比如，在对异性感情的流露上，男生表现得较为外显和热烈，女生往往表现得含蓄和深沉；在内心体验上，男生更多的是新奇、喜悦和神秘，而女生则常常是惊慌、羞涩和不知所措；在表达方式上，一般是男生较主动，女生往往采取暗示的方式；此外，男生的性冲动易被性视觉刺激唤起，而女生则易在听觉、触觉刺激下引起性兴奋。

---

①　马建青. 大学生心理卫生［M］. 杭州：浙江大学出版社，1992.

二、大学生常见的性心理问题

心理卫生学的研究表明：大学生心理卫生问题集中表现为对性缺乏健康的、科学的认识和态度，性价值观模糊，对自身的性生理、性心理感到困惑、不适应，对性欲、性冲动存有不安、压抑感等。下面具体分析大学生中较常见的、有一定代表性的性心理卫生问题：①

（一）性认知偏差与性冲动困扰

1. 性认知方面的偏差

由于受到我国几千年封建社会性愚昧和"谈性色变"的保守观念的影响，又未受到系统、正规的性科学教育，不少大学生对"性"持有不正确的认知，把性看成是下流的、肮脏的、难以启齿的、污秽的、亵渎的、低级的及见不得人的东西。这种性认知往往导致性情感、性态度的过敏、禁忌、矛盾和冲突，进而影响大学生的自我评价，表现为焦虑、烦躁、厌恶以及内心不安、恐惧和自责等。少部分性困扰严重的大学生，还会出现失眠、注意力不集中、情绪抑郁、不愿与同学（尤其是异性）交往等现象，并常常陷入焦虑、困惑和苦闷之中，从而影响其学习、社会活动等，甚至会干扰自我的正常发展。这样一种性认知、性情感、性态度的偏差，既是一种不健康性心理的表现，也是引起一系列性心理障碍的重要因素。

也有极少数大学生过于强调性的生物性，信奉西方的"性自由""性解放"，从而在行为上随便、放纵，甚至不择手段获取性的满足，这同样是一种性适应不良。

性是人的一种本能，是人性的表现。鲁迅曾经说过："生物的个体，总免不了衰老和死亡，为继续生命起见，又有一种本能，便是性欲，因性欲才有性交，因性交才产生后裔，继续了生命，所以……性交也就并非罪恶，并非不净。"大学生应该学习、掌握性知识，应该具有与年龄和文化程度相吻合的性知识水平和性行为方式；另一方面也要认识性的社会属性。人是社会的动物，人的性观念、性行为应符合社会道德和社会规范。性是自然属性和社会属性的统一体，性禁忌和性放纵都有害身心健康，是有悖于人性的。

2. 性冲动的困扰

性冲动是男女大学生正常的生理现象和心理现象。但是大学生容易产生性冲动困扰，表现在一些大学生在行为上不知如何缓解性冲动，或者不少大学生难以接受自己的性欲望、性冲动。

有人在对杭州、福州等地 319 名不同年级的理工医文科大学生的调查中发现：平时有性冲动的占 87%（其中男生占 96.3%，女生占 68.7%），对自己的性冲动感到羞愧的占 36%，自责的占 33%，苦恼的占 26%，困惑的占 22%，厌恶的占 17%，恐惧的占 12%（每人可多项选择）。大学生常常处在这样的深刻矛盾中：一方面是性的自然欲求，对异性的美好向往；另一方面又是对性的否定、批判和压抑。这种矛盾使大

---

① 樊富珉. 大学生心理健康与发展［M］. 北京：清华大学出版社，1997.

学生既躁动不安又迷惑不解，痛苦不堪。

产生性意识困扰的大学生大多数都是人为地压抑自己的性的需求。适度的性压抑是社会化的需要，也是性心理成熟度的一个反映，然而严重的压抑则有害身心。有的大学生过度强迫自己回避性的需求或不去想与"性"有关的内容，长期处于焦虑、紧张、矛盾的状态。这种性压抑往往导致性欲发生畸变，造成心理失调。受压抑的性能量可能退化、执着、隐伏，并成为以后发生性病态、性倒错，甚至精神病的诱因。这是一种病态的压抑，有害身心健康。

有的学生为缓解性冲动的困扰，采用性自慰行为来宣泄性的欲望。但是由于对手淫存在不正确的看法，或对手淫存在强烈的罪恶感，或过度手淫而影响了身心健康。

3. 手淫的罪恶感

手淫是指用人为的方法（如手或物等）刺激自己的生殖器以取得性快感，获得性满足的行为。手淫又称为性自慰行为。男青年几乎或多或少都有过手淫，女性手淫比例相对较少。

手淫是一种性冲动的发泄方式，一种性的补偿行为。但是大学生中有许多人对手淫持有不正当的态度和情感。调查发现，很多大学生认为手淫有伤身体，会导致阳痿、早泄，影响性功能；有的大学生认为手淫难为情、下流，甚至有罪恶感。因为"手淫有害"观念的影响，又由于手淫的普遍性，手淫成了困扰大学生的主要性心理问题之一。

事实上，适度手淫并不会带来害处。美国著名性医学权威玛斯特斯和约翰逊博士根据实验，证实了手淫与标准的性交对身体的影响完全一致。一般说来，适度手淫不影响性功能，也不影响未来的生育功能。手淫的危害不在于手淫本身，而在于对手淫的担忧、恐惧、羞愧和罪恶感。"手淫有害"的思想使手淫的大学生容易悔恨、焦虑、自责、担忧。在这种自责感压力下，许多大学生不敢抬头做人，使学习和生活受到极大影响。

但是，手淫无罪无害，并不意味着手淫是必需的，更不是说手淫可无度。"纵欲伤身"，过度手淫对身体也会造成一些不良影响。如对生殖器的过度刺激可能会习惯性地形成局部的感觉麻痹，使少数人性唤起难度增大。手淫的方法对性功能也有影响。有的男大学生在手淫负罪感心理的影响下，总想尽快完成射精过程，因而使用高强度摩擦阴茎的办法，在几十秒钟的时间内完成射精。结果可能由于阴茎润滑不好，导致细嫩的阴茎包皮受损，也可能形成快速射精习惯，对未来正常性生活造成妨碍。

应该怎样对待手淫？第一，大学生应该有一个自然的、正确的态度。手淫是"标准的性行为的一种"。① 手淫只要适度，对人体健康并无害处。一般来说，手淫后自觉有一种欣慰感，体力充沛，精神愉快，工作、学习不受影响，这就是适度的表现。反之，如果不管时间和体力情况，不断追求手淫的心理感受，常感疲劳，并影响了学习、工作和情绪、健康的则为过度。

第二，平时不穿紧身内裤，经常清洗外阴、清除包皮垢，减少外部因素对阴茎的

---

① ［美］阿瑞提. 美国精神病学手册［M］. 1974. 引自阮芳赋. 性知识手册［M］. 北京：科学技术文献出版社，1985.

摩擦，在睡前不看或少看与性有关的书刊和影视节目，避免形成性兴奋灶，产生新的手淫欲望。

第三，努力塑造开朗个性，发展自己的好奇心和广泛兴趣，培养自己关注集体、关注他人，从而减少自我关注，可减少手淫。

第四，积极参加健康的文体活动，使充沛的精力得到有益释放。作息时间有规律，养成晨起锻炼的习惯，不贪床恋床，对防止每天清晨男性特有的阴茎晨间勃起或快速入睡有极好的影响。

案例十：保守一点的爱，不好吗？

总之，对待手淫"不以好奇心去开始，不以发生而懊恼，已成习惯的要有克服的决心，克服之后就不再担心"。如果持此顺其自然之道，自当无忧。

（二）遗精恐惧与月经期烦恼

1. 遗精恐惧

遗精是男性生殖腺开始成熟的标志，是一种生理现象。男孩子首次遗精的年龄一般在 14~16 岁，到 18~20 岁精子制造达到高峰，"精满则自溢"。

有些大学生对遗精有不正确的认知和心理反应。由于受传统观念的影响，不少人认为遗精会失去身体的精华、伤了"元气"、造成"肾亏"。因而一有遗精，便感到不安、苦恼、困惑、羞愧、厌恶和恐惧等。这种不良心态和情绪，会严重影响大学生的正常学习、生活和身体健康，易产生不良后果。

大学生应该正确认识遗精现象，顺其自然。当代医学认为，遗精在某种程度上可以解除人体内的紧张，造成一种生理上的平衡。遗精没有规律，也没有绝对的标准。一般讲，年轻健康的未婚男子一个月遗精 4~5 次是常有的事，有些人在一段时间内几个月都不发生遗精，也很正常。一旦发生遗精，要及时清洗内裤、床单和性器官，以保持卫生。平日可在床头准备些卫生纸或小毛巾，以备"应急"使用；睡前不看色情的书刊、录像，避免穿太紧的内裤，盖太重的被子。最重要的是应多参加文体活动，丰富自己的兴趣，减少或转移性的刺激。如果遗精过于频繁，一夜数次或一有性冲动甚至无性冲动就精液外流，就应去医院检查；如果生殖器官明显异常或从来没有遗精现象，应及时找泌尿科医生诊治。

2. 月经期烦恼

月经的来潮是女子进入青春期的标志，是一种正常的生理现象。有的女大学生受错误观念的影响，认为"月经不干净""见不得人"，对来月经有一种厌恶排斥心理，把来月经称为"倒霉"就是一种不良的心理暗示。

月经虽是正常生理现象，但是因为经期大脑皮质的兴奋性下降，经期全身及生殖器官局部的防御机能均会发生暂时性的减退，所以月经期间人体容易疲劳、容易受凉感冒。同时，由于部分女同学对月经本身产生的害羞、厌恶、恐慌的情绪，以及外界环境的不良刺激所引起的紧张、烦躁、抑郁等都可能不同程度地引起月经紊乱，负面情绪甚至会引起痛经、闭经。因此女大学生经期的生理和心理卫生是一个不容忽视的问题。

第一，要了解自己经期的规律和特征，提前预备经期用具，同时对自己情绪上的不稳定有心理上的准备，有意识控制自己的消极情绪。

第二，注意心情愉快。经期不要参加过于激烈和容易疲劳的活动。可从事一些令自己高兴又运动量不大的活动，如听音乐、会朋友等。

第三，避免不良暗示。有的女生每每在来月经之前，就担心有严重的身心反应，这种负面期待和不良的心理暗示会导致或加重不舒服的感觉。例如有的女生担心自己经期睡不好、全身无力，结果果真如此，这都是受到心理因素的影响。如果能给自己积极的暗示，就可有效地改善经期的情绪。

月经虽然不是病，可在经期的女性其身心都像半个患者，娇弱善感，因此在各方面都要格外注意。

（三）性特征过虑与性行为失当

1. 性特征过虑

几乎所有的大学生都关注与自己性别相关的体形特征。男生希望自己魁梧高大，英俊潇洒；女生希望自己苗条美丽。如果男生觉得自己矮小、瘦弱、相貌丑陋，就会感到自卑；女生如果认为自己长相平凡、太胖等，就会感到苦恼。有的大学生对自己生殖器发育状况、乳房大小十分关注和担忧。个别学生过于在意自己的外形特征，若遇到被拒绝、被歧视，或恋爱挫折，便做出冲动行为。

此外，很多大学生也为自己的心理和行为是否与性别角色相吻合而忧虑。有的男同学自认为或被他人认为缺乏男子汉气质，说话、处事、行为比较女性化，内心产生不安、焦虑。有的男同学为了证明自己的男性气概，故作深沉或表现出大胆、粗鲁的行为，甚至打架、冒险，产生"过度补偿"效应；而有的女同学则觉得自己不够温柔、细致，徘徊于"贤妻良母"和"女强人"之间难以抉择，引起心理困扰。

还有一少部分同学担心自己的性功能是否正常。个别同学对自己性功能疑神疑鬼，极个别同学由于对自己性功能的忧虑和怀疑，引起性心理严重适应不良，而以自杀作为解脱。

以上这些对性或性别角色的焦虑常常影响大学生的日常生活和精神状态。大学生可以通过自身的学习以及性教育、性咨询机构的帮助来消除、适应和改善。大学生关注自身是积极的，但是应该有健康而现实的审美标准和观念。"身体发肤、受之父母""天生我材必有用"，接受自己，扬长避短，再求发展。如果对自身的性生理或性心理有疑虑，应及时寻求咨询和帮助。

2. 性行为失当

大学生性行为失当主要指婚前性行为。大学生婚前性行为一般有三个特点：一是突发性，往往在无心理准备的情况下突然发生；二是自愿性，但又非理智性，青年学生大多是在双方自愿而又不理智的情况下发生性行为；三是反复性，一旦防线冲破，便可能多次反复发生。大学生出现婚前性行为，容易引起心理困扰，不仅有认识、观念上的困惑与自我矛盾，还可能动摇其自我评价和对未来的信心。特别是未婚先孕给女大学生带来更大的身体和精神上的痛苦。

如何对待婚前性行为呢？从青年个人发展、道德纯洁和心身健康方面来考虑，婚前性行为是不宜提倡的。大学生在发展与异性交往、恋爱时就应严肃对待这个问题，把握交往的分寸和热度。如果一旦发生了婚前性行为，应该正确对待，"往者不可谏，来者犹可追"。事情发生了，不要枉自悔恨、自暴自弃，或互相埋怨、自寻绝路。要同自己的异性朋友相互理解，相互约束，把这种关系建立在爱情和事业的基础上，调整心态、发奋学习、共同努力，使之更加巩固发展。

此外，还有一些性心理偏差行为，如窥视、恋物等，也易引起大学生的性焦虑心理。窥视和恋物是一种性的宣泄方式，基本上属于正常心理范围内的偏差行为。有这类行为倾向的人往往缺乏异性交往，性压抑较严重，个性较孤僻。如果能增加异性交往，丰富兴趣爱好，培养开朗个性，增强性道德观念和意志品质，提高自我控制能力，往往能有效地改变性偏差行为。

三、青年的性心理障碍

（一）性心理障碍的含义

性心理障碍又称为性欲异常或性变态。它指的是一个人对性的观念、情感反应、态度和行为违反了其所处的社会文化环境所容纳的标准，导致性心理和性行为的反常。其形式很多，包括：同性恋、恋物癖、易装癖、露阴癖、窥阴癖和易性癖等。性变态的共同特征是性兴奋的唤起、性对象的选择以及性满足方式等出现反复、持久性异乎常态的表现。那么，评判一个人的性行为是否异常，我们可简单从以下三个方面考虑：

1. 性生活频度异常

性生活的频率（即性交次数），因不同人种、不同地区、不同社会文化背景以及个人的年龄、健康状态和心理状态而异。以中国传统文化和医学观点而言，一般都不主张性交次数过多，虽然衡量夫妻间性生活是否过度很难有明确的标准，但一般夫妻间每星期1~2次比较适合，当然健康的年轻夫妇蜜月阶段每星期3~4次性生活也属正常，而如果是性行为异常者则表现为性欲亢进，不能自制地天天性交或每夜数次性交也得不到满足。而另一极端则表现为性冷淡，婚后对性生活不感兴趣，甚至有厌恶心理，因不明事因，夫妇最后的结果往往是离婚。

2. 性选择对象异常

正常的人，性选择的对象应该是活着的作为异性的人。而性心理障碍者则出现对同性、对动物，甚至对自己来发泄性欲。

3. 性欲满足的方式异常

正常者是通过和异性恋爱到缔结婚姻在婚床上性交，以满足个人或双方的性欲。而性心理障碍者则是通过后阴、摩擦生殖器、窥阴、施虐等各种方式达到性高潮以获得满足。

性心理障碍已经不属于心理适应不良的范畴，而是一种严重的心理疾病。由于患者很少主动暴露"疾病"状况和主动求治，其患病率难以确切了解。作为大学生，认识、防范性变态行为也是性心理健康的一个内容。

（二）青年性心理障碍的表现

1. 露阴癖

所谓露阴癖，是将自己的生殖器暴露给非自愿的异性看以获得性唤起。这种变态行为者几乎都是男性。

露阴癖者的特点，他的这种行为既可在较为僻静、阴暗的地方发生，也可在人多拥挤的场合发生。露阴行为者中同时兼有摩擦症患者的占一半（摩擦症：即在拥挤场合以自己的生殖器摩擦异性的身体以达到性高潮）。另外，露阴癖者选择的异性大多是比自己年轻的女性，通常是自己不熟悉的女性。露阴的对象可以是一人也可以是多人，露阴癖者绝不会对自己家中的女性、恋人或配偶采取这种行为。露阴癖者在通常情况下并不对异性构成直接的暴力侵害，只要其露阴成功，就立即离去，以逃避受制裁。

露阴癖者往往是年轻人，性格腼腆、古板，无端怀疑自己性功能有问题，希望以一种没有威胁的方式重振自己的能力，对自己的行为感到不由自主，也难以适应异性性交。

2. 恋物癖

恋物癖，即以物代人，以非生物的某种异性用品，如女性贴身穿戴物作为性欲对象刺激和满足自己的性欲，一般以成年男性居多。

恋物癖者的特点，即性行为的对象不是女性的性器官，而是女性使用的物品，且所恋之物多数是女性用过或正在使用的贴身穿戴物。商店出售或橱窗里陈列着的女性用品决不会对他有吸引力。恋物癖者几乎从不想通过性器官的接触达到性快感，也不想与异性或同性伙伴有任何形式的性爱活动。再者，恋物癖者是以非法手段取得女性用品，大多是偷别人晾晒在外面的女性内衣裤、乳罩、丝袜等，在夜深人静时，拿出来欣赏、摸弄、狂吻，甚至有患者发展到晚上必须拥着这些女性用品，穿戴上女性内裤、乳罩，才能入睡。

恋物癖者大多性格内向、抑郁，平时缺少异性伙伴，性启蒙较早。对恋物癖者通过心理疗法和医学疗法，对其行为的改观有一定的作用。

3. 窥淫癖

窥淫癖指的是寻找时机窥视异性裸体及他人的性行为来获得异常的性满足和性快感，并以此来代替正常的情欲和性交。

窥淫癖者多为男性。其主要行为特征是偷看异性的性器官、异性的裸体，偷看他人的性生活，是一种异常的心理与行为表现。窥淫癖者常在夜晚潜伏在他人住房的窗外、厕所或浴室，偷看年轻夫妇的性生活及正在上厕所或洗澡的女性裸体。他们有时借助于望远镜或利用镜子反射，为了达到窥视的目的常常不择手段，甚至不惜冒很大的风险。

窥淫癖者对公开的异性暴露，如西方社会的脱衣舞表演、色情的电影、画报等无明显的性兴趣，他的刺激点就在于窥视时产生的性兴奋，常常同时伴有手淫达到性高潮。窥淫癖者都是单独行事，有些人婚姻生活也很正常，但婚姻生活并不能改变这种癖好。

窥淫癖是一种较难治愈的变态欲望。国外医疗机构一般采用厌恶想象法予以治疗，效果并不明显，对理智正常，有自我批判意识的患者，神经分析疗法通常还是有效的。

4. 恋童癖

恋童癖者的性欲对象不是成人，而是专门选择儿童作为性欲满足的对象。恋童癖者几乎仅限于男性，可分为恋同性儿童和恋异性儿童。

大多数恋童者与儿童间的性行为仅限于抚弄儿童的外生殖器，同时让儿童触摸自己的生殖器。只有少数人试图性交。由于女童生殖器发育极不成熟，所以真正与儿童性交者只占恋童者的2%，但这会对儿童造成严重的肉体与心理伤害。

恋童癖者常属性心理发育不成熟者，视儿童威胁小，比成年人更适合于他们，平时表现为感情冲动、反复无常。

在现代文明社会，恋童不但受到医学关注，同时也被法律明确禁止。在我国恋童癖不仅是性变态的问题，同时也是一项严重犯罪。

5. 施虐癖与受虐癖

施虐癖与受虐癖是两性之间通过暴力方式来得到性满足。施虐者对所爱的对象施以精神及肉体上的虐待或痛楚，以获得性兴奋，受虐者则甘于肉体和精神上的钳制受辱。由于这种变态的性心理是以暴力及伤害作为性满足的代价，因此它带来的后果是十分严重的。

施虐癖者与受虐癖者常相对结伴，在程度上有轻重之分，轻度者仅有施虐及受虐的幻想，并用这种幻想作为自己施虐的手段，如幻想强奸别人及被别人强奸，一般这种幻想并不付诸行动。有的可能有一段谩骂、羞辱和轻微的抓咬行动及要求对方抓咬自己。重度的患者如个别的男性，会对女性施以极端的暴行如捆绑、鞭打、刺伤等以达到性满足和性高潮。这种情况在夫妻性生活和非法性生活中都可能发生。

当施虐癖发展到极端时，便可能是一种精神病表现，患者不再满足于施虐，而是常在性活动之后以极残忍的手段杀害对方，对社会构成重大危害，是要受到法律严惩的。

6. 同性恋

同性恋，是指对某一同性产生性爱的思想和感情及同时存有同性性行为。

美国性学专家金赛教授对偶尔有同性行为的人与完全同性行为的人，按其性行为和性刺激方式在程度上划分为多种类型：绝对异性恋（对同性绝对没有性欲）；异性恋占优势，仅仅偶尔有同性恋的；异性恋占优势但同性恋也不少；异性恋倾向与同性恋倾向相等（双性恋）；同性恋占优势异性恋也不少；同性恋占优势，仅仅偶尔有异性恋的；绝对同性恋（对异性绝对没有性欲）。

由此可见，同性恋者的特点，首先，从持续时期看，有的持续一生，有的只有一个时期。其次，从行为方式看，有的属精神同性恋，即只限于心理上的欣赏，感情上的互相吸引和依恋，不发生肉体关系，但大多数同性恋者完全模仿夫妻那样生活，他们可能选择的性生活方式包括亲吻、爱抚、相互手淫、口交等，某些女同性恋者可能借助工具，如使用人工阴茎及其他替代物，某些男同性恋者也可能通过穿女装来得到性满足。再次，同性恋者中每对"夫妻"有主体、客体的角色之分。如男同性恋中扮演"丈夫"角色的为主体，扮演"妻子"角色的则为客体。反之女同性恋中扮演"妻子"角色的为主体，扮演"丈夫"角色的则为客体。一般担任主体角色的同性恋者比较容易解除和纠正。因男性本来要当丈夫、女性本要当妻子，而扮演客体者则难以解除纠正，他们的心理已被严重地扭曲。

历史上不少国家对同性恋曾加以极其严厉的制裁，判重刑、死刑。20 世纪西方社会，同性恋又被认为是一种疾病，由"罪恶行为"变成异常行为，1973 年美国精神病学会通过投票第一次承认"同性恋"是一种非病态的性行为方式，但因同性恋是人们感染艾滋病的主要方式之一，所以，大多数国家持反对态度。

西方许多国家对同性恋产生的原因进行研究，但至今没有一个比较一致的结论，较多地注意到遗传、儿童期心理发育受到障碍，儿童期性别认同混乱以及环境的影响等。

同性恋的治疗是十分困难的，治疗成功的前提条件是患者希望克服同性恋的冲动，主动与医生配合，有关同性恋的治疗一些国家还在努力探索之中。

7. 易性癖

易性癖又称为异性转换症、异性认同症、性别转换症，在我国较为少见。1964年，易性癖研究专家何欧尼格将其特征概括为：患者深信自己内在是真正的异性，并声称自己是异性，躯体发育完全正常，亦非两性、畸形，要求改变性别的信念十分坚定，终生不会动摇，为企图改变性别会出现自残自虐、性伤害行为甚至自杀行为，他们希望周围的人能按其体验到的性别接受自己。

世界上第一个公开亮相的变性人是美国的马里欧·马丁诺。一个在女性世界生活了 30 年之后的修女，变性后成了嗓音洪亮、满脸络腮胡子的男子汉，自己写了《变性人》一书出版。

随着我国医学科学的发展，1990 年 7 月，上海长征医院完成了上海市首例公开亮相的男性变女性的变性手术。1992 年 7 月，北京医科大学又成功地完成了世界上首例男女内部性器官同时互换的手术。变性手术涉及人的社会角色、道德伦理、家庭、法律、社会规范等一系列问题。因此在我国目前对是否允许做变性手术，医学界采取极为慎重的态度。

易性癖发生的主要原因至今没有一个权威性的说法，许多学者都从患者幼儿期的性别角色认同来分析，但许多患者又属幼儿时完全正常，因此这有待于进一步的研究。

第三节
建立健康的性心理

建立大学生健康的性心理，一直是学校、家庭、社会的希望，也是大学生心身统一、完善人格的内在要求。因此，一方面我们要加强大学生性教育，另一方面也要让大学生自己学会调节，自觉促进性心理的健康发展。

一、健康的性心理结构

大学生性心理卫生的关键在于培养大学生健康的性心理结构。具体表现为：① 有正常的性需求和性欲望。② 有科学的性知识、合理的性认知、健全的性态度。

③ 有正当的、健康的性行为方式。

达拉斯、罗查斯认为，一个人若符合以下标准，便可认为在"性"方面是有教养的：① 具有良好的性知识。② 对于性没有由于恐惧和无知所造成的不当态度。③ 性行为是符合人道的。④ 在性的方面能做到"自我实现"。⑤ 能负责地作出有关性方面的决定。⑥ 能较好地获得有关性方面的信息交流。①

人类健康的性心理过程，总是表现为：一方面在个体两性活动中与生物的特征和文化的价值观念保持一致，并用自己内在的人格特征去体验两性活动的快乐和幸福；另一方面这种一致性与这种愉快及幸福感又能使个体的潜能得到发掘，情操得以提高，人格变得完善。

二、加强大学生性教育

多年来，"应否实施性教育""如何实施性教育"，一直是教育界，乃至全社会困惑的难题。英国著名的性心理学家霭理士曾呼吁："从广处看，我们可以说性的启发与性的教育对于今日文明社会生活的意义，要比任何时代都伟大。"② 20 世纪 60 年代周恩来总理也提出要把青春期的性卫生知识教给男女青年，让他们能用科学的知识来保护自己的健康，促进正常发育。发展到今天，实施健康的性教育已成为全社会的共识。

（一）大学生的性教育

"人的性欲不单是指器官的结合，性是一股与生俱来的生活力量，影响着每一个人的人际关系。"（H. N. Hollis）。因此，性教育不单纯只是讲授一些性生理学的知识，而且是对人的教育，对现代文明人的教育。性教育关注的是学生的整个人，包括身体、心理各方面的发展，尝试从生理、医学、心理、社会、历史、文化、道德和哲学等不同角度来引导学生学习科学的性知识，培养对性的正确态度，建立健康的性价值观。

当代大学生正处在青年中期，大学生的教育不能再对他们的性问题采取愚昧主义的态度，不能再用禁、堵、压或放任不管的态度。大学生的性教育也不只是为了减少、防范大学生中的性过失或性变态，而是要通过性教育把知识教给大学生们，让他们武装自己，学会保护自己、调节自己，用科学的态度对待性问题。所以，大学的性教育，既是知识的教育，更是心身健康的教育，完善人格的教育。

（二）大学生性教育的内容

性教育的内容不只是生理知识的教育，性知识只是性教育的一部分。如前所述，性教育最重要的是建立正确的性观念和性态度，以及健康的生活方式。因此，它既包括生理层面，也包括心理层面、社会层面；既包括性教育课程，也包括矫治性的个别

---

① 阮若赋. 性知识手册 [M]. 北京：科技文献出版社，1985.

② [英] 霭理士. 性心理学 [M]. 北京：三联书店，1987.

心理咨询，帮助学习者处理个人面对的独特问题。

香港大学林益平女士曾提出过一个针对个人发展而设计的全面而有效的性教育课程。它包括：生理的成长、心理的成长、婚姻家庭和伦理观念、交友、约会、性与爱、恋爱婚姻、为人父母、养儿育女、两位身份与角色、人际关系、性与文化、性与社会、性变态和性差异行为，社会性的问题如节育、同性恋、性病等。

根据我国大学生特点以及社会文化的现状，大学生的性教育应该从以下几方面入手：

1. 性生理卫生教育

大学生性的成熟和冲动激发起他们探索"神秘世界"的兴趣，性教育应通过多种途径，如图片展览、多媒体教学等向大学生介绍有关性器官的解剖生理结构与功能，以及有关生理变化和身体发育的卫生常识，使他们对自己面临的生理现象有一定心理准备。如果大学生得不到科学的性教育，或者采取封闭方式不予教授，就会使其产生探索、窥探心理，以致难以避免不正当刺激，不但影响其身心的健康成长，而且在行动上很可能做出危险的事来，更重要的是影响其恋爱观、世界观的形成。

2. 性心理卫生教育

心理学家早就发现，成人性行为出现异常，如同性恋患者，多是幼年时父母未注意其性别角色的培养，以及亲子间缺乏适当感情沟通所致。因此性心理教育和情感教育、道德教育密切相关。在施教过程中，应该使大学生学习到适当的性别角色、良好的生活习惯、与异性交往的礼节、态度和观念。同时使他们认识到，性既是自然的，也是社会的，性不是为一时之乐，而是为永久的幸福。男女之间性的关系总是义务和责任相伴随。那种不顾社会道德不负责任的性行为是可耻的。此外，性心理的教育还应教会学生正确表达和处理爱情，培养爱的能力。

3. 注意人格的培养

大学生性教育既是知识的教育，也是心身健康的教育，更是完善人格的教育。从广义上来说，性教育的最终目标是为了培养负责任的性态度和性行为，以便使人们生活得更美好，社会更加和谐安宁。而从狭义上讲，是为了个人的幸福、快乐。因此"性"是一种教养，也是一种人格。日本心理学家关峋一认为："不要抑制和歪曲对性的感情和表现，重要的是用智慧加以引导，使其有利于人类的幸福和发展……每个人都需要建立一个对性的价值观……，性的问题将发展为人生的问题，人的生活方式问题。"① 因此，实施性教育，无论是学校还是大学生个人，如果从人格培养着眼，那么"性"就可以使人健康，使人快乐，使人高尚，使人幸福。

三、大学生性心理的自我调节

一般来说，性心理的自我调节主要有以下一些方法：

---

① ［日］关峋一. 大学生心理［M］. 太原：山西教育出版社，1992.

（一）正确认识，端正思想

了解青春期性生理、性心理发展变化的规律、正确认识这些变化所带来的各种情绪和行为反应，是学生自我调节的重要基础，因为学生的许多性心理问题的产生都是与其不正确的认识密不可分的。具体而言，这些认识包括：

1. 正确看待身体的变化，愉快地接纳自己的性身份

随着第二性征的显现，男女青少年的身体会发生显著的变化。这些变化是非常自然的，青少年无须为此感到害怕与不安。当然，由于个体差异，每个人的性特征发育有很大的差别，青少年也不要过分地为自己与他人的不同而担心。

2. 正确看待性意识活动，树立科学与健康的性意识观念

作为青春期的大学生，应该科学地学习性生理、性心理的有关知识，了解青春期性意识发展的规律，正确地看待和处理自己的性幻想、性梦以及被异性吸引、常想到性的问题等表现。一方面要认识到这些性意识活动是青春期性心理的正常反应，以消除因为性意识活动所带来的罪恶感、自卑感和种种自我否定的评价等；另一方面也要注意让自己的性意识活动有适当的宣泄途径，如通过与异性同学的自然交往或与同性同学讨论有关的话题来让自己的性幻想有表达的机会，以免使自己陷入性幻想中不能自拔。

3. 正确看待性冲动和自慰行为，确立顺其自然的坦然态度

由于受一些不正确观念的影响，在大学生中仍有不少人认为手淫是一种"见不得人""很坏"的行为。即使有的人在理论上也知道手淫是一种自慰行为，适当手淫并无害处，但在潜意识里仍认为它是有害的。其实，手淫是青年人很普通的一种自慰性行为，它不仅没有那么多可怕的恶果，而且还存在一种自然的、生理的调节机制。当然，说适度的手淫无害，并不是说手淫是必需的，更不是说要手淫无度。最好的准绳也许是：听其自然。

（二）积极引导，良好适应

在正确认识性心理发展规律的基础上，如何去顺应这种变化以达到良好的适应，是自我调节的第二个重要方面。

1. 建立正确的人生观，培养远大的理想

青春期的性生理发展给青少年学生带来了心理上的骚动，他们感受到了自己的性欲望和性冲动，但是社会道德规范的限制，要求他们必须给予控制，延缓性的满足，这令他们感到压抑和烦恼。但是这种矛盾并不是不可调和的，它可以通过注意力的转移和情感升华来达到。因而建立正确的人生观，培养远大的理想是重要的，因为这样就可以使自己压抑的性能量有了一个转移和宣泄的端口，并能化作积极的行动来实现所确立的奋斗目标。

2. 积极参加集体活动，消除心理紧张

积极参加集体活动，可以满足与异性交往的需要，而且参加各种社团活动、体能和艺术竞赛、野外活动等，有助于个体宣泄多余的能量，获得生理和心理的放松。此外，参加集体活动，也有助于将自身的注意力转移到有益的活动中，并从活动中增加自信，扩展视野，拓宽胸襟，增进心理健康。

3. 建立正常的异性交往，促进心理发展成熟

自然、正常的异性交往将有助于学生身心健康和人格发展，对其以后的婚恋生活也会奠定良好的基础。相反，抑制、回避正常的异性交往，不仅影响学生健全人格的发展，也为今后的成长设下障碍。因此，如何适当与异性交往，成为学生自我调节的重要内容。

（三）发现问题，及时处理

性心理困扰是青少年学生常见的问题，因此了解性心理困扰常见的原因和表现，并能及早发现和给予积极的处理，这是学生自我调节的第三个方面。通常，性心理困扰的直接后果是自卑、自责和自我否定的倾向，它不仅影响学生的情绪，也影响学生的人际交往和学习的效率。所以一旦发现自己存在性心理问题，应及时处理。具体来说，可以采取下面一些措施：

1. 阅读有关书籍，修正自己错误的认识

性心理困扰与性知识缺乏有密切关系，因此，寻找一些性生理和性心理的科普书籍来阅读，正确地了解青少年性心理发展的规律及其行为表现，将有助于自己消除误解，解除心理负担，进而避免自卑、自责的不良情绪。需要强调的是：阅读有关书籍并不包括那些"黄色书刊"。因为青少年对性生理和性心理的许多错误认识以及由此而产生的性心理困扰大多来自这样一些不科学的、富有煽动性的书刊。事实上，淫秽书刊、色情影视等对大学生性心理和性行为的形成会带来畸形冲击。所以，学生应选择健康、科学的性知识书刊来阅读。

2. 找好友交谈，帮助自我认识

许多大学生的性心理困扰源于对自己性身份、性幻想、性欲望、性冲动的害怕，他们以为只有自己才遇到这些困扰，因而担心、恐惧。如果自己的这种不安情绪没有找人倾吐，而是压抑在心里，久之会出现问题。相反，如果找好友交谈，一方面有助于宣泄自己的不良情绪，更重要的是他会使你了解到原来每个人都有同样的烦恼，因而心理会放松许多。

3. 找心理专家咨询，消除心理困扰

有时，同学好友的意见和建议并不是完全正确和适应的，而且对一些严重的心理问题，比如关于失恋后的自贬心理、社交恐惧症、性心理变态等，也无法通过与好友的交谈来解决问题。所以，必要时应及时向心理学专家请教。

第四节 ▶▶▶▶▶▶▶▶
成功心理训练（九）

在追求成功的道路上，充满了各种艰难险阻，它既是对人的心理素质的一种磨炼，又是对人的生理素质的一种考验。我们发现，那些在事业上有所成就的人，都是有着明确的志向和奋斗目标的。这些成功者根据自己的兴趣、特长和现实的需要，在人生众多的选择中撷取其一，并始终不懈地坚持这一目标，全力以赴地为之奋斗，最

终获得成功。因此，本节的心理训练就是考验你的意志品质。

一、训练题目：意志品质训练

1. 登山的启示
2. 闷热搏击战
3. 无人岛上可生存

二、训练具体方法

1. 登山的启示

【目的】通过简单的爬山运动，启发学生认识目标的概念及设定目标和分割目标的方法。同时，让学生亲身体验"不辞劳苦"和"坚持"的感受，在坚持中达到目标后的成就感。

【时间】约 2.5 小时。

【准备】选定一座高 1 000 米左右的山，一些奖品。

【操作】学员在指导者带领下登山，指导者指导学员们体会目标；在登山的整个过程中，让学员亲身经历目标到达后的成就感，从而掌握确立目标的方法。指导者在做这项训练时，要注意安全。

登山时，有些人会感觉爬不了那么高，心里害怕达不到目标。这时指导者可以采取一些方法，鼓励学员，如对学员说："如果这座山高 200 米，你还怕不怕？""不怕，我们就先爬 200 米，到了 200 米，你如果实在爬不动了，就送你下山，好不好？"

这个训练，让每个学员去体验：其实所有的目标都可以分成几段、几个步骤去完成的。开始说 1 000 米，可能大家被困难目标所吓倒了，如果我们把它分割开，就简单了；200 米难吗？那么 100 米呢？不就是 10 个 100 米，5 个 200 米吗？坚持一会儿，我们就成功了。

登山就像我们的学习一样，从小学到中学，再到大学……要成就一项事业，也要分割设定不同的步骤方法阶段，一个一个、循序渐进地去做。有了一些成绩，就要鼓励一下、庆贺一下自己，继续给自己信心，这样就能坚持得住，效率也会更高！这也叫作"自我激励"啊！

成功是建立在众多的目标的努力之上，成功的人往往就是在目标上比其他人多坚持了一下。

2. 闷热搏击战

【目的】训练学员情绪控制力，体会情绪控制的感觉与过程，增强意志力与耐力。

【时间】约 30 分钟。

【准备】安静而闷热的环境，温度在 32～33 ℃为宜，大家围圈而坐，20 分钟录音、音响、麦克风。

【操作】学员在大量运动后，满身汗水，被关在闷热的环境中，让烦躁、单调、热、痒等各种情绪猛烈地侵袭、骚扰学员那炽热的心，使之无法安宁。然而，就是在这种环境下，他们要一动不动地坐在凳子上（可以先按照学员舒适的姿势就座，然后固定了姿势就不能再动）；坚持 20 分钟，可通过音乐来舒缓烦躁；结束后，选三个最好的与三个最差的谈感受；团队做这一游戏时，一定要把握动与静、闷热与清新这个分寸，防止学员中暑昏厥，要有应急措施。建议学员一个人在家不要练。

这个训练，让每个学员去体验：自己控制的不单是自己，还有自己的未来。意志和恒心才是达到成功的最佳营养品。

3. 无人岛上可生存

【目的】在恶劣的生存环境下，通过动手、动脑，发挥意志潜能，使学员们在意志和生存能力极限等方面得到锻炼与挑战；学员们从新鲜—吃苦—无奈—求生—再兴奋的生活体验中，懂得了生活有时会很残酷，但生命意志可引领我们摆脱困境走向成功。通过体验、实践、狂喊、模拟演练等手段让学生们对这段生活经历刻骨铭心，并鼓舞学员们在未来的学习生活中不断地战胜挫折，走向胜利。

【时间】三天两夜。

【准备】事前准备：学员们带上够两餐用的方便面、装满水的水壶、毛巾、太阳帽、可能用的帐篷、打火机，还须带上纸和笔，指导者须带上备用食物及水、药箱。

【操作】指导者引领学员们爬上一个荒凉的山顶，之后，由两位指导者阻断仅有的两条山路。规定所有学员只能在山上生存三天两夜，不许下山，大家通过自己的意志与生活能力去生存。

第一天，学员们感到新鲜。首先挖一些坑洞做厕所，并搭起帐篷和炉灶；下午指导者引领学员们进入一假设的情境——在没有退路的荒岛上，如何生存，然后学生们自己动脑动手；一直到晚上，指导者开始引领每位学员沿山顶四周，人与人之间 10 米相隔，想象自己是一个人在山顶上怎么办？怕吗？怕又怎么办？一边体会一边记录；晚上 23：30 准时休息，派两位学员在山顶前后方站岗，每半小时换岗，学员们轮流站岗值班以保护团队。

第二天凌晨 5 时，学员们下到半山腰开始寻找指导者们预先放好的食物和水，找到后，一定要带回山顶后再自己吃，没找到的看别人吃，不得下山再寻找；7 时许，开始晨誓，高声喊出生存的欲望；之后，开始讲述昨日一天的体会记录；中午没有午餐，只能在山上找他们认为可以吃的东西，不许午睡；晚上由指导者分发干粮及水；吃完后，再讨论今天的心情与昨日的心情的分别；告诉学员们必须在山上生活九天，必须坚持；学员担心极了，昨日的新鲜感全没了，只有在无奈中求取生存手段；晚上的操作如前日，有较多人已开始绝望了。

第三天凌晨如前日，晨誓完后，大家在山顶上写下两日两夜的体会感受；时间至下午 2:50，交流一小时左右后，下山离开荒岛。在每接近一步目标时，引导学员体会各种心理变化……

在进行该项训练时，要注意：① 安全。② 引导。③ 严格。④ 必备的生存物品。⑤ 医药用品。

指导者对于下列问题须经常指示，并由学员自行回答，没有标准答案，只有结果。

（1）生存条件有哪些？（吃、喝、拉、睡……）

（2）还有哪些生存条件我们可以去想象创造的？

（3）哪些东西可以吃，哪些东西不可以吃？（树皮、草、野果……）

（4）有哪些求生手段？（等待他人救援、制木筏漂流、河里捉鱼……）

（5）假如一个人遇此绝境怎么办？（自我鼓励，发挥生存潜在能力……）

（6）找食物吃有什么感受？

（7）晚上值班站岗有什么感受，怕吗？

（8）疲劳、无奈、绝望时怎么办？（寻求同伴支持、自我鼓励……）

（9）家里平时生活怎样？

（10）这里与家里的生活、第一天与第三天的感觉有什么差别？

（11）晨誓的作用是什么？

（12）离开荒岛回到社会有何心情变化？

（13）以后该如何珍惜生活？

这个训练，让每个学员去体验：在这三天两夜的封闭式野外训练中，我们学到了求生的方法，我们的生存能力得到了锻炼，意志潜能得到了发展，绝境求生的理念更坚定，同时更懂得珍惜平时美好的生活。

本章摘要

（1）大学生就其生理和心理发展而言，已进入性生理成熟和性心理趋向成熟的阶段。与性有关的许多问题，如性意识、性吸引、性冲动、性压抑等直接影响着大学生的心理健康和发展，成为大学生心理健康教育的重要内容。

（2）性心理是指在性生理的基础上，与性征、性欲、性行为有关的心理状况与心理过程，也包括与异性有关的如男女交往、婚恋等心理问题。性心理可具体分为性感知、性思维、性情感及性意志等。它们相互联系、相互制约，共同体现在与性有关的言行之中，其中性思维起主导作用。

（3）性既是生理的，又是社会的。一个人性心理健康状况是生物因素和社会文化因素的完整统一体现。

（4）弗洛伊德性欲和心理的发展分为五个阶段：① 口腔期。② 肛门期。③ 性蕾期。④ 潜伏期。⑤ 生殖期。他认为，性心理发展过程中如果在某一阶段发生停滞或倒退，就可能导致心理异常。

（5）青年性心理发展大体经历着三个阶段：① 异性疏远期。② 异性接近期。③ 两性恋爱期。

（6）性心理的表现有：① 性欲望的产生。② 对性知识的追求。③ 对异性的爱慕。④ "探究性" 与 "自慰性" 的性行为。

（7）男性性成熟的心理特征有：钟情、自我表现和紧张感。女性性成熟的心理特征有：爱慕、选择和倾心。

（8）大学生性心理的特征主要有：① 性心理的本能性和朦胧性。② 性意识的强烈性和表现上的文饰性。③ 性心理的动荡性和压抑性。④ 男女性心理的差异性。

（9）大学生常见的性心理问题有：① 性认知偏差与性冲动困扰。② 遗精恐惧与月经期烦恼。③ 性特征过虑与性行为失当。

（10）大学生婚前性行为一般有三个特点：一是突发性；二是自愿性，但又非理智性；三是反复性。大学生出现婚前性行为，容易引起心理困扰，不仅有认识、观念上的困惑与自我矛盾，还可能动摇其自我评价和对未来的信心。从青年个人发展、道德纯洁和心身健康方面来考虑，婚前性行为是不宜提倡的。

（11）性心理障碍又称为性欲异常或性变态。它指的是一个人对性的观念、情感反应、态度和行为违反了其所处的社会文化环境所容纳的标准，导致性心理和性行为的反常。包括：同性恋、恋物癖、易装癖、露阴癖、窥阴癖和易性癖等。

（12）性变态的共同特征是性兴奋的唤起、性对象的选择以及性满足方式等出现反复、持久性异乎常态的表现。评判一个人的性行为是否异常，可从三个方面考虑：① 性生活频度异常。② 性选择对象异常。③ 性欲满足的方式异常。

（13）大学生性心理卫生的关键在于培养大学生健康的性心理结构。具体表现为：① 有正常的性需求和性欲望。② 有科学的性知识、合理的性认知、健全的性态度。③ 有正当的、健康的性行为方式。

（14）人类健康的性心理过程，总是表现为：一方面在个体两性活动中与生物的特征和文化的价值观念保持一致，并用自己内在的人格特征去体验两性活动的快乐和幸福；另一方面这种一致性与这种愉快及幸福感又能使个体的潜能得到发掘，情操得以提高，人格变得完善。

（15）大学生的性教育应该从三个方面入手：① 性生理卫生教育。② 性心理卫生教育。③ 注意人格的培养。

（16）大学生性心理的自我调节方法主要有：① 正确认识，端正思想。② 积极引导，良好适应。③ 发现问题，及时处理。

思考·讨论·活动

1. 什么是性心理？青春期性心理发展经过哪几个阶段？
2. 大学生性心理具有哪些特征？
3. 针对常见的性心理问题，谈谈应该如何加强大学生性教育工作。
4. 请结合本章的心理训练内容，分享训练过程中自己的感受。

第十一章

大学生的恋爱心理

☆ 章前导语

　　爱情在人类发展史上是一个古老而又常新的话题，也是一门人人都要学习的学问。人们常说："恋爱是爱情的开始，婚姻是爱情的坟墓。"造成这种看法的原因之一是人们对爱情、恋爱、婚姻和家庭四者关系的混淆。

　　恋爱是爱情的孕育阶段，当两个人之间产生了爱恋，并打算承认和培养这种爱时，我们说他们恋爱了。恋爱是爱情的开始阶段，它的一个主要特征是浪漫、单纯与任性。英国心理学家斯宾塞尔（Herbert Spencer）在《心理学原理》一书中说，恋爱是由九个不同的因素合并而成的：一是生理上的冲动；二是美的感觉；三是亲爱；四是钦佩与尊敬；五是喜欢受人称许的心理；六是自尊；七是所有权的感觉；八是因人我间隔阂的消除而取得的一种扩大的行动和自由；九是各种情绪作用的高涨与兴奋。可见，男女恋爱本身并不单纯是性的吸引，它还是一种重要的社会性情感。

　　那么，什么时候可以谈恋爱？这并没有一个非常准确的年龄限制。因为除了身心成熟的影响外，它还与社会文化因素有关。例如，在原始形态的社会里，女孩子在十几岁就可以结婚了，而在物质文明更发达的社会里，人们谈恋爱和结婚的年龄明显地推迟。对当今的多数大学生来说，一方面年龄已属于成年人的范围，可以自主地选择自己未来的伴侣了；但是另一方面，大学生又处于半独立状态，即经济上还要依赖父母，学习仍是当前主要的任务。由于对这两方面的权衡不一样，有关"大学生能不能谈恋爱？""大学生谈恋爱是利大于弊，还是弊大于利？"的问题，长期以来，一直是人们探讨的话题，人们对这些问题看法不一，众说纷纭。不管人们怎样看待，恋爱的确是大学生经常遇到而又不可避免的问题。由于大学生已进入了恋爱的年龄阶段，但现实中许多人还未成熟到能深刻理解恋爱的意义及对人生的影响，由此引起的心理卫生问题也比较多。轻者，影响学业和进步，重者，引发心理疾病，极个别的甚至轻生。因此，引导大学生正确认识爱情的含义，树立健康的恋爱心理，学会处理、协调恋爱中的各种关系和矛盾，不仅是恋爱成功、爱情幸福的必要保证，也是大学生成才的重要前提。

　　本章所要研究的内容，主要是有关大学生恋爱的心理问题。希望读者在阅读本章之后，能够对下列问题有所认识：

　　1. 大学生恋爱心理的形成和发展。

　　2. 大学生的恋爱动因、择偶心理，及其对大学生心理的影响。

　　3. 大学生恋爱的现状和常见问题。

　　4. 大学生恋爱中的心理障碍及其调适。

　　5. 树立正确的恋爱观，培养恋爱中的抗挫折能力。

第一节 ▶▶▶▶▶▶▶
大学生的恋爱心理

　　人们常把选择对象、培育爱情的过程称为恋爱，这是男女双方在建立爱情之前必定要经历的阶段，在这一阶段，男女双方都会产生一种特殊的心理。这就是恋爱心理。

一、恋爱心理

（一）恋爱心理的形成因素①

1. 性本能的发动是恋爱心理产生和发展的内在动因

爱情是两性之间特殊的感情，它是个体性成熟和社会成熟达到一定阶段后产生的男女之间相亲相恋、互倾互慕的情感。因此，爱情首先是基于性成熟，只有当一个人生理发育达到性成熟时，才会产生恋爱心理。这就意味着，性未成熟者不会产生恋爱心理，同性之间也不会产生恋爱心理，完全失去性功能的人不会产生真正意义上的恋爱心理。青年期性已成熟，青年具备了产生恋爱心理的生理基础。

2. 社会存在是恋爱心理产生和发展的决定因素

如果说性成熟是恋爱心理的自然基础的话，那么社会存在则是恋爱心理的社会基础。这是因为人是社会的人，人的本质是人的社会属性。存在决定意识，社会存在决定着人的各种观念，包括恋爱观。社会存在影响和制约着人们的恋爱与否、恋爱对象的选择、恋爱心理的健康发展，并导致人有了恋爱心理中最主要的因素之一——精神吸引力的产生，爱情也因此成为美好高尚的情感，升华到一种崇高的境地。恋爱心理的产生与发展不仅有生理的快感，更重要的是有精神的享受。

不同的个体由于社会存在的不同，对恋爱有不同的看法、不同的感受、不同的体验，即有不同的恋爱心理。

3. 异性素质是引起恋爱心理的特殊动力

爱情产生于性能力，但性能力就其本身而言并不具体要求特定的异性对象。人与动物的本质区别就在于人只有在获得关于某个异性的具体信息之后，恋爱心理才真正开始产生，也就是说，恋爱心理的产生是具有明确的对象性的，只有在生活中出现了你认为最值得爱的人时，才会引起你的恋爱心理。没有一个特定的异性，充其量只会产生一种性冲动，而不可能产生恋爱心理。

4. 生活实践是恋爱心理产生和发展的外在条件

有了上述三个因素，恋爱心理还不足以真正地产生和发展，如果没有一定的培育爱情的生活实践，那么，恋爱心理也不会产生，即使产生了也会中断，达不到发展和成熟。人们只有在生活实践中才能互相交往、增进了解、互相发展感情。因此，可以说生活实践使恋爱心理的产生和发展从可能变为现实。

总之，恋爱心理只有在以上四个因素共同作用和影响下才能产生并且发展，即由性本能激发的性吸引力和由社会存在影响，由异性素质所导致的两性间的精神吸引力成为恋爱心理的内在动力；在恋爱的内在动力作用下，受一定的社会背景和异性魅力的影响，产生了恋爱的心理意愿，于是恋爱心理产生了，并在生活实践中不断发展成熟。恋爱心理的各种现象、各个过程中都体现了上述四种因素的影响和制

---

① 阎嘉陵等. 当代青年心理学［M］. 上海：复旦大学出版社，1998.

约（图 11-1-1）。

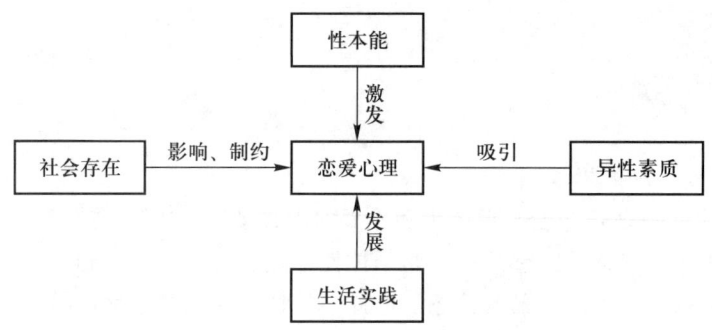

图 11-1-1　影响恋爱心理的四种因素

名师微课：你的爱情得几分？

（二）恋爱心理的发展过程

恋爱心理从产生、发展到成熟，一般都经历以下几个阶段：

1. 始恋

在这一阶段开始感觉到异性的特殊魅力，倾慕对方的仪表、风度、气质、言谈、品格、才能等肉体和精神的魅力，被深深吸引而迷醉。总有一种从未有过的捉摸不透的亲近欲和冲动，想去接近对方又不敢贸然去做出什么行动。这是一个如醉如痴的"失魂落魄"的阶段。

2. 依恋

一旦被某个有魅力的异性所吸引，就会想象对方的一切，并把想象逐渐推进自己的理想形象。开始考虑接近对方的办法，找机会向对方表白自己的心思。同时常常会反复揣摩对方的心理，不断评估双方情感的持续性和成功的可能性。这是一个"自我折磨"的痛苦的阶段。

3. 爱恋

经过前面阶段的想象、揣摩，终于鼓足勇气向对方表白了自己的爱情，才真正意味着进入了恋爱心理状态。这时主动表白的一方常会神色紧张、心绪不宁，接受表白一方也会不知所措。这是恋爱心理发展最关键的一个阶段。有的学生会因担心遭到对方拒绝而失去信心；有的学生则有可能找不到适当的机会表白或表白不当。这都有可能让即将产生或已经产生的爱情悄悄地溜走。这一阶段相对而言比较短暂，但都具有很强的震撼力。

4. 相恋

双方经过表白并接受爱慕，恋爱关系便正式建立。双方立即亲密起来。从形式上，两人形影相随，"一日不见，如隔三秋"。在心理上，单独的自我飘然而逝，双方都把各自的灵魂和世界纳入合二为一的轨道。双方都尽力美化对方，甚至赞赏对方身上在别人看来是缺点的"优点"，并将对方的赞赏视为珍品深藏在心里成为永久的回忆。随着恋爱情感的发展，双方都会产生一种独占欲，认为对方只属于自己。这时男性常通过性欲来表示，女性则往往以类似母爱的特殊关心将对方置于自己的保护照顾之下。与此同时，嫉妒心理也逐渐强烈，时刻防备"第三者"的出现。这是一个充满幸福的阶段。

此后，恋爱双方把感情推到最高潮时，自然产生了结婚的愿望，只要客观条件成熟，结婚就变成现实，这时恋爱心理发展到一个崭新的阶段，受到了法律和家庭的保护。

（三）恋爱心理的特点

恋爱是一种特殊的交往，男女青年一旦产生爱情，便会出现一种特殊的心理状态，它与一般同性间或异性间的交往不同。恋爱心理具有 4 个特征：

1. 仰慕指向的特殊性

恋爱中的男女青年除了注重对方的志趣、爱好、人品以外，还开始注意对方的人格特征、音容笑貌、服饰打扮等。这是由爱而产生的特殊审美心理。

2. 排他性

男女青年一旦爱上，就有意无意总想两个人在一起，尽量避开朋友和熟人，他们的交往圈子因此而一下子缩小，这是羞涩心理所致。这种心理在女性中尤为明显。

3. 冲动性

指对相爱的异性的一种欲求相见而不能的焦虑、不安甚至神情恍惚的非理性的冲动。这是性心理的一种表现。于是总是千方百计地找借口去接近对方，希望有拥抱、接吻等肉体的接触。这种心理男女双方都会有。

4. 相互参与性

男女青年一旦建立恋爱关系，就总希望以自己的模式去要求对方、评价对方，甚至去改变对方，自觉不自觉地去干涉对方的行为举止、服饰打扮等。这种心理的渗透参与，正是恋爱的反映。

有些青年初恋时不懂得爱，不知道自己是爱上或被爱，分不清是友谊还是爱情。其实，只要细心观察，就会体验到对方是否爱上你，或者你是否爱上了对方。不要让已经产生的爱悄悄地溜走，也不要把一般的友谊误认为是爱情，以免产生不必要的心理负担和烦恼。

二、恋爱与大学生

（一）大学生恋爱的动因

男女大学生们生活在同一校园内，出现恋爱现象是自然的。

那么，大学生恋爱的动因是什么呢？有学者认为，大学生恋爱的动因有以下几个方面：[①]

1. 生理发育成熟

大学生在校的年龄一般都在 18～23 岁，这个年龄段上的青年性生理发育已完全成熟，性意识增强，渴望与异性交朋友，恋爱欲望强烈，他们积极构思配偶对象的理想模式并尝试付诸实践。当遇到理想的异性同学时，便常寻找各种机会进行试探和

---

① 郁景祖. 大学生心理与调适［M］. 上海：复旦大学出版社，1995.

追求。

2. 情感需要

男女大学生都是经过十年寒窗，奋力拼搏才进入大学校园的。中学阶段由于升学的压力而被暂时压抑的丰富的青春期情感此时得以爆发，自我形象逐渐清晰，渴望情感需要的满足。而恋爱则是其情感满足的一种重要方式。

3. 从众心理

在高校中经常可发现一种现象，即同宿舍里的几个同学，一旦有人谈恋爱，其他人很快也开始谈恋爱，这是从众心理的表现。有些同学本来暂时没有谈恋爱的需要，如果没有其他同学的影响，可能不会那么快地产生恋爱的念头，但是当看到身边的同学在谈恋爱，就激发起恋爱的意识和行为。

4. 社会和家庭的影响

社会上大男大女"老大难"的信息不时传到高校，对大学生产生一定的影响。许多同学担心自己毕业走上工作岗位后找不到合适的对象，也会加入大男大女的行列。尤其是女大学生，更担心自己成为"剩女"。一些家长也出于这种担心，希望自己的子女在大学期间谈好对象以解除后顾之忧。这种外在压力对大学生恋爱之风起到了推波助澜的作用。

5. 价值观念的变化

社会的变革和发展引起了人们价值观的变化，部分大学生价值取向中的消极因素反过来影响了他们对生活的态度。如淡化政治意识，回避社会问题，学习动力不足，甚至玩世不恭，一味追求享乐等，于是试图用谈情说爱来弥补精神上的空虚。

6. 外来文化的影响

在对外开放的中西方文化的交流中，海外影视、书籍等大众传媒中不乏男女拥抱、接吻等镜头，它们猛烈冲击着民族传统的伦理道德。一些大学生受西方性文化观念的影响，视谈情说爱、婚前性行为是"追求自由解放"。

7. 引导失误

很多高校对大学生谈恋爱都采取"既不提倡，也不反对"的模糊态度，缺乏必要的引导，其实这是一种消极回避的做法。由于校方态度含糊，就给学生留下了很大的自由度，既然"不反对"，何乐而不"谈"呢？他们得不到必要而正确的引导，不知如何对待爱情，只有根据自然本能之需要，盲目地去尝试谈恋爱。

可见，从性生理、性心理的发展角度来看，大学生恋爱是一种无可厚非的正常现象。但是，由于影响大学生谈恋爱的因素很多，而其中有的因素是消极的，因此对大学生的恋爱需要结合不同的情况，给予一定的教育和引导，帮助学生明确在学习期间恋爱的利与弊，培养正确的恋爱观。

（二）大学生恋爱的类型

在众多的大学生恋爱中，不同的理想、信念、思想、人生观和心理素质，形成了不同的恋爱类型。概括起来有以下几种：

1. 慰藉型

处在青春期阶段的大学生，正值"心理断乳"时期，他们渴求社会与他人的理解，常有一种莫名的惆怅和孤独。当周围的气氛不能满足这种心理需要时，有的学生往往以恋爱的方式向异性伸出求援之手。在外人看来，他们在谈情说爱，其实只不过是在寻找心理慰藉，以排除内心的孤独。

2. 友情型

有的恋人原先是中学同学或同乡，本来就有感情基础，双方考上大学后，凭借天时地利发展为恋爱关系。这种恋爱关系发展较稳定，成功率也较高。但也有的同乡同学，虽然长期交往，感情上却缺乏共鸣，尽管一方有些美意，但最终难以发展为爱情。这部分同学基本上能处理爱情或友情与学习的关系。

3. 理想型

这些学生往往缺乏冷静思考，对爱情充满理想色彩，一旦认定某个异性与自己理想中的偶像吻合，就会不顾一切地去追求，并甘愿为之牺牲一切。这类同学把爱情理想化，情感比较脆弱，一旦遭受挫折便会非常痛苦，常易导致心理障碍。

4. 志趣型

把感情融洽、志趣相投、事业成功作为爱情基础，这种注重事业和精神生活的恋爱，恋爱双方道德高尚、互相尊重，行为端庄大方，感情热烈而举止文明，注重思想上的沟通，以和谐的精神生活和事业的共同追求为满足。这类学生一般能较好地处理好感情与学业的关系。

5. 功利型

这是一种非常势利的实用主义恋爱类型。有的学生恋爱首先看的是对方的物质条件，或留城的优势，或看中对方父母亲戚的名利地位等。这类大学生往往基于利益关系而谈恋爱，在此之前已把对方算计得一清二楚，把爱情当作谋取功利的手段，没有真实的爱情可言。

6. 情欲型

一些大学生受青春期性本能的驱使或受有性爱描写的影视文学作品的影响，控制力较弱，进行模仿尝试，追求性刺激，以满足性欲望为目的与异性同学交往、恋爱。有的甚至把恋爱当作娱乐，逢场作戏，玩弄异性。这些学生只注重异性的外表，追求感官上的愉悦，而忽视或无视爱情内涵中应有的伦理因素。无疑，这是一种不健康的恋爱类型。

（三）大学生的择偶心理

择偶是婚姻的起点，择偶对婚姻成败起着重要的作用。每个人选择什么样的伴侣与自己共度人生？有的人认为这是个人有目的的选择，有的人认为这是偶然的机缘。择偶看起来是纯个人的行为，其实都与自己的择偶心理有关。因为每个人的家庭背景、生活经历、文化程度不同，择偶的标准与规则也不相同，但择偶作为人们的一种心理行为，具有一些共同的心理特征。

1. 以父母为参照：精神分析择偶说

精神分析心理学家弗洛伊德认为儿童早期爱的经历决定他一生的发展。他认为孩童在家中与父母亲的关系会影响到他成年后的伴侣，而自己所选的伴侣不是在外表及心理上与父母有相似之处，就是完全不像他的父母。

弗洛伊德认为爱是一种重新寻找，择偶结婚其实是寻找自己父母的替代。由于儿童在生命早期最先接触的爱的对象是父母，儿童性格的形成与父母爱的方式有关，因此成年择偶结婚大都以父母的婚姻为蓝本。如果儿童幼年时父母给予了足够的关爱，那么成年后他会不自觉地按照父母的影子为自己选择配偶。女孩子找父亲的替代，男孩子找母亲的化身。而那些在幼年时受到父母遗弃、厌恶、贬低、虐待，缺少正常父母之爱的人，他们在择偶时往往选择那些极不像自己父母的人。女孩子会选最不像自己父亲的人，男孩子会选最不像自己母亲的人。因此，精神分析的替代理论认为，恋爱择偶是成年的自我对儿童期父母感情的"重新修正"。

2. 寻找相似性：物以类聚说

许多学者认为，每个人在选择伴侣时，都在寻找最像自己的人。这与古代中国的"门当户对"有所不同。门当户对主要指家庭地位，而相似性的寻找不但在容貌、气质、学历、智商上要相配，个人的政治观念、信仰、工作职业、为人处世的态度也要相似，最好个人的兴趣、爱好也相同。这就是同质性择偶学派的要点。有学者认为，人们的自恋倾向，可能是导致此种想法的主因。他们认为，选择了与自己相似的人，他们就又可以再度与自己相爱了。

3. 寻找弥补性：取长补短说

美国社会学家温奇曾经提出过择偶互补理论。他认为爱情是个人需要的一种表达方式，可能是潜意识，也可能是潜意识的行为。一个人在幼年期的成长中欠缺某些经验，成年后就会在伴侣身上寻求弥补。温奇认为，每个人都有多方面的需要，如谦卑、成就、接近、独立、顺从、统治、敌对、抚养、被肯定、性满足、争地位及求助等。男女选择伴侣的过程，实际是发现能给予自己最大心理满足对象的过程。他提出，一位支配欲很强的人，之所以会选择一个意志薄弱、很顺从的人；一个强健的人，之所以会选择一个很纤弱的人，都是这种"互补作用"的结果。

温奇的互补说在实践中很有普遍意义。我们常常看到许多夫妻性格差距甚远，如一个急躁，一个稳重；一个独立性很强，一个依赖性很强；两个人相处得非常和谐，这就是他们能够取长补短，相得益彰的结果。

4. 寻找最优性：条件权衡说

美国学者墨斯登认为，每个人在选择恋爱对象时，实际是对方的某些特点刺激了本人的情感，本人按内心的价值观体系进行衡量，最后加以权衡，确定自己的意中人。他认为，每个人的择偶是在对对方的优缺点有所了解，并对其各项加减之后考虑各候选人的得分来决定的。他举例说，比如某人有两个可选择的对象 A 和 B。列出 6 个指标作为评价这两个人的标准。这 6 个指标分别是外表、智力、财富、幽默感、性格、信仰。假定某人的价值观体系中这 6 项的比重依次为：外表 5 分，智力 3 分，财富 3 分，幽默感 2 分，性格 1 分，信仰 1 分，那么依据自己对 A、B 两人的了解与印象分别予以打分。最后算出 A、B 两人各自的总印象分，谁的总分最高，就选择谁为伴侣。

调查表明，目前大学生择偶观有以下一些具体表现：

第一，在选择对象时注重对方的品德和个性特点。一般把对方的道德品质、生活作风、理想信念、诚实善良、正直等放在首位。同时，在个性方面也强调"性格上合得来"。通常，女大学生在选择对象时比较重才干，强调对方"有才能"，喜欢"热爱学习、刻苦钻研、兴趣广泛、博学多才"的男性。男大学生则对女性的贤惠、温柔的特征要求较高。许多男大学生认为理想的对象是"贤妻良母型"，而不是"事业型"。这除了传统意识的影响外，主要是不少男生希望今后的妻子成为自己的"后勤部长"，实现"二保一"。

第二，在美的要求上比较高，尤其是男大学生对女性的外表美比较强调。不少男生要求女性"体态均匀""体形苗条""丰满""漂亮""谈吐自然大方"等。这一方面反映了青年对美有强烈的要求，另一方面也反映了部分学生审美意识还存在表面性和片面性的特点。

第三，对家庭社会条件也比较重视。一些大学生在择偶时，会考虑对方的籍贯、家庭地位及其经济状况等，希望"门当户对"。

三、恋爱对大学生的影响

关于恋爱对大学生将产生什么影响，目前有三种有代表性的观点：

一是阻力论，认为弊多利少。大学生是同龄青年中的佼佼者，肩负着国家的重任，是国家未来的建设栋梁。他们在大学的主要任务应是学习。大学课程多负担重，社会主义市场经济建设，需要全面发展人才，这就对大学生的全面素质和知识结构提出了更高要求。大学生在大学良好的育人环境中要全面发展，开发智力，提高能力，掌握更全面的知识，需要不断拓宽知识面，这些都需要时间和精力。而大学生活只有4~5年的时间，如果谈恋爱势必要花费不少时间和精力，影响学习和发展。同时，从大学生的年龄阶段来看，生理上虽然已成熟，但心理上还不够成熟，缺乏生活经验，还不能客观、全面地了解自己和他人，大学谈恋爱盲目性较大。再者，爱情是一种微妙、复杂的心理活动，需要有冷静的头脑和较强的自我控制能力，爱情是男女之间比较成熟、相对稳定的感情联系，要求产生它的条件也必须相对稳定和成熟。而大学生由于心理不够成熟，不能自由地驾驭自己的感情，时常表现出幻想、冲动、动摇等不稳定的情绪，容易出现爱情变迁，目标不够专一，往往造成不良后果。大学生谈恋爱，特别是低年级同学谈恋爱成功率低。因此大学阶段还是不谈恋爱为好。

二是动力论，认为利多弊少。大学生正处在身心发展成熟，对异性敏感、关注的时期。大学生活中男女同学朝夕相处，共同语言较多，容易寻觅知音。同时，爱的感情可以陶冶人，可以丰富精神生活，恋人之间可以相互帮助，共同促进，成为"核动力"，激发人的潜能。现实生活中确有一些大学生恋爱成功的事例。他（她）们能够很好地把爱情与学业统一起来，使幸福的爱情转化为积极的力量，促进学业，净化自己的人格。因此大学阶段还是可以谈恋爱的。

三是均衡论，认为利弊均衡。那么，恋爱到底对大学生身心发展和学业完成是促进还是促退呢？

在现实生活中，恋爱对大学生学习和事业的影响有两种可能。一是恋爱关系处理得当，可以成为促进学习、工作和全面发展的"核动力"；二是恋爱关系处理不当，可能使人情绪起伏、烦恼不安、成绩滑坡，弊端明显。因此，应该看到大学生恋爱过程中的积极与消极现象。从表面看似乎直接与恋爱有关，但究其根本原因，很大程度上与恋爱者的人格成熟状况以及恋爱的动机和模式有关。恋爱动机、择偶标准、恋爱的过程以及应对方式等，这些往往反映了一个人的特征。人格不成熟的大学生匆忙涉足爱河容易导致不成熟的爱情，引发多种心理问题。如果恋爱双方都不成熟，那么失败的可能性较大。

从目前我国大学生的现状看，大学生的人生观、价值观正在形成时期，思想还不够成熟，看问题还不够全面，感情不稳定，性格爱好也未完全定型。特别是对选择终身伴侣，还没有确定的看法。加上不能正确处理恋爱中的矛盾冲突，因而容易失败。一般来说，低年级还是不谈恋爱为好。这是因为，低年级学生还缺乏独立生活经验，生活上面临新环境，学习上要完成从中学到大学的过渡，负担较重。由于年龄比较小，对自己的未来生活还没有较多的考虑，交流范围也较窄等。从各方面主客观条件看，低年级学生都不宜谈恋爱。

到了高年级，思想比较成熟了，对自我认识清楚了，价值观趋于稳定，生活经验和处事方式逐渐成熟，对自己的未来生活有一定的考虑并能把握自己，如果遇上知音，志同道合，可进行恋爱实践。实践证明，高年级学生谈恋爱的成功率相对高一些，通常能够做到感情与理智相结合。

应该说，恋爱是青年人的心理要求和合法权利。但正确行使这个权利还需要有高度的修养，并且要付出大量的时间和心血。而大学几年时间短暂，极其宝贵，是为今后事业打基础的关键时期，当你还没有足够能力使爱情与事业相互促进的时候，最好不要盲目涉足爱河。大学生谈恋爱，要根据自己的情况和能力因人而异。

第二节
大学生的恋爱心理问题

恋爱能够造就一个人，也可能会毁灭一个人。由于大学生处在青春中期，心理发展尚未完全成熟，因此，恋爱中常出现一些问题。

一、大学生恋爱的现状

目前高校大学生中的恋爱现象比较普遍，发展的趋势有增无减，这反映了大学生在恋爱态度上的变化。而大学生恋爱的现状主要有以下几点：

（一）恋爱现象的普遍性

大学生的年龄在18~23岁，虽然身高、体重、内分泌等尚在不断变化中，但对异性接触的要求却是一种普遍现象。这一时期容易产生情窦初开的恋爱心理，具体来看表现在：

1. 年龄低龄化

现在一些学生恋爱从低年级就开始，有的甚至刚跨进校门就寻找目标，急于射出丘比特之箭。据某地区一些高校调查，低年级学生中，恋爱的男生占男生总数的30%，恋爱的女生占女生总数的40%。

2. 人数比例增高

当前大学里几乎是班班有学生在恋爱，没有空白点。据对某校某系几个班的调查，仅被老师、辅导员发现公开在谈恋爱的学生，占所在班人数的比例均高于30%，若加上那些没有被老师发现、处于"地下状态"的恋爱中学生，那人数比例就有50%左右。在个别班级中，在大学期间有过恋爱史的学生比例高达60%~70%。

3. 选择范围广

现在学生恋爱的范围非常广泛，可以说是全方位的，跨班、跨年级、跨系、跨校乃至和社会上的青年热恋。现代社会的开放意识，人际和校际各种频繁的接触、交流，网络媒体的普及等为青年学生的择友恋爱创造了良好的条件和提供了广阔的天地。

（二）恋爱现象的特殊性

大学生的恋爱，一般只谈爱慕之情，交流对学习、对人生的看法，很少或者根本不讨论结婚、建立家庭等具体问题，这也是由于大学生经济上不能完全自立决定的。恋爱本身是择偶的过程，恋爱—婚姻—家庭是个整体。而大学生谈恋爱往往带有浪漫的色彩，而不接触实质性问题。以前的大学生把谈恋爱看得很严肃，选择恋爱对象也很慎重，没有一定把握不会马上投入实践。而现在大学生中一部分人的异性交往更加注重情感上寻求快乐，把恋爱成功与否看得不那么重，甚至有的学生认为恋爱与婚姻无关。"不求天长地久，只求曾经拥有"。沈阳地区某高校对 500 名大学生调查发现，恋爱目的摆在第一位的是丰富生活，占 60.4%；慰藉解闷占 14.6%；为建立家庭占4%。由此可以看出，许多人只想恋爱而没有考虑到将来的结婚，他们选择恋人并非清楚地、自觉地意识到应选择一个终身伴侣。

（三）恋爱现象的公开性

大学生的恋爱方式从隐蔽化向公开化转变，结交异性朋友大方，恋人相处不遮隐，出入成双成对，形影不离，对别人的议论毫不在乎。他们对自己择偶的标准公开化。调查资料显示，为数不少的男生的择偶标准是：漂亮、贤妻良母型、温柔顺从、有魅力；更多的女生择偶的标准是：学历高于自己，才华出众，有男子汉风度，外貌对得起"观众"。

二、大学生恋爱中常见的问题

1. 择偶标准不实际

每一个人都希望自己一生幸福，期待自己有一个称心如意的爱人。但由于大学生年纪轻，经历单纯，又受一些文艺作品的影响，往往把选择的对象理想化。有些人根据心中的偶像按图索骥，发现现实中的人很难吻合，不免失望懊丧；有些人希望对方十全十美；也有些人固执于某一择偶标准不放弃，比如个子不能低于 1.75 米，非研究生不找，相貌不漂亮、身材不苗条的不谈等。一框定标准，就限制了自己的择偶范围，束缚了自己的手脚。俗话说，金无足赤，人无完人。择偶不能无标准，但标准要结合实际，尤其不可因虚荣而定标准。在择偶标准中，有些因素是根本性的，非要不可的，例如选择对象的品质、素养；而有些因素是可要可不要的，如外貌、家境等；有些因素是以后经过努力可以达到的，如经济、地位等。人一旦建立真挚的感情，有些因素往往可以不在乎了，某些因素还可以得到改变。

2. 恋爱动机不端正

有些大学生的恋爱动机不是出于爱情本身，而是为了弥补内心的空虚、孤独或随大流的从众心理等。大学生中的"寂寞期恋爱""痛苦期恋爱""攀比性恋爱"等多半不是因为有了爱情而恋爱，而是因为生活的单调、寂寞或心情烦闷，或因为虚荣心等。这种人在择偶时很少把恋爱的行为与婚姻结合起来考虑，缺乏责任感。还有极个别的大学生为了显示自己的魅力，同时和几位异性同学交往、周旋，和谁都不确定恋爱关系。这种行为是不道德的，发展下去会产生严重的恶果。

3. 爱情表达方式上缺乏修养

爱情的表达方式反映了一个人的道德修养水平。马克思曾说过："在我看来，真正的爱情是表现在恋人对他的偶像采取含蓄、谦恭，甚至羞涩的态度，而绝不是表现在随意流露热情，过早地亲昵。"

爱情的表达方式既反映民族特点又反映个人修养和道德水准。中华民族的特点是感情表达含蓄、深沉。大学生的表现应符合大学生的身份，应举止文雅，注意分寸和场合。恋人间的忠诚不一定是在大庭广众之下拥抱亲吻才能表达。

4. 受西方观念影响，性行为轻率

受西方性解放观念的影响，有些学生在恋爱中对性行为抱不严肃的态度。认为这是"个人的自由"，可以不受干涉、随心所欲。有的恋爱不久，就发生性关系；有的在校外同居；有的在宿舍发生关系；更有甚者，极个别的学生在宿舍里建立屋中之屋，与异性公开同居，既妨碍了同学朋友，对自己的行为也不负责。

当然，也有些同学是在恋爱过程中，随着感情的发展引起性冲动，一时缺乏理智而越轨。对此，恋爱中的大学生应增强责任感，把恋爱行为严格限制在社会规范之内。

5. 不能正确对待恋爱挫折

恋爱中的挫折，常见的有失恋、单相思，陷入感情纠纷中不能自拔等（这方面的问题将在下面做详细介绍）。

三、大学生恋爱中的心理障碍及调适

前面介绍的恋爱挫折中，由于自己的愿望和目的不能获得满足，而导致一些大学生出现单恋、失恋、性嫉妒等现象。下面具体分析这些恋爱的心理问题及调适。

（一）单相思

就是一方对另一方发出的信息产生误解，自以为某个异性爱上自己的主观感觉，俗称单相思，又叫单恋。

单相思是一种典型的恋爱错觉。这一般有三种情形：一是完全属于单方面自作多情；二是恋爱中断后，其中的一方无法摆脱旧情的缠绕，情丝难断；三是在共同的学习和工作中，一方深深地爱上了另一方，可是难以启齿，于是终日魂牵梦绕，夜不成眠。不论是哪一种情形，都是没有现实基础的无效追求。

之所以出现这种无效追求，主要是当事人对他人的认识出现了偏差。心理学认为，人的认识是客观事物在人脑中的反映。这种反映有时受到主、客观因素的干扰可能出现偏差。单相思者往往由于对倾慕的对象一往情深，希望得到对方爱情的动机十分强烈。在这种心理支配下，常常会把对方的言行举止纳入自己主观需要的轨道来理解，造成对对方认知的偏差。例如，对方一个眼神、一个微笑、一句模棱两可的话语，在第三者看来毫不足道，但在他看来，似乎却暗示着什么。

古往今来，单相思似乎是爱情领域不可消除的一种痛苦事实。然而，尽管它是一种悲剧性情感，可以从肉体到精神摧毁一个人，但也可以锻炼人的意志。只要意志坚强、心地善良，单相思的克服常常会使一个人的兴趣更广泛、知识更丰富、性格更完善。

如何从单相思中解脱出来呢？

（1）力求冷静，以清晰的理性去分析自己的感情生活及其挫折产生的原因，从中找到足以说明问题的启示。

（2）一旦发现自己所追求的对象根本对自己没有爱的意思，就应该及时地改变生活目标，转移感情注意力。最好把主要精力放在学习上，待心理恢复平稳后，再在更高的境界上考虑择偶。事实证明，这种方法的好处是，在个人恋爱方面的目标受挫时，以另一种可能成功的活动来代替，可以获得成功的心理补偿。

案例十一：一厢情愿的苦恼

（3）如果你属于前面所谈的第三种情形，可先"投石问路"，得到对方的回应，采取明智的做法，防止单相思的发生。

应该注意的是，当陷入单相思的旋涡不能自拔时，千万不要把受滞的情感拼命压在心底，否则即使能暂时求得心理平稳，但时间长了也会产生心理疾病；也不能自暴自弃，破罐子破摔，或者企图通过外部冲突的形式来解决问题，那样做导致的后果是不堪设想的。

恋爱观测试自评量表

（二）失恋

失恋是男女双方在爱情建立之后，由于某种原因，其中一方终止恋爱。对于感情真挚的青年来说，失恋无疑是非常痛苦的，对爱的绝望和深深的孤独感、虚无感、失落感和悲伤是失恋者常见的心理体验，行动上多表现为冷漠、颓丧、烦躁、逃避或攻击等。如果不能及时排除这种强烈的负性情绪，就容易出现一系列的连锁反应，有的表现消沉，一蹶不振，自暴自弃；有的由失恋到失德，表现在行为上有报复、心理变态甚至自杀等。

一个有理智的青年，面对失恋，应该表现得十分冷静，尽快从失恋的深渊中跳出来，把痛苦的感情转移到新的目标上去，并以激昂的斗志使之得到升华。怎样才能尽快摆脱失恋后的精神痛苦从而达到新的心理平稳呢？

（1）冷静地分析失恋的原因。是因为对方认为你不理想，还是因为你们的恋爱缺乏基础？是因为你不尊重对方的感情，还是因为对方见异思迁？如果是这样，倒不如早日分手。

（2）勇敢地正视严酷的现实。爱情双方是双向的、相互的，以双方的爱为基础，失去一方，爱情就失去了平衡，恋爱即告终止。失恋的一方无论对另一方爱得多深，恋爱也不能成立。爱情不是同情、怜悯，更不可强求。既然恋爱有成功，也有失败，那么我们为什么苛求成功而不正视失败呢？

（3）适度地宣泄心中痛苦。可找亲人、知心好友或心理咨询机构倾诉心中的烦恼与不快，也可让多余的情感在笔端宣泄，可用音乐、兴趣爱好来抚平和冲淡情感的创伤，也可在无人处痛哭一场，以消除失恋带来的心理压力，及时恢复心理平衡。但要注意，宣泄要有"度"，无休止的宣泄反而会使你沉溺在消极的情绪之中。

（4）尽快地将精力转向学习和事业之中。生活中，不仅有爱情，还有学习、工作和事业。把失恋升华为一种奋发向上的动力，勤奋地学习和工作，才是正确的选择。有句名言："过去的就让它过去吧。"让过去的欢乐与痛苦一起遗忘，在新的生活道路上加紧跋涉。

（5）设身处地为对方着想。这是一种无私的行为。车尔尼雪夫斯基说过："爱一个人意味着什么呢？这意味着为他的幸福而高兴，为使他能够更幸福去做需要做的一切，并从这当中得到欢乐。"既然对方认为离开你更幸福，那就让他（她）离开吧！

（三）性嫉妒

嫉妒之心，人皆有之，由于种种原因，在年轻的恋人之间常常会出现嫉妒心理。爱情生活中的嫉妒，是由于拒绝他人分享自己的爱情，害怕自己所爱的人感情转移以致使自己的爱落空而产生的，这种嫉妒产生的基础是爱情。因此可以说，有爱情就有嫉妒产生的可能性。问题在于，这种嫉妒一旦产生，就给爱情生活带来潜在的危险。如果处理不当，就会发生矛盾，伤害感情，影响双方关系。

嫉妒表现的形式是多种多样的。有的藏在心底，疑神疑鬼，闷闷不乐，折磨自己；有的发泄于外，拈酸吃醋；有的无理取闹，限制对方，跟踪盯梢，寸步不离；有的不听解释，杯弓蛇影。就其心理活动来说，有嫉妒心理的人，由于缺乏信任感，没有了心心相印的真诚，总是处在不安的提防状态，目光游离不定，举止矫揉造作，言谈冷漠刻薄，总觉得对方做了亏心事，自己是受害者，感到受了莫大的委屈。从主观愿望来看，嫉妒可能出自爱恋之心，唯恐失去对方，但客观效果恰恰与嫉妒者的愿望相反，恋人之间的感情因此一步步地由亲密走向疏远、厌烦、憎恨。当恋爱双方"兵戎相见"时，他们心中除了敌意之外，再也没有一点点温情了。

嫉妒心理的出现往往有一个过程：先是耳闻目睹某种现象，产生猜疑，最终发展为嫉妒。因此，克服嫉妒心理的最好办法是及时地打消猜疑。当恋人之间发生了某些怀疑的时候，应及时讲出来，经过解释，消除猜疑，避免嫉妒的出现。此外，恋爱双方也应注意自我修养，不但要允许对方独自与异性朋友、同学正常交往，而且自己也要走出那个狭窄的天地，扩大交往范围，双方的独立成长和相互扶持会进一步激发和增进两个人的感情。

如果产生了嫉妒心理,要学会控制自己的感情,尊重对方的感情。要懂得,你的恋人并不是你的私有财产,他(她)有权与他人交往,甚至爱上别人,你要吃醋,只有一条路,那就是以爱取爱,用真心换回爱情。

第三节 ▶▶▶▶▶▶
大学生恋爱心理的调适

大学生恋爱心理的调适主要包括:树立正确的恋爱观、提高恋爱挫折承受力和矫正恋爱中的不良行为等。

一、树立正确的恋爱观

恋爱观是指人们对恋爱问题所持的基本观点和态度。恋爱观是人生观的组成部分。正确的恋爱观是形成良好个性品质的推动力量,并对恋爱活动具有导向作用。

(一)恋爱观的形成和发展

恋爱观的形成和发展是随着青春期的到来,生理的成熟和性心理的发展而逐步建立的,一般而言,它有三个阶段:

第一阶段是恋爱观的准备阶段。一般从中学时代开始。初中阶段经历从对恋爱问题的完全无意识向有一些零碎的知觉的过渡,高中阶段恋爱问题进入了个体的意识领域,不但有恋爱的意向,而且有对恋爱的思考,开始探讨爱情的真谛。

第二阶段是恋爱观的充实发展阶段,一般从大学时代开始。青年学生由于对生活,对感情体验的深化,心境开始从浮动的激情向稳定的理性发展,爱情逐渐由朦胧走向真实,表现为择偶标准系统化,开始明确意识到恋爱与社会责任等道德问题的关系,通过对恋爱的思考,明确意识到自己的价值。当从感性和理性方面完成恋爱观的准备时,就进入恋爱对象的理想选择期,在头脑中勾画出"理想化"的异性形象,在心目中形成择偶标准。

名师微课:你的爱情保温了吗?

第三阶段是恋爱观的完善成熟阶段。此时恋爱观基本形成,开始在恋爱观指导下,由对恋爱问题的内心探索到恋爱的实践。当在恋爱实践中发现自己的恋爱观与现实的差距,就会重新审视原有的恋爱观,同时,根据社会现实的可能性和要求加以调节修正,不断完善,就形成了稳定的恋爱观。

(二)树立正确的恋爱观

恋爱观是一定社会条件下的经济关系和道德关系的产物。对当代大学生而言,我们提倡树立科学的无产阶级的恋爱观。具体来说,有以下几方面内容:

1. 提倡志同道合的爱情

在恋人的选择上最重要的条件应该是志同道合,思想品德、事业理想和生活情趣等大体一致。大学生作为新时代的栋梁,其恋爱观应该是理想、道德、义务、事业和性爱的有机结合。

2. 摆正爱情与事业的关系

爱情是人生内容的重要部分，但不是人生的全部，它应该服从于事业，促进事业的发展。大学生应该把事业放在首位，摆正爱情与事业的关系，不能把宝贵的时间都用于谈情说爱上而放松学习。没有事业的爱情如同在沙漠中播种，缺乏坚实的根基和土壤，迟早会枯萎。只有爱情同事业的结合，爱情才有旺盛和持久的生命力。

3. 爱情是一种责任和奉献

在社会生活中，人具有两方面的责任：一是个人对社会应尽的责任；二是个人对亲情、友情和爱情的责任。第二方面的责任属于私人生活的性质，是社会干预最为微弱的生活领域，是主要依靠道德的修养和自觉的责任感来维持的。正因为如此，它反映了一个人的人格形象，大学生一旦进入爱情的王国，就必须具有强烈的责任感和奉献精神，才能获得崇高的爱情。

（三）培养爱的能力

对青年来说，恋爱更多的是一种涉及生活全貌和人格整体的事情。人必须竭尽全力促进自己人格的完善，才能使追求爱情的努力在有意义的人生中得以实现。爱是一种能力，更是一种需要我们终生学习、发现和不断前进的活动。所以，培养爱的能力应从以下三方面入手：

1. 培养迎接爱的能力

这包括施爱的能力和受爱的能力。一个人心中有了爱，在经过理智的分析之后，应该把握时机善于表达；一个人面对别人的施爱，能及时准确地对爱作出判断，并作出接受、谢绝或再观察的选择。所以，大学生应该培养具有迎接爱的能力，懂得爱是什么，自己喜欢什么，需要什么，适合什么。

2. 培养拒绝爱的能力

拒绝爱的能力包括敢于理智地拒绝不希望得到或不值得接受的爱情的能力和如何采取恰当的拒绝方式的能力。爱情来不得半点勉强，要学会勇敢地说"不"；但是，要注意拒绝方式，因为每个人都有追求爱情和拒绝爱情的权利，应该学会运用尊重和机智的方式来维护自己的他人的利益。

3. 培养恋爱挫折承受力

在追求爱情的过程中，遇到如单恋、失恋、爱情波折等种种挫折是在所难免的事。这些挫折对大学生的心理承受能力是一种考验。因此，首先我们应该学会对这些挫折的"问题定向性应付"，即通过增强理智感，分析原因，寻找解决问题的方式和途径来应付挫折；其次我们应该学会对挫折的"情绪定向性应付"，即通过适当的情绪调节和转移来减轻痛苦。

爱情是人类正常生活结构的一部分。大学生正当青春年华，爱情恰好在大学时期来到他们身上。禁止他们恋爱是不现实的，提倡也是不必要的。正确的做法，是要积极引导大学生珍惜大学的学习时光，对他们进行正确恋爱观的教育，把学业放在首位，使爱情服从于学业，那么大学生们是可以处理好爱情和学业的关系，并获得崇高、纯洁而美满的爱情的。

二、提高恋爱挫折承受能力

大学生恋爱受到许多因素的制约，因而在追求爱情的过程中，遇到如早恋、失恋、爱情波折等种种挫折是在所难免的事情。这些挫折对大学生的心理承受能力是一种考验。如果承受能力较强，就能较好地应付挫折；如果所受到的挫折超过承受能力而得不到合理的情绪疏导，就有可能造成不良后果。因此，提高恋爱挫折承受能力对大学生的心理健康是非常重要的。

提高爱情挫折承受力的方式之一是学习对挫折的"问题定向性应付"。大学生应该认识到爱情虽然是生活的重要组成部分，但并不是生活的全部。当爱情受挫后，要用理智来驾驭感情，摆脱或消除烦恼和痛苦的思绪，在新的追求中确认和实现自己的价值。即在爱情受挫后，应该冷静客观地分析一下原因，进而总结经验教训，提高自己的心理承受能力和思想水平。莫里哀曾说过："爱情是一位伟大的导师，教我们重新做人。"能战胜挫折的人，才能获得成功。

提高爱情挫折承受力的方式之二是学习对挫折的"情绪定向性应付"，如应用合理化效应，让情感升华等。所谓合理化效应即"酸葡萄效应"，指对某些不能改变的挫折在认知上给予调整，将挫折归为对方的不是。正如狐狸吃不到葡萄，就说"反正葡萄是酸的"，言下之意是反正那葡萄不能吃，即使跳得够高，得到了也还是"不能吃"，这样，狐狸也就心安理得地走开，去寻找别的食物。升华是指将挫折所产生的愤怒情绪、仇恨和敌意、自责或悔恨等消极情绪，做一种积极的处理，将它们升华为一种高尚的表达。例如，歌德因为得不到其初恋情人绿蒂的感情回报，而一度陷入了感情的危机，但他后来因此而写下了《少年维特之烦恼》一书，用文学创作来表达其挫折的情感，使自己的情绪得以升华。

三、矫正恋爱中的不良行为

在大学生的恋爱中，有些不良的行为与社会要求格格不入，应该给予必要的矫正，如亲昵过度、三角恋爱、婚前性行为等。

1. 亲昵过度

处于恋爱过程中的大学生，与恋人有一些手拉手、搂抱、接吻等亲昵的举动，这是在性生理和心理本能的驱使下，爱的一种表达方式。然而，这种亲昵行为要适度，不能超过界限，否则会产生不少消极的影响。有的大学生在双方还没有建立起感情的时候就一厢情愿地进行亲昵行为，引起对方的反感；也有的大学生采取粗俗的甚至野蛮的亲昵行为，与给人带来愉悦的高雅的亲昵需要形成极大的反差；有的同学甚至不注意环境和场合，在大庭广众之下，勾肩搭背，卿卿我我，极不文雅。大学生谈恋爱必须健康文明、高雅大方，因为爱是一种能力，也是一种艺术，在恋爱过程中一定要掌握和控制好亲昵的"度"。

2. 三角恋爱

三角恋爱是指一个人同时与两个异性发展恋爱关系。三角恋爱在一部分大学生中时有发生。所谓"普遍发展，培养重点"，是一种极不道德的恋爱行为，是对纯洁、专一性的爱情的亵渎。大学生在恋爱中必须防止三角恋爱的发生。如果得知对方在搞三角恋爱时，要冷静分析，帮助对方改正错误或果断地中止与对方的恋爱关系，切勿优柔寡断、痛苦烦恼而影响学习。

3. 婚前性行为

热恋中的青年，当性爱的激情达到火热的境界时，会产生一种情感冲动，使情感突破理智的防线，容易发生性交行为。然而，婚前性行为是社会文明和校规校纪所不容许的，也会受到社会、家庭的指责。而且，一旦发生性行为，当事双方都会因此而产生很大的心理压力，不仅造成当时的心身痛苦（尤其女方），还会影响到以后的恋爱或婚姻。

笔者曾对某理工文综合性大学的 160 名大学生（男 80 人，女 80 人）进行有关婚前性行为问题调查，结果显示：①

（1）在校大学生对目前高校学生婚前性行为的基本认识是：72.5%的学生认为这种现象仅是一部分，10%的学生认为很普遍，17.5%的学生认为极个别。92.5%的学生认为这种现象将会呈上升趋势发展，5%认为它将维持现今比例，2.5%的学生表示不知道。

（2）在校大学生对目前高校学生婚前性行为的基本态度是：12.5%的学生表示赞成，25%的学生表示反对，50%的学生表示可以包容，12.5%的学生表示不知道或其他。同样，在问及此种现象的存在，37.5%的学生认为合情合理，50%的学生认为合情不合理。对于是否应该公开出售避孕套，37.5%的学生赞成，25%的学生反对，12.5%的学生无所谓，25%的学生表示从来没想过。

那么，在校大学生又是如何看待婚前性行为这一现象呢？20%的学生的人认为它代表一种前卫和时髦，62.5%的学生持否定态度，17.5%的学生表示不完全同意这种看法。25%的学生表示一旦这种行为被外人知道，会很难堪，是丑事外扬，62.5%的学生持否定态度，12.5%的学生表示不完全同意这种看法。57.5%的学生表示这种行为属于个人隐私，别人无权干涉，32.5%的学生表示不完全同意这种看法，10%的学生持否定态度。

（3）婚前性行为对热恋中的在校大学生是否是必要的呢？发生这种行为是不是更能够维持双方感情呢？调查结果显示：100%的女大学生认为没这必要，持同一观点的男大学生仅占 50%；另外有 25%的男大学生认为有必要，25%的学生认为不一定。87.5%的学生认为性行为的发生并不一定有助于维持恋人间的感情，在这一点上，男女学生的看法基本一致。笔者曾走访了个别被调查者，大多数人认为想以此作为维持双方关系的契约是很不明智的，一旦感情破裂，只有分手才是上上策，否则将会给双方都带来痛苦。

那么，如果他们毕业后不与对方结婚，是不是很不负责任呢？15%的学生表示

①　何少颖.大学生婚前性行为的调查及分析［J］.健康心理学，2002（3）.

是，52.5%的学生表示否，32.5%的学生表示不一定。可见，大部分人认为性行为的发生与责任无关，恋爱、婚姻完全要以感情作基础。热恋中的青年，当性爱的激情达到火热的境界时，会产生一种情感冲动，使情感突破理智的防线，容易发生性交行为。在调查中，我们还了解到，有62.5%的学生认为是一时冲动导致性交的发生；只有12.5%的学生认为它是情感升华的体现，另外25%的学生表示是出于好奇心，想猎奇、尝试。由此，我们可以看出大学生婚前性行为往往是在无心理准备的情况下突然发生，且多数人是在双方自愿而又非理智的状态下发生，有其突发性和自愿性。

此外，我们还想了解一下当代大学生的贞操观。为此设计了一个较敏感的问题：你是否认为应该把"初夜"献给你的合法丈夫或妻子？45%的学生表示肯定，55%的学生表示否定，有受访者说"我会把我的'初夜'献给我最深爱的人，但他是不是我的合法丈夫这并不重要"，还有人称"没必要把失节看得那么严重"。笔者分析，在这种思想观念的引导下，发生婚前性行为的确就没有什么大惊小怪。而且据笔者了解，现今越来越多的大学生倾向于把爱情与婚姻割裂开来，持"婚姻是爱情的坟墓"的观点者为数不少。

（4）婚前性行为给在校大学生带来什么样的后果呢？按传统观念来看，大学生出现婚前性行为，常为社会、家庭和道德所不容，容易引起心理困扰。在问及发生此行为后会给哪方带来伤害时，男女生表现出极大的差异。100%的女大学生理所当然地选择了女当事者，而70%男生选择了双方均受伤害。笔者做过个别访问，选择女方受伤害的受访者均认为一旦没有做好避孕措施，女方深受其害，不仅是身体上，更多的是精神上的痛苦。此外女性的依赖心理较重，双方关系一旦出现裂痕，女性往往很难摆脱阴影。而同时选择男方的受访者多半认为男方心理也会受到伤害，比如愧疚、担心、想逃避等。因此，尽管有一定数量的人认为婚前性行为属于个人隐私，但不可否认的是，它依旧在不同程度上带来影响。

因此，大学生在恋爱过程中，一定要用理智制约情感，切忌为了想套住对方或尝试心理而发生婚前性行为。要防止婚前性行为，首先，要确立婚姻的责任感与恋爱的道德情操，对自己的恋人高度负责；其次，要从心理上筑起一道防线，牢牢把握住婚前婚后的界限；再次，要掌握好自己的言语举动，不要有过分的挑逗性的举止行为。正如莎士比亚的名言："爱和炭相同，烧起来得想办法叫它冷却，不然会把一颗心烧焦。"只有用理智驾驭感情，把握住自己，才能获得真正的爱情。

第四节 ▶▶▶▶▶▶▶
成功心理训练（十）

在现代社会，一个人要想成就一番大事，单凭单枪匹马的拼杀是不够的，它更需要众多人的支持和合作。本书安排的成功心理训练都是围绕着团队活动设计的，其目的就是要培养大家的团队的合作精神，使自己在人生路上获得成功。

为了使心理训练的作用延伸到现实生活中，结束期的心理训练的好坏会直接影响团队训练的效果，因此，本节的心理训练精心选择了符合成员特点的、有吸引力、有新鲜感的活动形式。例如，请团队成员总结，逐一请他们发言，表达自己的感受，或者进行一些有趣的活动，使团队在轻松、温馨的气氛中结束。

一、训练题目：团队合作能力

1. 大团圆
2. 化装舞会
3. 笑迎未来

二、训练具体方法

1. 大团圆

【目的】通过身体的接触带来温暖和力量，体验我们在一起的感受，获得支持与信心。

【时间】约 30 分钟。

【准备】足够的空间，空旷的房间。

【操作】将两手搭在两侧成员的肩上，聚拢静默 30 秒钟。然后轻轻地哼唱大家共同熟悉的歌曲，并随着歌曲的旋律，自由摇摆。从儿童歌曲到乡村歌曲，尽量找大家会的，全部投入，一首接一首。使全体成员在一个充满温馨甜蜜而有凝聚力的情景中告别团体，走向生活。留下一个永远的、美好的、极有象征性的、难忘的记忆。

2. 化装舞会

【目的】发挥个人想象力与创造力，以化装的形式，将接受团体训练后每个人的新面目具体展现出来，以喻示走向新生活。

【时间】约 60 分钟。

【准备】布置可以跳舞的场地，准备音响设备、化妆品，自备道具。

【操作】指导者通知大家将举行舞会，请每位成员先思考团队对他的影响，然后以化装的方式表现出来。活动开始时，先放轻松的音乐，每个成员化装。然后与其他人互相握手，自由交谈。接着每个成员轮流站到中央，听取其他成员对他装扮的印象和感觉，然后自己介绍为什么这样装扮，含义是什么。每个成员轮流到中央接受大家的评价。全部介绍和评价结束时，可以参考他人意见改装，之后随舞曲翩翩起舞。活动进程中特别要强调自我反省及对别人的观察。不同于别的舞会之处在于通过团队活动，建立新的自我形象，装扮出新生的自我，面向新的生活。

3. 笑迎未来

【目的】了解成员在团体过程后的进步与改善，讨论成果与彼此反馈，结束团体。

【时间】60~80 分钟。

【准备】白纸、彩色笔。

【操作】团队成员围圈而坐，由一位成员当主角，大家讨论对他现在的印象及刚参加团队时有何不同，看看他参加团队后改变了什么，然后请他自己说说感受。接着再换另一位成员。依此类推，对每位成员进行反馈。结束时每人发一张纸，请成员在纸顶端写上"对（自己姓名）的祝福"，然后向右传给每位成员，每人都写下自己对他人的祝福和建议，或用绘画形式表达。当转完一圈，每位成员细细阅读他人的祝福，并对他人怀着深深的感谢，一一握手道别。

本章摘要

（1）人们常把选择对象、培育爱情的过程称为恋爱，这是男女双方在建立爱情之前必定要经历的阶段，在这一阶段，男女双方都会产生一种特殊的心理。这就是恋爱心理。

（2）恋爱心理的形成因素主要有：① 性本能的发动是恋爱心理产生和发展的内在动因。② 社会存在是恋爱心理产生和发展的决定因素。③ 异性素质是引起恋爱心理的特殊动力。④ 生活实践是恋爱心理产生和发展的外在条件。

（3）恋爱心理从产生、发展到成熟，一般都经历 4 个阶段：始恋、依恋、爱恋和相恋。此后，恋爱双方把感情推到最高潮时，自然产生了结婚的愿望，只要客观条件成熟，结婚就变成现实，这时恋爱心理发展到一个崭新的阶段，受到了法律和家庭的保护。

（4）恋爱心理的特点是：① 仰慕指向的特殊性。② 排他性。③ 冲动性。④ 相互参与性。

（5）大学生恋爱的动因主要有：① 生理发育成熟。② 情感需要。③ 从众心理。④ 社会和家庭的影响。⑤ 价值观念的变化。⑥ 外来文化的影响。⑦ 引导失误。

（6）大学生恋爱的类型主要有：① 慰藉型。② 友情型。③ 理想型。④ 志趣型。⑤ 功利型。⑥ 情欲型。

（7）一般而言，大学生择偶时主要遵循以下原则：① 相似性原则。② 相同性原则。③ 互补性原则。调查表明，大学生择偶观有以下一些具体表现：① 在选择对象时注重对方的品德和个性特点。② 在美的要求上比较高，尤其是男大学生对女性的外表美比较强调。③ 对家庭社会条件也比较重视。

（8）关于恋爱对大学生将产生什么影响，目前有三种有代表性的观点：① 阻力论，认为弊多利少。② 动力论，认为利多弊少。③ 均衡论，认为利弊均衡。事实上，恋爱关系处理得当，可以成为促进学习、工作和全面发展的"核动力"；恋爱关系处理不当，可能使人情绪起伏，烦恼不安、成绩滑坡，弊端明显。

（9）大学生恋爱的现状主要有：① 恋爱现象的普遍性。② 恋爱现象的特殊性。③ 恋爱现象的公开性。

（10）大学生恋爱中常见的问题主要表现在：① 择偶标准不实际。② 恋爱动机不端正。③ 爱情表达方式上缺乏修养。④ 受西方观念影响，性行为轻率。⑤ 不能正确对待恋爱挫折。

（11）大学生恋爱中的主要问题有单相思、失恋和性嫉妒，正确解决这些问题对大学生而言至关重要。

（12）大学生恋爱心理的调适主要包括：树立正确的恋爱观、提高恋爱挫折承受力和矫正恋爱中的不良行为等。

（13）对当代大学生而言，我们提倡树立科学的恋爱观。具体来说，主要有：① 提倡志同道合的爱情。② 摆正爱情与事业的关系。③ 爱情是一种责任和奉献。

（14）培养爱的能力应从以下三方面入手：① 培养迎接爱的能力。② 培养拒绝爱的能力。③ 培养恋爱挫折承受力。

（15）提高爱情挫折承受力的方式之一是学习对挫折的"问题定向性应付"，即通过增强理智感，分析原因、寻找解决问题的方法和途径来应付挫折。提高爱情挫折承受力的方式之二是学习对挫折的"情绪定向性应付"，即通过适当的情绪调节和转移，来减轻痛苦。

（16）在大学生的恋爱中，需要予以矫正的不良行为有：亲昵过度、三角恋爱、婚前性行为等。

思考·讨论·活动

1. 恋爱心理有哪些特点？如何理解恋爱心理的发展过程？
2. 如何摆脱大学生中常出现的恋爱问题？举例说明。
3. 大学生谈恋爱是利大于弊，还是弊大于利，请谈谈自己的看法。
4. 请结合本章的心理训练内容，分享训练过程中自己的感受。

主要参考文献

1. 罗萍等. 心理学 ［M］. 天津：南开大学出版社，2014.

2. 张义明等. 大学生心理健康教育 ［M］. 成都：西南交通大学出版社，2014.

3. 孟娟等. 自助与成长——大学生心理健康教育 ［M］. 北京：国家行政学院出版社，2013.

4. ［美］拉森. 自我与人格 ［M］. 北京：人民邮电出版社，2012.

5. ［澳］福加斯. 社会交际心理学——人际行为研究 ［M］. 北京：中国人民大学出版社，2012.

6. 谭玉成等. 新编大学生心理健康教育 ［M］. 天津：南开大学出版社，2012.

7. 马建青. 大学生心理危机干预的理论与实务 ［M］. 杭州：杭州大学出版社，2011.

8. ［英］彼得森. 积极心理学 ［M］. 北京：群言出版社，2010.

9. 刘翔平. 当代积极心理学 ［M］. 北京：中国轻工业出版社，2010.

10. 白羽. 改变心力：团体心理训练与潜能激发 ［M］. 杭州：浙江文艺出版社，2006.

11. 李百珍. 青少年心理卫生与心理咨询 ［M］. 北京：北京师范大学出版社，2005.

12. 马建青. 心理卫生与心理咨询论丛 ［M］. 杭州：浙江大学出版社，2004.

13. 何少颖. 大学生心理健康教育与训练 ［M］. 厦门：厦门大学出版社，2003.

14. 马建青. 大学生心理健康教育研究 ［M］. 北京：清华大学出版社，2002.

15. 樊富珉等. 大学生心理素质教程 ［M］. 北京：北京大学出版社，2002.

16. 姜宪明等. 大学生心理自我保健 ［M］. 北京：北京大学出版社，2001.

17. 张玲. 心理健康研究与指导 ［M］. 北京：教育科学出版社，2001.

18. 樊富珉. 团体咨询的理论与实践 ［M］. 北京：清华大学出版社，2001.

19. 杜志敏. 心理素质与综合能力训练教程 ［M］. 北京：化学工业出版社，2001.

20. 中华医学会精神科分会. CCMD-3中国精神障碍分类与诊断标准 ［M］. 济南：山东科学技术出版社，2001.

21. 郑永生. 心理素质训练 ［M］. 西安：陕西旅游出版社，2000.

22. 胡德辉等. 大学生心理与辅导 ［M］. 广州：中山大学出版社，2000.

23. 何少颖. 当代大学生心理素质教育 ［M］. 福州：海峡文艺出版社，1999.

24. 樊富珉. 大学生心理健康教育研究 ［M］. 北京：清华大学出版社，2002.

25. 吴增强. 当代学青少年心理辅导 ［M］. 上海：上海科学技术文献出版社，2003.

26. 肖沛雄等. 大学生心理与训练 ［M］. 广州：中山大学出版社，1999.

27. 田万生. 青年心理学 ［M］. 北京：中国科学技术出版社，1999.

28. 莫雷等. 大学生心理教育 ［M］. 广州：暨南大学出版社，1996.

29. 马建青. 大学生心理卫生 [M]. 杭州：浙江大学出版社，1992.

30. 阎嘉陵. 当代青年心理学 [M]. 上海：复旦大学出版社，1998.

31. 樊富珉. 大学生心理健康与发展 [M]. 北京：清华大学出版社，1997.

32. 黄希庭等. 当代大学生心理学特点与教育 [M]. 上海：上海人民出版社，1999.

33. 贺淑曼等. 成功心理与人才发展 [M]. 北京：世界图书出版公司，1999.

34. 贺淑曼等. 健康心理与人才发展 [M]. 北京：世界图书出版公司，1999.

35. 贺淑曼等. 个性优化与人才发展 [M]. 北京：世界图书出版公司，1999.

36. 贺淑曼等. 性心理与人才发展 [M]. 北京：世界图书出版公司，1999.

37. 贺淑曼等. 人际交往与人才发展 [M]. 北京：世界图书出版公司，1999.

38. 时蓉华. 社会心理学 [M]. 杭州：浙江教育出版社，1999.

39. 张梅. 心理训练 [M]. 武汉：华中理工大学出版社，1999.

40. 张万新. 日本魔鬼训练 [M]. 北京：中国城市出版社，1997.

41. 方洲. 中国当代名人成功素质分析报告 [M]. 北京：中国青年出版社，1998.

42. 沈渔邨. 精神病学 [M]. 北京：人民卫生出版社，1994.

43. 李心天. 医学心理学 [M]. 北京：北京医科大学中国协和医科大学联合出版社，1998.

44. 杨振斌，李焰. 大学生非正常死亡现象的分析 [J]. 心理与行为研究，2015 (5)：698-701.

45. 吴才智，江光荣，段文婷. 我国大学生自杀现状与对策研究 [G]. 黑龙江高教研究，2018 (5)：289.

46. 黄悦勤，等. Prevalence of mental disorders in China：a cross-sectional epidemiological study [M]. Lancet Psychiatry，2019.

47. 傅小兰，张侃，陈雪峰，等. 心理健康蓝皮书：中国国民心理健康发展报告 (2019~2020) [M]. 北京：社会科学文献出版社，2021.

读者意见反馈

为收集对教材的意见建议，进一步完善教材编写并做好服务工作，读者可将对本教材的意见建议通过如下渠道反馈至我社。

咨询电话　400-810-0598

反馈邮箱　gjdzfwb@pub.hep.cn

通信地址　北京市朝阳区惠新东街 4 号富盛大厦 1 座

　　　　　高等教育出版社总编辑办公室

邮政编码　100029

防伪查询说明

用户购书后刮开封底防伪涂层，使用手机微信等软件扫描二维码，会跳转至防伪查询网页，获得所购图书详细信息。

防伪客服电话　（010）58582300